청소년을 위한

친절한 유럽사

고대 그리스에서 중세 로마와 근현대시까지
세계사의 중요한 한 축인 유럽사로의 여행!

청소년을 위한

친절한 유럽사

고대 그리스에서 중세 로마와 근현대사까지
세계사의 중요한 한 축인 유럽사로의 여행!

문예춘추사

유럽사 전체를 공부하는 전통은 오래전부터 유럽 대륙과 미국의 학교에서 이어져 왔다. 물론 영국은 조금 늦게 교육이 시작되었다. 방법론적으로는 아직 완성 단계에 이르지는 못했지만, 유럽사라는 역사 과목이 어떤 형태로든 모든 교육에서 중요한 부분을 차지한다는 점을 의심할 사람은 없을 것이다. 모든 학문이 그렇지는 않지만, 역사는 부분보다 전체가 더 뛰어나다는 것이 사실이다. 역사를 공부하는 학생에게 가장 큰 보상은 무엇일까? 고서적에 적힌 세부 사항을 아는 것이 아니라, 모든 시대를 아우르는 폭넓은 시야를 갖추고 인류에 영향을 미친 문명의 주요 특징을 이해하는 것 아닐까.

이 책은 여러분에게 역사 공부의 유용함을 알려줄 것이다. 일반적인 역사책은, 특히 역사 교과서는 유럽사를 개괄하면서 일반적인 지식처럼 전달하려고 한다. 하지만 역사책이 일반적인 지식을 전한다고 해서 피상적이라는 비난은 반드시 정당하지는 않다. 왓리 대주교(Archbishop Whately)는 이런 말을 했다. "일반적인 지식을 피상적인 지식으로 이해하는 것은 착각이자 오류다." 또한 역사를 보편적인 지식으로 개괄하는 것은 단순히 하나의 국가사를 서술하는 것보다 더 큰 이점을 지니고 있다. 국가주의나 민족주의의 편견에서 벗어나 국가 간의 상호작용과 모든 국가의 상호 의무를 보여줌으로써 유럽의 진보가 갖는 본질을 더 잘 이해할 수 있기 때문이다.

같은 맥락에서 유럽사뿐 아니라 유럽을 포함한 더 광범위한 세계사에도 관심을 가질 필요가 있다. 인류 역사의 주요한 특징을 이해하고 역사는 '하나이고, 분리될 수 없다'라는 사실을 깨닫는 것은 역사 인식의 필수 요소다. 액튼 경(Lord Acton)은 케임브리지 현대사 프로젝트에 관한 보고서에서 다음과 같이 밝혔다. "보편사란 모든 국가의 역사를 하나로 합친 것과는 다르다. 모래로 만든 밧줄이 아니라 지속적인 발전이다. 기억해야 할 짐이 아니라 영혼의 빛이다." 이처럼 웅변적으로 표현된 고귀한 이상은 역사를 가르치는 모든 교사가 비록 달성하지는 못하더라고 목표로 삼아야 할 이상이다. 이 책 역시 인류의 문명은 시대가 지날수록 더욱 명확해지는 목표로 나아간다는 사실을 느낄 수 있도록 독자들을 도울 것이다.

이 책은 유럽사에 국한되어 있고, 고전 시대 말기부터는 주로 서유럽의 역사를 다룬다. 가능한 한 날짜는 줄이고 역사적 사실도 간략하게 언급하려고 노력했지만, 더 많은 내용을 포함하지 못해 못내 아쉽다. 이 책이 다루는 범위가 워낙 넓어 생생하고 상징적인 사건을 구체적으로 소개하는 것이 불가능했다. 세부 사항 때문에 가려질 주요 특징이나 사건에 집중하는 것이 최선이라고 생각했다.

이 지면을 빌려 리버풀대학교의 램지 뮤어(Ramsay Muir) 교수와 케임브리지 피터하우스의 H. W. Y. 템퍼리(H. W. Y. Temperley) 씨에게 감사의 마음을 전한다. 두 분이 이 책의 내용을 꼼꼼히 검토해주었다. 책의 인쇄가 늦는 바람에 이분들의 제안을 모두 담을 수 없었다는 점 양해 바란다. 이 밖에도 이 책을 만드는 데 도움을 주신 모든 분께 감사의 말씀을 드린다.

아서 제임스 그랜트

■ 차례 ■

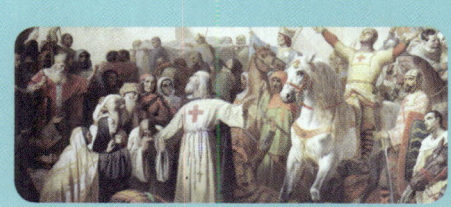

1부

유럽의 고대 역사

페리클레스는 진보적 또는 민주적인 사람들 편에 속해 있었고, 나라 안에 잔존해 있는 귀족이 독점한 잔재들을 파괴하는 운동에 힘을 보탰다. 페리클레스의 권력은 대중적 인기와 설득력 있는 민회 연설 덕분이었다. 즉, 그가 페리클레스가 아테네를 영향력 있게 통치할 수 있었던 이유는 지휘관의 자리에 있었기 때문이 아니라, 사람들이 그를 신뢰하고 그의 조언을 따랐기 때문이다.

아테네의 지도자 페리클레스

알렉산드로스는 단순한 정복자가 아니었다. 그는 그리스 문화의 씨앗을 품고 아시아로 건너갔다. 정복의 결과로 그리스 문명은 더 이상 좁은 범위에 국한되지 않고, 흑해, 소아시아, 시리아, 메소포타미아, 이집트로 퍼져 나갔다.

마케도니아의 통치자 알렉산드로스

로마의 성공 이유는 군사적 측면보다 정치적 측면에서 더 많이 찾을 수 있다. 정복당한 종족이나 나라는 로마의 세심한 배려 덕분에 패배의 아픔을 거의 느끼지 않았다. 로마인들의 정복한 나라들에 대한 정책 기조는 관대함이었다.

무찌른 로마인 병사들

한니발과 스키피오의 자마전투

포에니전쟁은 통일, 훈련, 국가주의가 군사적 천재성을 능가한 사건으로 기록되었으며, 이 전쟁으로 로마는 지중해 영역에서 유일무이하게 위대한 국가로 우뚝 서게 되었다.

콘스탄티누스는 제국의 수도를 로마에서 콘스탄티노플로 옮겼다. 동로마제국으로 권력이 이양되면서 수백 년 동안 동로마제국은 야만족으로부터 안전할 수 있었다. 반면, 서로마제국의 방어력은 상대적으로 약해졌다. 결국 황제에게 버림받은 로마는 주교를 대표자로 삼았는데, 이처럼 콘스탄티누스의 조치는 교황청의 성장과도 밀접한 관련이 있다.

콘스탄티누스 개선문

유럽 대륙에 문명이 언제부터 존재했는지 확인할 수 있는 방법은 없다. 하지만 돌이나 양피지 등에 새겨진 기록에 따르면 약 3,000년 전까지 거슬러 올라갈 수 있다. 이 책의 목적은 그 3,000년의 기간 동안 유럽에서 일어난 문명의 주요 변화들을 추적하는 것이다.

세 가지 영역

기나긴 시간 동안 역사 속에 존재했던 사람들, 예컨대 정치가, 군인, 시인, 예술가, 과학자 등의 목록을 빠짐없이 작성하는 일은 불가능하다(만약 가능하더라고 쓸모없는 일일 것이다). 우리는 개인보다 집단에 주목해야 한다. 지난 3,000년 동안 정부, 사회생활, 인간의 생각과 신념이 어떤 큰 변화를 거쳐왔는지 질문해야 한다. 이 세 가지 영역을 확실히 파악하면 역사적 주제를 더 분명하고 쉽게 이해할 수 있다. 우리는 시기 별로 다음의 내용을 살펴볼 것이다.

첫째, 사람들은 정치제도를 어떻게 관리했는가. 백성 또는 국민을 어떻게 다스리고, 통치자는 어떻게 임명하고, 법은 어떻게 만들었는지 알아본다. 둘째, 사람들의 사회적 상황은 어떠했는가. 일상생활은 어떻게 영위하고, 노동은 누가 어떻게 감당하고, 여성의 지위와 영향력을 어떠했는지 살펴본다. 셋째, 사람들의 종교적 상황은 어떠했는가. 우주의 기원과 구성에 대한 인간의 생각은 어떠했는지, 신앙과 예배의 형태는 어떠했는지 설명한다. 이 세 가지 실타래를 통해 방대한 이야기를 풀어가면서, 유럽의 역사는 결국 하나로 통일되며 연속성이 있다는 사실을 느끼게 해줄 것이다.

역사의 연속성

역사의 통일성과 연속성은 무엇을 의미하는가? 그것은 모든 세대의 사람들이 하나로 밀접하게 연결되어 있다는 것을 뜻한다. 그 사이에 어느 곳에도 틈이 없다. 한 시대의 역사를 이해하려면 그 전 시대의 역사를 모두 이해해야 한다. 현재라는 시간의 뿌리는 과거에, 심지어 먼 과거에 깊이 박혀 있다. 우리가 영위하는 언어, 제도, 사회, 과학, 종교 등은 모두 지난 3,000년, 아니 그보다 더 오랜 세월 동안 발전 과정을 거쳐온 결과물이다. 역사는 현재와 과거의 관계를 깨닫고, 우리가 누리고 있는 문명에 빚을 지고 있는 무수한 세대의 사람들에게 감사의 마음을 느낄 수 있게 해준다. 이것이 역사 공부가 우리에게 주는 이점이다.

유럽사의 태동, 그리스

유럽의 역사는 유럽 대륙 귀퉁이의 작은 땅에서 시작되었다. 그곳에서 유럽 문명의 중요한 역사적 특징들이 형성되었다. 그 땅의 이름은 바로 그리스(Greece)다. '산과 바다'의 땅을 의미하는 그리스에는 해발 2,500미터 이상 되는 산들이 여러 지역에 솟아 있고, 해발 1,000미터 이상 되는 산들도 수없이 많다. 그래서 도로가 생기기 전까지는 지역과 지역이 서로 소통하기가 매우 어려웠다. 반면, 섬이나 만(灣)을 통해 이동하는 해로는 산맥을 가로지르는 육로보다는 훨씬 다니기 쉽고 안전했다.

우리는 그리스의 시인 호메로스(Homeros)의 시를 통해 고대 그리스가 어떤 곳이었는지 나름대로 짐작할 수 있다. 호메로스가 어느 시기에 살았는지는 정확한 날짜까지 알 수 없지만, 기원전 1,000년경부터 기원전 800년경까지 당시 그리스 사회의 주요 특징들을 어느 정도는 파악할 수 있다. 그가 지은 시들은 그리스와 트로이 사이에서 벌어진 오랜 전쟁을 묘사하고 있다. 전설에 따르면 그리스 왕자 메넬라오스의 아내 헬레네를 트로이의 왕자 파리스가 훔쳐 달아났는데, 그것이 이 전쟁의 발단이 되었다. 또한 호메로스의 시는 전쟁에서 귀환하는 영웅 오디세우스의 이야기도 노래한다. 물론 이 모든 사건은 시인의 상상력으로 그려졌겠지만, 우리는 그의 시를 통해 초기 그리스인들이 어떤 모습으로 살아갔을지를 생생하게 엿볼 수 있다.

그리스인들은 왕의 통치를 받았고, 왕은 귀족들의 회의로 운영되는 의회의 지원을 받았다. 왕은 가장 중요한 사안들에 대한 결정을 시민들의 총회인 민회에 제출해야 했다. 이후 그리스에 존재하는 모든 정치체제는 이와 같은 왕정, 귀족 의회, 시민들의 민회에서 비롯되었다. 여성은 남성에게 예속되었으며 법적으로는 노예나 다름없었다. 그리스에는 노예의 수가 많았고 대부분은 힘든 노동을 해야만 했다.

그리스인들은 자연의 힘을 의인화한 신들을 숭배했는데, 이 신들은 인간들처럼 욕정과 욕망을 지닌 존재였다. 물론 인간들보다는 더 아름답고 더 많은 것을 알고 더 힘이 강했다. 호메로스가 묘사한 세계는 이미 자유와 지성, 아름다움을 누리고 있는 세계다. 이러한 유럽 문명의 초기 모습은 꽤 매력적이지만 한편으로는 현실과 낭만을 구별하기 어려운 경우도 많다. 호메로스 시대가 지나고 나면 그리스에 암흑기가 찾아온다.

그리스의 시인 호메로스

우리는 현재 기원전 600년 이전만큼이나 그리스라는 나라를 정확하게 파악하기 어렵다. 하지만 자세히 들여다보면 그리스의 특징들이 꽤 많이 바뀌었다는 사실을 알 수 있다. 호메로스 시대에 강대국이었던 도시들은 이제는 한낱 시골 마을에 불과해졌다. 새로운 종족이 그리스에 침입했고, 이제 낭만적인 분위기는 거의 사라지고 말았다.

초기 그리스의 주요 특징

지금부터는 초기 그리스의 주요 특징들을 하나씩 알아보겠다. 우선 그리스라는 지역은 정치적으로 하나로 통합되어 있지는 않았다. 그리스는 하나의 나라가 아니라 수많은 나라의 집합체로 이루어졌다. 또한 '그리스(또는 헬라스)' 라는 이름은 현재 그리스라고 부르는 땅뿐만 아니라 이탈리아의 상당 부분, 시칠리아, 소아시아를 포함하고 있었다. 그리스 사람들이 살고 있던 모든 지역이 사실상 그들의 마음속에는 그리스의 일부였기 때문이다.

그리스인들이 거주하던 모든 도시는 규모가 크든 작든 상관없이 독립된 나라였고, 자체적으로 정부와 군대와 화폐제도를 갖추고 있었다. 이런 점이 바로 현대를 살아가는 우리가 고대 그리스인의 생활 방식을 이해하기 어렵게 만드는 특징이다. 아테네, 스파르타, 코린토스, 테베 등 큰 도시국가들은 다른 도시국가들에 비해 더 눈에 띈다. 하지만 모든 도시가 이미 독립했거나 독립하기를 바랐고, 그리스인들은 이러한 바람이 자연스럽고 옳은 것이라고 생각했다.

초기 그리스의 정치체제

수많은 도시국가의 각 정부는 동일한 정치체제를 띠고 있지는 않았다. 예전 호메로스 시대의 정치체제는 모든 지역에서 이미 사라져버렸다. 스파르타만이 거의 유일하게 왕정을 유지하고 있었다. 이 나라에서는 항상 두 명의 왕이 통치했다. 반면, 다른 거의 모든 나라에서는 왕정이 사라져갔다. 어떤 나라에서는 실제 권력이 소수의 손에 들어갔는데, 이러한 통치 체제를 '과두정' 또는 '귀족정'이라고 부른다. 또 어떤 나라에서는 시민들이 모든 권력을 가지게 되었는데, 이것을 '민주정'이라고 부른다. 민주정을 운영하는 나라에서는 시민들(시민들의 대표가 아니라 시민이 직접 정치에 참여함)이 정기적으로 민회에 모여 주요 정책에 관해 투표하고 공직자를 선출했다. 그리스를 제대로 이해하려면 대표 또는 대의(代議)라는 개념이 존재하지 않았다는 사실을 늘 염두에 두어야 한다.

그리스의 노예제

그리스의 사회적 특징은 호메로스 시대와 크게 다르지 않았다. 여성은 여전히 남성에게 의존적이었는데, 아마도 호메로스 시대보다 훨씬 더 심했던 것 같다. 그리스 사회는 이전과 마찬가지로 노예제를 기반으로 하고 있었다. 아테네나 코린토스처럼 상업이 번성한 선진적 도시국가에서는 노예의 인구수가 자유민의 인구수보다 더 많았다. 그런데 특이하게도 전 세계에서 노예제를 운용하는 국가 중 그리스가 노예들의 반발심이 가장 적었다고 한다. 물론 그리스에서도 시기나 지역에 따라 노예들이 잔혹한 대우를 받는 경우도 있었지만, 원칙적으로는 노예도 주인과 한 지붕 아래에서 가족처럼 지냈다. 노예는 육체적으로 힘들기보다는 지위가 상대적으로 낮은 것에 불과했던 것이다.

그리스의 신들

호메로스의 신들은 역사적인 그리스의 신들이기도 하다. 하늘의 신 제우스, 태양의 신 아폴론, 바다의 신 포세이돈, 제우스의 아내 헤라와 딸 아테네. 이들은 그리스 최고의 신들로 신전에 모셔져 있다. 하지만 그리스의 문명이 발전하는 동안 이 신들은 이름은 그대로지만 성격이 변화하는 것을 알 수 있다. 신화 속에서 추하고, 음탕하고, 잔인한 표현은 제거되거나 시야에서 사라졌다.

사람들은 제우스를 다른 신들보다 우월한 존재로 생각하게 되었다. 그리스의 위대한 사상가들도 여러 신들

그리스의 최고 신 제우스

보다 하나의 신을 믿는 경향을 보였다. 하지만 일반적인 그리스인들은 여전히 자연 만물에 크고 작은 신들과 초자연적인 존재가 가득하고 믿었다. 이 신들은 사람들의 상상력을 자극했고 지구를 경이로운 곳으로 만들었다. 게다가 그들의 인간적인 특성과 제한된 힘이 사람의 마음을 억누르거나 지성이 자유롭게 활동하지 못하도록 막지도 않았다.

그리스의 종교 제도

그리스의 종교는 조직적인 성직자나 체계화된 신앙을 갖추지는 못했다. 보통 종교는 지역에서 자연스럽게 발생하는 경우가 많았다. 종교는 널리 퍼져 있었고 때로는 서로 각축을 벌이기도 했다. 종교 제도 중 가장 주요한 행사는 올림피아 제전과 아폴로 신전의 신탁이었다. 그리스 사람들은 대부분

델포이의 아폴론 신전

운동 경기를 좋아했는데, 인간의 정신과 영혼만큼이나 육체도 수련시키는 것을 종교 활동의 일부로 생각했다.

많은 운동 축제가 있었지만 그중 가장 큰 행사는 펠로폰네소스반도의 알페우스강 유역에 펼쳐진 올림피아에서 4년마다 열리는 제전이었다. 그리스의 모든 도시국가에서 몰려온 선수들이 달리기, 높이뛰기, 권투, 레슬링, 고리 던지기, 전차 경주 등 여러 종목에서 열띤 경쟁을 벌였다. 올림피아 제전은 이러한 물리적인 효과 외에도 모든 정치적 분열을 뛰어넘어 그리스를 하나로 단결시키는 중요한 상징이기도 했다. 그리스인이라면 누구나 올림피아에서 경쟁할 수 있었지만, 그리스인이 아닌 사람은 아무도 참여할 수 없었다. 그래서 이 축제는 모든 그리스인(헬레네스)을 아우른다는 의미에서 '범헬레닉(Pan-Hellenic)'이라고 불렸다.

신들에게 현재와 미래의 운명에 관해 묻고 답을 듣는 신탁(神託)은 그리스의 여러 지역에서 행해졌다. 그중에서도 델포이의 아폴론 신탁이 다른 모든 신탁을 월등히 능가했다. 파르나소스산 중턱에는 그리스에서 매우 중요한 신전 중 하나인 아폴론 신전이 자리잡고 있다. 그리스인들은 이곳에서 자신들이 행할 일에 대해 신에게 허락을 얻거나, 신에게 미래를 미리 보여달라고 요청했다. 그리스인들이 신탁에서 받은 응답을 보면 터무니없는 경우도 많다. 하지만 신탁은 그 영향력이 긍정적이었고, 엄격한 행동 수칙을 따랐으며, 흩어져 있던 그리스인들은 하나로 묶어주는 역할을 했다.

강력한 군사 국가 스파르타

펠로폰네소스반도에서 주요한 그리스 국가는 스파르타와 아르고스(Argos)였다. 펠로폰네소스반도 북동쪽의 좁다란 지협에는 코린토스가 위치해 있었고, 그리스의 중앙에는 아테네와 테베가 자리잡고 있었다. 펠로폰네소스반도에 있는 나라들 중에는 스파르타가 가장 중요했다. 스파르타는 기본적으로 강력한 군사 국가였고, 스파르타 시민들은 자유로우면서 노예

근성을 가진 수많은 신민들에 둘러싸여 있었기 때문에, 끊임없이 엄격한 군사 훈련을 통해 자신들의 지배력을 유지해나갔다. 그래서 스파르타인들은 태어나서 죽을 때까지 늘 전시 상황을 대비하며 살아갔다. 가족 간의 생활도 오로지 전쟁만을 상정하고 존재했다. 그렇게 스파르타는 군사 국가로서 성공을 거두었다. 그리스인들 중 단연 최고의 군사력을 자랑했다. 적어도 두 세기 동안은 누구도 스파르타의 군사적 패권에 도전하지 못했다. 하지만 성공의 대가는 혹독했다. 예술과 문학, 사상은 스파르타에서 설 자리를 찾지 못했다. 후대에 엄청난 영향을 미친 그리스 문명에 스파르타가 기여한 바는 사실상 거의 없었다.

그리스 대표 국가 아테네

아테네는 스파르타와 성격이 전혀 반대되는 대표적인 그리스의 국가였다. 아테네는 바다에서 약 7킬로미터 떨어진 곳에 위치해 있었다. 처음에는 아크로폴리스의 거대한 바위 요새 위에 집들이 지어졌고, 인구가 늘어나자 그 요새 주변으로 사람들이 모여들었다. 바로 이곳에서 그리스 문명이 가장 아름답게 꽃을 피웠는데, 특히 아테네에서 탄생한 철학과 예술은 인류의 귀중한 보물이 되었다.

아테네는 처음에 왕이 통치했지만, 다른 나라와 마찬가지로 군주정은 귀족정에 자리를 내줬고, 다시 귀족들도 자라나는 시민 세력의 위협을 받았다. 6세기 초, 솔론(Solon)은 귀족의 권력을 완전히 무너뜨리지 않은 상황에서 시민에게 많은 권한을 부여했는데, 이러한 타협안이 양측의 요구를 모두 충족시키기를 바랐다. 그의 현명하고 고귀한 계획은 아테네 국가의 기초를 마련했지만, 곧 무너지고 말았다. 일부 시민들은 이에 만족하지 못한 것이다.

개혁가 솔론

빈민층의 지지를 받은 아테네의 귀족 피시스트라투스(Pisistratus)는 솔론의 헌법을 뒤엎고, 스스로 국가의 주인이 되었다. 그는 그리스인들에게 헌정 질서를 어지럽히는 '폭군(tyrant)'으로 불리게 되었다. 피시스트라투스의 통치는 전반적으로 나쁘지는 않았다. 아테네를 아름다운 도시로 만들었고, 예술가들을 도시로 불러모았다. 나라도 부유하게 만들었다. 하지만 시민들의 자유를 억압했다. 아테네인들은 피시스트라투스의 아들이자 계승자인 히피아스(Hippias)에 맞서 일어나 그를 아테네에서 몰아내고 말았다.

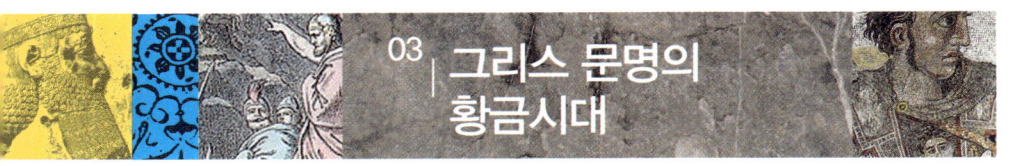

페르시아전쟁의 발발

그리스 역사상 가장 큰 위기가 찾아왔다. 누군가는 유럽 문명의 위기라고
도 말했다. 기원전 6세기 말 그리스는 동쪽의 강력한 국가 페르시아의 위협
을 받았다.

페르시아인들은 완전히 야만적이거나 혐오스러운 존재는 아니었다. 원래
그리스인들도 페르시아인들의 용맹함과 진실함을 인정했다. 하지만 이제
시작된 전쟁에서 유럽 문명은 절멸의 위기에 처하게 되었다. 당시 고대에는
유럽 문명이 그리스에만 존재했기 때문이
다. 그리스에는 민주주의라는 정치적 자
유를 추구했지만, 페르시아에서는 독재
적인 왕정을 추구했다. 그리스에서는 일
부일처제가 통용되었지만, 페르시아에서
는 일부다처제가 존재했다. 그리스에서
는 예술, 문학, 과학, 철학의 씨앗이 뿌려
져 있어 위대한 수확이 약속되어 있었지
만, 페르시아에서는 모든 지적인 문화가
활기차게 발전하지 못했다. 만약 전쟁에
서 페르시아가 승리했다면, 유럽 문명은
그 발상지부터 파괴되는 것이었다.

페르시아의 왕 다리우스

페르시아의 패배

하지만 페르시아는 승리하지 못했다. 소아시아의 그리스 도시들은 페르시아의 왕 키루스와 다리우스에게 점령당했고, 페르시아 군대의 개선 행진은 그리스 본토 접경 지역인 트라키아(발칸반도의 남동부 지역)와 마케도니아(발칸반도의 중부 지역)까지 밀고 들어왔다. 그런데 기원전 490년 다리우스 대왕이 아티카 해안에 페르시아에 군대를 보냈을 때, 마라톤전투에서 엄청난 규모의 아테네 군대를 맞아 패배하게 되었다. 10년 후인 기원전 480년에 다리우스의 후계자 크세르크세스가 페르시아의 군대를 이끌고 나타났을 때는 그리스의 국가들이 연합해 더 큰 군대가 저항했다. 실제로 테베와 아르고스와 같은 일부 국가들은 여러 내부적인 이유로 참전하지 않았지만, 대부분의 그리스 국가들은 애국을 제일 가치로 여기며 스파르타와 아테네의 지도력에 복종했다.

아테네에서는 그리스의 탁월한 지도자 중 하나인 테미스토클레스(Themistocles)가 등장했다. 그의 지혜와 리더십 덕분에 그리스는 힘든 시기를 잘 극복할 수 있었다. 처음에 페르시아의 왕 크세르크세스는 모든 것이 수월했다. 그는 그리스의 정문이라 할 수 있는 테르모필레(Thermopylae)를 무사히 통과했다. 하지만 그의 해군은 살라미스(Salamis)해전(기원전 450년)에서 그리스 해군(아테네가 대부분의 전함을 제공했다)에게 패배하고 만다. 이후 크세르크세스는 신변의 위험을 느끼고 전투에서 물러났지만, 이듬해 그의 부하인 마르도니우스(Mardonius) 장군은 파우사니아스(Pausanias)가 이끄는 그리스 군대와 플라타이아(Plataea)전투에서 맞붙었다. 살라미스해전과 플라타이아전투는 결정적인 사건이었다. 이 전투들로 그리스 문명은 구원을 얻었고, 마찬가지로 유럽 문명은 살아남게 되었다.

그리스의 승리는 사실 놀라운 사건이었다. 그리스 도시국가들의 세력은 균등하지 않았기 때문이다. 우리가 보았듯이 그리스는 하나로 단결했지만, 그 자체로 스스로 분열되어 있었다. 승리의 원인은 쉽게 찾을 수 있다. 높은 수준의 지성이 낮은 수준의 지성을 압도하는 승리였다. 무기, 전술, 선박 등 그리스군은 적군에 비해 우월했다. 독재에 대한 자유의 승리이기도 했다. 페르시아 병사들은 자신들의 수장이 이끄는 싸움에 별 관심이 없었다. 반면, 그리스인들, 특히 아테네인과 스파르타인에게는 자신들에게 가장 소중한 것을 지키는 전쟁이었다. 그리스의 지리적 특성도 전쟁에서 승리한 주요 이유 중 하나였다. 그리스는 산과 해협, 다도해로 이루어져 있어 상대적으로 쉽게 방어할 수 있었다. 그럼에도 만약 더 결단력 있는 지휘관이 페르시아군을 이끌었다면, 그리스군은 적군과 맞서 싸우기 더 힘들었을 것이다. 행운, 애국심, 지성 이 모든 것이 제 역할을 한 덕분에 전쟁사에서 가장 위대한 영웅의 시기를 그리스는 무사히 지나갈 수 있었다.

페르시아전쟁 이후의 그리스

큰 위기에서 벗어난 그리스는 모든 방향에서 발전할 수 있었다. 그리스가 전쟁을 치르면서 얻은 결과 중 하나는 느슨한 형태로 연합되어 있는 그리스의 국가들이 하나로 뭉치고자 하는 열망이 생겼다는 것이다. 먼저 플라타이아전투 이후, 향후 예상되는 페르시아의 공격을 방어하기 위해 그리스 국가들이 동맹하자는 제안이 나왔다. 스파르타의 주도로 형성된 동맹은 소아시아와 에게해 북쪽 연안에 남아 있는 페르시아의 세력을 약화시켰다. 하지만 동맹은 곧 와해되었다. 스파르타는 그리스 연합군을 이끌기에 적합한 나라가 아니었기 때문이다. 그들은 육지에서는 강력했지만 이후 주요 군사 작전은 에게해 해역에서 이루어졌다. 그들은 기질상 보수적이었고 책임지는 것을 두려워했고, 새로운 동맹을 이끌 에너지와 주도권이 부족했다. 게다가 예전에 플라타이아전투에서 승리한 파우사니아스가 페르시아와 내통한다는 의심을 받고 있었다.

결국 3년 만에 범 그리스 동맹은 무너졌고, 그리스는 두 개의 동맹으로 나뉘었다. 내륙 본토의 나라들은 스파르타를 따랐다. 반면, 해안과 섬에 있는 나라들은 아테네를 리더 국가로 세웠고, 아테네도 이를 흔쾌히 승낙했다. 아테네는 모든 방면에서 동맹을 이끌 나라로 적합했다. 해상에서 강력한 힘을 발휘할 수 있었을 뿐 아니라, 군 지휘관들은 정력적이고 모험을 추구하고 책임감이 강했다. 동맹국에 대한 대우도 우호적이었다.

기원전 476년 그리스는 마침내 두 개의 동맹을 이루었다. 하나는 스파르타를 중심으로 그리스 본토에 위치한 나라들로 이루어진 펠로폰네소스 동맹이었고, 다른 하나는 아테네를 중심으로 해양 국가들로 이루어진 델로스 동맹이었다. 두 동맹은 처음에는 서로에게 우호적이지 않았다. 델로스 동맹은 페르시아의 침략에 대비해 강력한 연합을 결성했다. 모든 그리스 땅은 델로스 동맹의 손아귀에 들어갔다. 이집트와 키프로스도 그리스군의 공격을 받고 점령당했다. 기원전 445년, 마침내 페르시아는 그리스 해역에서 자신의 패권을 회복하는 것이 불가능하다고 판단해 평화 관계를 유지하는 데 동의했다. 이로써 델로스 동맹(또는 아테네 동맹)은 에게해와 그 주변 대부분의 영토를 완전히 정복하게 되었다.

아테네 제국의 형성

그동안 델로스 동맹은 내부적으로 큰 변화를 겪었다. 처음에 동맹 안의 국가들은 평등한 관계였다. 동맹국들은 자발적으로 선박이나 인력, 재정을 지원했고, 동맹 안에서 얻는 이득은 아테네뿐 아니라 모든 나라에도 적지 않게 돌아갔다. 그러나 초반의 상황이 오래 지속되지는 않았다. 페르시아가 더 이상 위협이 되지 않자 많은 나라가 동맹 탈퇴를 시도했다. 아테네가 그들에게 복종을 강요하면서 동맹의 성격도 변질되기 시작했다. 다시 말해, 초기에는 아테네의 주도하에 모든 나라가 자유롭게 연합을 이루었지만, 30년이 지난 후에는 그리스의 해양 국가들로 이루어진 이른바 '아테네 제국'이 되고 말았다. 여전히 동맹국으로 불리기는 했지만 실제로는 제국의 주인인 아테네에게 조공을 바치는 신하 국가들에 불과했다.

그리스 본토의 도시국가들은 아테네 제국의 성장을 질투 어린 시선으로 지켜보았다. 그만큼 어느 한 국가의 우월성에 대한 혐오는 그리스 정치에서 가장 강력한 동기로 작용했다. 스파르타는 아테네의 영향력이나 신하 국가의 수가 스파르타를 훨씬 능가한다는 사실에 경악했다. 그리스는 페르시아 전쟁으로 잠시나마 통합을 이루었지만, 이제 두 동맹 간의 경쟁심이 불타오르면서 결국 전쟁의 기운이 높아져만갔다. 그리그 상업 국가였던 코린토스는 자신보다 부의 경쟁에서 앞서던 아테네를 싫어했다. 아테네에 대한 경쟁심은 스파르타보다 코린토스가 더 심했던 것이다. 코린토스는 지리적으로 좋은 위치에 자리잡고 있었지만 아테네나 동맹국들에 의해 동쪽과 서쪽이 모두 막혀 있었다.

그 결과 그리스에서 아테네와 경쟁국들 간에 일련의 전쟁이 벌어졌다. 해상에서는 아테네의 패권이 의심할 여지가 없었지만, 육지에서는 초기 전투에서 승리를 거둔 후에야 인접한 땅을 병합할 수 있었다. 기원전 445년에는 아테네가 본토에서 패배한 뒤 30년 동안의 휴전 기간에 자신의 영토나 주요 동맹국들을 잃게 되었다. 여전히 스파르타와의 경쟁이 남아 있었는데, 머지않아 큰 전쟁이 벌어졌고 이는 그리스 정치의 경종을 울렸다.

아테네의 민주주의

아테네 내부에도 큰 변화가 일어나고 있었다. 아테네는 그리스의 여러 도시국가 중 하나에 불과했지만, 이 나라가 가진 중요성은 다른 어느 나라보다 크기 때문에 주목할 수밖에 없다. 이른바 '동맹'이 제국으로 성장하는 동안, 아테네는 정치 구조를 그리스 역사상 가장 완전한 민주주의로 발전시키고 있었다. 아테네의 민주주의는 우리가 알고 있는 현대의 민주주의와는 여러 면에서 달랐다. 우리는 아테네에 수많은 노예가 존재했고, 대의권(代議權)이라는 개념이 별로 알려지지 않았다는 사실을 기억해야 한다. 투표권을 가진 시민의 수가 1만 5,000명을 넘지 않았고, 이들은 그 나라의 남성 거주민 중 소수에 불과했다.

아테네의 아크로폴리스

아테네 민주주의의 두드러진 특징은 민회가 가진 막강한 권력이었다. 시민들은 프닉스(Pnyx)라고 불리는 거대한 야외 극장에서 모였다. 이들의 정치 집회는 에클레시아라고 했고, 정치적 권한을 가진 이들은 데모스(Demos), 즉 시민이라고 불렸다. 에클레시아에 모인 시민들은 아테네에서 그 누구의 도전도 받지 않는 최고의 통치자였다. 시민들은 정책을 결정했고, 전쟁을 지휘했으며, 다른 어떤 정부 기관보다 우월한 지위를 누리고 있었다. 현대 국가들은 규모가 거대하고 대의제 정부를 채택하고 있으므로, 고대 아테네의 직접 민주주의를 실현하는 것이 불가능하다. 하지만 영국인들이 처음 아메리카 신대륙에 도착했을 때, 대중 집회는 아테네의 에클레시아와 비슷했다.

물론 아테네에는 아레오파고스(Areopagus)와 500인회(Council of Five Hundred)라는 두 개의 다른 정치 집회가 존재했다. 하지만 아레오파고스는 살인 사건을 다루는 사법 재판소에 불과했고, 500인회도 중요한 기구였지만 민회에 매우 의존적이었다. 아테네에는 수많은 관리와 치안관이 있었지만, 누구도 독립적으로 행동할 수 없었다. 그들은 명령에 복종하고 민회에서 결정한 정책을 수행하기 위해 존재했다. 관리들은 동료 시민들의 신중한 선택이 아니라 단지 제비뽑기를 통해 선출되었다는 사실에서 종속적인 존재임을 알 수 있다. 따라서 관리들은 선출된 대표로서 가질 수 있는 모든 권위를 박탈당한 셈이다. 그들은 인기나 실력 면에서 동료 시민들보다 뛰어나지 않았다. 그들은 나라를 통치할 꿈은 꿀 수도 없었고 오로지 봉사하는 것만이 그들의 일이었다. 아테네 민주주의가 어떻게 작동했는지 이해하려면 제비뽑기를 이해하면 된다.

페리클레스

그러므로 평등에 대한 열망은 아테네의 모든 분야에 만연해 있는 듯 보였다. 우리가 이야기하고 있는 이 시기에 아테네는 페리클레스(Pericles)라는 위대한 인물이 통치하고 있었다. 그는 진보적인 또는 민주적인 사람들 편에 속해 있었고, 나라 안에 잔존해 있는 귀족이 독점한 잔재들을 파괴하는 운동에 힘을 보탰다.

페리클레스는 15년 동안 아테네의 운명을 실제로 좌지우지했다. 하지만 이는 그가 맡은 어떤 직책 때문에 가능한 일이 아니었다. 수년 동안 그는 동료 시민들에 의해 국가의 정책을 실행하는 10명의 장군 중에 하나로 선택되었을 뿐이다. 이 직책은 제비뽑기가 아닌 선거로 선출되는 몇 안 되는 직책 중 하나였다. 물론 중요한 직책이었지만 항상 모든 결정은 민회의 승인을 받아야 했다. 페리클레스의 권력은 대중적 인기와 설득력 있는 민회 연설 덕분이었다. 즉, 그가 아테네를 영향력 있게 통치할 수 있었던 것은 지휘관의 자리에 있었기 때문이 아니라, 사람들이 그를 신뢰하고 그의 조언을 따랐기 때문이다.

아테네의 지도자
페리클레스

페리클레스의 시대

'페리클레스의 시대'에 아테네의 민주주의는 하나의 흥미로운 정치적 실험이었다. 하지만 그 시대의 영광은 정치에 있지 않았다. 왜냐하면 이 시기는 그리스의 예술과 사상이 가장 영광스럽게 발전했기 때문이다. 그리고 그리스인들의 진정한 중요성과 우월함은 바로 이 예술과 사상에서 발견되어야 한다고 여겨지기 때문이다. 당시 다른 많은 나라에서는 더 많은 군인을 배출하고자 했고 정치적 문제를 더 철저하게 해결하려고 했다. 하지만 그리스만큼 세상의 지식과 아름다움을 위해 많은 노력을 기울인 나라는 없다. 페리클레스는 예술과 철학에 깊은 관심을 가지고 있었고, 그의 보호 아래 아테네는 그리스의 위대한 영광이 되었다.

우선, 아테네는 당시까지 유럽에서 알려지지 않았던 화려한 양식의 건축물이 가득했다. 아크로폴리스 위에 빛나는 대리석으로 만들어진 신전들과 건축물들이 세워졌다. 정교한 비율에 맞춰 섬세하고 우아하게 세워진 이 건물들은 역사상 가장 위대한 건축물로 손꼽히고 있다. 그중에서도 파르테논

아테네의 파르테논 신전

(Parthenon) 신전은 위대한 조각가 피디아스(Phidias)가 직접 작업한(또는 지휘한) 조각 작품으로 장식되었다. 그의 작품 중 일부는 대영박물관에서 전시 중인데 그 박물관의 큰 자랑거리다. 아테네에 있는 그의 작품 중 가장 중요한 것은 상아와 금으로 장식된 아테나 여신상이었지만, 파르테논 신전은 우아하고 장엄한 대리석 인물 조각상들이 적재적소에 배치되어 있었다.

아테네의 연극

아크로폴리스의 남동쪽에는 거대한 디오니소스 극장이 있었는데, 이곳에서는 일 년 중 특정한 기간에 연극이 공연되었다. 아테네의 위대한 극작가들은 모두 '페리클레스의 시대'에 살았다. 소포클레스(Sophocles)가 바로 그 시대에 살며 작품을 남겼고, 아이스킬로스(Aeschylus)는 이전 세대에 속하지만, 그 시대에도 여전히 살아남았다. 에우리피데스(Euripides)는 나중에 최고

아테네의 디오니소스 극장

의 업적을 남겼는데, 다른 사람들보다는 젊은 동시대 사람이었다. 고대 희극 작가 중 가장 위대한 인물인 아리스토파네스(Aristophanes)는 페리클레스가 세상을 떠난 직후부터 자신의 이름을 알리기 시작했다.

아테네의 극장은 오늘날의 극장과는 매우 달랐다. 무대에 동시에 오르는 배우는 서너 명을 넘지 않았다. 연극 장면은 형식적이고 관습적이며 아마도 서툴러 보였을 것이다. 하지만 셰익스피어의 연극을 비롯한 어떤 연극도 아테네의 연극만큼 인생의 큰 문제를 진지하게 다룬 적은 없었을 것이고, 이보다 더 높은 수준의 시와 웅변에 도달하지도 못했을 것이다. 확실히 아테네만큼 시민들의 삶에 극장이 중요한 나라는 없었다. 아테네의 연극은 오늘날 강단과 극장, 언론을 결합한 것과 동일한 역할을 했다.

아테네의 철학과 문학

건축, 조각, 시, 연극만으로 그리스의 지적 활동의 전부라고 할 수는 없다. 이 시기에 그리스인들이 최초로 노력을 기울이지 않은 지적 분야는 거의 없다. 예술적 업적도 뛰어났지만, 과학과 철학의 기초를 마련한 것은 후대 인류 사상의 방대한 토대를 닦은 것과 마찬가지다. 역사 서술은 헤로도토스(Herodotus)와 투키디데스(Thucydides)의 위대한 작품들에서 시작되었다. 이후 시대에는 헤로도토스 작품의 매력이나 투키디데스 작품의 정확성, 공정성, 깊은 통찰력을 넘어서지 못했다.

페리클레스가 죽기 전에 소크라테스는 아테네의 시장에서 사람들과 행위의 문제에 관해 토론했는데, 이는 더 깊이 있는 도덕철학과 형이상학의 문제로 이어졌다. "정의란 무엇이고, 용기란 무엇이며, 성스러움이란 무엇인가?" 소크라테스는 당시 현실에 안주하던 아테네 사람들에게 물었다. 하지만 만족스러운 답을 듣지 못하자, 소크라테스는 사람들에게 종교와 도덕이 무엇에 의존하는지 생각할 수 있도록 이끌어주

그리스의 철학자 소크라테스

었다. 그는 자신만의 철학을 정립하지는 않았지만, 그가 사람들에게 제공한 지적 충동은 지금까지의 어떤 성찰보다 큰 것이었다. 플라톤이 그의 제자였으며, 고대 세계의 모든 철학은 소크라테스에게서 유래되었다. 소크라테스는 자연과학을 통해서는 좋은 결과를 얻을 수 없다고 생각했다. 그리스인들은 과학 분야에서도 적극적이고 생산적이었지만, 아테네는 이 분야가 예술과 철학만큼 두각을 드러내지는 못했다. 그럼에도 수학, 기하학, 역학, 의학 역시 모두 그리스인들에게 큰 영향을 받았다.

인류 문명은 확실히 예술과 사상 분야에서 그리스인들에게 빚을 졌다고 해도 과언이 아니다. 그런데 페리클레스의 시대가 끝나기도 전에 정치적·군사적 위험이 닥치기 시작했고, 아테네도 다른 그리스 국가들도 이 문제를 해결할 수 없었다. 그리스는 강력한 국가 또는 안정적인 국가를 건설하는 데 실패했다. 그리스의 여러 도시국가는 서로 끊임없이 전쟁을 치렀다. 페리클레스의 죽음(기원전 429년) 이후 한 세기도 채 되지 않아 그리스는 지적으로는 뒤떨어지지만 단결력이 강하고 호전적인 민족의 먹잇감이 되었다.

펠로폰네소스전쟁의 발발

그리스 붕괴의 첫 번째 단계는 아테네와 스파르타 간의 전쟁(보통 펠로폰네소스전쟁이라고 불림)이었다. 이 전쟁은 기원전 432년에 발발해 아테네 제국이 완전히 멸망하면서 기원전 404년에 끝이 났다. 페리클레스는 이미 전쟁이 일어날 것을 예견했고, 피할 수 없을 것이라고 믿었으며, 아테네인들이 승리하기를 염원했다. 이 싸움은 주로 그리스의 패권을 차지하기 위한 경쟁이었다. 그리스인들은 도리아인과 이오니아인 두 개의 종족으로 나뉘었다. 스파르타는 도리아인을 대표했고, 아테네는 대부분 이오니아인을 대표했다. 스파르타는 과두제(寡頭制)였기 때문에, 다른 모든 과두제 국가들이 스파르타의 승리를 기원했다. 반면 아테네는 민주주의 국가였고 민주주의의 원칙을 수호했다.

전쟁이 오랫동안 지지부진했던 것은 아테네와 그 동맹국들의 함대가 전쟁을 시작했을 때 경쟁자가 없었기 때문이다. 스파르타와 그 동맹국 군대는 마찬가지로 육지에서 우위를 점하고 있었다. 따라서 전쟁은 어느 한쪽이 상대방에게 치명적인 타격을 주기 전까지 여러 해 동안 계속되었다. 또한 근현대의 모든 전쟁에서는 비용을 해마다 충당해야 한다는 점도 주목해야 한다. '국가 부채'가 발생하면서 지금 세대의 비용 부담을 다음 세대에 떠넘길 수 없었다. 고대에 전쟁이 느리게 진행된 것은 다른 어떤 이유보다 재정 고갈에 기인한다는 사실에 주목해야 한다.

시칠리아 원정

기원전 421년, 모든 정복지를 원래대로 되돌린다는 조건하에 아테네와 스파르타 간의 평화조약이 체결되었다. 하지만 이 평화는 공허한 것이었다. 평

펠로폰네소스전쟁 당시 페리클레스의 전사자 추도

화 반대파와 시칠리아의 경쟁은 여전히 계속되었고, 마침내 기원전 415년에 다시 싸움이 재개되었다. 시칠리아의 크고 부유한 섬은 그리스 도시국가들이 차지하고 있었기 때문에, 그리스 본토의 정치체제, 예술과 사상을 이 섬에서 재현했다. 시칠리아섬의 시라쿠사(Syracuse)는 가장 위대한 도시였는데, 그래서 섬의 다른 도시국가들의 적대감을 불러일으켰다.

기원전 415년 알키비아데스(Alcibiades)의 설득에 크게 힘입은 아테네는 이 섬을 정복하기로 결심했다. 처음에는 모든 일이 순조로웠다. 시라쿠사에 대한 포위 공격이 시작되었고, 도시는 곧 정복될 것처럼 보였다. 그때 갑작스럽고 비극적인 돌발 상황이 발생했다. 정적들로부터 신성 모독죄로 고발당한 알키비아데스가 스파르타에 시라쿠사를 도와달라고 요청한 것이다. 그와 동시에 스파르타가 아테네를 해칠 수 있는 치명적인 기술을 알려주었다. 스파르타인들은 알키비아데스의 조언에 따라 끔찍한 결과를 초래했다. 아테네는 시라쿠사에 대한 공격에 실패했고, 오히려 역공을 당했다. 한때 무적이었던 아테네 함대는 시라쿠사 항구에 붙잡혀 무참히 격파당했다. 도망치기 위해 고군분투하던 아테네 군대는 마침내 대대적으로 항복해야만 했다(기원전 413년).

하지만 여전히 전쟁은 끝나지 않았다. 스파르타는 주어진 기회를 충분히 활용하지 못했고, 아테네는 훌륭한 자원과 용기를 보여주었다. 전쟁은 거의 9년 더 지속되었다. 전쟁으로 재정이 너무 소진되어 그리스 공동의 적인 페르시아의 왕에게까지 돈을 달라고 호소했다. 결국 스파르타는 페르시아와 동맹을 맺고, 스파르타의 제독 뤼잔드로스(Lysander)가 아테네에 회복할 수 없는 타격을 입혔다. 아테네 함대는 아이고스포타미에서 격파되었고(기원전 405년), 이듬해 아테네는 기근에 시달리면서 항복할 수밖에 없었다. 아테네 제국은 무너졌고, 성벽은 파괴되었으며, 자랑스러웠던 도시는 그리스의 다른 도시국가와 같은 수준으로 전락하고 말았다.

펠로폰네소스전쟁의 결과

만약 아테네가 전쟁에서 승리했다면, 아마도 외적의 침략에 충분히 저항할 만큼 크고 강한 국가를 만들었지 모른다. 스파르타의 승리는 그리스의 파멸을 의미했다. 스파르타는 정복할 수는 있었지만, 나라를 조직하거나 통치할 수 없었기 때문이다. 그리스의 붕괴는 빠른 속도로 진행되었고, 60여 년 동안 그리스는 마케도니아 왕국의 지배를 받게 되었다.

테베의 부상

스파르타는 처음에 패권을 장악한 반면, 아테네 제국은 완전히 해체되고 말았다. 스파르타의 왕 아게실라오스(Agesilaus)는 그리스의 보수적 전통과 충돌하는 방식으로 새로운 스파르타의 권력을 이용하고자 했다. 심지어 소아시아로 군대로 이끌고 가서 광대하지만 일관성은 없는 페르시아 제국에 맞서기 위해 원정을 계획하기도 했다. 하지만 그가 소아시아에 있는 동안 그리스에서는 스파르타에 대항하는 연합 세력이 결성되었다는 소식이 들렸고, 아게실라오스는 이 문제를 해결하기 위해 본국으로 소환되었다. 실질적인 전투에서 스파르타는 여전히 이길 수 있었지만, 결국 스파르타의 패권을 무너뜨리는 새로운 세력이 생겨나고 있었다. 아테네는 바다와 연결된 성벽을 재건해 스파르타와 페르시아 간의 혼란을 틈타 이익을 얻었다. 아테네는 이전 제국의 일부를 되찾았지만 예전만큼 장악력이 강하지는 않았다.

아테네의 부흥보다 더 중요한 사건은 테베의 부상이었다. 테베는 그리스 역사에서 다소 불명예스러운 역할을 맡아왔다. 이 나라는 그리스 문화 발전에 거의 기여한 바가 없다. 오히려 그리스의 독립 전쟁에서 페르시아의 편에 섰다. 전쟁이 끝날 무렵에는 테베를 멸망시켜야 한다는 목소리가 높아졌다. 테베의 시민들은 지적이지 않고 둔하며, 덩치가 크고 힘이 센 사람들이 많았다. 그 외에는 큰 특징이 없었다.

하지만 테베에서는 새로운 생각이 꿈틀거리고 있었다. 테베의 병사들은 늘 고집스러운 전사들이었는데, 이제 그들은 장군들(그중 에파미논다스가 수장이다)의 지휘를 받아 새로운 진형을 갖추고 새로운 전술을 채택하도록 지시받았다. 그리스의 전투는 보통 길이가 같은 두 개의 전선이 충돌하는 형태였고, 전체 전선이 동시에 전투를 벌였다. 하지만 에파미논다스는 다음과 같은 전술을 사용했다. 전선의 일부만 군사 수를 늘려 강화하고 먼저 전투에 투입시키는 것이었다. 그래서 적의 가느다란 방어선을 무너뜨린 다음 적의 후면에서 공격했고, 그와 동시에 테베의 다른 군대는 전면에서 적의 전선을 공격했다.

레우크트라전투

스파르타와 테베는 그리스에서 가장 큰 적대자가 되었다. 그리스의 다른 국가들은 끊임없이 이합집산했지만 국가들 간의 관계는 어떤 종류의 안정도 찾을 수 없었다. 처음에 스파르타는 페르시아의 도움으로 자신의 지위를 유지하는 것 이상의 성과를 거두었다. 그러나 기원전 371년에 큰 변화가 찾아왔다. 스파르타의 정책은 테베를 동맹국으로부터 고립시키는 데 성공했고, 그해 승리를 확신한 스파르타 군대가 레우크트라전투에서 테베 군대를 공격했다. 하지만 테베의 장군 에파미논다스는 새로운 전술을 활용해 스파르타에 치명적인 결과를 안겨주었다. 스파르타는 자신들의 이름에 걸맞게 모든 용기를 보여주었지만 테베에 압도당하며 결국 전투에서 패배했다. 이 한 번의 타격으로 그리스에서 스파르타의 군사적 우위는 영원히 사라지고 말았다.

테베의 패권

스파르타가 실패한 지점에서 테베는 성공할 수 있었을까? 테베는 강력하고 영구적인 국가 또는 국가 연합을 결성하고 북쪽의 위협적인 세력에 맞서 그리스가 스스로 패권을 유지하게 만들 수 있었을까? 에파미논다스가 살아 있는 동안에는 그런 결과를 만들어낼 수 있었을 것 같았다. 에파미논다스는 페리클레스를 제외하고 그리스의 그 누구보다도 폭넓은 시야를 가진 정치가였다. 어떤 이들은 그를 그리스 역사상 가장 위대한 정치가라고 불렀다.

그는 확실히 그리스의 위대한 군인이었다. 그의 군사적 업적은 성공적이었을 뿐만 아니라 그리스 전쟁에서 보기 드문 전술과 실행력을 보여주었다. 그는 세 차례 펠로폰네소스를 침공했다. 또한 지금까지 접근할 수 없었던 스파르타를 두 번이나 위협했다. 그는 새로운 국가를 세우고 기존 국가들과는 새로운 동맹을 맺었다. 그러나 기원전 362년 그는 만티네아전투에서 승리의 순간에 전사했고, 이로써 테베는 패권을 그 즉시 상실하고 말았다. 그

에파미논다스의 죽음

리스 통합의 마지막 희망이 사라진 것이다.

그리스는 그 후 24년 동안 여전히 자유를 누렸다. 하지만 많은 동시대인들에게도 그리스의 운명은 확실해 보였다. 그리스는 여전히 위대했다. 문명과 인류를 위한 그리스의 노력은 끝나지 않았고, 어떤 면에서는 아직 정점에 도달하지 못했다. 그리스의 시인들은 페리클레스 시대만큼 위대하지 않았고, 극장에는 더 이상 모든 문학의 걸작 중 하나인 연극들로 가득 차지 않았다.

하지만 철학과 과학 분야에서는 그 어느 때보다 확실한 승리의 발걸음을 내딛고 있었다. 플라톤(Plato)과 아리스토텔레스(Aristotle)는 모두 이 시기에 속한 철학자였다. 두 사람 모두 각자 다른 방식으로 유럽의 사상과 지식의 기초를 다지고 있었다. 인류의 지성은 형이상학과 윤리학을 비롯해 인간의 삶과 관련된 모든 과학에서 이 두 위대한 사상가가 남긴 영향력에서 결코 벗어날 수 없었다.

혼란에 빠진 그리스

그러나 그리스의 정치는 설상가상으로 빠르게 변화하고 있었다. 이제 그리스라는 나라에는 통일된 원칙이 없었다. 서로에 대한 시기심으로 동맹은 금세 깨졌고, 국가들 간의 유일한 원칙은 가장 강력한 힘에 맞서 단결하는 것뿐이었다. 국가와 국가 간의 대립만 존재하는 것은 아니었다. 각 도시국가 내에서 당파들 간의 경쟁이 너무 치열해 존립 자체가 위태로울 지경이었다. 재정 부패 혐의도 끊임없이 제기된 것으로 보아 분명히 빈번한 원인이 존재했을 것이다. 마지막으로, 부유한 국가에서는 시민들이 더 이상 군 복무의 부담을 기꺼이 감당하려 하지 않았고, 대신 돈을 지불하고 용병을 고용하는 것을 선호했다.

이처럼 붕괴되고 부패하고 전투 의지도 없는 그리스는 북쪽에 전혀 다른 종류의 나라가 위협하고 있다는 것을 인식하기 시작했다. 마케도니아는 국경이 다소 뚜렷하지는 않았고, 악시우스강과 할리아크몬강을 끼고 위치해 있었다. 이 나라는 템피계곡과 캄부니아산맥이 있는 테살리아의 북쪽 그리스의 국경 바깥에 있었지만, 마케도니아인은 인종과 언어가 그리스인과 비슷했고, 마케도니아의 왕실도 항상 그리스계로 인식되어왔다. 그러나 마케도니아는 전반적으로 그리스 남부보다 훨씬 덜 발전되어 있었다.

마케도니아인들은 페리클레스 시대의 그리스인들보다 호메로스 시대의 그리스인들을 더 닮아 있었다. 정부는 군주제로 운영되었고 왕위는 철저하게 세습되었다. 대부분 산악 지대에서 살았던 마케도니아 백성들은 강인하고 호전적이었으므로, 훌륭한 지휘관에게는 이상적인 군사 인재들이었다. 실제로 그리스인들도 용기가 부족하지 않았고 마케도니아인들보다 지력도 탁월했다. 하지만 전쟁에 이상적인 백성들을 소유하고 있던 마케도니아는 최고의 통치자를 배출한 왕실에 의해 정치적으로 통일된 국가였다.

마케도니아의 왕 필리포스

필리포스 대왕은 기원전 359년에 마케도니아의 왕위에 올랐다. 그는 기원전 368년부터 기원전 365년까지 테베에서 정치적 인질로 지냈다. 당시 테베는 에파미논다스의 치하에서 그리스의 패권을 아주 짧게 장악했었다.

필리포스는 그리스의 분열, 정치인들의 부패, 에파미논다스의 전술 개발 등을 통해 많은 것을 배웠고, 나중에 왕국을 건설하는 데 요긴하게 활용했다. 그리스 자유의 최후 수호자들은 필리포스가 야만인이라고 비난하며 그의 성공은 통제되지 않는 정복욕에서 비롯되었다고 설명했다. 이들은 그가 그리스가 아닌 야만국 페르시아의 왕 다리우스와 크세르크세스의 방식을 계승한 인물이라고 여겼다. 하지만 필리포스는 그리스 문화를 이해하는 능력이 뛰어난 사람이었다. 그의 방식은 그리스인들보다 좀 더 야만적이었지만, 그의 야망은 뤼잔드로스나 아게실라오스보다 더 부도덕하지는 않았고 더 성공적이었다.

마케도니아의 왕 필리포스

　그리스의 분열은 곧 필리포스가 개입할 빌미를 제공했다. 테베와 포키스(Phocis) 사이에 전쟁이 발발했을 때, 포키스인들이 델포이 신전의 보물을 취해 그것으로 병사들에게 돈을 지불하고 용병을 고용했다. 필리포스는 이 싸움에 개입해 음모와 무력으로 그리스 중부의 핵심 지역인 테르모필레(Thermopylae)를 점령했다(기원전 346년). 바로 그 순간부터 그리스는 파멸하기 시작했다. 오로지 단결해야 안전할 수 있었지만, 서로 다른 국가들 사이에서 결속을 위한 원칙은 존재하지 않았다.

　하지만 그리스가 몰락하기 전에 아테네의 위대한 웅변가 데모스테네스에게서 적어도 가치 있는 연설을 들을 수 있었다. 군인도 아니었고 더더구나 정치가도 아니었지만, 데모스테네스는 연설을 통해 빛나는 애국심을 고취시켰다. 게다가 그는 많은 일을 했다. 즐거움을 추구하는 아테네인들에게 영감을 주기도 했다. 테베와 코린트, 메가라(Megara), 아카이아(Achaia)가 아테네와 함께 자유를 위한 최후의 투쟁에 참여하도록 독려했다. 하지만 이 모든 일은 헛수고였다.

　강력한 군주가 통치하는 마케도니아 세력은 해가 갈수록 무력을 통해 그리스에서 우위를 점하고 있었다. 결국 마케도니아와 그리스의 전쟁이 시작되었고, 기원전 338년 그리스는 카이로네이아(Chaeroneia)에서 최후의 전투를 치르게 되었다. 그리스는 열심히 싸웠지만 전투에서 승리하지는 못했다. 단 하루만에 마케도니아는 그리스를 정복하고 말았다. 필리포스는 펠로폰네소스로 넘어가 스파르타를 제외한 모든 국가를 굴복시켰다. 그는 페르시아 침공을 위한 거대한 계획을 세우고 있었기 때문에 스파르타 하나 공격하는 것은 그리 어려운 일도 아니었다. 기원전 336년 그가 암살당했을 때는 이미 대부분의 그리스 국가로부터 파견 부대를 공급받을 준비가 되어 있었다.

알렉산드로스대왕의 등장

펠리페의 죽음이 마케도니아의 제국을 향한 진군을 지체시키지는 않았다. 그의 아들 알렉산드로스(Alexandros)가 왕위를 물려받았기 때문이다. 알렉산드로스는 고대 세계에서 최고의 군사 천재로 손꼽히는 인물이다. 알렉산드로스 치하에서 마케도니아 군대와 그리스 연합군은 서아시아 전역을 휩쓸었고, 히말라야산맥을 건너 인도로 들어가면서 인류사의 새로운 장이 열리게 되었다.

마케도니아의 알렉산드로스대왕

데모스테네스는 아버지 펠리페와 마찬가지로 알렉산드로스도 야만인으로 간주했다. 하지만 알렉산드로스는 위대한 철학자 아리스토텔레스에게 직접 가르침을 받았고, 호메로스를 열렬히 존경했다. 아시아에서 군사 작전을 펼칠 때는 스스로를 그리스 문화의 전도자라고 칭하기도 했다. 그리스의 국가들은 마지못해 그의 통제하에 있었다. 그는 스스로 그리스의 정복자보다는 그리스의 대표자로 생각했다. 자신의 원정을 150년 전 다리우스와 크세르크세스가 그리스에 가한 악행을 두고 페르시아를 보복하는 것이라고 말하기도 했다.

알렉산드로스대왕의 군대

알렉산드로스라는 이 젊은 왕자가 타의 추종을 불허하는 승리를 거둔 이유는 무엇일까? 그 이유 중 하나를 알아보려면, 먼저 강대하고 부유했지만 근본은 썩어 있었던 페르시아 군대와 비교해봐야 한다. 페르시아 군대는 전쟁에 막대한 인원이 동원되었지만, 훈련되지 않았고, 장비도 불량했으며, 상관의 지휘도 엉성했기 때문에, 적의 공격 앞에서 속수무책으로 무너질 수밖에 없었다. 마케도니아 쪽에서는 완벽한 군사 천재가 최고의 군사 과학을 동원했다. 대체로 그리스에서는 병사들과 지휘관 사이에 사회적 지위나 관계를 구분하는 특별한 훈련이 없었다. 마케도니아에서 장교들은 계급이 나뉘어 있었고, 따라서 군인은 전문직 종사자에 해당했다.

포위 작전 기구 역시 마케도니아에서 엄청난 발전을 이루었다. 펠로폰네소스전쟁에서는 스파르타가 아테네의 긴 장벽을 돌파하기 위해 노력할 필요가 없었지만, 이번에는 알렉산드로스의 포위 공격을 막아낼 만큼 강력하거나 용감한 스파르타의 요새 도시는 없었다. 마케도니아의 일반 보병은 밀집 대형을 이루었고 병사들은 주요 무기인 긴 창 사리사(sarissa)를 들고 있었다. 이러한 보병 밀집 대형을 '팔랑크스(phalanx)'라고 불렀다. 창이 매우 길고 대형이 밀집해 있는 덕분에 뒷줄 병사들의 창끝이 앞줄의 병사들을 보호

해주는 역할을 했다. 당시에, 그리고 그 후로도 이 보병의 공격을 당해낼 군대는 없었다. 그리스인, 페르시아인, 심지어 로마인도 마케도니아 보병이 출몰하면 뼈도 추리지 못했다. 보병만큼 마케도니아의 중무장 기병도 중요했다. 알렉산드로스 자신이 직접 지휘한 이 기병대는 주로 전투를 결정적으로 끝낼 때 투입했다.

페르시아 침공

알렉산드로스는 아버지가 세웠던 페르시아 침공 계획을 그대로 수행했다. 기원전 334년 그는 보병 3만 5,000명과 기병 4,500명을 이끌고 소아시아 지역을 침공했다. 바로 이 소수 정예의 군대가 알렉산드로스에게 엄청난 승리를 가져다주었다. 알렉산드로스는 그라니코스(Granicus)강에서 적군과

고르디우스의 매듭을 끊는 알렉산드로스

처음으로 마주쳤는데, 대규모의 페르시아 군대가 강을 건너지 못하도록 막고 있었다. 그는 적군과 한바탕 교전을 벌인 후 소아시아의 서쪽 해안까지 당도했다. 이 지역의 거의 모든 그리스 도시가 그에게 항복했고, 저항하는 도시들은 점령당했다. 그 후 해안 지역에서 벗어나 소아시아의 중심부인 프리기아(Phrygia)로 쳐들어가 "고르디우스의 매듭을 끊었고"* 페르시아의 어느 군대도 감히 그에게 맞서지 못했다.

알렉산드로스 군대는 프리기아에서 남동쪽으로 방향을 잡고 타우루스산(Mount Taurus)과 킬리키아 관문(Cilician Gates)을 지나 시리아로 행군했다. 기원전 333년 그가 지중해에 당도할 때까지는 아무도 저항할 의사를 보이지 않았다. 마침내 그는 지중해 해안 도시 이소스(Issos)에서 다리우스 왕이 이끄는 페르시아 군대와 마주하게 되었다. 처음으로 페르시아인들은 이 총력전에서 알렉산드로스의 전술을 맛보게 되었다. 페르시아 군대는 산산이 흩어졌고 다리우스 왕도 줄행랑을 쳤다.

알렉스드로스대왕의 시리아와 이집트 정복

이소스전투 이후, 알렉산드로스는 승리를 확신하며 다리우스의 뒤를 쫓았다. 하지만 알렉산드로스는 가소롭다는 듯이 다리우스가 군대를 재정비하도록 내버려두었고, 오히려 그는 남쪽으로 방향을 돌려 시리아를 거쳐 이집트로 들어갔다. 그는 티레(Tyre)라는 도시에서 격렬한 저항을 맞닥뜨리게 되었다.

이 도시를 점령하는 것이 가장 눈부신 위업이었을 것이다. 이제는 원정의 모든 어려움이 끝났다. 이집트는 굳이 점령할 필요가 없었다. 마케도니

---

* 프리기아 왕국의 수도 고르디움(Gordium)에는 고르디우스의 전차가 있었다. 이 전차에는 매우 복잡하게 얽히고설킨 매듭이 묶여 있었다. 전설에 따르면, 아시아를 정복하는 자가 이 매듭을 풀 수 있다고 했는데, 이 이야기를 들은 알렉산드로스가 직접 칼로 매듭을 끊어버렸다고 한다. 고르디우스의 매듭은 '대담한 방법으로만 풀 수 있는 난제'라는 의미를 지닌 관용구로 쓰인다.

아인들은 페르시아인들보다 덜 이국적인 존재였고 이집트 사람들도 주인이 바뀌는 걸 환영했기 때문이다. 알렉산드로스는 이집트에 알렉산드리아(Alexandria)라는 도시를 세웠고, 사막을 지나 그리스인들이 제우스 암몬(Zeus Ammon)이라는 부르는 신의 신전까지 행군했다. 그곳 신전의 제사장들부터 알렉산드로스는 제우스의 아들로 추앙받았다. 이후로 그는 점차 신과 같은 영예를 얻게 되었다.

알렉산드로스대왕의 정복 규모

그즈음 페르시아의 왕이 다시 한번 군사를 일으켰다. 알렉산드로스는 시리아로 말머리를 돌렸다. 메소포타미아 지역을 건너가, 아르벨라(Arbela)전투에서 대규모의 페르시아 군대를 물리쳤다(기원전 331년). 바빌론(Babylon)부터 수사(Susa), 페르세폴리스(Persepolis)까지 페르시아의 모든 도시가 알렉산드로스의 손에 넘어갔다.

이제 알렉산드로스는 군대를 이끌고 페르시아 제국의 외곽 지역으로 진출했다. 북쪽으로는 카스피해, 동쪽으로는 지금의 아프가니스탄 지역, 남쪽으로는 인도반도에 이르렀다. 알렉산드로스는 계속해서 고된 전투를 치러야 했다. 이 원정은 그가 페르시아를 상대로 승리한 이유가 단순히 적군이 약하다는 것만은 아니라는 사실을 보여주었다. 마케도니아 제국이 충분히 강하다는 사실을 증명하는 전쟁이었다. 이제 알렉산드로스는 더 이상 제국을 확장할 마음이 없었다. 때마침 펀자브 지방 히파시스(Hyphasis) 강변에서 알렉산드로스 수하의 병사들이 반란을 일으켰다. 그는 마침내 오던 길과 다른 길을 통해 바빌론으로 되돌아갔다.

이 불세출의 원정 활동은 알렉산드로스 자신에게도 변화를 가져왔다. 아시아를 정복하는 과정에서 스스로 아시아인이 된 것이다. 마케도니아식의 소박한 자유로움을 잃어버리고 동방 궁정의 신비로움에 빠져들었는데, 어떤 경우에는 옛 동료들에게 불의하고 잔인한 행동을 서슴지 않았다. 그런데 알렉산드로스의 정복 활동은 여기서 끝난 것처럼 보이지 않았다. 서쪽 지방의 원정을 계획하고 있었기 때문이다. 그곳에서는 상업을 기반으로 하는 카르타고 세력과 새롭게 부상하는 로마 세력이 충돌하고 있었다. 원정은 성공 여부와 상관없이 유럽 문명에 큰 영향을 미쳤을 것이다. 하지만 알렉산드로스는 이 원정에 뛰어들 운명이 아니었다. 그는 기원전 323년에 바빌론에서 열병으로 숨을 거두었다.

알렉산드로스대왕의 정복 전쟁 결과

알렉산드로스의 원정은 일시적인 효과만 불러온 것이 아니었다. 실제로 역사의 흐름에 이처럼 확실하게 영향을 미친 군인은 거의 없었다. 알렉산드로스는 단순한 정복자가 아니었다. 그는 조직가이자 정치가였다. 그는 그리스 문화의 씨앗을 품고 아시아로 건너갔다. 정복의 결과로 그리스 문명은 더 이상 좁은 범위에 국한되지 않고, 흑해, 소아시아, 시리아, 메소포타미아, 이집트로 퍼져 나갔다. 그리스의 언어와 사상이 아드리아해와 유프라테스강 주변을 장악했다. 기원후 7세기 이슬람교가 퍼지기 전까지는 그리스 문화가 그 지역의 종교와 정치에 매우 중요한 영향을 미쳤다.

알렉산드로스 제국의 미래

그러므로 그리스의 역사는 알렉산드로스의 죽음으로 끝나지 않는다. 알렉산드로스의 광대한 제국은 그보다 덜 뛰어난 천재가 다스리기에는 너무 느슨하게 결속되어 있었다. 게다가 그의 죽음 이후 부하들 간의 오랜 투쟁이 이어졌다. 결과는 불 보듯 뻔했다. 제국의 결속은 깨져버렸고 폐허 속에서 여러 강국이 세워졌다. 수장은 여전히 강력한 마케도니아 왕국이었지만, 알렉산드로스 시대처럼 다시는 광대한 제국을 지배할 수 없었다. 이집트 왕국은 300년 가까이 프톨레마이오스 왕조가 다스렸고, 시리아 왕국에서는 로마와의 갈등으로 부패한 모습이 드러날 때까지 셀레우코스 왕조가 권력을 유지했다. 이 세 대국 외에 소아시아, 트라키아, 그리스 그리고 동지중해 연안에서는 다양한 문화와 체제를 가진 수많은 자유 도시, 왕국, 연맹, 집단이 들어섰지만, 모두 알렉산드로스 시대에 미친 문화죽 영향력은 여전히 살아남아 있었다.

알렉산드로스가 죽은 뒤에도 그리스 문화는 계속 이어졌다. 하지만 이미 조각난 제국을 다시 정복할 또 다른 세력이 성장하고 있었다. 이제 로마의 이야기를 살펴보자.

로마인의 특징

로마인은 인종과 언어 면에서 그리스인과 비슷했다. 두 민족은 문화, 종교, 정부 형태가 같은 뿌리에서 나왔다. 두 민족이 놀랍게도 닮아 있지만, 또 한편으로는 특징이나 운명이 크게 다르다는 점도 짚고 넘어가야 한다. 우리는 앞에서 그리스인이 지성과 창의성 면에서 얼마나 큰 성공을 이루었는지 살펴보았다. 로마는 실용적인 영역에서 성공을 거두었다. 로마인들은 위대한 예술가, 시인, 철학자를 배출했지만, 그들이 이룬 작업은 대부분 그리스에서 했던 일을 각색한 것뿐이다. 물론 그것도 가치 있는 일이지만 독창적이지는 않았다. 그런데 군사, 정치, 법률의 영역에서 로마가 이룬 업적은 과소평가될 수 없다. 그리스인들이 지적 발전의 토대를 마련한 것처럼, 로마인들은 이 영역에서 유럽의 사회적·정치적 토대를 마련했다.

각 나라에서 남긴 업적은 그 나라 사람들의 특징을 잘 보여주기도 한다. 그리스인은 실제로 개인주의를 추구했지만, 로마인에게는 가족이든 국가든 사회적인 유대가 가장 신성한 가치였다. 로마인은 국가나 사회를 하나로 결속시키고, 각 개인이 공동체를 위해 봉사하는 것을 최고의 덕목으로 평가했다. 그들은 이후 등장하는 모든 서양 국가들에 '종교(religion)'라는 단어를 제공했는데, 이 단어는 사람들을 하나로 묶어주는 '연합'이나 '끈'을 의미한다는 데 중요한 시사점이 있다. 그리스의 정치나 사회는 분열과 분산의 경향을 보여준다. 확실한 목표에 도달하기 위해 공동으로 행동하는 능력이 부족해 결국에는 완전히 실패하고 말았다. 반면, 로마의 역사에서는 통합, 인내, 규율, 충성, 종속, 가족의 강한 유대, 어머니에 대한 존경 등을 확인할 수 있는데, 이러한 요소가 로마의 정치적·군사적 성공에 큰 영향을 미쳤다.

이탈리아의 지리

이탈리아반도는 그리스보다 비옥하고 산악 지대도 적은 편이다. 이탈리아반도에서 동쪽 해안에 가깝게 아펜니노산맥이 남북으로 뻗어 있다. 따라서 포(Po)강을 제외한 주요 강들은 서쪽 바다로 흘러들어가고, 대부분의 평야 지대, 항구, 도시도 서쪽에 위치한다.

오늘날의 테베레강

이탈리아의 강 중에 으뜸은 테베레(Tevere)강이다. (포강은 고대 로마인들이 이탈리아로 부른 지역의 바깥에 위치해 있었다.) 이 거침없이 흐르는 황색 강 하구에서 로마시까지는 20킬로미터 정도 떨어져 있다. 예전에 요새 역할을 하던 강둑 부근에는 언덕이 여러 개 있었다. 배들은 이 강을 따라 로마까지 거슬러 올라갈 수 있었다. 그래서 로마는 근처 라티움(Latium) 평원의 항구도시가 되었고, 여기서 활발한 상업 활동이 이루어졌다고 한다. 로마 역시 이탈리아반도의 정중앙에 위치해 있다는 점과, 이 반도가 지중해의 중심이라는 사실에도 주목해야 한다. 이처럼 로마는 제국의 건설을 위한 최고의 위치에 자리했다. 이제부터 우리는 로마의 성장 과정을 추적해볼 것이다.

이탈리아의 인종

이탈리아반도 사람들은 크게 네 개의 주요 인종으로 구성되어 있었다. 포강 유역에는 프랑스인, 웨일스인, 아일랜드인과 비슷한 계통의 갈리아족이 살았다. 아펜니노산맥 서쪽에는 기원이 불분명한 에트루리아족이 거주했는데, 처음에는 로마인들보다 더 발전해 있었다. 그들은 건축 기술이 뛰어났고 신비로운 종교를 가지고 있었다. 아펜니노산맥 반대편에 살던 사람들은 본래는 하나의 종족을 이루었던 것으로 보인다. 북쪽의 삼니움족과 남쪽의 사비니족이 있었는데, 이들의 후손이 대부분 로마인과 라틴족을 이루었다. 이탈리아 남쪽 해안과 시칠리아에는 그리스인들이 거주하게 되었고, 자연스럽게 이들이 로마 변경 지역에 그리스의 고급문화를 가져왔다.

그렇다면 로마는 어떤 단계를 거쳐 이 모든 종족을 다스리는 주인이 되었을까? 최초의 정부 구성 과정은 앞서 살펴본 초기 그리스의 국가들과 별반 다르지 않다. 처음에는 귀족들로 이루어진 원로원 '세나투스(Senatus)'와 시민들로 이루어진 민회 '코미티아(Comitia)'를 둔 군주제를 운영했다. 이 시기는 전설의 안개로 뒤덮여 있어 알려진 바가 많지 않다. 기원전 510년 공화국이 세워지기 전까지 일곱 명의 왕이 로마를 통치했다. 이 시기에 로마는 에트루리아족이 통치한 것으로 보인다. 기원전 510년 이후부터는 로마의 역사가 비교적 정확하게 알려져 있다.

로마의 역사는 두 가지 이야기가 주를 이룬다. 하나는 로마가 이웃 부족을 정복하며 이탈리아반도 전체에서 패권을 장악해가는 이야기다. 다른 하나는 내부의 갈등 요소를 조화시키면서 정치 조직을 견고하게 구성해가는 이야기다. 이 두 가지 이야기는 매 순간 궁극적으로 연결되어 있다. 하지만 명확한 이해를 위해 두 이야기를 구분해서 다뤄보고자 한다.

로마의 초기 정치 구조

먼저 로마의 내부 구조를 살펴보자. 옛 군주제가 몰락하면서 왕의 권력은 두 집정관(콘술)에게 이양되었다. 선거를 통해 선출되는 집정관의 임기는 1년에 불과했다. 하지만 임기 기간에 그들은 로마 군대의 지휘관이자 로마의 최고 재판관을 맡았다. 옛 귀족 회의체인 원로원은 여전히 존재했다. 원로원은 집정관들에게 조언을 제공하는 일을 담당했다. 그런데 시간이 지나면서 독립적인 지위를 얻게 되고, 로마의 실질적인 권력 집단이 되어갔다. 앞으로 그 과정을 살펴볼 것이다.

민회는 여러 형태로 이루어졌는데, 그중 주요 모임으로는 켄투리아회(comitia centuriata)와 트리부타회(comitia tributa)가 있었다. 로마의 역사를 이해하려면 두 민회의 차이점을 명확하게 파악해야 한다. 두 민회 모두 로마 시민들로 이루어져 있지만, 처음에 로마 군인들의 모임인 켄투리아회에서는 투표가 부유한 사람에게 유리하게 이루어졌다. 트리부타회(트리부타는 로마 영토 내에서 지역적으로 분할된 부족을 가리킨다—옮긴이)에서는 모든 시민의 투표권이 동등했다. 이 모임에서 결정된 사항은 출생이나 재산의 구분 없이 대부분 로마 시민들의 마음을 대변했다.

귀족과 평민

왕들이 추방된 직후 로마는 어려운 정치적 문제에 봉착했다. 로마 인구는 두 계층으로 나뉘었다. 하나는 귀족 계층이다. 로마의 옛 귀족 가문의 후예로 처음에는 국가의 권력을 장악했다. 또 하나는 평민 계층이다. 이들은 부유하든 가난하든 상관없이 특권층 바깥에 있었다. 평민은 로마 군대에 복무하고 투표권도 가지고 있었지만, 모든 직책과 권력에서 배제되었고, 사실상 귀족들의 지배를 받았다.

계층 간 싸움의 특징

로마 내에서는 200년 동안 귀족과 평민의 갈등이 첨예했다. 특권층과 비특권층의 싸움이었지만 꼭 부유층과 빈곤층의 싸움인 것은 아니었다. 사실 이 싸움을 자세히 들여다보면 모호한 측면이 없지 않다. 그런데 두 계층 간 투쟁은 로마 시민들의 시민 의식과 합리성, 힘과 끈기, 실용적 감각이 얼마나 탁월한지 명확하게 볼 수 있는 대목이기도 하다. 고대 그리스나 현대 국가에서는 내전으로 이어졌을지 모를 갈등이, 로마에서는 칼을 뽑거나 피를 흘린 적 없이 길고도 느린 시위, 양보, 화해의 과정을 통해 해결되었다. 따라서 싸움이 끝나고 평민이 모든 점에서 승리했을 때, 아쉬움이 남지 않았으며, 오히려 나라는 온전한 통합을 이룬 덕분에 외부의 적은 공격할 빈틈을 찾기가 어려웠다.

평민의 승리 과정

이제 우리는 이 기나긴 싸움에서 주요 장면을 살펴봐야 한다. 기원전 494년, 부채법의 강력한 시행에 분노한 평민들은 로마에서 철수하기로 결정했다. 그들은 로마에서 벗어나 몇 마일 떨어진 성산(聖山)에 자리를 잡았다. 이는 정치적 상대에 대한 '파업'이었으며, 역사상 최초의 '파업'으로 기록되었다. 평민의 수가 압도적으로 많았는데, 로마 군대에 복무하는 인원이 대부분 평민이었으므로 귀족들은 어쩔 수 없이 항복할 수밖에 없었다.

이로써 평민들은 자신들을 보호할 '호민관'이라 불리는 대표를 두게 되었다. 호민관은 평민과 귀족 판사 사이에 관여할 권한이 있었고, 평민들만 관련된 사건은 자체적으로 해결할 수 있는 권한도 가졌다. 문제를 논의하고 법을 통과시키기 위해 민회를 소집할 권한도 있었다. 하지만 평민들이 만든 법은 국가 전체가 아니라 평민들 사이에서만 구속력을 가졌다. 평민들의 '성산 투쟁'의 결과는 평민들을 위한 별도의 정부, 일종의 노동조합을 만든 것일 뿐이다. 호민관(처음에는 2명, 나중에는 10명 선출)은 결국 국가의 연합으로 이어지긴 했지만, 처음에는 분열을 강조했다. 로마는 하나의 국가가 아니라 두 개의 국가였던 셈이다.

10인회와 12표법

그다음으로 심각한 갈등은 관할권 문제를 두고 일어났다. 집정관은 나라 전체를 관할하는 판사였는데, 모두 귀족이었다. 로마의 법률은 다른 모든 초기 국가들처럼 전통적으로 내려왔고, 전혀 성문화되어 있지 않았다. 따라서 사건뿐 아니라 법에 관한 결정도 모두 귀족 판사에게 달려 있었다. 평민들은 법이 제대로 작동하는지 확신할 수 없었다. 경쟁자나 적의 편에서 선출된 판사인 경우에는 그의 자비에 전적으로 의지해야 했다. 그러므로 평민들은 법률을 성문화해야 한다고 요구했다. 동시에 자신들의 정치적 권한을 확대해야 한다고 주장했다. 이에 따라 10명의 위원이 임명되어 10인회를 구성했다. 다음 해에 10개의 법률을 동판에 새겼고, 그다음 해에 2개의 법률을 추가했다.

이후 투쟁은 계속되어 마침내 기원전 449년 평민들은 다음의 권한을 추가로 획득했다. (1) 민회에서 결정한 법은 국가 전체에서 구속력을 가져야 하고, (2) 모든 치안판사의 결정은 평민들에게 호소해야 하고, (3) 호민관은 특별한 안전 장치에 의해 보호되어야 한다. 이것이 바로 평민들의 '마그나 카르타(Magna Carta, 대헌장)'였다. '두 개의 국가'는 이제 하나로 통합되었다. 하지만 여전히 귀족들만 집정관과 국가 고위직에 오를 자격이 주어졌다. 평민들은 신분을 초월해 귀족 계급과 결혼할 수 없었다.

평민의 최종 승리

귀족들은 매번 끈질기게 저항하거나 지연시키려고 노력했지만, 계급 간의 큰 장벽은 결국 무너졌다. 기원전 445년 평민들도 집정관의 임무를 수행할 수 있게 되었다. 물론 '집정권을 가진 군사호민관'이라는 또다른 직함으로 불리기는 했다. 귀족들은 현실에서 벗어나 그림자를 위해 싸웠다. 싸움의 마지막 단계는 거의 70년 동안 오지 않았다.

그 후 기원전 367년 리키니우스 법에 따라 두 명의 집정관 중 한 명은 반드시 평민으로 선출해야 했고, 두 명 모두 평민이 될 수도 있었다. 그럼에도 귀족들은 계급의 차이를 드러내는 직책이나 의식을 유지하고자 애썼다. 마침내 정치적 평등의 물결은 마지막 남은 장벽마저 휩쓸고 지나갔지만, 공화정이 끝날 때까지 계급 의식의 잔재들은 남아 있었다. 이는 로마인들에게 두 계층 사이의 건널 수 없는 격차가 한때 존재했다는 사실을 상기시키는 역할을 했다. 하지만 기원전 339년 이후, 로마의 시민권은 이런 모든 사소한 차별을 없애는 특권이 되었다. 특권층과 비특권층의 투쟁은 끝이 났지만, 부유층과 빈곤층의 투쟁은 아직 본격적으로 시작되지 않았다.

로마 내에서 평민들이 중요한 승리를 거두는 동안, 로마 바깥에서도 느리지만 저항할 수 없는 힘으로 이웃 부족들을 정복하고 있었다. 정복 활동의 주요 단계는 다음과 같다.

로마의 첫 번째 정복 활동

우선, 로마는 스스로 라틴족 수장이 되었다. 다시 말해, 라티움(Latium)이라는 '넓은 평원'을 차지한 부족과 마을의 우두머리가 된 것이다. 그 후 로마는 테베레강을 경계로 에트루리아 세력과 충돌하게 되었다. 에트루리아인들은 분열과 내부 붕괴로 고통받고 있었다. 마침내 기원전 395년 로마가 에트루리아의 도시 베이(Veii)를 점령하면서 승리를 선포했다.

로마의 갈리아 정복

베이가 무너지자 북쪽 지방에 끔찍한 위험이 도사리고 있었다. 북쪽의 갈리아족이 움직이면서 이탈리아 전역을 위협하고 있었던 것이다. 사나운 켈트족 전사로 구성된 군대가 양손 검을 들고 에트루리아족을 휩쓸었고, 로마의 명령에 따르기를 거부했다. 기원전 390년에는 갈리아족이 로마로 직접 접근했다. 알리아(Allia)강에서 갈리아족이 맹렬한 공격을 퍼붓자 로마 군대는 흩어졌고 도시도 그들의 손에 넘어갔다. 로마 세력이 압도당한 것처럼 보일 수는 있지만, 불안정한 갈리아족은 머지않아 소멸하고 말았다. 완고하고 굳게 결속된 로마 세력은 다시 일어났고, 갈리아족의 폭주는 오히려 로마가 주변 부족들을 약화시키는 데 도움이 되었다.

삼니움전쟁

그로부터 50년 후, 로마는 이탈리아 부족 중 가장 사나운 삼니움족(Samnium)과 오랜 싸움을 벌이기 시작했다. 삼니움전쟁은 기원전 343년부터 기원전 290년까지 오래도록 지속된 것으로 알려졌다. 실제로는 기원전 275년까지 더 이어졌고, 그때도 삼니움의 일부 지역은 완전히 정복되지 않았다. 기원전 83년에 가서야 삼니움족이 완전히 소멸되었다고 한다. 그런데 기원전 343년부터 기원전 275년까지를 '삼니움전쟁' 기간이라고 부르는 것은 오해의 소지가 있다. 실제로 성장하는 로마 세력에 맞선 모든 이탈리아 종족의 저항을 삼니움전쟁이라 부르기 때문이다. 용감무쌍한 삼니움족이 그 저항의 중심에 있었고 주요 전투도 그 종족들이 사는 산골짜기에서 벌어졌다.

이탈리아의 모든 종족은 로마의 패권을 무너뜨리기 위해 힘을 합쳤다. 캄파니아의 그리스인, 로마 바로 옆에 있던 라틴족, 에트루리아족, 이탈리아 남부의 그리스인, 갈리아족은 저마다 일곱 언덕의 도시를 공격하고자 했다. 이탈리아 종족들은 자신의 열세를 의식하고는 바다 너머 땅에 도움을 호소하기도 했다. 기원전 280년 에페이로스(Epirus)의 피로스(Pyrrhus)는 로마에 맞서 싸우는 군대를 지원하기 위해 마케도니아의 팔랑크스와 전술을 빌려왔다. 피로스는 당대 가장 지략이 뛰어난 군인이었고, 두 차례의 엄청난 전투에서 로마를 물리쳤다. 하지만 로마인들도 패배를 통해 교훈을 얻었다. 기원전 275년에는 베네벤툼(Beneventum)전투에서 피로스의 희망을 깨뜨리고 포강 바깥의 이탈리아 전체를 완전히 로마인들의 것으로 만들었다.

로마의 승리 비결

사실 로마의 정복 활동보다 알렉산드로스의 정복 활동이 더 규모가 컸다. 하지만 로마의 정복 활동의 훌륭한 점은 정복 그 자체가 아니라(다른 나라들도 그렇게 할 수 있었다), 정복한 영토를 오랫동안 유지했다는 사실이다. 로마가 정복한 영토는 아테네 제국처럼 장악력이 약하지도 않았고, 알렉산드로스 제국처럼 작은 국가들로 분열되지도 않았다. 대신, 영구적인 통합을 이루어 이후 유럽 정치 구조의 기초가 되었다.

그렇다면 로마의 군사적 승리가 지속된 비결은 무엇일까? 로마인들이 다른 나라 사람들보다 전쟁을 즐긴 것은 아니다. 로마인들에게서는 호메로스의 '전투의 기쁨'이나 용맹한 전사의 무자비한 분노를 찾아볼 수가 없다. 그들이 군사적으로 승리한 이유는 신중한 사고와, 무엇보다 훈련 때문이었다. 로마군의 가장 특징적인 무기인 단검은 갈리아족의 대검이나 마케도니아 팔랑크스의 긴 창을 이길 수 없을 것 같았다. 하지만 경험에 따르면, 로마의 훈련과 전술적 기술 덕분에 모든 경쟁 무기를 압도할 수 있었다. 그래서 약 800년 동안 로마인들이 가장 신뢰하는 무기가 되었다.

로마인들은 전쟁이 전장에서 결정되는 것은 아니라는 사실을 어떤 고대인들보다도 분명히 알고 있었다. 로마 군인들은 검과 방어용 갑옷뿐 아니라, 삽도 들고 다녔다. 매일 행군이 끝날 때마다 방어 진지를 세우기 위한 훈련을 실시했는데, 이것이 왜 로마 전쟁의 역사에서 예기치 못한 재앙이 일어나지 않았는지 설명하는 데 큰 도움이 된다.

무장한 **로마의 병사들**

로마군은 가는 곳마다 군사 도로를 건설했다. 이 도로는 로마군이 적국으로 신속하게 진군하거나 반란을 진압하거나 열세인 수비대를 보완하는 데 결정적인 역할을 했다. 마지막으로 로마가 정복한 영토를 지키기 위해 전초 기지(콜로니아), 즉 식민지를 세우는 습관에 주목할 수 있다. 이 '식민지'에 속한 군인들은 로마 시민이었고, 인접한 땅은 그들에게 분할되었으며, 그들은 이탈리아 전역에서 로마의 지배를 뒷받침하는 중요한 세력을 형성했다. '훈련', '도로', '식민지' 이 세 단어가 로마의 군사적 성공 비결을 이해하는 데 큰 도움이 된다.

　하지만 로마가 성공한 이유는 군사적 측면보다 정치적 측면에서 더 많이 찾을 수 있다. 정복당한 종족이나 나라는 로마의 세심한 배려 덕분에 패배의 아픔을 거의 느끼지 않았고 반란을 일으킬 생각도 별로 하지 않았다. 패배한 나라들 사이의 연합도 모두 해체되었다. '통치를 위한 분열'은 로마 정치의 중심 모토였다. 로마인들은 패배한 나라들(식민지가 아니라 동맹국이라 불림) 사이에서 특권과 계급의 구분을 유지하는 데 주의를 기울이면서도, 정복한 나라들에 대한 정책 기조는 교활함이 아니라 관대함이었다. 하지만 유럽 세계는 로마가 전성기에 보여준 관대하고 유화적인 대우를 전혀 알지 못했다. 그리고 앞으로 살펴보겠지만 로마가 최대의 시험대에 올랐을 때 그들이 베푼 신뢰와 관용의 정책은 충분한 보답을 받게 된다.

피로스가 철수하면서 로마는 이제 이탈리아반도에서 그 누구의 도전도 받지 않는 주인이 되었다. 그러나 10년도 채 되지 않아 로마는 이탈리아반도보다 더 큰 영토를 두고 카르타고와 싸우고 있었다. 카르타고가 전복되자 로마는 지중해 연안의 모든 영토를 장악하고 말았다.

카르타고

카르타고(Carthago)는 페니키아(Phoenicia)의 속주로 티레(Tyre)에 세워진 상업적인 전초기지였다가 나중에 독립해 강대국으로 성장했다. 카르타고의 상업 활동은 로마를 능가했다. 카르타고인들은 때때로 시칠리아섬 전체를 정복하려고 시도했다. 비록 섬 전체는 정복하지 못했지만 섬의 서쪽 지역을 점령하고 강한 요새인 릴리바이움(Lilybaeum)을 차지했다. 예전에 이미 피로스가 이 요새를 공격하느라 헛수고한 적이 있었다.

카르타고는 여러 면에서 로마와 크게 괴조를 이루었다. 카르타고의 종교는 동양적이었고 때로는 잔인한 행위도 서슴지 않았다. 사회와 정치 면에서 가장 큰 대조는, 로마가 확고한 국가적 통합을 이룬 반면 카르타고는 그렇지 않았다는 점이다. 로마는 정복 국가였지만 속주에 관대했다. 그래서 속주는 정복자에 대한 분노를 거의 느끼지 않았다. 로마의 군인들은 시민권을 가진 자들이었다. 로마의 시민들은 국가에 대한 헌신으로 단결되어 있었다. 애국심은 로마의 진정한 종교였다. 하지만 카르타고 사람들 사이에는 치열한 파벌이 존재했다. 정복당한 속주들은 언제든 반란을 일으킬 준비가 되어 있어 카르타고를 제외한 어떤 도시도 요새를 지킬 수 없었다. 카르타고군은 접촉한 모든 국가로부터 용병을 모은 군대로 보통은 훌륭하게 싸웠지만, 로마의 무장 시민들만큼 완전히 신뢰하기는 어려웠다.

기원전 264년부터 기원전 201년까지 벌어진 로마와 카르타고 간의 전쟁은 로마 역사에서 중대한 사건이었다. 이 카르타고전쟁(또는 포에니전쟁)으로 로마 군사의 역사에 영웅적인 업적을 남겼다. 결국 로마는 거대한 적을 상대로 승리했지만, 기원전 146년 적이 완전히 멸망할 때까지 하루도 쉬지 못했다.

제1차 포에니전쟁

제1차 포에니전쟁(기원전 264년~기원전 241년)은 시칠리아의 점령을 위해 벌인 전쟁이었다. 전쟁 당시 로마인들은 그리스 도시 시라쿠사의 지원을 받았다. 카르타고군은 강력한 함대를 보유하고 있는 반면, 로마군에는 함대가 없었으므로 처음에는 전쟁의 진행 상황이 불확실했다. 하지만 로마는 곧 함대의 필요성을 인식하게 되었고, 기원전 260년에 신속하게 창의적이고 열정적으로 함대를 구축했다. 이듬해에는 이 임시 함대를 가지고 새로운 전술을 이용해 카르타고의 우수한 함선들을 격파했다. 이처럼 패권을 장악한 로마 해군은 종종 위기에 처할 때도 있었지만, 결국 로마가 전쟁에서 최종 승리를 거두었다. 카르타고인들은 어쩔 수 없이 시칠리아에서 물러날 수밖에 없었다.

이 전쟁에서 주목할 만한 사건은 두 가지 정도다. 기원전 256년 시칠리아에서 승리한 로마인들은 아프리카를 침공해 처음에는 큰 성공을 거두었다. 카르타고는 위험에 처했지만 전세가 다시 바뀌어 아프리카 땅에 있던 로마군은 전멸하고 말았다. 전쟁이 끝날 무렵 시칠리아에 있던 카르타고인들에게도 비록 성공은 아니더라도 어느 정도 영광을 얻었다. 로마와 카르타고

양측 모두 인력과 재정에 큰 피해를 입었다. 고대의 전쟁이 그러하듯 포에니전쟁도 천천히 진행되었다. 카르타고 군대의 지휘권은 한니발의 아버지인 하밀카르 바르카(Hamilcar Barca)가 잡았다. 그는 소규모 병력으로 로마군을 저지하고 게릴라 전법으로 적군을 괴롭혔다. 이로써 로마군의 공격을 지연시킬 수는 있었으나 끝내 막아내지는 못했다. 기원전 242년 릴리바이움이 함락되었고, 카르타고군은 시칠리아를 떠났다. 마침내 로마는 처음으로 지중해의 해상권을 장악하게 되었다.

전쟁 중간기

전쟁이 다시 발발하기 전까지 24년이라는 공백기가 있었는데, 이 기간 동안 중요한 사건들이 일어났다. 카르타고는 국내에서 반란을 일으킨 용병 부대와의 끔찍한 전쟁으로 분열되고 말았다. 로마인들은 포(Po)계곡 바로 위 지역과 알프스산맥까지 영토를 확장하고 알프스 남쪽의 갈리아(Cis-Alpine Gaul) 지역을 자신들의 영토로 추가했다. 하지만 갈리아족도 여전히 가만히 있지 못했고, 로마에 언제든 저항할 준비가 되어 있었으며, 로마의 어떤 적과도 손을 잡기를 열망하고 있었다.

한편, 카르타고는 시칠리아를 상실한 것을 상쇄하고도 남을 만큼 많은 영토를 확보했다. 하밀카르 바르카는 히스파니아(Hispania) 원정을 도맡았고, 그와 함께 사위 하스드루발(Hasdrubal)과 아들 한니발(Hannibal)의 노력으로 이베리아반도 전체를 카르타고의 영토에 추가하는 데 성공했다. 정복 과정에서 한니발은 로마의 보호를 받고 있던 사군툼(Saguntum)을 공격했다. 결국 카르타고는 로마와의 전쟁을 피할 수 없게 되었다.

제2차 포에니전쟁

　로마인들은 시칠리아에서 마지막 전쟁이 벌어진 것처럼 히스파니아에서 전쟁이 벌어질 것이라고 예상하고는 히스파니아에 군대를 파견할 준비를 했다. 그런데 그들은 한니발의 천재성을 간과하고 있었다. 유럽은 이보다 더 천재적이고 진취적인 군인을 알지 못했다. 한니발에게는 로마에 대한 증오가 가문의 전통이자 열정이자 종교적 의무였다. 그는 공격이 최선의 방어

알프스산맥을 넘는 한니발 군대

라는 현대 군인들의 격언을 이미 알고 있는 듯했다. 로마가 군대를 히스파니아로 보낼 준비를 한창 하고 있을 때, 이 전쟁의 번개가 이탈리아 평원을 내리쳤다.

한니발의 행군

피레네산맥을 넘고 갈리아 남부 지역을 지나 알프스산맥을 넘은 한니발의 행군은 당시에도 전례가 없었고 지금도 타의 추종을 불허한다. 한니발은 기원전 218년 비옥한 포 평원으로 내려왔다. 그런 다음 이 위대한 카르타고인은 이탈리아반도를 "소나무 숲의 화염처럼, 또는 바다 위의 동풍처럼" 휩쓸고 지나갔다. 그는 포 계곡에서 로마군을 두 차례 물리친 후 아펜니노산맥을 넘어 로마를 향해 진군했다.

로마인들은 한니발의 행군을 막아보려 했지만 헛수고였다. 한니발은 로마군을 뚫고 지나갈 수 있는 통로를 찾았고, 트라시메노(Trasimene) 호수 근처에서 로마군을 기습 공격했다(기원전 217년). 로마군은 총사령관을 비롯해 3만 명에 가까운 병력이 전사하거나 부상을 입거나 포로로 끌려갔다. 로마의 눈에는 한니발이 자비를 베푸는 것처럼 보였지만, 사실 한니발은 포위 공격에 익숙하지 않았다. 그래서 로마 도시 자체를 공격하기 전에 지방에서 로마의 힘을 더욱 약화시키는 것이 최선이라고 판단했다.

이듬해인 기원전 216년 한니발은 아우피두스(Aufidus) 강변의 칸나에(Cannae)에서 최대 규모의 로마군을 만났는데, 병력이 무려 8만 명에 이르렀다고 전해진다. 로마군은 투지와 전략은 있었지만 전군이 실제로는 무너져 있었다. 로마는 이처럼 압도적인 공격을 받아본 적이 없었기 때문에 치명적인 피해를 입었다. 로마의 권력이 단순히 군사력과 명예에만 기반했다면 이날 로마의 지배도 끝이 났을 것이다.

살아남은 로마

　하지만 칸나에전투는 사실 로마 권력의 몰락이 아니라 한니발 권력의 최고 정점을 상징했다. 로마의 탈출과 승리의 원인을 이해하는 것이 이후의 전투들을 따라가는 것보다 더 중요하다. 먼저, 로마는 동맹국들과 함께 정복한 이탈리아 중부 국가들의 충성 때문에 살아남았다. 로마는 좋은 대우와 화해 정책을 통해 그들의 지지와 호의를 얻었다. 한니발은 로마보다 우월한 전쟁의 기술을 보여주었다. 로마가 결국 전쟁에서 승리한 것은 통치의 기술이 우월했기 때문이다. 트라시메노전투 이후에도, 칸나에전투 이후에도 이탈리아 중부의 사람들은 자신들의 이익이 카르타고가 아닌 로마에 있다고 생각했다. 그래서 이탈리아 남부의 그리스 도시들이 한니발에 합류했고, 시라쿠사는 로마에 반란을 일으켰고, 마케도니아 왕은 한니발의 지원을 약속했다. 그럼에도 로마는 여전히 이탈리아 중부의 인구를 보유하고 있었다. 이를 통해 로마는 더 큰 세력을 구축할 수 있었다.

이탈리아를 침략한 한니발

　한편 한니발은 명성만 남았을 뿐 이탈리아에 대한 지배력은 점차 잃어가고 있었다. 로마인들은 일련의 포위 공격에 성공했다. 기원전 212년에는 시라쿠사를, 기원전 211년에는 카푸아를, 기원전 209년에는 타렌툼을 탈환해 냈다. 한니발은 여전히 무적이지만 여전히 위험하기도 한 이탈리아 남부 지역을 돌아다녔다. 기원전 208년에는 매복 작전을 펼쳐 로마의 집정관 마르셀루스를 습격해 죽였다. 하지만 이탈리아 사람들은 한니발의 별이 지고 있는 것을 알아차렸다. 한니발 군대가 지원군과 보급품을 얻는 것이 점점 더 어려워졌기 때문이다.

　기원전 207년에는 결정적인 전투가 벌어졌다. 한니발의 형제인 하스드루발은 히스파니아에서 카르타고군을 지휘하고 있었다. 그는 로마의 장군

스키피오(Scipio)를 물리치고는 카르타고군을 이끌고 알프스산맥을 넘어 이탈리아로 형 한니발을 구출하러 갔다. 두 군대가 힘을 합칠 수만 있었다면 한니발은 고집 센 적을 항복시킬 수도 있었다. 그러나 로마의 집정관 네로(Nero)는 능숙하게 군대를 이끌고 메타우루스(Metaurus)강에서 동료와 합류했다. 한니발이 형제가 이탈리아에 있다는 사실을 알기도 전에, 하스드루발은 네로 군대와 치열하게 싸우다가 결국 전사하고 말았다. 지원군도 없는 상황에서 명성도 약해진 한니발은 더 이상 로마군을 상대로 승리를 바랄 수 없었다. 하지만 한니발은 그 후로 4년 동안이나 이탈리아 땅에서 머물렀는다. 로마인들이 그를 감히 공격하지 못한 것은 그가 보여준 과거의 승리가 계속해서 영향을 미치고 있었다는 사실을 보여주는 설득력 있는 증거다.

한니발과 스키피오의 자마전투

로마의 아프리카 침공

한편 스키피오는 히스파니아에서 거둔 승리를 기뻐하며 원로원에 카르타고를 직접 공격하자고 제안했다. 원로원은 처음에는 주저했지만, 마침내 스키피오는 원정을 허락받았다. 그는 기원전 204년에 아프리카 대륙으로 건너갔다. 카르타고인들은 한니발을 고향으로 소환해야겠다고 생각했다. 결국 고향으로 돌아온 한니발은 기원전 202년 자마(Zama)에서 마지막 전투를 치르게 되었다. 전투에서 스키피오가 승리해 카르타고는 항복할 수밖에 없었다.

포에니전쟁은 통일, 훈련, 국가주의가 군사적 천재성을 능가한 사건으로 기록되었으며, 이 전쟁으로 로마는 지중해 영역에서 유일무이하게 위대한 국가로 우뚝서게 되었다. 로마는 서둘러서 제국을 세우지는 않았다. 그런 의미에서 아프리카에 있는 카르타고의 영토를 병합하지 않았다. 하지만 히스파니아는 예전에 시칠리아, 사르디니아, 코르시카처럼 로마의 '식민' 통치에 들어갔다. 로마의 식민 통치는 제국이 어느 정도 더 발전했을 때 다시 이야기하기로 하자.

로마의 미래를 한눈에 바라보면 이 나라의 발전 방향이 무엇인지 알 수 있다. 카르타고가 함락된 후 로마에는 실질적으로 위험한 경쟁자가 없었고, 자신의 의지와 상관없이 모든 지중해 연안에 대한 지배권을 주장하게 되었다. 일부는 제국의 본토로 흡수하고 전반적으로는 종주권을 주장했다. 일곱 언덕의 도시가 세계적인 제국으로 성장했을 때, 이러한 정복 활동이 국내 상황에도 영향을 미치기 시작했다. 오래된 공화정 체제가 제국에 잘 맞지 않는다고 판단되었고, 결국에는 정치적 변화의 시대가 도래했다.

로마와 동방

카르타고의 위험이 아직 가시기도 전에, 로마는 동방과의 문제에 휘말리게 되었다. 알렉산드로스 시대 이후로 그리스와 동방은 큰 변화를 겪었다. 알렉산드로스의 제국은 필리포스 왕 치하의 마케도니아, 스스로 왕 중의 왕이라 부른 안티고노스 왕 치하의 아시아 또는 시리아, 프톨레마이오스 왕조 치하의 이집트 등 여러 조각으로 분열되어 있었다. 이 세 개의 거대한 나라 말고도 수많은 작은 나라가 존재했다. 소아시아는 소규모의 왕조, 자유 도시, 반(半)야만적인 부족 들이 뒤섞인 이상한 집합체였다. 그리스도 데모스테네스 시대 이후로 정치적 성격이 크게 바뀌었다. 아테네, 코린트, 테베, 스파르타와 같은 도시들은 여전히 존재했지만, 더 이상 그리스에 정치적 영향력을 행사하지는 못했다. 개별 도시국가들은 신흥 강대국들과의 싸움에서 확실히 상대가 되지 못했다.

당시의 시대적 특징은 동맹들의 부상이었다. 코린트만 북쪽 지방에는 거칠고 호전적인 부족들과 도시들로 이루어진 아이톨리아 동맹이 있었다. 이 동맹은 동쪽으로 더 멀리 떨어진 문명화된 도시들을 경외했다. 한편 펠로폰네소스의 아카이아 동맹은 그리스 도시들의 자유와 자치를 존중하는 연합체였다. 펠로폰네소스반도의 대부분 나라들과 그 외 지역 일부 나라들은 동맹을 맺어 외세에 저항할 힘을 얻었고 국내 문제에 대한 자치권도 확보할 수 있었다. 하지만 이러한 동맹들이 존재했음에도 불구하고, 여전히 마케도니아는 그리스에서 실질적으로 지배적인 군사력을 발휘하고 있었고 엄선된 요새에 주둔군을 배치해 그리스 전체를 통제했다.

마케도니아와의 전쟁

로마와 마케도니아의 전쟁은 포에니전쟁에서 비롯되었다. 마케도니아의 왕 필리포스는 칸나이전투 이후 한니발과 동맹을 맺었고, 마케도니아군은 자마전투에서 로마군과 맞서 싸웠다. 게다가 로마는 포에니전쟁에서 승리한 덕분에 지중해 국가들 간의 모든 분쟁을 판결하는 심판이 되었다. 예컨대, 이집트 왕은 자신의 영토를 분할하는 데 필리포스 왕과 안티오쿠스 왕이 함께 합의한 것에 불만을 가졌다. 그래서 로마는 이기적으로 정복하기 위해서가 아니라, 동방의 평화와 질서를 위해서 이 문제에 개입하기로 결심했다. 로마는 아카이아이 동맹과 동방의 여러 소국과 손을 잡았고, 기원전 198년에 플라미니누스(Flamininus)가 이끄는 군대를 파견했다.

그리스와 로마

처음으로 로마군이 아드리아해 동쪽 연안에 등장했다. 하지만 로마는 이미 그리스의 문학, 예술, 문화를 어느 정도 배운 상태였다. 로마의 역사에서 그리스의 예술과 사상보다 더 강력한 영향을 받은 것은 없었다. 마치 로마가 그리스의 군인과 정치인을 완전히 정복했듯이 그리스의 예술과 사상은 로마를 완전히 정복했다. 나중에 로마의 한 시인은 이렇게 말했다. "포로가 된 그리스는 야만스러운 포획자를 포로로 잡았다." 유럽의 역사에서 한 나라의 문화가 다른 나라의 지성과 감성을 이토록 깊숙이 지배한 사례는 없었다. 이후에는 로마의 종교, 예술, 사상에서 그리스 고유의 것은 무엇이든 사라지거나 뒷전으로 밀려났다. 로마는 그리스적인 것은 모두 받아들여 자신의 토양과 언어에 이식했다. 그리스의 모든 것을 향한 로마의 열정은 플라미니누스가 군대를 이끌고 아드리아해를 건넜을 때 절정에 이르렀다.

레기온과 팔랑크스

이 사건은 문화의 역사뿐만 아니라 전쟁의 역사에서도 기억할 만한 일이다. 왜냐하면 마케도니아의 '팔랑크스'와 로마의 군대 조직인 '레기온(legion)'을 명확하게 결정적으로 비교할 수 있기 때문이다. 이제 이 일련의 전투에서 끝이 날카로운 긴 창을 들고 밀집한 팔랑크스가 단검으로 무장한 느슨한 대형의 레기온과 맞붙었다. 첫눈에 보기에도 팔랑크스가 전반적으로 유리해 보였다. 로마의 레기온은 팔랑크스의 돌격을 견뎌낼 수 없었다.

그러나 로마인은 전쟁에 능숙한 전술가였다. 그들은 단지 전선과 전선이 만나는 곳이 아닌 다른 곳에서 싸움의 승패가 결정된다는 사실을 이미 잘 알고 있었다. 로마군은 팔랑크스를 거친 땅으로 유인하면서 긴 행군으로 지치게 만들었다. 멀리서 투석기로 밀집된 대형을 공격했고, 결국 로마군은 마케도니아군을 상대로 승리를 거두었다.

그리스의 자유

기원전 197년 테살리아의 키노스케팔라이(Cynoscephalae)에서 벌어진 전투에서 플라미니누스는 마케도니아의 필리포스 왕을 상대로 승리를 거두었다. 그런데 로마인들은 스스로의 우월함을 주장하는 것에 만족했고, 플라미니누스가 열정적으로 그리스의 자유를 선언한 것이 승리의 주요 결과였다. 누군가에게는 마치 페리클레스의 시대가 돌아온 것처럼 느껴졌다.

하지만 동방의 많은 문제를 해결하는 일은 그리 쉽지가 않았다. 그리스는 주변의 질투 어린 시선 때문에 늘 불안해졌다. 가장 큰 문제는 아이톨리아 동맹에서 발생했다. 로마의 복수를 두려워한 이 동맹은 시리아의 안티오쿠스 왕에게 도움을 요청했고, 머지않아 아시아 군대가 그리스에 상륙했다. 이는 로마가 구축한 체제에 대한 직접적인 공격이었기에, 로마는 개입해야 할 의무를 느꼈다. 아프리카의 정복자 스키피오와 그의 형제가 이끄는 군대가 파견되었다. 아시아 군대는 그리스에 패배했고, 소아시아의 마그네시아(Magnesia)에서는 시리아 왕의 군대가 대규모로 학살당했다(기원전 190년). 그러나 로마는 여전히 동방의 영토를 통치하는 책임을 거부했다. 어떤 지방도 합병하지 않은 것이다. 로마는 그리스와 소아시아 국가들의 국경과 관계를 재조정한 후 다시 철수했다.

로마의 장군 스키피오 아프리카누스

마케도니아와의 마지막 전쟁

로마가 다시 개입하기까지는 거의 20년이 걸렸다. 그리스의 불만과 마케도니아의 야망 때문에 개입할 필요가 생긴 것이다. 그리스인들, 특히 아카이아 동맹은 로마가 허락하는 것보다 더 많은 자유를 원했다. 그래서 그들은 마케도니아의 왕 페르세우스(Perseus)와 손을 잡았다. 기원전 171년에 로마인들은 전쟁이 다시 일어나리라는 것을 알고 있었지만, 기원전 168년이 되어서야 결정적인 타격을 입었다. 그 흐 피드나(Pydna)에서 마케도니아의 팔랑크스와 로마의 레기온이 다시 맞붙기 되었다. 로마가 이 전투에서 완승하자 팔랑크스는 이후 전쟁사에서 완전히 사라졌다.

로마의 동방 정착

이제 로마인들은 어느 정도 영구적인 기회가 있는 동방에 정착하기로 결심했다. 더 이상 합병을 피할 수 없을 것 같았다. 처음에 가졌던 동방에 대한 열성적이고 감성적인 생각은 완전히 사라졌고, 순전히 실용적인 사항만 고려했다. 마케도니아는 처음에 네 개의 공화국으로 나뉘어 있었지만 마케도니아의 전통이 너무 커서 그처럼 초라한 상황을 받아들일 수 없었다. 로마인들은 자유와 복종 사이에 중간 지점이 없다는 것을 알게 되었다.

기원전 148년 마케도니아는 로마의 속주가 되었고, 이로써 로마 관리들의 직접적인 통치를 받았다. 동방에 있는 로마의 적국들뿐만 아니라 동맹국들과 험한 대우를 받았다. 로마는 그들이 제공하는 조공을 과대평가하려 하지 않았다. 아카이아 동맹과 페르가몬과 로도스는 원칙적으로는 로마가 동방을 정복하는 동안 로마의 동맹이었다. 그러나 그들은 질투심과 증오심을 가지고 로마의 패권을 지켜보았고, 로마가 승리하면서 각자 자신의 권력과 영토가 줄어들었다는 사실을 알게 되었다. 아카이아 동맹은 특별히 엄격하게 대했다. 그것은 연방 정부에서 귀하고 유망한 실험이었지만 로마의 가장 중요한 정치적 좌우명은 모든 경쟁자를 분열시키는 것이었다. 아카이아 동맹은 상당 부분 축소되었다. 말을 잘 듣는 인질들은 이탈리아로 보내졌다.

마침내 기원전 146년 로마는 동맹과의 전쟁을 벌이게 되었다. 이때 코린트는 점령당하고 약탈당하고 파괴되었다. 그리스는 아직 로마의 속주가 되지는 않았지만, 그리스의 진정한 독립은 완전히 상실되었다. 로마는 확실히 동방에서 가장 강력한 국가였으며, 시티아와 이집트의 왕들은 승리한 공화국의 지방 총독으로부터 강압적인 명령을 받을 수밖에 없었다.

로마의 서방 정복

로마가 동지중해에서 패권을 장악하고 있을 때, 서방에 대한 지배력도 확보하고 있었다. 기원전 197년 히스파니아는 두 개의 속주로 조직되었다. 하지만 이 산악 국가의 사나운 사람들은 로마의 지배에 반기를 들었고, 일련의 기나긴 전쟁 기간에만 지배를 받게 되었다. 카르타고의 비극적인 종말은 더 주목할 만하다. 자마전투 이후, 카르타고는 육군이나 해군 병력이 거의 없었고, 영토도 줄어들었으며, 주변에는 로마의 지원을 받는 이웃 국가들만 남아 있었다. 하지만 훌륭한 지리적 위치와 사람들의 열정 덕분에 비록 전쟁은 아니지만 상업 분야에서 다시 중요한 자리를 차지하게 되었다. 로마인들이 마지막으로 카르타고를 공격할 동기를 부여한 것은 다름아닌 상업이었다.

로마의 보수 강경파인 카토는 카르타고가 로마를 침공할 위험이 있다고 주장했다. 로마는 부당한 요구로 카르타고를 전쟁으로 몰고 갔고 이때 또 다른 스키피오가 카르타고를 박멸하는 임무를 맡았다. 카르타고는 파멸을 피할 수 없었지만, 죽을힘을 다해 저항하며 이를 지연시켰다. 수비를 맡던 하스드루발에게서 마치 한니발의 정신이 되살아나는 듯 보였다. 카르타고는 무려 3년 동안이나 굶주림을 참으며 적군의 공격을 막았다. 하지만 기원전 146년에 결국 위대한 도시 카르타고는 함락되고 말았다. 로마는 완벽한 복수를 이루었다. 도시는 완전히 불타버렸고 카르타고의 영토는 '아프리카'라고 불리는 속주가 되었다. 자마전투의 승리자의 양아들인 카르타고의 정복자는 '소(小) 스키피오 아프리카누스'라는 칭호를 받았다.

로마의 속주들

　로마제국은 이제 일곱 군데의 속주, 즉 시칠리아, 사르디니아, 코르시카, 히스파니아(두 군데), 일리리쿰(Illyricum), 마케도니아, 아프리카를 거느리게 되었다. 속주 정복은 로마의 야망을 더 돋보이게 만들었지만, 상황이 어쩔 수 없이 그렇게 흘러가게 이끈 측면도 있고, 심지어 원로원은 식민 지배를 바라지 않기도 했다. 로마는 곧 지중해 연안의 모든 땅을 합병해 제국의 영토로 전환했다.

　원칙적으로 로마의 식민 통치는 그렇게 가혹하지 않았다. 로마는 합병된 영토를 다스리던 이전 정부의 역할을 대신했다. 로마가 방어의 책임을 맡으면서 그 속주는 무장이 해제되었다. '속주 총독(pro-consul)'이라 불리는 로마의 관리가 조공을 관리하고, 군대를 지휘하며, 대법관으로 활동했다. 속주의 지역 조직이나 관습, 종교 등은 원칙상 간섭받지 않았다. 그러나 실제로는 대부분 이러한 대우를 받지 못했다.

　로마의 속주 총독은 절대적인 권력을 가졌고 무책임했다. 속주 정부에서 총독을 탄압 혐의로 본국에 기소할 수 있었지만, 절차가 까다롭고 사안이 불분명한 경우가 많아 크게 효용이 없었다. 공적인 업무는 무상으로 제공되어야 한다는 로마의 전통에 따라 총독은 무보수로 일을 했다. 그러다 보니 총독은 절대적이고도 무책임한 권력을 이용해 속주민의 돈을 갈취했는데, 이에 대한 불만이 자주 제기되었다.

11 | 로마의 개혁

기원전 2세기 중반 로마는 지중해 주변에 경쟁자가 없었다. 영토를 정복하는 것은 당연한 수순이었고, 군사적으로도 큰 어려움을 겪지 않았다. 하지만 그 무렵 내부 문제에 직면하게 되었다. 결국 로마는 정치체제를 공화정에서 제정으로 바꾸었다. 이러한 큰 변화는 먼저 그 원인을 이해하는 것이 필요하다.

기원전 2세기 로마의 정치체제

로마의 정치체제는 정치적 지혜가 낳은 최고의 산물이었다. 그것은 근본적으로 보수적인 성격을 띠었다. 어떤 상황이 발생하면 그에 맞추기 위한 기나긴 타협과 적응의 결과였다. 모든 것이 변화하고 있었지만 로마는 여전히 하나의 도시국가로 인식되고 있었고, 로마의 정치체제도 그 지역의 체제에 불과했다. 민회, 집정관, 원로원과 같은 제도는 원래 좁은 지역에 사는 소수의 사람들을 대상으로 만들어진 것이었다.

하지만 로마는 이제 제국이 되었다. 로마의 시민들은 제국의 모든 영토에서 상업 활동을 했고 군인들은 계속해서 머나먼 원정을 떠나야 했다. 도시국가에서 사용하던 정치제도를 제국에 적용했을 때 제대로 작동하지 못했다. 간단한 예를 들자면, 집정관들은 재임 기간에 속주의 치안판사이자 로마군의 사령관이기도 했다. 또한 히스파니아, 아시아, 아프리카로 파견될 수도 있었다. 그러다 보니 속주 통치와 군사적 임무 중 하나는 소홀할 수밖에 없었다.

　이처럼 로마의 공화정 제도가 제국을 통치하는 데 실패한다면 어떤 정치 제도가 그 자리를 대신할 수 있을까? 오늘날 우리는 어떤 대의제도를 생각할 수도 있다. 하지만 당시 로마인들에게는 대의제도라는 개념이 없었고 그것이 충분히 강력한 정부를 탄생시키지도 못했을 것이다. 수많은 실험 끝에 유일한 대안은 한 사람, 즉 황제가 통치하는 것이었다.

로마의 사회문제

　로마에서는 심각한 사회문제들이 동시다발적으로 해결책을 요구하고 있었다. 이탈리아인들은 처음에 소작농이었다. 그런데 로마인들이 로마를 위해 이탈리아를 정복하고 한니발을 물리쳤다. 이제 이탈리아 농업의 성격이 바뀌면서 소작농들은 사라지고 대신 대농장으로 대체되고 있었다. 이러한 안타까운 변화에는 두 가지 힘이 작용했다. 로마의 정복 결과로 옥수수는 이제 사르디니아와 코르시카에서, 아프리카와 이집트에서 싼 가격으로 로마로 옮겨졌다. 이탈리아의 농부들은 값싼 외국산 옥수수와의 경쟁 탓에 몰락하고 말았다.

　또한 이탈리아에서는 새로운 유형의 느예제도가 확산되기 시작했다. 로마에는 그리스와 마찬가지로 늘 노예제드가 존재했었다. 초기 노예제도는 가족적인 분위기였다(노예를 한 가족처럼 생각했다). 반면, 카르타고에서 주로 차용한 새로운 유형의 노예제도는 훨씬 잔인하고 악랄했다. 노예들은 기계 취급을 받았고, 쉬지 않고 일했으며, 밤어는 노예 감옥(ergastula)에서 지내야 했다. 역사에서 새로운 노예제도가 등장한 자유 노동(free labour)이 사라지는 경향이 있다. 한때 작은 농장과 밭과 소작농들이 있던 곳에는 대규모 농장이 생겨났다. 대농장은 목초지를 보유하고 있었고 여기서는 가축을 사육했으며 노예의 노동력으로 운영되었다. 쫓겨난 소작농들은 로마시로 들어가 위험한 빈민층이 되거나 실업자로 살았다.

새로운 사상의 등장

변화는 정치와 사회 영역에만 국한되지 않았다. 로마는 사상과 예술, 종교 영역에서도 중요한 변화를 겪고 있었다. 이러한 변화는 자연스럽게 이루어졌는데 특히 제국이 확장하면서 접촉하게 된 그리스의 사상에 큰 영향을 받았다. 그리스의 문화를 접한 로마인의 최초 반응은 반발이었다. 좁은 범위의 사상, 엄격한 도덕 규범, 감정 표현에 대한 혐오, 의례적이고 실용적인 종교를 가진 로마인들에게 그리스의 문화는 생각과 행동의 느슨함, 신뢰할 수 없는 것, 무질서 그 자체로 보였다.

하지만 이러한 정서는 곧 사라지고 말았다. 그리스의 예술과 사상, 문학과 철학은 곧 로마인들의 마음에 영향을 미치기 시작했다. 더지않아 로마인들은 그리스 문화에 극도로 열광했고, 이런 뜨거운 분위기가 오래가지는 않았지만 그리스 사상의 영향력은 사라지지 않았다. 그리스의 새로운 사상은 진보적이었지만 오랫동안 구축된 로마인의 삶의 근간을 완전히 약화시켰다. 세상의 변화는 인간의 마음에서 시작되는데, 이것은 로마의 개혁에서도 마찬가지였다.

티베리우스 그라쿠스

이 오랜 변화의 과정에서 최초의 움직임을 유발시킨 것은 사회문제였다. 로마 대중의 빈곤 문제, 이탈리아의 인구 감소, 그로 인해 약해지는 로마의 군사력 때문에 결국 기원전 133년 티베리우스 그라쿠스(Tiberius Gracchus)는 개선책을 제안하게 되었다. 티베리우스는 로마의 오래된 가문에 속해 있었고, 개혁적이기보다는 보수적인 편에 가까웠다. 호민관에 선출된 그는 로마의 공공 토지를 가난한 시민에게 소규모로 분할해주는 토지법을 제안하고 실행했다. 이 법안은 원로원에 두려움과 분노를 일으켰고, 결국 티베리우스 그라쿠스는 원로원이 부추긴 폭동 중에 암살당했다. 로마인들은 이 사건이 시민들의 분쟁 중 최초의 유혈 사태라고 생각했다. 이 로마인의 피는 분쟁이 끝나기 전까지 더 넓고 빠르게 퍼져 나갔다.

가이우스 그라쿠스

개혁가 그라쿠스 형제

티베리우스 그라쿠스가 진행하던 작업을 약 10년 후 그의 동생인 가이우스 그라쿠스(Gaius Gracchus)가 다시 시작했다. 티베리우스가 개선책 정도를 제시한 데 비해, 가이우스는 일련의 대대적인 개혁을 제안했다. 새로운 토지법을 도입했고, 값싼 곡물을 백성들에게 제공했으며, 로마시의 인구 과밀 문제를 해소하기 위해 해외 속주를 세웠다. 이러한 개혁을 시행하는 방법도 이전보다 더 급진적이었다. 원로원 귀족들의 권위나 입장은 완전히 무시되었다.

가이우스 그라쿠스는 민회에 참석한 사람들에게 헌법상의 권리에 따라 확실히 그들의 것인 입법과 행정의 기능을 행사하라고 촉구했다. 이처럼 민주적인 운동이 시작되었는데, 가이우스가 죽음을 맞이해도 이 운동은 죽지 않았다. 이후 80년 동안 로마에는 두 가지 통치 방식이 공존했다. 하나는 원로원의 통치였고, 또 하나는 시민의 통치였다. 로마는 이 둘 사이에서 계속 왔다 갔다 했다. 결국 어느 쪽도 제대로 실행할 수 없었고, 한 사람의 강력한 통치만이 이 딜레마의 유일한 해결책이라는 사실이 분명해졌다.

새로운 로마 군대

　결국 정치적인 문제는 투표나 토론으로 해결되지 않았다. 또 다른 권력인 군대는 결과에 영향을 미치도록 서서히 압력을 받기 시작했다. 로마는 군사 국가였기 때문에 그럴 수밖에 없었다. 로마의 지배는 칼로 얻은 것이기 때문에 오랫동안 칼로 유지되어야 했다. 로마의 지배 범위 너머에는 야만족(로마는 로마인과 그리스인 외 다른 모든 민족을 야만족이라 불렀다)이 있었는데, 그들이 갈리아족이든 파르티아인이든 로마의 경계와 규율이 무너지면 언제든 국경을 넘어 침범할 수 있었다. 이러한 위험에 맞서 내부적으로나 외부적으로 대규모의 군대가 필요했다. 나라 안에 개혁의 폭풍우가 휘몰아치던 이 시기는 정부와 군대의 관계가 결정적으로 중요한 시점이기도 했다.

12 | 로마제국의 확장

가이우스 마리우스

곧 전쟁이 발발했다. 먼저 로마가 보호령을 행사하던 누미디아(Numidia)에서 내전이 발발하라는 바람에 로마가 어쩔 수 없이 개입해야 했다. 이때 로마인들은 많은 굴욕을 당했다. 로마의 귀족 출신 장군들이 구타를 당하거나 뇌물을 받았다. 마침내 기원전 106년, 비천한 출신의 장군 가이우스 마리우스(Gaius Marius)가 이 전쟁을 끝냈다. 그는 원로원의 뜻이 아닌 시민들의 직접 투표로 지휘관에 임명된 인물이었다. 마리우스는 귀족 출신 장군인 술라(Sulla)의 도움을 받았는데, 술라는 나중에 마리우스의 성공적인 라이벌이 될 운명이었다.

킴브리족과 튜턴족

곧이어 훨씬 더 큰 위험이 도사리고 있었다. 북쪽의 야만족인 킴브리족(Cimbrians)과 튜턴족(Teutons)은 켈트족이 아닌 게르만족일 가능성이 있는데, 그중 일부는 로마의 국경에서 끔찍한 결과를 초래했다. 기원전 105년에 론강 방어선을 지키던 로마군이 병력 13만 명을 잃은 것으로 알려졌다. 다른 곳의 로마군도 방어에 성공하지 못했다. 만약 야만족이 한꺼번에 아탈리아로 밀고 내렸왔다면 극도로 위험했을 것이다. 다행히 야만족은 서쪽으로 방향을 틀었고, 히스파니아와 갈리아 북쪽 지방을 들른 후에 다시 알프스의 관문에서 모습을 드러냈다.

마리우스가 침입자들을 물리치다

그사이에 로마에서는 국민 투표가 시행되었고, 로마인들은 누미디아전쟁에서 승리한 마리우스에게 로마를 위험에서 벗어나게 해주길 요청했다. 마리우스는 킴브리족과 튜턴족이 다시 돌아오기 전에 그동안 부하들을 훈련시키고, 노역에 익숙해지게 하고, 로마의 높은 기준에 맞게 규율을 회복시켰다. 제대로 훈련되고 충성스러운 로마 군대에 맞서 이길 수 있는 야만족 군대는 아직까지 없었다. 적군은 병력을 나누었다. 튜턴족은 서쪽에서 이탈리아로 진입하려 했고, 킴브리족은 알프스산맥 북쪽으로 우회해 동쪽의 알프스 고개를 지나 이탈리아를 공격하려 했다. 하지만 두 지점에서 모두 야만족은 크게 패하고 말았다.

기원전 102년에 마리우스는 아쿠아이 섹스티아이(Aquae Sextiae, 지금의 엑상 프로방스)에서 튜턴족을 물리쳤다. 그런 다음 이탈리아로 돌아가 기원전 101년에는 피에몬테(Piedmont) 계곡에서 킴브리족을 제압했다. 두 전투에서 야만족 수십만 명이 전사한 것으로 알려졌다. 이후로 이탈리아가 다시 야만인의 침략을 받기까지는 거의 500년이라는 시간이 걸렸다.

정치가 마리우스

마리우스는 로마 역사에서 길이 이름이 남을 자격이 있다. 그는 전장에서 로마를 구했을 뿐만 아니라 국가의 정치적 운명에도 중요한 영향을 미쳤기 때문이다. 그가 국민투표로 누미디아전쟁을 지휘하는 사령관에 임명되었을 때 원로원의 권위는 심각한 타격을 입었는데, 이러한 일이 여섯 번이나 반복되었다. 기원전 100년에 그는 여섯 번째 집정관이 되었다. 로마 역사에서 최고위직에 이처럼 오랫동안 재임한 사례는 볼 수 없다.

마리우스는 6년 동안 로마를 통치했다. 당시에는 한 사람의 능력이나 야망의 결과처럼 보였지만, 돌이켜보면 실제로는(명목상으로는 아니지만) 제국의 출범으로 여겨진다. 로마 공화국에서 위대하고 인기 있는 군인 개인의 통치를 위한 정치 시스템이 6년 동안 따로 마련되어 있었다. 로마 정부에서 이러한 제도가 비정규적이지만 일반적으로 시행되었고, 결국에는 제국으로 정규화되고 체계화되었다.

로마의 정치가
가이우스 마리우스

로마군의 성격이 변화하고 있었다는 점도 주목해야 한다. 이전에는 로마군에 들어가는 것은 재산을 소유한 로마 시민의 특권이었다. 하지만 마리우스는 이 특권의 장벽을 무너뜨렸다. 급여와 전리품을 약속하자 가난한 사람들이 마리우스의 군대로 들어왔고, 이렇게 만들어진 용병과 직업 군인은 결국 로마 공화국이 전복되고 제국이 새롭게 수립되는 계기가 되었다. 로마의 군대가 시민권과는 점점 더 멀어졌기 때문이다. 이제 군인들의 헌신은 불안정한 국가의 관리들이 아닌 급여와 전리품을 약속한 자신의 장군에게 바쳐졌다.

동맹시전쟁

향후 50년을 살펴보면 우리는 이 새로운 군대를 위해 많은 전투가 벌어졌다는 사실을 알 수 있다. 약 10년 동안 숨통이 트였지만, 그 후에는 불길한 전쟁이 벌어졌다. 이탈리아에 있던 로마의 동맹시들, 즉 과거에 로마에 정복된 이탈리아의 동맹시 연합이 반란을 일으켰다. 앞서 우리는 이 동맹시들이 한니발 시대에 로마를 파멸로부터 구해준 사실을 살펴보았다. 로마의 정치적 천재성은 이탈리아의 동맹시들을 회유하는 태도에서 가장 잘 드러났다. 관대함이 최선의 정책이라는 사실이 입증되었고, 동맹시들도 로마에 통합될 마음의 준비가 되어 있었다.

하지만 최근 들어 로마의 태도가 급격히 바뀌었다. 로마는 실제로 잔인한 주인은 아니었고, 동맹시들도 그렇게 불만스럽지 않았다. 그러나 예전에는 열려 있었던 평등의 길이 이제는 닫혔다. 로마 총독들의 꼴사나운 자부심도 이탈리아인들에게 불쾌감을 주었다. 동시에 로마군에 다수의 병력을 지원한 이탈리아는 스스로가 가진 힘을 의식하게 되었다. 이탈리아는 오랫동안 자신들이 가진 불만이 평화롭게 해결되길 바랐지만, 그런 희망이 좌절되자 결국 반란을 일으켰다. 동맹시전쟁에서 로마군은 패배했다. 전쟁을 지속해 봤자 엄청난 파멸을 초래할 것이 분명했다. 로마는 싸움을 포기하는 것이 낫다고 판단했다.

마침내 시민권은 이탈리아인들에게도 부여되었다. 곧 이탈리아의 모든 자유민은 정치적 평등을 보장받았다. 그런데 로마 시민들이 폭발적으로 증가하면서 옛 공화정의 형태를 유지하는 것이 더욱 어려워졌다는 점에 주목해야 한다. 100만 명이 넘는 로마 시민들이 한꺼번에 공공 집회에 모일 수는 없는 노릇 아닌가? 이러한 참정권의 확장은 로마의 '자유'를 웃음거리로 만들었고, 로마가 제국으로 가는 길을 열어놓았다.

미트리다테스

동맹시전쟁이 이탈리아에서 격화되는 동안, 동방은 소아시아 북동부에 위치한 폰토스(Pontos)의 왕 미트리다테스(Mithridates)의 계획으로 말미암아 동요하고 있었다. 로마는 한니발 이후에 이렇게 위험한 적을 만난 적이 없었다. 하지만 미트리다테스는 한니발에 비견할 정도는 아니었다. 로마의 부패와 혼란이 오히려 미트리다테스를 상대적으로 강하게 보이도록 만들었기 때문이다.

미트리다테스의 군대는 소아시아를 제압하고 그리스를 침공했다. 로마는 동방을 치명적일 정도로 느슨하게 점령했다. 동맹시전쟁의 위험이 잦아들자 술라가 그리스로 나왔다. 군사 천재인 술라는 폰토스 군대를 보기 좋게 무너뜨렸고 미트리다테스는 화친을 제안할 수밖에 없었다. 그러나 술라가 로마로 돌아온 직후 미트리다테스는 다시 음모를 꾸미기 시작했고 머지않아 전쟁이 발발했다.

폼페이우스의 승리

모든 소아시아가 미트리다테스의 손아귀로 돌아갔고, 로마 정부의 혼란과 혁명이 그가 가진 힘의 주요 원천이었다. 폼페이우스(폼페이 대왕)는 마침내 로마의 전폭적인 지원을 받으며 마트리다테스를 공격했다. 이 전투로 아시아는 로마에 대응할 수 있는 힘이 아직 부족하다는 사실이 분명해졌다. 미트리다테스는 크림반도로 도망쳐 그곳에서 사망했다. 폼페이우스의 군대는 아르메니아와 시리아를 점령하며 지나갔다. 아시아는 유프라테스강까지 로마의 지배 아래 새롭게 재편되었다. 시리아는 로마의 속주로 선언되었다. 이집트도 곧 속주가 될 터였다. 기원전 62년 폼페이우스는 승리의 영광을 안고 로마로 돌아왔다.

율리우스 카이사르의 갈리아 원정

다음으로 로마의 군대가 필요한 곳은 북쪽의 국경지대였다. 기원전 59년에 율리우스 카이사르(Julius Caesar)는 갈리아 지방을 정복하라는 명령을 받았는데, 이곳은 지중해 연안에서 그리 멀지 않은 지역이었다. 카이사르는 오늘날 스위스 지역의 헬베티아족(Helvetii)과 독일 지역의 수에비족(Suevi)의 침입으로 로마의 속주가 위협을 받

로마의 지도자 율리우스 카이사르

고 있다는 사실을 알게 되었다. 기원전 105년부터 기원전 100년까지 킴브리족과 튜턴족이 로마를 위협하던 상황과 비슷했다. 카이사르는 헬베티아족과 수에비족을 모두 물리친 후 라인강 국경까지 갈리아의 모든 지역을 정복했다. 로마 장군 중에 이보다 더 중요한 임무를 맡은 사람은 없었다. 갈리아인들은 용맹하고 호전적인 민족이었지만 국가적인 결속력은 약했다.

갈리아 지역 내 서로 다른 부족들 간의 경쟁이 너무 심한 바람에, 카이사르는 가는 곳마다 자신과 손잡을 동맹을 쉽게 찾았다. 카이사르는 늘 치열한 전투를 벌여야 했지만 결국 승리해 라인강과 피레네산맥 입구까지 나아갔다. 카이사르의 군대는 심지어 라인강을 건너 게르만족에게까지 위력을 과시했다. 기원전 55년에, 그리고 다시 기원전 54년에 모험을 사랑하던 카이사르는 브리튼족(Britons)이 바다 건너 대륙의 동족에게 지원하는 것을 사전에 막고자 영국으로 건너갔다.

갈리아의 자유를 위한 마지막 투쟁

카이사르가 영국에서 돌아왔을 때 갈리아인들은 재난 앞에서 민족의식이 강해졌고, 위대한 지도자 베르킨게토릭스(Vercingetorix)의 지휘 아래 결연한 의지로 반란을 일으켰다. 카이사르는 지금까지 한 번도 겪어보지 못한 방식으로 싸워야 했다. 하지만 로마의 군사 과학과 규율 그리고 카이사르의 천재성 덕분에 마침내 승리할 수 있었다. 영웅 베르킨게토릭스는 기원전 52년에 알레시아(Alesia)에서 항복했고, 카이사르는 그 후 자신의 정복지를 평화롭게 재편하는 데 전념할 수 있었다.

카이사르의 원정 결과가 얼마나 대단하지 주목해보자. 카이사르는 수백 년 동안 야만족의 침략에 대한 공포로부터 로마를 해방시켰다. 또한 프랑스어의 기초가 마련되었고 이후 프랑스 문명이 발전하는 토대가 제공되었다. 이 사건으로 카이사르는 로마의 국내 정치에 결정적인 영향을 미치면서 로마제국의 기초를 다질 수 있었다.

갈등의 성격

이제 다시 로마의 국내 역사로 돌아가 약 50년간 간헐적으로 일어난 개혁의 소용돌이 속에서 어떤 정치적 격변이 일어났는지 살펴보자. 이 기간은 마리우스, 술라, 카이사르, 크라수스, 폼페이우스와 같은 위대한 야망가들이 등장해 치열하게 경쟁하는 시기이기도 했다. 하지만 개인의 경쟁심이나 원로원의 고집, 사람들의 권력욕이 싸움을 좌지우지하지는 않았다.

로마의 옛 정치체제는 크게 불어난 시민이나 세계 제국에 더 이상 도움이 되지 않았다. 그렇다면 로마인들은 새로운 시대적 과제에 어떻게 대처했을까? 원로원의 귀족 정치가 무너지면 민주 정치가 그 자리를 대신할 수 있었을까? 우리는 이런 해결책이 얼마나 불가능한 일인지 이미 살펴보았다. 그럼에도 반세기 동안 온갖 갈등과 실험을 통과한 후에야 마침내 '제국'이라 불리는 군사적 군주제에 동의하게 되었다.

개혁가 마리우스

100년 전으로 다시 돌아가보자. 당시 마리우스는 북쪽의 야만족을 정복하고 로마로 되돌아왔다. 그는 여섯 번째로 집정관이 되었고, 이제 정치적 야망을 꿈꾸게 되었다. 하지만 정치에 대한 재능은 없었던 것 같다. 그는 두 명의 동료와 함께 민주적인 정치제도를 제안했다. 그런데 그의 제안으로 폭동이 발생했고 이때 그는 동료들을 버리고 원로원이 질서를 바로잡도록 도와주었다. 결국 옛 동료들은 싸움에서 지고 죽음을 맞이하게 되었지만, 원로원은 권력을 회복했다. 마리우스는 자신의 정치적 꿈을 이런 식으로 완전히 망쳐놓은 것이다.

내전과 정치적 결과

이후 로마는 별 문제 없이 지내다가 동맹시의 요구 사항이 커지면서 심각한 문제에 직면했다. 우리는 이미 로마의 정치가 해결책을 내놓기 어려운 상황인 것을 확인했다. 이탈리아는 결국 무력으로 목적을 달성했다. 이러한 혼란 중에 마리우스와 술라의 경쟁은 격렬한 내전으로 번졌다. 마리우스는 정치인으로서 누구에게도 신뢰를 받지 못했지만, 그는 민주적인 세력에 속해 있었다. 술라는 출신으로나 신념으로나 원로원과 보수적인 대의를 옹호하는 사람이었다.

이탈리아 전쟁의 불길이 잦아들 무렵, 미트리다테스와의 대전에서 누구에게 지휘권을 주느냐 하는 문제가 떠올랐다. 누구나 간절히 원하던 지휘권이었다. 지휘관과 군대 모두에게 영광과 승리 그리고 막대한 전리품을 안겨줄 것이 확실했다. 이를 두고 마침내 로마에서는 격렬한 내전이 일어났다. 술라는 로마를 장악했고, 마리우스는 목숨을 구하기 위해 도망쳤다. 승리한 술라는 로마를 끔찍한 혼돈 속에 남겨둔 채 즉시 군대를 이끌고 동쪽으로 향했다. 우리는 앞서 그곳에서 이룬 술라의 업적을 살펴보았다.

술라의 부재와 귀환

술라가 로마에 부재한 동안 로마는 민주적인 세력에게 넘어갔다. 마리우스는 로마로 돌아와 킨나(Cinna)에서 자신보다 정치적으로 훨씬 유능한 동료인 킨나를 찾았다. 하지만 마리우스는 곧 사망하고 만다. 로마에는 영구적인 변화가 도입되지 않았다. 술라의 무적 군대가 귀환했을 때, 킨나는 군대를 이끌고 술라와 맞서 싸우려고 했지만 그의 군대는 반란을 일으켜 킨나를 살해했다. 술라가 기원전 83년에 로마로 돌아왔을 때는 무질서한 반대세력만 남아 있었다. 그는 반대 세력을 손쉽게 무너뜨렸고 그들을 무자비하게 처벌했다. 예전에 마리우스가 '공포정치'를 실시했었는데, 지금 술라의 통치는 그보다 더 악질이었다. 이 시기 로마의 잔혹한 정치는 이전 시대의 로마인들이 자랑하던 엄격한 규율은 전혀 보이지 않았다.

술라가 로마의 주인이 되었을 때, 그는 스스로에게 '입법과 공화정 개혁을 위한 독재관'이라는 칭호를 내렸다. 그는 자신이 바라던 대로 국가의 기구를 바꾸기 위해 엄청난 기술과 에너지를 쏟아부었고, 원로원의 통치가 민주 세력의 폭력이나 군인의 권력에 휘둘리지 않고 굳건한 기반 위에 다시 세워지기를 바랐다. 이러한 목적을 염두에 두고 그는 호민관의 권력을 무너뜨렸고, 관리의 수를 늘렸으며, 원로원에 (지금까지 사실상 가지고 있었지만 원칙적으로는 가지고 있지 않았던) 입법권을 부여했다.

정치든 전쟁이든 로마를 만들어낸 것은 가장 유능하고 천재적인 개인이었다. 하지만 이러한 변화의 목적은 늘 한 세력의 승리와 개인의 복수였다. 이는 시대의 경향에 반하는 반동에 불과했다. 정치 세력의 힘이나 군대의 힘은 성문화된 법으로 견제할 수 없을 만큼 컸고, 기원전 78년 술라가 죽은 지 몇 년도 지나지 않아 그의 정교한 정치 계획은 거의 흔적도 없이 사라졌다.

해적과 반란 노예

로마를 제국으로 밀어붙인 힘 중에는 군사적 상황이 가장 중요했다. 술라가 사망한 후, 로마는 내부의 무질서, 외부의 재앙 등 몰락의 징후를 보였다. 무엇보다도 불길한 것은 이탈리아 남부의 노예들이 격렬한 반란을 일으켰고, 지중해의 해적들이 조직적인 세력을 형성해 해상 교통이 거의 마비되었다는 점이다.

술라의 정치체제를 전복하다

하지만 로마는 이러한 위험에 맞서 싸울 만한 충분한 병력을 보유하고 있었다. 실제로 로마의 장군 크라수스(Crassus)가 반란 노예들을 물리쳤다. 폼페이우스는 해적들을 소탕한 뒤에, 로마군을 이끌고 동방 원정을 떠났다. 그러는 동안 술라가 신중하게 만든 정치체제는 완전히 무너졌다. 로마는 원로원의 이익을 위한 견제와 균형의 시스템이 아닌, 절박한 위기에 대처할 강력한 중앙 집권 정부가 필요했다.

평민들의 권력 회복 요구는 야심 찬 장군들에 힘입었는데, 이 장군들은 술라 집권 때 힘을 발휘하지 못했다. 시민들의 요구는 아무도 막지 못했다. 이 회복된 호민관은 다시 한번 국가의 강력한 권력이 되었다. 호민관의 제안과 시민의 투표에 따라, 폼페이우스는 거의 왕과 맞먹는 권력을 갖고 해적과 미트리다테스를 소탕하기 위해 파견되었다. 시대의 징후를 읽을 수 있는 사람들은 원로원 귀족의 통치가 더 이상 시대적 요구와 맞지 않는다는 사실을 깨달았다. 일부는 폼페이우스에게 주어진 강력한 권력 그 자체를 군주제가 확립된 것이라고 여겼다.

카탈리나의 역모 사건

폼페이우스가 동방 원정에서 돌아올 때가 다가오자 로마는 큰 흥분과 혼란에 빠지게 되었다. 폼페이우스는 술라의 역할을 대신해 스스로를 독재관, 즉 왕으로 만들 수 있는 힘을 가지고 있었다. 과연 그는 어떤 선택을 할 것인가? 원로원과 민회는 둘 다 폼페이우스의 등장에 기여했지만, 그의 귀환에 대해서도 모두 불안에 떨었다. 이러한 두려움은 당시 경제적 문제와 개인들의 야망과 맞물려 기원전 63년 '카탈리나의 역모'라는 기이한 사건을 초래했다.

이 역모의 목적은, 폼페이우스가 귀환했을 때 그를 견제할 만한 민중 혁명 성격의 권력을 확립하는 것이었다. 하지만 키케로(Cicero)가 이 운동을 폭로해 실패하게 만들었다. 그는 여전히 부자 계층의 지원을 받아 안정된 원로원 공화국을 유지하길 원했다. 결국 폼페이우스가 귀환했을 때 그에게 맞설 군사적·정치적 조직은 존재하지 않았다.

폼페이우스의 성격과 목표

폼페이우스는 원한다면 군주제(용어가 무엇이든)를 손에 넣을 수 있었다. 하지만 그는 혁명적인 방법을 사용하고 싶지는 않았다. 그는 야심이 가득했지만 여전히 국가에 충성했다. 권력은 이미 그에 손에 주어졌다. 하지만 폭력을 사용해 그 권력을 붙잡으려 하지 않았다. 그래서 사람들이 두려워하는 군대를 해산시키고, 자신이 시민들 사이에서 한 명의 시민이 되었다. 폼페이우스는 곧 진실을 깨닫게 되었다. 그가 손에서 칼을 내려놓자 모든 사람이 마음을 놓았다. 특히 원로원은 그를 자신들의 부하로 대하기 시작했고, 그의 요청을 거부했으며, 곧 그를 적으로 삼았다. 폼페이우스가 다시 권력을 잡으려면 확실히 동맹을 찾아야 했다.

제1차 삼두정치

마침내 기원전 60년에 폼페이우스는 로마에서 가장 부유한 사람인 크라수스와, 민주 진영의 저명한 인물인 율리우스 카이사르와 동맹을 맺었다. 그들은 공동 행동을 위해 힘을 합치기로 합의한 것이다. 이 합의는 '제1차 삼두정치'로 잘 알려져 있다. 그것은 사적이고 비밀스러운 합의였고, 당시 사람들은 의심이 들었지만 공개적으로 선언하지는 않았다.

삼두정치를 통해 폼페이우스는 군사적 명성을 얻었고 해산된 군대에 열정을 다시금 불러일으켰다. 덕분에 크라수스도 엄청난 부를 쌓았고, 군사적·정치적 경험을 축적했다. 율리우스 카이사르는 삼두정치로 잃을 것은 적었고 오히려 얻을 것이 더 많았다. 카이사르는 평민 세력의 지도자였다. 그를 역사적 인물로 만들어준 정치적 천재성은 아직 눈에 띄지 않았다. 하지만 이미 그는 노련한 군인이었고, 능숙한 음모가였으며, 훌륭한 연설가였다. 카이사르만큼 대중의 지지를 확실히 보증할 사람은 없었다.

이 세 사람의 연합은 국가를 통제하기에 충분히 강했다. 카이사르는 기원전 59년에 집정관에 선출되었다. 그는 폼페이우스가 원하던 승인을 확보할 수 있는 수단을 도입했다. (바티니우스라는 호민관이 도입한) 법률에 따라 카이사르는 알프스와 일리리아(Illyria) 양쪽의 갈리아 속주 지휘권을 얻어야 하고, 그동안 폼페이우스는 로마에 머물면서 삼두정치에 대한 종속성을 확보해야 한다고 결정되었다. 크라수스는 나중에 어느 정도 만족할 만한 지위를 얻게 된다. 삼두정치의 단결을 맹세하기 위해 폼페이우스는 카이사르의 딸 율리아와 결혼할 예정이었다.

카이사르와 폼페이우스의 경쟁

로마의 지도자 폼페이우스

우리는 앞서 삼두정치 시대의 군사 역사를 어느 정도 살펴보았다. 카이사르의 갈리아 지휘권은 5년에서 10년으로 연장되었으며, 그전에는 영국과 독일 등지를 침공해 갈리아를 정복했다. 하지만 그 10년 동안 삼두정치의 유대는 느슨해졌고 결국 끊어지고 말았다. 폼페이의 아내 율리아도 사망했다. 기원전 53년, 크라수스는 삼두정치에서 자신의 몫이라고 주장했던 파르티아와의 전쟁에서 패배하고 전사했다.

카이사르가 승전에 승전을 거듭하는 동안, 폼페이우스는 별다른 기량을 발휘하지 못했고 로마를 관리하는 데 큰 성공을 거두지 못했다. 카이사르의 별은 밝게 빛났지만 폼페이우스의 별은 희미해졌다. 폼페이우스는 이제는 경쟁자라고 느끼는 옛 동료 카이사르에 대적하기 위해 주변의 도움을 구했고 결국 원로원의 지원을 받았다. 카이사르가 지휘권을 얻은 지 9년차가 되었을 때, 폼페이우스는 원로원 편에 섰고, 원로원의 대표로서 카이사르의 막강한 군사 권력에 저항할 준비가 되어 있었다. 마침내 기원전 49년 카이사르는 루비콘강을 건너 로마로 진군했다. 이로써 그는 폼페이우스와 원로원에 맞서 로마 시민의 자유를 지키고 헌법을 수호하는 영웅으로 거듭났다.

폼페이우스에 맞서 내전을 일으킨 카이사르

로마에서는 폼페이우스가 지휘하는 원로원 군대에 맞설 기회가 카이사르에게는 거의 없다고 믿고 있었다. 하지만 9년간 전쟁을 성공적으로 수행한 카이사르의 군대는 규율, 신속성, 효율성이 뛰어난 최고의 전투력을 갖추게 되었다. 카이사르가 명령을 내리면 군 전체가 의심 없이 따랐다. 반면, 폼페이우스와 원로원 귀족들 사이에는 끊임없이 마찰이 생겼다.

카이사르의 성격도 매우 중요했다. 정치와 전쟁에 대한 천재적인 감각, 부하들에게 자신감을 불어넣는 능력, 갈리아 원정에서 얻은 명성은 그를 독보적인 인물로 만들었다. 처음에 사람들은 카이사르가 술라의 정신으로 승리를 거둘까 봐 두려워했고, 모든 적의 생명과 재산이 위험에 처할 것을 우려했다. 하지만 카이사르는 탁월한 군사 기술만큼이나 관대함과 자비심이 남달랐다.

카이사르의 군대는 어떤 것도 약탈하지 않았고 심지어 포로로 잡힌 적들을 풀어주기도 했다. 그 결과 이탈리아에서는 크게 감정이 동요했다. 80년간의 정치 격변으로 이제는 공화정에 대한 이상을 가진 사람은 거의 남아 있지 않았다. 이탈리아의 거주민들은 주로 자기 재산의 안전을 염려했다.

그런데 안전을 확실히 보장받게 되자 곧 원로원이 아닌 카이사르를 지지하게 되었다.

카이사르의 승리

이어지는 군사 원정은 거의 예외 없이 카이사르에게 유리했다. 반면, 폼페이우스는 이탈리아에서 아무런 저항도 할 수 없었다. 결국 그는 에페이로스(Epeiros)와 동방으로 도망쳤고, 그러면서도 예전의 승리를 떠올리며 자신이 큰 군대를 모으리라고 희망했다. 카이사르는 이탈리아의 주인이 되자마자 서쪽으로 방향을 돌려 히스파니아를 확보한 다음 에페이로스로 건너가 폼페이우스를 추격했다.

한동안 원정의 성과가 없었지만, 기원전 48년에 테살리아에서 벌어진 파르살리아전투에서 카이사르는 폼페이우스를 완전히 물리쳤다. 폼페이우스는 전장에서 도망쳤지만, 이집트에서 카이사르의 추종자들에게 암살당했다. 폼페이우스가 죽은 뒤에도 원로원 세력은 여전히 아프리카에서 버티고 있었고, 히스파니아에서도 다시 고개를 들었다. 하지만 결국에는 이 두 곳에서 모두 패배했다. 기원전 45년 이후에는 로마 세계의 어느 곳에서도 카이사르에게 공개적으로 저항하는 세력이 없었다.

율리우스 카이사르의 제국 수립 계획

율리우스 카이사르는 마땅히 로마제국의 창시자로 여겨지지만, 실제 헌법은 그가 원하던 것과 여러 면에서 달랐다. 기원전 44년 카이사르는 암살당하면서 더 이상 활약할 수 없게 되었다. 하지만 권력을 잡은 짧은 기간 동안 그의 놀라운 활동을 보면 원로원 공화국의 통치를 어떤 형태의 정부로 대체하고자 했는지 충분히 이해할 수 있다.

새로운 군주의 권력은 공개적으로 선포되었지만, 이 권력의 명칭은 아직 결정되지 않았다. '독재관'이라는 칭호는 술라를 연상시켜서 인기가 없었고, 카이사르는 '왕'이라는 칭호도 거부했다. 로마 정부는 이제 한 사람의 손에 중앙 집권화될 것이고, 로마의 옛 헌법은 이제 종말을 맞이하고 있었다. 물론 옛 헌법의 많은 특징은 여전히 남아 있고 새로운 상황에 맞게 조정되어야 했다. 수 세기 동안 로마의 실제 정부 역할을 하던 원로원은 900명으로 확대되었다. 원로원은 로마제국의 모든 지역 출신 의원을 포함해야 했고, 새로운 통치자를 위해 대변하고 협력하는 조직이 되어야 했다.

카이사르는 속주에 대해 관대한 편이었고, 언제든 속주민에게 로마 시민권을 부여할 준비가 되어 있었으며, 악정(惡政)으로부터 속주민들을 보호하고자 했다. 로마 시민의 민회는 과거의 중요성을 잃게 될 운명이었지만, 도시가 잘 관리되고 물질적인 번영을 누린 덕분에 정치권력의 상실을 보상받을 수 있었다.

카이사르의 암살과 재개된 내전

율리우스 카이사르의 활동에서 진정으로 중요한 점은 이러한 일시적 조치가 아니라, 제국의 체제를 출범시켰다는 사실에서 찾아야 한다. 제국의 체제는 수많은 변형을 거치며 모든 정치제도 중 가장 오래 지속될 운명이었다. 지금은 여전히 로마 공화정의 전통이 너무 강했다. 결국 기원전 44년 카이사르는 암살당했고, 로마는 다시 내전 시대로 빠지고 말았다.

옥타비아누스 카이사르

로마제국의 초대 황제
옥타비아누스 카이사르

하지만 로마를 군주제로 이끌고 가는 세력은 저항하기에 너무 강했다. 먼저, 이른바 '해방자들'은 카이사르주의(Caesarism)의 전통을 유지한 옥타비아누스 카이사르(Octavianus Caesar), 마르쿠스 안토니우스(Marcus Antonius), 마르쿠스 아이밀리우스 레피두스(Marcus Aemilius Lepidus)로 구성된 제2차 삼두정치에 의해 패배했다. 제2차 삼두정치의 역사는 제1차 삼두정치와 어느 정도 비슷했다. 상대적으로 약체였던 레피두스는 한쪽으로 밀려났다.

진정한 경쟁자는 옛 군인이자 율리우스 카이사르의 지지자였던 마르쿠스 안토니우스와, 율리우스 카이사르의 조카손자이자 훗날 아우구스투스 황제로 알려질 옥타비아누스 카이사르였다. 처음에는 살해된 독재자 카이사르와의 관계에서 옥타비아누스가 큰 이득을 볼 것이며, 그보다 더 유능한 자들이 옥타비아누스를 도구로 이용할 수 있으리라 생각했다. 하지만 그는 곧 모든 경쟁자들이 필적할 만한 상대가 아니라는 걸 증명했다. 그는 군인은 아니었지만 비상하고 신중하고 단호하며 다른 사람의 마음을 움직일 수 있는 탁월한 전략가였다. 나이도 어리고 외모도 앳되었지만 그는 결국 노련한 경쟁자들을 모두 물리쳤다.

제2차 삼두정치의 세 지도자는 우선 로마 세계를 분할해 다스리기로 합의했다. 마르쿠스 안토니우스는 이집트를 근거지로 삼아 동방을 통치했고, 옥타비아누스 카이사르는 로마에 거주하면서 서방 쪽을 다스렸다. 옥타비아누스는 곧 로마의 가장 훌륭한 전통을 따르는 인물로 여겨졌다. 반면 안토니우스는 로마인들이 늘 혐오하던 부정한 동방의 폭군 이미지를 갖게 되었다. 결국 기원전 31년, 마르쿠스 안토니우스는 악티움해전에서 영리한 경쟁자 옥타비아누스에게 패배하고 알렉산드리아에서 죽음을 맞이했다.

율리우스와 아우구스투스의 차이점

앞으로 아우구스투스라고 불릴 소(小) 카이사르는 이제 의심의 여지 없이 로마를 통치하게 되었다. 율리우스 카이사르와 아우구스투스 사이에는 큰 차이점이 있었다. 율리우스는 자신이 직접 생각하며 행동했고, 늘 변화에 준비되어 있었으며, 자신의 목표를 공개적으로 선언했다. 하지만 아우구스투스는 교묘하고 정치적인 인물이었다. 모방의 대가로서 과거의 형태를 최대한 보존하려고 애썼다. 권력을 대놓고 장악하기보다는 약삭빠르게 이용하려고 했다. 로마제국은 그가 만든 체제의 흔적을 어느 정도 유지했으므로, 그 체제의 전반적인 특징을 살펴볼 필요가 있다.

아우구스투스의 제국 설립

아우구스투스 제국의 주요 특징은 새로운 제국의 체제가 공화정의 연장선으로 제시되었다는 점이다. 아우구스투스는 스스로에게 완전히 새로운 칭호를 부여하지 않았다. 그는 '독재관'도 아니고 '왕'도 아니었다. 그는 단지 국가의 수장인 '프린켑스(Princeps)', 즉 '제1시민'이었다. '아우구스투스'라는 칭호도 관직을 가리키는 것이 아니라 종교 언어에서 비롯된 경건한 칭호였다. 옛 헌법의 모든 체계는 명목상으로 여전히 존속했다. 국가는 명목상 공화정이었고, 아우구스투스의 행정도 명목상으로는 원로원과 시민에게 위임되어 있었다.

아우구스투스는 단지 국가의 최고 행정관으로만 보이기를 바랐다. 원로원과 시민은 마지못해 그의 손에 막대한 권력을 넘겨주었지만, 때가 되면 권력을 다시 내려놓기를 간절히 바라는 사람으로 비치기를 바랐다. 필라티노 언덕에 있는 그의 집에서, 로마의 거리에서, 원로원 회의에서 그는 동료 시민들이 기꺼이 존경할 만한 태도를 취했다. 전제주의적인 모든 장식과 의례를 신중하게 피했다.

그런데 원로원의 지위와 권력은 오히려 줄어든 것처럼 보였다. 원로원이 속주의 절반을 직접 통치했고, 황제가 나머지 반을 다스렸다. 그럼에도 아우구스투스는 로마 세계의 실제 주인이었으며 그의 권력은 군사적 기반에서 비롯되었다. 아무도 그와 군대의 통수권을 공유할 수 없었다. 이후 3세기 동안 우리는 공화정의 형태가 점차 사라지는 것을 목격할 수 있다. 결국 로마제국은 동방의 군사적 전제주의 형태를 띠게 된다. 바로 아우구스투스가 신중하게 피하려던 유형의 정부 형태였다.

유럽사에서의 로마제국의 위치

이렇게 로마제국이 수립되었다. 유럽 역사 전반에서 로마제국이 차지하는 위치를 잠시 생각해보고자 한다. 로마제국은 유럽 문명 발전의 중심에 서 있었다. 모든 이전의 역사는 로마제국으로 이어졌고, 모든 이후의 역사는 로마제국으로부터 발전했다. 로마제국의 수립은 몇 가지 중요한 결과를 가져왔다.

첫째, 최근 극심한 악정에 시달리던 로마 속주들은 큰 안도감을 느꼈다. 원로원의 개별 의원들은 그 악정을 지속시키는 데 관심이 있었다. 하지만 제국 전체를 영구 통치하는 지도자는 그러한 관심이 없었다. 악정에 대한 소식들이 여전히 들려왔지만, 전반적으르는 속주들에게 훨씬 더 나은 시대가 시작되었다.

둘째, 제국은 로마 세계에 평화를 가져왔다. 로마제국의 지배를 받았던 나라들은 기원전 31년부터 기원후 180년까지 이토록 진정한 평화를 누린 적이 없었다. 이 기간에 드물게 전쟁이 있었지만 대부분 제국의 국경 너머에서 벌어졌다. 제국의 주요 속주들은 지속적인 평화를 누렸다.

셋째, 로마제국이 제공하는 안정과 평화 덕분에 로마의 언어, 법, 문화, 사상이 동방과 서방의 피정복 지역에도 깊이 뿌리 내릴 수 있었다. 특히 서방은 놀라운 속도로 로마 문명에 동화되었다. 서방 지역은 로마에 정복당했다는 느낌을 더 이상 받지 않았다. 오히려 로마에 점차 통합되었고, 제국이 해체되었을 때는 오히려 속주에서 그 분열을 유감스럽게 생각했다.

넷째, 로마제국의 수립은 기독교 교회의 성장과 밀접한 관련이 있다. 보편적인 국가가 도래했으므로, 보편적인 종교가 필요해 보였다. 두 세기에 걸친 평화는 군사적 이상에서 벗어나 온 인류를 하나로 묶는 유대감의 힘을 깨닫게 했다. 안정적인 도로 체계, 편리한 교통, 공통의 언어 등은 모두 공통 종교의 확산을 촉진했다. 이교도 사상도 몇 가지 중요한 점에서 이와 비슷했다. 교회가 정부를 조직하기 시작했을 때, 제국의 정치 조직을 아주 밀접하게 따랐다. 기독교 교회는 제국 정부의 보호막이 없었다면 지금처럼 발전할 수 없었을 것이다.

아우구스투스의 정복 활동

로마제국은 일반적으로 평화롭고 비공격적인 국가였지만, 아우구스투스의 통치 기간에 체계적이고 방어 가능한 국경을 확보하기 위해, 주로 전략적인 목적으로 일부 영토를 로마에 추가했다. 북쪽의 국경은 라인강과 다뉴브강으로 구성할 계획이었는데, 로마의 영토를 이 강까지 끌어올리려면 알프스산맥을 정복할 필요가 있었다. 후대의 여러 침략자들이 불가능하다고 여긴 이 일은 사실상 큰 노력 없이 달성되었다. 정복지의 사람들은 강한 민족 감정이 없었고 군대도 쉽게 패배했기 때문이다.

한때 영토를 북쪽과 동쪽으로 더욱 확장해 엘베강과 다뉴브강을 제국의 국경으로 만들려는 생각도 있었다. 이 정책이 성공했다면 로마는 더 쉽게 방어할 수 있는 국경을 확보했을 것이고 게르마니아 지역은 로마의 영향을 받았을 것이다. 그러나 초기의 큰 성공 이후에 로마의 노력은 큰 재앙으로 끝나고 말았다. 대규모 군대를 거느린 로마 장군 바루스(Varus)는 기원전 9년에 토이토부르크숲전투에서 패배했고 게르마니아 정복이 다시 시도되었지만 결국 포기하기에 이른다. 라인강과 다뉴브강은 예전처럼 로마의 북쪽 국경선으로 남았다.

로마제국의 국경

지도에서 국경선을 따라가보면 로마제국의 영토는 소아시아 전체를 포함하고 유프라테스강까지 확장되어 시리아 전체를 포함한다. 거기서 아프리카 북쪽 해안을 따라가면 이집트 전체와 아프리카 북쪽의 비옥한 지대를 포함한다. 서쪽으로는 아우구스투스 시대에 대서양과 비스케이만까지 경계를 이루었다. 이처럼 로마 영토는 훌륭한 국경을 가지고 있었다. 그리고 국경 너머의 '야만족'은 결코 조직적이거나 효율적인 나라를 이루지 못해, 로마는 매우 적은 병력으로도 이 광대한 영토를 방어할 수 있었다. 제국에는 총 40만 명의 병력이 있었던 것으로 추산되며, 대부분은 국경 지대에 주둔하고 있었다.

아우구스투스와 문학·종교의 관계

제국은 군사적 기반 위에 세워졌고, 아우구스투스도 그것을 알고 있었다. 하지만 그는 여론의 힘과 종교의 중요성도 잘 알고 있었으며, 두 세력 모두 자신의 체제를 뒷받침하는 데 활용하고자 했다. 그는 당시 절정에 달했던 문학을 매개체로 삼아 여론에 영향을 미쳤다. 베르길리우스(Vergilius), 호라티우스(Horatius), 오비디우스(Ovidius), 리비우스(Livius)는 모두 그의 치세에 등장한 문학가였으며, 아우구스투스 가문과 그가 세운 정권에 호의적인 입장을 보였다.

종교도 그를 지지했다. 아우구스투스 치세에는 종교가 피상적이긴 하지만 다시 부활했다. 새로운 사원이 지어졌고 오래된 사원은 복원되었다. 덕분에 종교가 유행했다. 베르길리우스의 서사시 「아이네이스(Aeneis)」는 전반적으로 종교적인 분위기를 띠고 있으며, 이 시에서 신들이 로마의 기초를 세심하게 계획했다는 것에 대해 증명했다. 호라티우스와 오비디우스조차도 이 새로운 운동을 지지하게 되었고, 제국과 종교 사이의 결합은 양측 모두에게 도움이 되었다는 점에는 의심의 여지가 없다.

그런데 당시 가장 중요한 종교 운동은 황제 숭배(살아 있는 황제든 죽은 황제든 상관없이)의 관행이었다. 이 운동은 원래 자발적으로 시작되어 제국 전역으로 빠르게 확산되었다. 이는 오늘날 종교나 예배라고 부르는 것과 크게 다르지 않았다. 제국에 대한 경외심과 감사의 표현이었으며, 제국민의 충성심을 확보하는 데 확실히 큰 영향을 미쳤다.

로마제국의 결점

우리가 살펴보았듯이, 로마제국은 불가피한 정치체제 변화의 결과였으며, 제국은 평화를 불러오고 번영을 일으켰다. 하지만 로마제국은 처음부터 심각한 결점이 드러났다. 공화정이 여전히 유지된다는 허구는 장기적으로 불만의 원인이 되었다. 예전의 권력을 되찾고 싶어 하는 원로원은 제국 아래에서 자신들에게 부여된 종속적 지위에 만족하지 않았기 때문이다. 게다가 프린켑스(또는 황제)는 공화정의 관리일 뿐이라는 핑계가 계속되는 한 황제 계승에 대한 어떠한 규제도 이루어질 수 없었다. 그러다가 아우구스투스의 재치와 재량이 이후 황제들에게서는 더 이상 발견되지 않자, 예전 공화정의 열망이 되살아나 끊임없이 불만과 혼란을 야기했다.

황제가 차지한 지위 역시 도덕적 품성에 매우 위험하게 작용했다. 로마황제만큼 권력의 정점에 오른 사람도 없다. 이들은 문명 세계의 절대적인 지배자였다. 아무도 그들을 견제할 세력이 없었다. 비열하게 아첨하는 자들에게 둘러싸여 있었고, 그들을 기리기 위해 수천 개의 제단이 세워졌다. 동시에 그들은 의지할 수 있는 전통도 없었다. 오히려 로마의 전통적인 도덕은 황제와 같은 지위에 반대했다. 그러하다 보니 이른바 '최고 권력의 현기증'이 황제들에게 닥쳤고, 종종 광기에 가까운 자만심을 보였으며, 초기 로마 황제들의 역사가 스캔들과 비극으로 가득했던 것은 어쩌면 당연한 일이다. 물론 우리는 황제들의 이야기에 지나치게 관심을 기울이기 쉽다. 황제의 이야기는 종종 악의적인 출처나 험담에서 비롯될지도 모른다. 가장 악랄한 황제의 통치 기간에도 제국의 시스템은 작동했고 오랫동안 평화와 질서는 깨지지 않았다.

초기 황제들

아우구스투스의 뒤를 이은 티베리우스(Tiberius)는 정력이 넘치는 군인이자 통치자였지만, 말년에는 카프리섬에서 은퇴 생활을 하며 여러 의혹과 소문에 휩싸였다. 그 뒤를 이은 칼리굴라(Caligula)는 처음 짧은 기간 동안에는 양호하게 통치 활동을 했지만 나중에는 광기에 시달렸던 것으로 보인다. 그는 스스로에게 신적 영광을 돌리며 원로원과 로마의 관리들을 깎아내리는 것을 즐겼다. 클라우디우스(Claudius)는 학자이자 자유로운 사상을 지닌 통치자였다. 하지만 집에서는 비천한 출신 남녀들의 도구가 되었다.

로마제국의 황제 티베리우스

클라우디우스가 죽자 네로는 어머니의 음모로 황제의 자리에 올랐다. 처음에는 훌륭하고 관대한 통치를 했다. 하지만 성인이 되자 악행과 범죄로 황제의 자리를 더럽혔는데, 그에 비하면 칼리굴라는 새 발의 피였다. 네로는 광대한 건설 계획에 몰두했고, 그 비용을 충당하기 위해 로마에 무거운 세금을 부과했다. 그는 스스로를 위대한 가수, 운동선수, 예술가라고 주장했고, 로마의 아첨꾼들은 그의 주장을 옹호했다. 네로는 아무런 처벌도 받지 않은 채 로마를 조롱하고 유린했다. 그런데 군대까지 불쾌하게 만든 탓에, 결국 네로는 군사 반란으로 무너지고 말았다.

기원후 69년의 군사 반란

　제국은 군사에 뿌리를 두었고, 군대의 지원에 의존했다. 로마에는 국경을 방어하는 부대 외에도 황제를 호위하고 내부의 질서를 유지하기 위해 로마의 성문에 주둔한 상당한 규모의 친위대 프라이토리아니(Praetoriani)가 있었다. 이 친위대는 특별한 심사를 거쳐 선발되었고, 일반 군인보다 높은 봉급을 받았으며, 이제까지는 믿을 만한 지원군으로 여겨졌다. 하지만 네로의 사치, 그의 부패함과 잔혹함에 대한 소문, 군대 지휘관의 예술적 야망, 연이은 나약한 황제들의 등장에 따른 속주 행정 체계의 붕괴 등으로 제국 곳곳에서는 일련의 군사 반란이 발생했다. 거의 2년 가까이 속주들의 평화는 무참히 깨져버렸다.

　각각의 군대는 자신의 사령관을 황제로 선포하고 이탈리아로 진군을 시도하거나 실제로 진군했다. 먼저 히스파니아, 갈리아, 게르마니아의 병력이 이동하기 시작했지만, 그 활동이 정점에 이르기 전에 로마의 친위대가 네로에 대항하겠다고 선언했다. 결국 네로는 로마를 탈출했고 적이 접근한다는 소식을 듣고 자결했다. 친위대는 히스파니아 속주 총독이었던 엄격하고 소박한 노인 갈바(Galba)를 지지했고, 이들의 도움으로 로마의 주인이 되었다. 그러나 친위대는 그의 검소함과 덕행에 싫증을 느꼈다. 그러던 와중에 사치스럽고 부유한 로마 귀족 출신 오토(Otho)가 친위대에 접근하자 그들은 기꺼이 그에게 충성을 바쳤다. 결국 갈바는 암살당하고 오토가 그의 뒤를 이어 황제 자리에 올랐다.

베스파시아누스가 제국을 장악하다

　이러한 반란의 광경은 이제 제국의 모든 부대를 흥분하게 만들었다. 각 부대는 자신의 지휘관에서 보라색 옷을 입힐 기회, 즉 황제로 만들 기회를 엿보았고 전리품은 자신들이 차지했다. 먼저 게르마니아 국경을 지키던 부대는 쾌락을 사랑하는 관능적인 남자 비텔리우스(Vitellius)를 지지하며 로마로 진군할 준비를 했다. 로마의 친위대는 이들을 상대할 능력이 없었으므로, 다뉴브강 국경을 지키던 부대에 지원을 요청했다. 비드아리쿰(Bedriacum)에서 결정적인 전투가 벌어졌는데, 여기서 게르마니아 국경 부대가 승리했다. 비텔리우스는 로마시를 점령했고, 100년 가까이 평화를 누리던 이탈리아는 다시 약탈과 공격에 시달렸다. 하지만 아직 끝이 아니었다.

로마제국의 황제 베스파시아누스

유대에서 베스파시아누스(Vespasianus)는 예루살렘 공격으로 점령당한 시리아 군대를 지휘했다. 게르마니아 국경 부대를 부러워한 베스파시아누스의 병사들은 그에게 자색 옷을 입고 로마로 진군하자고 요청했다. 크레모나(Cremona)에서 한차례 격렬한 전투가 벌어진 후에야 베스파시아누스의 부대는 진군해 로마를 정복할 수 있었다. 앞서 진군한 부대를 나중에 진군한 부대가 정복했고, 마지막으로 베스파시아누스가 로마시를 점령하면서 로마제국의 새로운 시대가 시작되었다.

군사 반란의 성격

이 두 해 동안의 반란은 국가적인 성격보다 군사적인 성격이 강했다. 반란 주도자들의 동기는 질투심, 경쟁심, 탐욕이었다. 속주의 자유를 향한 열망은 전혀 찾아볼 수 없었다. 이탈리아인들에게는 주둔하던 부대가 외국인으로 구성된 것처럼 보였다는 점도 눈에 띈다. 군인들은 더 이상 이탈리아인도 아니고 로마화된 속주민도 아니었다. 로마는 로마화가 덜 된 속주민뿐만 아니라 국경 너머 야만족까지 군대 병력에 포함시켰다. 뒤에서 제국의 몰락을 이야기할 때 이 사실에 대해 다시 언급할 것이다.

베스파시아누스 이후 제국의 특징

앞서 말했듯이 베스파시아누스의 즉위와 함께 제국의 새로운 시대가 시작되었다. 초기 황제들은 모두 로마 귀족 출신이었기 때문에 모든 것을 로마시에 거주하는 귀족의 관점으로 바라보았다. 하지만 베스파시아누스는 로마시가 아닌 이탈리아 출신이었다. 그의 외모나 성격에는 귀족적인 면모가 전혀 없었고, 로마시의 전통은 그에게 아무런 영향을 미치지 않았다. 이 시점부터 제국의 권력은 옛 로마 가문에 의존하지 않았다. 로마제국은 더 이상 어떤 의미에서도 로마시의 지배를 받지 않은 것이다.

초반에는 이탈리아인들이 황제 자리를 계승했고, 그 후에는 속주민 출신들이 뒤를 이었다. 히스파니아인, 아프리카인, 시리아인, 판노니아인이 차례로 제국의 권력을 장악했다. 반면 세계를 정복한 로마는 바로 그 정복 때문에 권력에서 배제되었다. 새로운 황제들은 정부의 임무에 대해 더 넓고 자유로운 전망을 제시했다.

베스파시아누스와 함께 제국의 전성기가 시작되었다. 그의 통치 기간에 유대와의 전쟁이 치열하게 벌어졌는데, 그의 아들 티투스(Titus)가 성지 예루살렘(Jerusalem)을 점령해 파괴하고 유대 민족을 학살하면서 유대의 함락이 마무리되었다. 예루살렘의 파괴는 종교사에서는 매우 중요한 의미를 지니지만 제국 체제의 안정성을 어떤 식으로도 흔들지는 않았다. 베스파시아누스는 남은 통치 기간에는 반란으로 훼손된 제국의 재정과 번영을 회복하는 데 전념했고, 그가 죽기 전에 그 과업이 완수되었다.

베스파시아누스의 뒤를 이어 아들 티투스가 황제가 되었다. 그의 짧은 재위 기간이 지나고 동생 도미티아누스(Domitianus)가 황제 자리에 올랐다. 그런데 도미티아누스의 통치는 초기 제국의 과도함을 떠올리게 한다. 당시에 자행된 악행이나 광기는 황제들의 사악한 기질 탓보다는 제국의 지위 자체에서 비롯되었다는 사실을 여실히 보여준다. 도미티아누스의 통치는 일반적인 과정을 따라갔다. 초기에는 훌륭한 통치를 약속했지만, 지출이 막대해지자 이를 충족하기 위한 압제적인 조치가 따랐다. 억압적인 잔혹 행위로 인해 이를 응징하기 위한 역모가 계획되었고, 마침내 그 역모는 성공하게 된다.

티투스의 개선문

제국의 황금기

도미티아누스의 죽음과 함께 그 후 90년간 제국의 황금기가 이어졌다. 이 시기에 '오현제'로 불리는 다섯 명의 황제, 즉 네르바, 트라야누스, 하드리아누스, 안토니누스 피우스, 마르쿠스 아우렐리우스가 등장한다. 엄밀히 말하면 마지막 두 황제만 '안토니누스'라고 불린다. 하지만 다섯 황제가 받은 영예가 아주 크므로 전체를 지칭하는 명칭으로 사용되었고, 이 시기를 흔히 '안토니누스 시대'라고 부른다. 이 시기의 주요 특징들을 이해하는 것이 매우 중요하다.

안토니누스 통치의 특징

초기 제국의 정치체제적인 어려움은 상당수 극복된 듯 보였다. 우리는 이미 황제 계승 문제로 발생하는 어려움이 얼마나 심각한지 살펴보았다. 명확한 황제 계승에 관한 법이 존재하지 않았고 존재할 가능성도 거의 없었다. 황제 계승은 보통 마지막 황제와의 연고, 원로원의 지원, 때로는 음모, 때로는 폭력에 따라 결정되었다. 안토니누스 시대에는 정해진 규칙이 없었지만, 각 황제는 통치를 잘 감당할 수 있을 것 같은 공직자를 후계자로 선택했다. 황제는 그를 양자로 삼아 황제 자리를 내주었다. 이 체제가 훌륭하게 작동한 덕분에 제국에 헌신적이고 유능한 통치자들이 많이 배출되었다.

로마제국의 지방 행정

제국 정부와 원로원의 관계는 초기 제국의 또 다른 난관이었다. 모든 난관을 넘어섰다고 말하기는 어렵지만, 일반적으로 원로원은 황제로부터 세심한 배려를 받았고 황제의 자문 위원회이자 정부의 종속 기관으로서의 지위를 받아들였다. 이 시기 제국의 또 다른 특징은 (안토니누스 시대에만 국한되지는 않지만) 로마제국 내에서 지방 정부가 크게 발전했다는 것이다.

고전 세계의 문명은 도시 문명이었다. 기원후 2세기만큼 번영한 자치 도시가 많았던 적은 없었다. 로마제국은 모든 도시의 시정(市政)을 장려했다. 도시들은 로마시의 시정 노선을 따랐다. 최고 행정관은 '두움비르(duumvir)'라고 불렸으며, 시의회는 '데쿠리오(decurio)'라는 도시 자치 위원들이 운영했다. 지금도 남아 있는 비문과 유적은 제국 전역에서 지방 정부가 얼마나 활발하게 활동하고 번영했는지 잘 보여준다. 폼페이의 성벽은 파괴 직전에 선거 플래카드로 뒤덮여 있었다고 한다. 제국의 번영과 몰락은 모두 도시의 역사와 밀접한 관련이 있다.

팍스 로마나

평화는 제국의 오랜 특징이었는데, 특히 안토니누스 시대에 그 특징이 뚜렷하게 나타났다. 트라야누스는 훌륭한 군인이었지만 거의 국경 너머에서만 전투를 치렀다. 하드리아누스와 안토니누스 피우스의 통치 시기에는 중요한 전쟁의 역사가 없었다. 그럼에도 로마의 군대는 늘 높은 효율성을 유지하고 있었다.

인도주의적 입법

또한 시대 풍조가 훨씬 인도주의적으로 변해가고 있었다. 예전의 냉혹하고 무정하던 로마의 정신은 사라졌다. 안토니누스 시대의 황제들은 노예, 고아, 빈민을 위한 일련의 법률을 제정했다. 인도주의적인 입법은 부분적으로는 평화

오현제 중 안토니누스 피우스

의 시대에 자연스럽게 생겨난 결과물이지만, 특히 로마의 가장 교양 있는 계층에 큰 영향력을 미치던 스토아철학(Stoic philosophy)과 관련이 깊다.

철학과 종교의 전쟁

그러므로 안토니누스 시대는 놀라울 정도로 매력적인 시기였다. 위대한 역사가인 에드워드 기번(Edward Gibbon)은 이 시대를 "인류가 가장 행복하고 번영하던 시대"라고 단언했다. 하지만 이는 유럽 역사상 가장 추운 겨울이 시작되기 직전인 가을이나 여름과 같은 일시적인 국면이었다. 기원후 3세기 거대한 쇠퇴의 원인은 나중에 살펴보겠다.

한편, 이 시대를 특징짓는 평화가 사상과 종교에서는 보이지 않았다는 점도 주목할 필요가 있다. 사상과 종교 분야에서는 격렬한 논쟁이 벌어졌다. 철학과 철학이 충돌하고 종교와 종교가 부딪쳤다. 기독교 교회는 격렬한 분열과 대립, 이단과의 싸움 속에서도 점차 승리를 향해 나아가고 있었다.

정규 공무원 제도의 창설

이제 안토니누스 시대의 주요 사건들을 살펴보자. 트라야누스(재위 98~117)는 안토니누스 시대의 가장 위대한 통치자로 여겨진다. 트라야누스는 훌륭한 통치자였지만, 그의 이름은 특히 전쟁과 연관되어 있다. 그는 다뉴브강을 건너 광물이 풍부한 다키아(Dacia) 지방을 정복해 속주로 만들었다. 이후 유프라테스강 너머에 있는 파르티아 세력을 공격했는데, 그들은 오래전부터 로마의 가장 위험한 이웃이었다. 로마군은 모든 전투에서 승리했고, 마침내 유프라테스강 너머의 지역도 로마로 속주가 되었다.

트라야누스의 뒤를 이은 하드리아누스(재위 117~138)는 실제로 안토니누스 시대의 가장 전형적인 인물이다. 그는 트라야누스가 했던 다뉴브강 너머의 정복을 포기했지만, 다키아는 유지했다. 통치 시기에 주로 속주들을 돌아다니는 데 시간을 보냈고, 속주들의 상황과 재정을 세심하게 살폈다. 통치 기간 내내 제국의 복지를 위해서도 헌신했다. 하드리아누스와 트라야누스는 모두 히스파니아 출신이었으며, 두 사람의 통치 기간에 속주들은 이탈리아와 거의 동등한 위치에 올랐다.

하드리아누스 치세 기간 가장 중요한 사건은 무엇보다 제국 행정을 위한 정규 공무원 제도의 창설이었다. 옛 공화정이 유지된다는 이유로 지금까지 이러한 제도가 시행되지 못하고 제국의 통치는 황제의 개인 하인들에게 맡겨졌는데, 이들은 대부분 노예 출신이었고, 가끔 노예의 악덕을 지닌 경우가 있었다. 그러나 하드리아누스는 명문가 출신들이 명예로운 직책을 찾을 수 있도록 공무원 제도를 조직했다. 이 제도는 곧 제국 전역에 관리들로 이루어진 광대한 네트워크를 형성했다. 이 제도는 초기에는 효율적이고 유익했지만 결국 국가의 큰 부담이 되었다. 물로 이는 좋은 제도가 부패한 것에 불과했다.

마르쿠스 아우렐리우스

안토니누스 시대의 마지막 황제인 마르쿠스 아우렐리우스(재위 161~180)의 통치 기간에는 제국의 오랜 평화가 깨졌다. 야만족이 북쪽 국경을 넘어 밀려들었기 때문이다. 이들은 패배하고 쫓겨났지만 제국은 예전의 안정감을 완전히 회복하지는 않았다. 마르쿠스 치세의 가장 큰 특징은 황제가 철학자라는 사실이다. 그는 스토아철학자였다. 로마의 다른 모든 철학과 마찬가지로 스토아철학도 그리스에서 유래했다. 특히 이 철학은 로마인들에게 인기가 많았는데, 초기 형태에서 다소 변형되어 로마 교양 계

오현제 중 마르쿠스 아우렐리우스

층의 진정한 종교가 되었다.

스토아철학자들은 세상의 일을 인도하는 자비로운 의지가 존재하는데, 이 신성한 의지에 협력하는 것이 인간의 가장 큰 의무라고 주장했다. 그들은 인간의 형제애를 설파했다. 인간의 의지는 상황이나 환경과 무관하게 만들어질 수 있다고 생각했다. 그리고 흔들림 없는 평온함이 인간이 도달할 수 있는 최고의 선이라고 보았다. 처음에 스토아철학의 교리는 가혹하고 조잡한 면이 많았다. 하지만 마르쿠스는 이를 매우 고상한 신조로 만들어놓았다. 그의 사후에 정리된 『명상록』은 스토아 신앙의 가장 매력적인 지침서가 되었다. 마르쿠스는 명목상으로는 여전히 이교 신들을 지지했지만, 그의 활동을 살펴보면 로마 세계의 사상과 정신이 얼마나 큰 변화가 일어나고 있었는지 알 수 있다.

제국의 위기와 그 원인

마르쿠스 아우렐리우스의 죽음은 제국의 역사에 큰 위기를 가져왔다. 길고 찬란했던 평화의 시대는 끝나고, 제국은 이제 혼란과 내전, 대외 전쟁과 혁명의 시대로 접어들었다. 이러한 혼란 속에서도 제국은 여전히 같은 이름을 유지했지만, 전혀 다른 정신으로 통치되었고, 다른 종교와 사상에 영감을 받았으며, 주변의 야만족과의 갈등에 휩싸이고 말았다. 이처럼 참혹한 변화에 대한 원인을 살펴보는 것이 중요하다. 어떤 부분은 우리의 분석에서 제외될 수도 있지만, 몇 가지 주요한 특징이 분명하게 드러난다.

부실한 정치체제

'안토니누스의 정치체제'가 황제 계승 문제나 원로원과의 우호적 관계에 대해 확실한 토대를 갖추지 못했다는 점에 주목할 필요가 있다. 이는 단지 다섯 황제의 통치 전통이었을 뿐이라서 마르쿠스 아우렐리우스가 죽자 가차 없이 중단되었다. 마르쿠스는 제국의 적임자를 자신의 후계자로 삼지 않고, 자격 없는 아들 콤모두스(Commodus)를 그의 후계자가 되도록 내버려두었다. 콤모두스는 칼리굴라(Caligula)나 도미티아누스(Domitianus)처럼 게으르고 격정적이고 자기만족에 빠진 사람이었다. 팍스 로마나 이전 시대의 범죄와 잔혹 행위가 다시 되살아났고, 결국 그는 암살당하고 말았다. 안토니누스 시대의 훌륭한 전통은 결코 재건되지 못했다.

전염병 창궐

마르쿠스 통치 기간에 제국을 강타한 끔찍한 전염병도 제국의 몰락에 어느 정도 중요한 요인으로 작용했을 것이다. 이 전염병으로 십중팔구 로마 군대가 피해를 입었고, 제국의 방어력은 심각하게 약해졌다. 물론 그 영향은 일시적이었으나 제국의 몰락은 끝없이 이어졌다. 전염병이 로마제국의 몰락에 결정적인 원인이었는지는 아직 확실히 알 수 없다.

전제주의의 영향

더 중요하고 근본적인 변화의 원인은 어렵지 않게 발견할 수 있다. 로마제국은 전제적인 정부였고, 이러한 전제정치에서 흔히 나타나는 불안정성을 보였다. 제국의 중앙정부는 늘 전제적인 데 반해, 제국의 수많은 도시는 완전한 자치의 자유가 보장되었다. 안토니누스는 재정적인 부실 운영이나 억압적인 행정을 막기 위해 선의로 도시의 자치에 개입하기 시작했다. 그러다 보니 기원후 3세기 말에는 한때 자유의 피난처였던 도시들이 중앙정부를 닮아 전제정치를 재생산하는 중심지가 되었다. 지방 자치의 자유가 상실되자 속주에서는 탄력성과 주도권이 사라졌고, 결국 군단이 그들을 보호하지 못하자 침략하는 적들에게 무력한 먹잇감이 되고 말았다.

야만족의 세력 변화

군사적 상황이 더 어려워지고 있다는 점도 눈여겨볼 만하다. 이른바 '야만족'이라고 불리는 이들은 예전보다 훨씬 더 위험한 적이 되었다. 이들의 후손들은 로마 군대에서 수만 명씩 복무하고 있었고, 로마의 규율과 군사 지식을 고국으로 가져갔다. 당시 라인강과 다뉴브강 상류의 게르만족은 가장 큰 위협을 가하고 있었다. 하지만 예상과 달리 다뉴브강 하류에서 고트족의 여러 부족이 치명적인 공격을 감행했다.

한편 유프라테스강 너머에서는 한때 트라야누스가 손쉽게 패배시켰던 파르티아인들이 새로운 사산 왕조가 세워지면서 재편되었고, 되살아난 종교적 열정에 고무되어 로마제국에 극히 위협적인 존재가 되었다. 하지만 우리는 야만족의 강함과 로마인의 약함을 과장하지 않도록 주의해야 한다. 마르쿠스 아우렐리우스가 죽은 뒤 두 세기가 지나서야 야만족의 군대는 로마군보다 결정적으로 우위에 서게 되었다.

기독교의 영향

로마제국의 운명을 바꾼 가장 중요한 원인은 아직 이야기하지 않았다. 그것은 기독교 교회의 성장에서 찾을 수 있다. 교회는 한 세기 반 동안 로마 세계에 존속했고, 교회와 제국 사이에는 피할 수 없는 적대감이 존재했다. 교회와 제국은 서로 경쟁하는 세력이었다. 둘 다 인간의 완전한 복종을 요구했다. 교회는 탁월하고 효율적이고 독립적인 조직이었다. 교회는 '국가 안의 국가'를 세웠고, 열렬한 기독교도에게는 교회의 권위가 국가의 명령보다 더 중요했다.

원칙적으로 교회는 제국을 사악하고 혐오스러운 존재로 비난하지 않았다. 제국도 교회를 업신여기고 때로는 박해도 했지만 전반적으로 관용을 베풀었다. 하지만 교회가 강성해지고 제국의 강력한 경쟁자가 될 만큼 세력을 확보하자 더 이상 관용을 베풀기 어려웠다. 이후 3세기 동안 두 세력 간의 갈등은 경쟁으로 발전했고, 결국 제국이 패배하고 말았다. 역사상 새로운 종교는 늘 가장 강력한 혁명적 세력이었다. 또한 기독교의 성장은 기원후 3

세기 혼란의 직접적인 원인이기도 했다. 기독교는 신도들에게 새로운 열정을 불어넣었고, 새로운 목표를 향해 질주했으며, 늘 제국과 갈등을 빚은 건 아니지만 결국에는 제국의 통일성을 깨뜨리고 필연적으로 제국의 힘을 약화시켰다.

코모두스의 죽음으로 촉발된 반란

코모두스의 사망 당시의 상황은 네로가 죽었을 때와 매우 유사했다. 원로원은 그들의 원로인 페르티낙스를 황제로 임명했다. 하지만 황제의 임명을 원로원의 손에 맡길 수 있는 상황은 아니었다. 기원후 69년 때처럼 제국의 권력은 제국의 모든 군대가 탐내는 전리품이 되었다. 로마시의 친위대, 브리타니아, 시리아, 판노니아의 군단도 각자 자신의 사령관을 황제 후보를 내세웠다. 기원후 193년 결국 마지막에 승리한 셉티미우스 세베루스(Septimius Severus)가 로마의 황제가 되었다.

셉티미우스 세베루스

로마의 황제 셉티미우스 세베루스

셉티미우스 세베루스는 아프리카계였다. 아프리카만큼 로마화된 속주도 없었다. 하지만 셉티미우스 세베루스는 로마시의 관점에 전혀 공감하지 않았다. 그는 순전히 군인이었고, 정치나 시민권 문제는 부차적인 관심사일 뿐이었다. 통치 기간에는 오로지 군사 정책에만 관심을 두었다. 로마시에서 기존의 친위대를 해체하고 일반 군대에 제국의 수도 방위를 맡겼다. 병사들의 봉급도 인상했으며, 군인들에게는 금반지를 끼는 특권도 허용했다. 더 중요한 점은 군인들에게 결혼, 재산 소유, 영구 거주지 마련 등을 허용했다는 것이다.

이러한 조치는 당연히 인기가 많았고, 당시에는 그 결과에 대해 예측할 수 없었다. 하지만 그 이후로 로마군은 제국의 특정 지역에만 관심을 두게 되었고, 방어선의 어느 지점에 위험이 닥쳤을 때 바로 이동할 준비가 되어 있지는 않았다. 군인들도 자신들의 권력을 완전히 인지하게 되었다. 제국은 이제 군사적 전제주의 방향으로 긴 발걸음을 내디뎠다.

카라칼라

셉티미우스 세베루스는 기원후 211년 요크에서 사망했다. 그의 뒤를 이어 아들 카라칼라(Caracalla)가 아버지의 정책을 그대로 이어갔다. 그런데 카라칼라의 통치 기간 중 가장 중요한 사건은 제국 내 모든 자유민에게 완전한 로마 시민권을 부여한 것이다. 제국의 자유민들 사이에서 로마인과 비로마인의 차이를 없애고자 했다. 그런데 카라칼라의 이러한 결정에 영향을 준 것은 지방 속주에 대한 동정보다는 로마에 대한 경멸이었던 것 같다. 재정적 고려도 중요한 역할을 했다. 카라칼라는 폭군으로 이름이 남았고, 기원후 217년에 암살을 당했다.

시라아의 황제들

카라칼라가 사망하자 또 다른 군사 정변의 소용돌이가 일어났다. 시리아 군대는 엘라가발루스(Elagabalus)라는 이름으로 역사에 남을 젊은이를 황제 자리에 올렸다. 셉티미우스 세베루스와 카라칼라가 아프리카계였다면, 이후 제국의 통치는 시리아 출신들에게 넘어갔다. 엘라가발루스는 전쟁 지휘관이 아니었다. 그는 여성스러운 외모와 성격을 지닌 젊은이였고, 시리아의 에메사(Emesa)에서 엘라가발루스 신의 대제사장으로 임명되었다. 시리아 군대는 아마도 그의 허약한 기질 때문에 황제로 추대했을 것이다. 군대의 요구에 그는 아무런 저항도 하지 않으리라 확신한 것이다.

황제가 된 지 4년이 지나고 악행과 범죄로 얼룩진 통치가 암살로 끝났을 때, 군인들은 다시 한번 전쟁 경험이 없는 젊은이를 황제 자리에 올렸다. 알렉산데르 세베루스(Alexander Severus)는 엘라가발루스의 사촌이었다. 그런데 사촌 형과는 달리 순수하고 덕망 있는 삶을 살았고 공공복지에도 헌신했다. 기원후 3세기의 암울한 역사에서 그의 통치 시기는 그나마 매력적이었다. 하지만 그의 선한 의도도 냉혹한 시대에는 아무런 소용이 없었고, 기원후 235년 반란 당시 라인강 부대의 공격으로 목숨을 잃고 말았다.

점차 커지는 종교의 영향력

시리아 출신 황제들의 짧은 통치 기간에는 종교 운동의 중요성이 점차 커졌다는 사실이 주목할 만하다. 종교와 전쟁은 그 시대를 좌우하는 두 가지 힘이었다. 로마제국의 사상과 종교는 격동의 시기를 맞이했다. 기독교 교회는 점차 조직을 강화하고 여러 이단과의 투쟁을 통해 힘을 얻고 있었다. 기독교 교회는 사회 상류층에서도 많은 신봉자를 끌어들였다.

미트라교

하지만 사회에서 표면적으로 가장 강력했던 종교 운동은 미트라교(Mithraism)였다. 이 기이한 운동에서 모든 이교 신앙은 태양신 숭배를 중심으로 결집되었고, 태양신은 '미트라' 라는 이름으로 동방과 페르시아식으로 표현되었다. 태양신 숭배는 오늘날에는 이해할 수 없는 상징과 신비로 둘러싸여 있었다. 모든 이교 숭배 가운데 태양신 숭배는 가장 위험한 기독교의 경쟁자였다. 만약 기독교가 옛 이교 종파들을 쫓아내지 못했다면 그들은 아마 미트라교의 영향 아래 재편되었을 것이다.

엘라가발루스 황제는 이 새로운 태양 숭배를 가장 저속하고 혐오스러운 형태로 표현했다. 그의 후계자인 온화하고 덕망 있는 알렉산데르 세베루스의 통치 기간에 새로운 종교 집단은 신뢰를 잃었지만, 옛 신앙도 이전의 형태로 회복되지 못했다. 새로운 신앙의 필요성을 인식한 사람들은 모든 종교를 차별 없이 받아들이려고 했다. 알렉산데르 세베루스는 매일 아침 신전에 나가 기도를 올리곤 했는데, 이 신전에는 아폴론, 오르페우스, 아브라함, 예수의 조각상이 있었다고 한다. 이 조각상들은 모두 당시에 강력한 종교 운동을 대표한다. 그때까지는 누가 독점적으로 승리할지는 예측할 수 없었다.

제물로 쓸 소를 죽이는 미트라교도들

18 | 야만족의 침입과
제국의 재건

제국의 혼란

알렉산데르 세베루스의 종교적 덕목만으로 제국의 번영을 회복하기에는 충분하지 않았다. 그가 죽자 제국은 극도로 혼란해졌다. 한동안 중앙정부는 어느 정도 안정을 되찾았지만, 로마시가 버린 제국의 속주에서는 자체적인 정부를 세우려는 노력이 이어졌다. 제국은 크게 세 개의 주요 구역으로 나뉠 듯 보였다. (1) 이탈리아, 큰 섬들, 아프리카. (2) 갈리아, 브리타니아, 히스파니아. (3) 대부분의 소아시아 지역, 시리아, 이집트. 물론 이러한 분열에 대해 확실하거나 영구적인 무언가가 있었던 것은 아니다. 이론상으로는 모든 사람이 제국의 통합을 믿었고, 로마에서는 낡은 정부가 여전히 미약하게나마 작동하고 있었다.

새로운 야만족의 침입

제국의 통일은 일시적으로 사라졌지만, 야만족의 침입은 그 어느 때보다도 훨씬 심각해졌다. 야만족의 침입이 심해진 이유 중 하나는 당연히 제국의 방어력이 예전보다 많이 약해졌다는 사실에서 찾을 수 있다. 물론 야만족 자신들도 예전보다 더 강해졌다. 조직력은 더 탄탄해졌고 군사력도 향상되었다. 라인강 국경에서 알라마니족(Alamanni)과 프랑크족(Frank)은 큰 혼란을 일으켰고, 심지어 알라마니족은 이탈리아까지 침투했다. 그러나 당시 로마에 더 위협적인 존재는 고트족과 재건된 페르시아였다. 로마제국을 침략한 모든 종족 중 고트족은 로마 문화에 가장 취약했다.

'야만족'이라는 단어는 사실 고트족에게는 다소 불공평한 면이 있다. 이들은 토르(Thor)와 오딘(Odin)을 숭배하는 이교도였으며, 강력한 규율이 없고 정부 형태도 느슨했다. 하지만 자신들이 침략한 나라에 대한 처우는 특별히 잔혹하거나 파괴적이지 않았다. 주요 세력권은 크림반도와 러시아 남부였다. 그들은 일련의 침략으로 발칸반도와 흑해, 에게해 연안을 약탈했다. 251년, 고트족은 발칸반도 북동쪽 끝에서 로마군과 전투를 벌였는데, 이 전투에서 로마의 데키우스(Decius) 황제는 패배해 전사하고 말았다. 하지만 고트족은 아직 로마제국 내에 영구적으로 정착할 준비가 되어 있지 않았고, 그래서 곧 다뉴브강 너머로 물러갔다. 파르티아에서는 반란이 일어나 새로운 사산 왕조가 집권하고 페르시아의 옛 민족 종교가 부활했다. 아르메니아와 시리아는 외적에게 침략당했다. 260년에 로마 황제 발레리아누스(Valerianus)는 에데사(Edessa) 근처에서 사산 왕조의 샤푸르(Sapor) 왕과 싸우다가 패배해 포로로 잡혔다.

제국의 회복

제국의 멸망이 곧 다가오는 듯했다. 하지만 제국은 여전히 강력한 회복력을 보유하고 있었다. 클라우디우스(Claudius)는 268년에 황제 자리에 오르자마자 또 다른 대규모 고트족의 침략에 맞서야 했다. 당시 고트족은 잘 훈련된 로마군에 맞서기에는 역부족이었고, 결국 패배해 다뉴브강 너머로 쫓겨났다. 270년, 클라우디우스는 전염병에 걸려 사망했고, 뛰어난 군인 아우렐리아누스(Aurelianus)가 그의 뒤를 이었다. 군인들은 그를 '손에 든 검'이라고 불렀다. 아우렐리아누스는 고트족과 새로운 팔미라 왕국을 무찌르고 제국 전체를 다시 자신의 통치 아래 통합하면서 군인들의 신뢰를 얻었다. 아우렐리아누스는 자신의 모습을 새긴 주화에 '세계의 회복자'라는 칭호를 넣었는데, 마땅히 받을 만한 칭호였다. 그런데 이런 그조차도 암살을 피할 수 없었다(274년).

아우렐리아누스의 죽음과 함께 옛 혼란이 다소 되살아났지만, 제국은 250년~260년 시기만큼 심한 굴욕을 당하지는 않았다. 284년 군인들은 노예의 아들 디오클레티아누스(Diocletianus)를 황제 자리에 올렸다. 그는 그저 평범한 군사 천재에 머무르지 않았다. 실제로 그는 즉위하자마자 로마제국의 새로운 시작을 알렸다.

기원후 3세기 말 제국의 상황

디오클레티아누스 즉위 당시 제국의 상황을 살펴보겠다. 마르쿠스 아우렐리우스의 죽음 이후 제국의 통치 체제는 훨씬 더 전제적으로 변했다. 옛 공화정 체제를 유지한다는 모든 구실은 사라졌고, 황제가 모든 것을 지배했다. 원로원과 옛 공화정의 칭호를 지닌 관리들은 여전히 존재했지만, 그들은 노예 근성의 깊은 수렁에 빠져들었다. 황제의 뜻은 곧 법이었다. 전제주의는 매우 위험한 방식으로 지방 자치 정부에 침투했다. 지방 정부에도 '자유'라는 장치가 존재했지만, 그것은 중앙정부의 뜻을 집행하거나 부담이 커지는 세금을 정확하게 부과하는 데 사용되었다. 지방 정부의 재정적 어려움이 극심했기 때문이다. 당대의 혼란은 무역의 몰락을 초래했다. 내전과 대외 전쟁은 무거운 세금 징수를 불가피하게 만들었다.

커지는 종교의 영향력

전쟁과 재정적 궁핍으로 문학이나 미술이 발전할 여력이 없었다. 로마의 문학 작품은 거의 남아 있지 않다. 당시 예술 작품이나 조각 기념물은 놀라울 만큼 타락상을 보여준다. 로마의 지성은 오직 법의 영역에서만 큰 성과를 거두었다. 이제 옛 이교도는 죽었고, 옛 회의주의도 사라졌다. 그리스 철학은 더 이상 예전처럼 강력한 영향력을 발휘하지 못했다. 하지만 초자연 적 종교는 그 어느 때보다 많은 신자를 확보했다. 미트라교와 기독교의 경쟁은 치열했지만, 이는 인간의 운명을 밝혀주고 구원의 길을 가르쳐준다고 주장하는 수많은 종교 중 두 개에 불과했다.

디오클레티아누스

아우구스투스 이후 디오클레티아누스만큼 제국에 뚜렷한 족적을 남긴 로마 황제는 없었다. 그는 '제2의 아우구스투스'로 불렸지만, 교묘하고 허세를 부리는 로마 귀족 출신 아우구스투스와, 모든 정책의 기반을 군대에 두었던 노예의 아들 디오클레티아누스 사이에는 성격이나 사상에서 유사점이 거의 없었다. 디오클레티아누스는 로마제국이 오랫동안 고수해온 공화정의 이념에서 영원히 벗어나게 만들었다.

로마의 황제 디오클레티아누스

새로운 제국 체제

제국의 재편에는 두 가지 원칙이 적용되었다. 첫째, 황제는 엄숙한 예의나 예절에 둘러싸였다. 이러한 예의나 예절은 옛 로마인들이 비굴한 동방 군주제의 특징이라 조롱하고 경멸하던 것이다. 디오클레티아누스는 이러한 동방의 형식을 여러 가지 채택했다. 그는 황금 왕관을 썼고, 자신의 방을 경비병들로 둘러쌌고, 자기 주변에 접근하기 어렵게 하는 정교한 의식을 만들었다. 그의 면전에 다가오는 사람은 땅에 이마를 대고 무릎을 꿇고 인사를 했다. 이 모든 의례는 허영심 이상의 것이었다. 그는 과거 황제들이 끊임없이 암살당하던 사실을 잘 알고 있었고, 황제를 '보좌를 지키는 신성함'으로 둘러싸고 싶어 했다. 귀족들과 관리들도 황제를 중심으로 거대한 계급 구조 안에 배치되었다.

제국의 행정 구역

다음으로 디오클레티아누스는 행정 단위를 축소하고 제국을 다스릴 관리의 수를 대폭 늘렸다. 제국은 아드리아해를 남북으로 가로지르는 선을 따라 영토를 두 구역으로 나누었고, 각 구역은 '아우구스투스'라는 칭호를 가진 황제에게 위임되었다. 하지만 한 구역은 다른 구역보다 명목상 우선권을 가져야 했다. 각 아우구스투스 아래에는 '카이사르'라는 칭호를 가진 부황제가 있었다. 따라서 한 명의 황제가 네 명으로 교체되어야 했다. 모든 곳에서 동일한 원칙을 추구해야 했다.

제국은 교구(dioceses)라고 불리는 12개의 큰 구역과 속주(provincials)라고 불리는 100개의 작은 구역으로 나뉘었다. 공무와 군사 업무는 완전히 다른 관리들에게 위임되었다. 새로운 행정 체계는 원활하게 작동한 것으로 보인다. 제국의 조직은 무난하게 유지되었고, 주민들도 잘 따랐다. 하지만 이런 체계는 국가에 막대한 재정적 부담을 안겨주었다. 법원은 하나가 아닌 네 곳으로 늘어났고, 관리의 수는 크게 증가했으며, 동시에 군대도 엄청나게 강화되었다. 얼마 뒤에는 세금을 내는 사람의 수가 세금으로 생계를 유지하는 사람의 수보다 더 적다는 이야기가 나왔다.

기독교도들

디오클레티아누스는 훌륭한 군인이었다. 그는 동서남북 전 지역을 아우르는 전투에서 항상 이겼고, 303년에는 로마에서 영광스러운 승리를 거두었다. 역사학자 에드워드 기번은 "이 승리가 로마가 본 마지막 승리였다. 이후 황제들은 정복을 멈추었고, 로마는 더 이상 제국의 수도가 아니었다"라고 말했다. 그런데 가장 큰 싸움은 야만족과의 싸움이 아니라, 기독교도와의 싸움이었다. 이 점에서는 그다지 성공적이지 못했다.

기독교가 실질적인 세력으로 부상한 이후 황제들은 기독교를 적대시했지만, 조직적으로 박해하거나 처음부터 기독교에 대한 특별한 칙령을 내린 것은 아니다. 로마의 일반 법률이 적용되었거나 적용될 수 있었다. 네로, 도미티아누스, 마르쿠스 아우렐리우스, 데키우스의 통치 기간에도 기독교도들은 고통을 겪었지만, 제국 전역에서 그 수가 크게 늘어난 것은 아니었다. 이러한 모든 박해에도 불구하고 기독교 교회는 성장했다. 제국은 더 이상 이를 무시할 수 없었다. 당시 제국과 교회가 품고 있던 생각에 따르면, 로마 세계는 이 두 세력을 동시에 수용할 수 없었다. 어느 한쪽이 다른 한쪽을 이기거나, 아니면 서로 양보해야 했다.

디오클레티아누스의 기독교 박해

처음에는 디오클레티아누스도 기독교도들을 배려했다. 하지만 통치 말년에 그는 정책을 바꿔 기독교도들을 상대로 가장 위험하고 광범위한 공격을 계획했다. 교회는 파괴되고 경전은 불태워질 계획이었다. 주교가 투옥되고 교회 조직 전체가 와해될 계획이었다. 박해는 맹렬하게 진행되었다. 많은 사람이 죽음을 당했고, 더 많은 사람이 수모를 당하고 투옥되었다. 하지만 박해는 실패했다. 많은 기독교도가 신앙을 포기하라는 협박을 받았지만, 많은 사람이 이를 피해 숨어 지냈다. 결국 교회의 조직은 파괴되지 않았고, 시련을 당할수록 성실한 신도들의 헌신도 더 커졌다.

305년 디오클레티아누스는 자신의 계획이 실패했음을 인정하며 스스로 퇴위했다. 수많은 권유에도 불구하고 그는 313년 세상을 떠날 때까지 자신의 결정을 고수했다. 제국은 결국 교회를 무너뜨리는 데 실패했다. 디오클레티아누스의 후계자는 종교와의 전쟁을 계속하거나, 아니면 이 무적의 교회와 어떤 식으로든 타협해야 했다. 콘스탄티누스 대제는 바로 후자의 정책을 실행했다. 그런데 이러한 타협이 이루어지기 전에 또 다른 혼란과 내전의 시기가 닥쳐왔다.

디오클레티아누스의 죽음으로 다시 혼란에 빠지다

디오클레티아누스의 행정 체계는 주요한 부분에서는 영구적인 것으로 판명되었다. 하지만 두 명의 아우구스투스와 두 명의 카이사르가 동시에 제국의 권력을 장악하는 방식은 효과가 없다는 것이 곧 드러났다. 서로 다른 통치자들의 질투와 야망이 그러한 균형과 종속 체계를 무너뜨렸고, 제국 전체에 대한 지배는 다시 내전의 전리품이 되었다. 콘스탄티누스는 서방의 황제이자 '아우구스투스'였다. 306년 디오클레티아누스가 사망하자 요크에 주둔한 군대가 그의 아들 콘스탄티누스를 황제로 추대했다. 콘스탄티누스가 처음으로 황제의 자색 예복을 입은 곳도 요크였다. 그는 이 위험한 영예를

밀비우스다리전투

받아들여야 할지 말지 주저했다.

한편 로마를 통치하던 막센티우스(Maxentius)와 동방을 통치하던 갈레리우스(Galerius)가 콘스탄티누스의 황제 즉위에 이의를 제기했다. 하지만 312년 테베레강을 가로지르는 밀비우스다리에서 콘스탄티누스가 막센티우스에게 승리해 제국 서부의 지배자가 되었다. 10년 후인 323년 제국 동부와의 전쟁이 발발했을 때, 콘스탄티누스는 갈레리우스의 후계자인 리키니우스(Licinius)를 압도했고 결국 경쟁자의 항복으로 그는 로마 세계 전체를 지배하게 되었다.

콘스탄티누스의 업적

로마 황제들 중 율리우스 카이사르를 제외하고 콘스탄티누스만큼 유럽 역사에 뚜렷한 족적을 남긴 인물은 없다. 그는 엄청난 정력과 강인한 성격을 지닌 인물이었다. 만약 그가 기독교를 공인하지 않았더라도, 그는 탁월한 군사력과 행정력을 발휘해 로마 참모들 사이에서 큰 존경을 받았을 것이다. 콘스탄티누스의 군대는 제국을 두고 경쟁자들과 싸웠을 때처럼 야만족과 싸울 때도 승리를 거두었다. 그의 통치 기간에는 국경이 안전했고 영토 안에도 예전의 평화와 질서가 어느 정도 회복되었다. 더불어 역사에서 콘스탄티누스의 이름은 두 가지 큰 변화를 상징하는데, 우리도 이 두 가지에 집중해야 한다.

콘스탄티노플의 설립

첫째, 콘스탄티누스는 제국의 수도를 로마에서 콘스탄티노플로 옮겼다. 로마인들은 로마라는 도시 자체에 대한 경외심이 너무 컸기 때문에, 이는 어쩔 수 없이 대중의 감정에 큰 충격을 불러일으켰다. 그러나 이는 한 세기

콘스탄티누스 개선문

이상 지속된 추세를 완성한 것에 불과했다. 로마시는 이제 제국에서 독점적인 지위를 잃었다. 로마가 정복한 영토는 더 이상 진정한 의미에서 로마의 소유가 아니었다. 제국의 평화가 깨지고 국경 지역에 더욱 세심한 관심이 필요해지면서, 로마는 제국의 수장에게는 더 이상 적합한 거주지가 아니었다. 3세기에 황제들은 대체로 로마에 거주하지 않았다. 디오클레티아누스의 계획에 따라, 카이사르와 아우구스투스 모두 로마를 중심지로 삼으면 안 되었다. 그들은 위협받는 국경에서 더 가깝고 방어에도 더 적합한 도시를 선택해야 했다.

새로운 수도를 선택해야 한다면, 보스포루스해협(Bosphorus)에 있는 도시만큼 적합한 곳도 없었다. 그 도시는 지금까지 비잔티움(Byzantium)으로 불렸지만 이후 콘스탄티노플로 불리게 되었다. 이 도시의 강점과 중요성은 오래전부터 잘 알려져 있었다. 이 도시는 반도 끝에 위치한 덕분에 삼면이 조수가 없는 바다에 둘러싸여 있고, 내륙 쪽에는 요새화된 성벽이 있어 쉽게 방어할 수 있었다. 콘스탄티누스가 내린 선택이 이후 1,000년 동안 군사적 관점에서 얼마나 훌륭한지 잘 증명되었다. 게다가 콘스탄티노플은 4세기 초 군대 지휘관에게 가장 큰 불안을 안겨준 두 국경 사이에 위치해 있다. 고트족은 다뉴브강에 주둔했고, 페르시아인은 유프라테스강에서 위협하고 있었다. 이 도시는 전쟁만큼이나 상업적으로 훌륭한 지점에 있었다. 흑해의 모든 무역이 통과해야 하는 좁은 해역을 장악하고 있었고, 에게해의 섬들과 소아시아 해안까지 쉽게 접근할 수 있었기 때문이다. 콘스탄티노플은 로마보다도 이집트의 곡물 수확지와 더 가까웠다.

그래서 독수리들은 테베레강 유역을 떠나 보스포루스해협 기슭에 정착했다. 이는 중대한 변화였다. 실제로 로마제국이 종말을 고했다는 의미는 아니다. 제국은 콘스탄티노플에 자리를 잡았지만 여전히 로마제국이었다. 물론 명목상으로는 아니었지만, 이 시점부터 제국에는 큰 변화가 일어났다. 동로마제국에서는 그리스어가 서로마제국의 라틴어만큼이나 지배적이었고, 결국 그리스어가 제국의 공식 언어가 되었다. 동로마제국으로 권력이 이양되면서 확실히 수백 년 동안 동로마제국은 야만족으로부터 안전할 수 있었다. 반면, 서로마제국의 방어력은 상대적으로 약해졌다. 결국 황제에게 버림받은 로마는 주교를 대표자로 삼았는데, 이처럼 콘스탄티누스의 조치는 교황청의 성장과도 밀접한 관련이 있다.

콘스탄티누스와 기독교

콘스탄티누스의 종교 정책은 훨씬 더 중요했다. 그의 종교적 입장이 정확히 어떠했는지 판단하기는 어렵다. 콘스탄티누스는 기독교에 대해 의구심을 품었을 수도 있고, 여전히 옛 신앙들이 어느 정도 진리와 가치를 담고 있다고 생각했을 수도 있다. 어쨌든 그는 정치가로서 기독교 교회의 힘을 인정했다. 과거의 역사는 기독교에 맞서 싸운 사람들의 노력이 결국 실패로 끝났다는 사실을 보여주었다. 콘스탄티누스는 기독교 교회와 협력해 제국을 더 확실하게 보호하기로 결심했다. 기독교 교회의 지원을 통해 힘과 안정을 되찾기를 바란 것이다.

콘스탄티누스 정책의 효과

콘스탄티누스 재위 기간 동안 기독교는 국교가 되거나 독점적으로 지배적인 종교가 된 것은 아니다. 그러나 기독교는 황제의 후원과 지지를 얻었다. 교회는 모든 어려움과 방해에서 벗어났고, 성직자는 일반 시민이 부담해야 하는 세금을 면제해주는 등 특권을 부여받았다. 그런데 콘스탄티누스가 보여준 행위의 진정한 의미는, 그의 통치 기간에 내려진 특별한 칙령이 아니라 교회에 대한 그의 모든 태도에서 찾을 수 있다.

제국은 기독교를 박해하는 세력이 아니라 보호하는 세력이 되었다. 두 세기 반 동안의 억압과 어둠 속에서 교회는 이제 빛을 보게 되었고 안정감을 누렸다. 물론 다른 신앙도 용인되었지만, 기독교는 제국의 지지를 받았다. 콘스탄티누스는 교회 회의를 주재했고, 황제의 공식 휘장에 기독교의 상징을 도입했다. 죽기 직전에는 직접 교회로 가서 세례를 받았다.

콘스탄티누스의 사생활

콘스탄티누스의 사생활은 그가 받아들인 기독교 신앙에 전혀 도움이 되지 않았다. 네로와 콤모두스의 통치 기간에도 이보다 더 심한 궁궐 스캔들은 없었다. 첫 번째 아내에게서 태어난 아들과 두 번째 아내는 모두 처형당했다. 게다가 교회 내의 종교적 논란과 관련된 문제도 의심스러웠다. 그는 이단적인 아리우스파 주교의 손에 세례를 받았다. 그럼에도 교회는 그의 후원을 통해 얻은 승리로 의기양양했다.

교회는 안정과 자유를 되찾았고, 자신 있게 승리를 향해 나아갔다. 기독교 저술가들은 교회뿐 아니라 세상에도 황금기가 도래할 것이라고 예측했다. 한 저술가는 기독교의 확립이 태곳적의 순수함과 행복을 회복하는 것이라고 말했다. 분열은 그치고 모든 분노와 이기심이 억제될 것이다. 인류는 모두 진실과 경건, 공평과 절제, 조화와 보편적 사랑으로 행동해야 한다.

중세의 시작

콘스탄티누스는 고전 시대의 종말과 중세의 시작을 알리는 것으로 볼 수 있다. 이러한 시대 구분은 임의적일 수밖에 없다. 어떤 날짜나 시간도 한 시대와 다른 시대를 제대로 구분할 수 없다. 유럽 문명의 흐름은 연속적이며, 시간은 불가분의 관계로 연결되어 있다. 그러나 콘스탄티누스가 337년에 사망했을 때, 그리스-로마 세계의 주요 특징들도 사라졌다. 강렬하면서도 편협한 애국심과 함께 도시국가도 사라졌다. 자유로운 의회와 자유롭게 선출된 관리들의 정부는 사라지고, 아래가 아닌 위에서, 시민이 아닌 황제로부터 권력을 발휘하는 통치 체제가 자리잡았다.

옛 세력은 쇠퇴하고 새로운 세력이 부상했다. 새로운 세력이란 바로 기독교 교회의 사상과 조직력이었다. 이 새로운 세력은 주로 힘보다는 설득에 기반을 두었으며, 인간의 지성보다는 감성에 호소했다. 예수와 마리아의 비전은 주피터나 아폴로, 미트라의 매력과는 달랐다. 다음 1,000년 동안 유럽 역사에서 기독교 교회는 가장 관심이 집중되는 중요한 곳이다. 중세의 가장 두드러진 특징은 교회의 정책과 영향력, 승리와 경쟁이었다.

성지 메카를 향해 예배하는 무슬림

2부

유럽의 중세 역사

이슬람 세력이 아프리카 북부를 따라 파죽지세로 확장되어 지브롤터해협을 건너 피레네산맥에 도달하자, 카롤루스는 군대를 이끌고 투르전투에서 길고 처절한 싸움 끝에 무어인이 철수시킨다. 이 승리는 이슬람교 운동이 시작된 이래 기독교 세력이 이슬람을 상대로 거둔 가장 중요한 성과였다. 이를 계기로 카롤루스 마르텔루스는 유럽 최고의 통치자이자 기독교 신앙의 특별한 전사가 되었다.

무어인의 침략을 물리친 카롤루스 마르텔루스

기독교 교회가 영역을 넓히고 조직을 강화하는 동안, 한쪽에는 중세 내내 교회와 권력 다툼을 하게 될 세력이 생겨났다. 마호메트가 시작한 종교 운동은 놀라운 속도로 퍼져 나갔다. 이슬람의 병사들은 확고한 신앙과 꺼지지 않는 열정에 고무되었다. 이슬람의 물결이 피레네산맥으로 밀려왔다. 알프스산맥 너머에서 쏟아지는 급류를 막을 수 있는 세력이 과연 존재했을까?

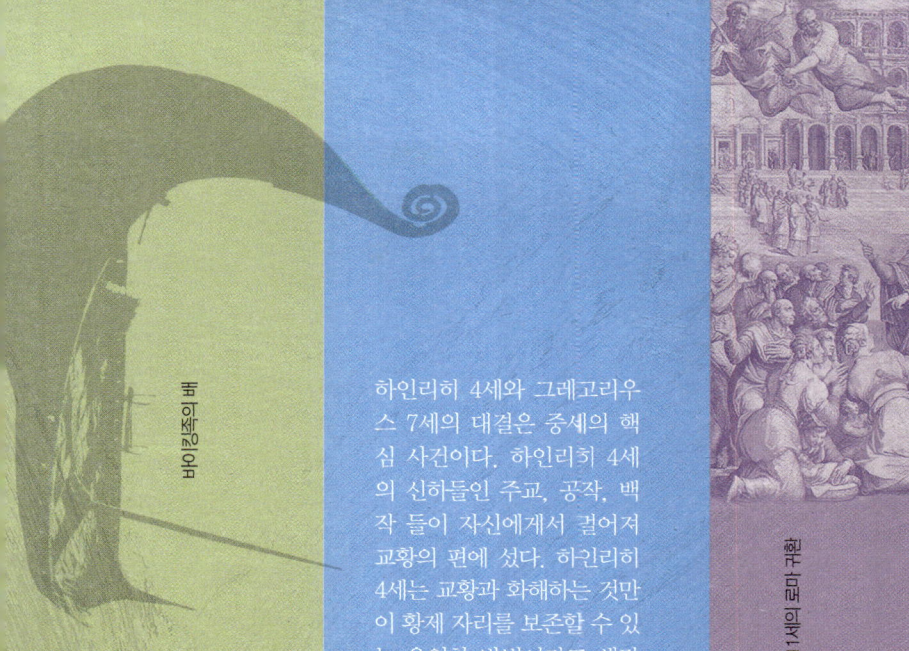

북방인들의 배는 북해 연안의 모든 해안과 강변 마을에 공포심을 안겨주었다. 제국은 북방 민족의 공격으로부터 신민들을 보호할 수 없었고, 그 결과 제국은 빠르게 붕괴되었다. 대신 자신의 성에서 적에게 저항하고 자신을 신뢰하는 사람들을 보호할 수 있는 대지주가 강력한 세력이 되었다. 이제는 왕국의 정부와 제국의 정부가 무너지면서 봉건 정부가 형성되었다.

하인리히 4세와 그레고리우스 7세의 대결은 중세의 핵심 사건이다. 하인리히 4세의 신하들인 주교, 공작, 백작 들이 자신에게서 멀어져 교황의 편에 섰다. 하인리히 4세는 교황과 화해하는 것만이 황제 자리를 보존할 수 있는 유일한 방법이라고 생각했다. 그는 알프스산맥을 넘어 당시 카노사 성에 머물고 있던 교황에게 방문했다. 하지만 세 번이나 입성을 거부당했다. 결국, 마틸다 백작 부인의 중재로 교황의 용서를 받게 되었다.

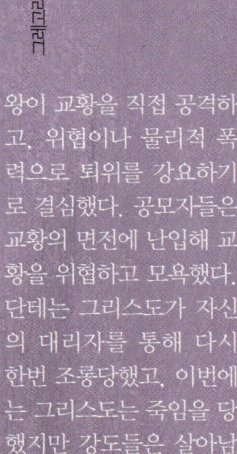

왕이 교황을 직접 공격하고, 위협이나 물리적 폭력으로 퇴위를 강요하기로 결심했다. 공모자들은 교황의 면전에 난입해 교황을 위협하고 모욕했다. 단테는 그리스도가 자신의 대리자를 통해 다시 한번 조롱당했고, 이번에는 그리스도는 죽임을 당했지만 강도들은 살아남았다고 적었다.

중세의 주요 특징

중세의 역사를 단순하고 명료하게 이야기하는 것은 고대 역사보다 더 어렵다. 고대 역사의 경우 이야기는 확실히 하나로 통합된다. 그리스의 분산된 정치 활동은 로마에서 하나로 집중된다. 로마는 예술, 문학, 철학, 과학 분야에서 그리스 정신의 탁월한 결과물을 보존했다.

하지만 4세기 초반에는 하나로 집중되던 것이 다시 분산되었다. 우리는 이제 제국의 통일성이 야만족의 공격으로 어떻게 깨졌는지, 야만족이 자신들의 국가를 건설하려는 오랜 노력이 어떻게 좌절되었는지, 프랑크족이 어떻게 라인강을 중심으로 거대한 국가를 건설하고 제국이라는 칭호를 붙여 위엄을 갖추게 되었는지 살펴볼 것이다.

모든 것이 혼란한 시대에 교회는 어떻게 저항할 수 없는 힘을 얻었는지, 교회는 어떻게 프랑크제국과 손을 잡고 양쪽 모두에게 막대한 이익을 가져다주었는지도 살펴보겠다. 제국과 교회의 동맹이 나중에는 적대 관계로 바뀌고 중세의 마지막 두 세기 동안에는 제국과 교황청 사이에 전쟁이 벌어졌다. 이 과정에서 두 세력 모두 돌이킬 수 없는 피해를 입고, 오랫동안 유지해온 유럽의 중심적 지위를 잃게 된 이야기도 다뤄보자.

제국을 위협하는 위험 요소

콘스탄티누스 황제가 죽자 제국의 조직이 겉으로는 지난 150년 동안보다 더 강해졌다. 가장 위험한 적이었던 교회는 이제 제국의 강력한 지지 기반이 되었고, 거대한 군대와 관리들의 네트워크는 영토의 평화를 보장했다. 하지만 다른 큰 위험 요소들이 제국을 위협하고 있었다. 고트족과 페르시아인이 항상 국경의 출입구 앞에 서 있었다. 교회의 분열도 새로운 문제의 근원이 되었다. 거대한 국가 기구는 유지 비용이 많이 들고 억압적이었다.

콘스탄티누스 사후에는 황제 계승의 어려움이 그 어느 때보다도 컸다. 앞으로는 제국이 놀라울 정도로 끈질기게 살아남는 모습을 보게 될 것이다. 제국은 변화된 형태로 중세로 넘어와 계속 이어졌다. 하지만 점차 제국의 주요 지역은 붕괴하거나 분열되었고, 100년도 채 되지 않아 콘스탄티누스의 체제는 그가 통치하던 영토의 절반에서만 우세했다.

기독교의 최후 승리

교회와 야만족 이 둘은 가까운 미래의 주요 세력이다. 먼저, 이교도에 맞선 교회의 최후 승리의 역사를 따라가보겠다. 337년 콘스탄티누스가 죽자 로마제국의 역사에서 그 어느 때보다도 격렬한 내분이 발생했다. 형제, 삼촌, 사촌이 모두 처형되거나 암살되었고, 350년 콘스탄티우스(Constantius)가 홀로 제국을 통치하게 되었다. 사촌 일곱 명이 전사한 것으로 추정되지만, 그중 율리아누스(Julianus)는 살아남아 라인강 국경 지역의 군단 지휘를 맡았고, 전투와 통치에서 뛰어난 능력을 발휘했다.

처음부터 사촌들 사이에는 깊은 시기심이 있었을 것이다. 하지만 율리아누스를 황제로 등극시킨 것은 그의 야망이 아니라 병사들의 지지였다. 전쟁이 발발하자 율리아누스는 예전에 게르만족과 싸웠던 열정과 에너지로 전투를 수행했다. 하지만 그는 사촌 콘스탄티우스와 실제로 충돌하지 않았다. 콘스탄티우스는 콘스탄티노플을 방어하기 위해 동방에서 진군하던 중 사망했고, 361년에 율리아누스가 로마 세계의 유일한 지배자가 되었다.

기독교의 분열

율리아누스의 통치 시기에 이교도들은 승승장구하는 기독교 교회의 공격에 파멸되지 않으려고 마지막 노력을 기울였다. 당시 상황은 이교도가 부활하기에 유리했다. 일부 사람들이 희망하던 기독교 승리의 결과인 보편적 평화와 형제애는 아직 실현되지 않았다. 기독교도가 예전에 이교도를 대하듯 기독교도를 적대시했다.

사회 도처에서 신학 논쟁이 격렬하게 벌어졌다. 당시 가장 큰 신학 논쟁은 예수의 인격과 본질에 대한 정의였다. 이 교리에 관해서는 여러 의견이 존재했는데, 경쟁하던 가장 큰 교리는 아타나시우스(Athanasius)의 정통주의와 아리우스주의(Arianism)였다. 위대한 수장 아타나시우스의 지도 아래 교회는 예수가 "성부와 본질이 동일하다"라고 선포했다. 반면, 아리우스파는 반대자들만큼이나 신비주의적인 표현을 사용하면서도 예수가 성부와 본질이 동일하지 않고 유사하다고 주장했다. 이 갈등은 표면적으로 의견의 대립으로 보일지 모르지만, 결코 사소한 언어적 문제가 아니었다. 갈등은 신학뿐 아니라 교회의 의례 및 정치의 근본 뿌리까지 뒤흔들었다.

아리우스파와 아타나시우스파 사이의 갈등은 격렬하고 끈질겼다. 거의 3세기 동안 이 갈등은 유럽의 정치, 사회, 종교에 지대한 영향을 미쳤다. 아프리카 속주에서는 이보다 더 모호한 논쟁이 격정을 불러일으켰다. 논쟁은 주교 선거에서 기원했고, 세대가 거듭될수록 갈등의 골이 깊어져 서로를 증오하는 명확한 이유를 제시할 수 없을 정도로 분열되었다.

이교의 힘

이러한 신학적 전쟁은 기독교의 대의를 약화시켰고, 많은 사람이 기독교 운동에 품었던 희망이 온전히 실현되지 못한 데 환멸을 느끼고 떨어져 나갔다. 이교 역시 많은 사람의 지성까지는 아니더라도 감성에 여전히 강한 영향을 미치고 있었다. 기독교의 승리는 이교 세계의 소중한 보물인 예술과 철학, 문화의 존재 자체를 위협하는 것처럼 보였다. 우리가 이미 살펴본 바와 같이, 이교는 카이사르 시대에 가볍게 여겼던 신앙과는 아주 달랐다. 이교는 이제 신비롭고도 감정을 자극하는 존재가 되었다. 심지어 기독교처럼 인간의 운명을 제시하고 기독교처럼 기적도 행한다고 주장했다.

기독교의 위기는 이교에 새로운 생명을 불어넣었다. 신비 의식은 더 빈번하게 거행되었고, 신탁은 끊임없이 요청되었다. 호메로스와 플라톤의 저서에서는 성경만큼 오묘하고 중요한 계시가 담겨 있다고 선포되었다. 기독교와 이교 사이의 갈등은 처음에는 열렬한 신앙과 무관심 사이에서 벌어졌지만, 이제는 신앙 대 신앙으로 맞붙게 되었다.

율리아누스 황제

로마의 황제 율리아누스

율리아누스는 아테네에 머무는 동안 새로운 이교에 깊이 빠져 있었다. 그 이교는 미트라교였다. 그는 그리스와 로마의 신들을 경외하고 사랑하며 자신의 스승이자 부모, 친구처럼 생각한다고 선언했다. 율리아누스 통치의 주된 목표는 이교가 쇠락해가는 세상에서 이교 숭배를 재건하는 것이었다. 그는 모든 사람에게 종교적 관용을 허락하겠다고 선포했다. 하지만 이런 호의는 명백히 이교도들을 위한 것이었다. 황제의 휘장에서 기독교의 상징이 사라졌고, 기독교도들은 교리를 가르치는 것이 금지되었으며, 이교도들을 관리에 더 많이 등용했다. 율리아누스는 이교의 약점이 기독교처럼 탄탄하고 훌륭한 조직이 없다는 것이라 생각했다. 그래서 이러한 단점을 해결하고자 기독교와 마찬가지로 이교의 사제직을 두고, 계급 체계와 엄격한 훈련 과정도 마련하고, 국가에서 기독교를 제외한 모든 종교를 인정하고 장려하려고 했다.

율리아누스가 조금 더 오래 살았다면 기독교는 제국의 박해로 다시 무너졌을지도 모른다. 하지만 페르시아와의 전쟁이 발발했다. 율리아누스는 군단을 이끌고 티그리스강과 유프라테스강으로 진군해 처음에는 눈에 띄는 성과를 거두었다. 그런데 기원전 363년에 운명이 바뀌었고 후퇴하던 율리아누스는 전사하고 말았다. "갈리아 사람아, 네가 정복했다"가 그의 마지막 말이었다고 전해진다. 이후 기독교의 패권은 두 번 다시 심각하게 위협받지 않았다. 열성적인 이교도는 소수에 불과했을 뿐, 대부분 율리아누스의 이교 부흥 운동은 받아들이되 그가 내세운 대의에는 헌신하지 않았다.

이교의 절멸

그럼에도 이교 신앙이 치명타를 입기까지는 30년이나 걸렸다. 379년 테오도시우스(Theodosius)가 제국을 장악했는데, 그는 독실한 정통파 기독교도였다. 그의 통치 기간에는 가톨릭교(Catholicism)가 아리우스파를 누르고 승리했다. 디오클레티아누스가 기독교를 말살하려 한 지 100년도 채 되지 않아 이교 신앙은 공식적인 자리에서 쫓겨났다. 394년 기독교는 로마의 유일한 종교로 공인되었다. 모든 제사는 금지되었고, 고대 신 숭배는 불법 행위로 선포되었다. 귀중한 예술품과 건축물을 간직한 이교 신전도 모두 파괴했다. 그나마 살아남은 신전은 대부분 기독교 교회로 개조했다. 올림픽경기도 개최할 수 없었고, 모든 신전은 폐쇄되었다.

20 | 알라리크와 고트족의 승리

로마에서 이교 신앙이 폐지된 지 15년 후, 기독교 국가가 된 로마는 고트족의 추장 알라리크(Alaric)에게 함락되었다. 이제 우리는 로마 세계를 뒤흔든 이 사건 이후에 이어진 유럽 역사에 주목해야 한다. 앞서 274년 아우렐리아누스가 제국의 여러 적을 물리치는 과정을 살펴보았는데, 그 사건 이후 한 세기 동안 제국은 외부의 공격으로부터 비교적 안전한 편이었다.

고트족의 개종

고트족은 다뉴브강 너머로 물러나 거대하고 강력하지만 조직이 다소 느슨한 국가를 건설했다. 고트족의 영토는 흑해에서 발트해까지 뻗어 있었고, 지금의 독일 동부와 러시아 서부의 대부분을 차지했다. 제국에서 물러난 지 한 세기가 지나면서, 고트족의 성격은 여러 측면에서 변화를 겪었다. 정부 형태도 안정되었고, 무엇보다도 기독교를 받아들였다.

고트족에 기독교를 포교한 선교사는 울필라스(Ulfilas, 311~381)였다. 울필라스는 콘스탄티노플에 한동안 거주하면서 스스로 기독교도로 개종했다. 그가 콘스탄티노플에 머무는 동안 즉위한 황제들의 종교는 아리우스파 기독교였다는 점에 주목해야 한다. 울필라스는 동포들에게 이 새로운 신앙을 전파했다. 울필라스의 가르침은 매우 비옥한 땅에 뿌리내렸다. 고트족은 기존의 토르와 오딘 숭배를 버리고, 열정과 성실을 다해 기독교 신앙에 뛰어들었다.

처음에는 고트족의 기독교가 특정 측면이나 형태에서 가톨릭교회와 달랐다는 사실을 중요하게 생각하지 않았을 것이다. 하지만 고트족의 미래 전체는 이런 사실에 깊은 영향을 받았다. 그들이 정치적으로 실패한 원인도 이 사실에 기인한다. 고트족의 기독교는 정복한 민족과 융합하는 것을 방해했고, 가톨릭교회의 단결된 조직을 자신의 경쟁자이자 적으로 만들었다.

훈족의 등장

고트족은 로마인들과 우호 관계를 맺을 가능성이 높아 보였다. 그런데 갑자기 동쪽에서 무시무시한 적이 등장하면서 모든 상황이 바뀌었다. 훈족(Huns)이 침공해 한 세기 동안 전 유럽을 공포에 떨게 만들었다. 이 침략자들은 야만족이자 거의 미개인에 가까웠으며 타타르족(Tartar) 혈통이었다. 이들은 고정된 거주지가 없는 유목 민족이었다. 마차와 가족을 이끌고 이곳저곳으로 이동했고 가는 곳마다 파괴를 일삼았다.

훈족은 드니스테르강에서 고트족 군대를 공격해 끔찍한 피해를 입혔다. 이후 고트족 왕국은 붕괴되기 시작했다. 더군다나 고트족은 이 새로운 적은 진격할 수 없다는 절망감에 빠졌고, 다뉴브강 남쪽 로마 영토로 향하는 것 외에는 안전한 길을 찾을 수 없었다. 강 바로 너머에 있는 땅은 전쟁으로 자주 황폐해졌고 인구도 많지 않았다. 야만족은 종종 로마제국의 영토 안에 수용되었는데, 376년 고트족이 요청했을 때만 해도 로마에서는 거부할 마음이 없었다.

하드리아노플전투

376년에는 로마에 두 명의 황제가 있었다. 그라티아누스(Gratianus)는 서로마를, 발렌스(Valens)는 동로마를 통치했다. 발렌스는 고트족을 허용했다.

그런데 예상보다 많은 고트족의 수에 홍제는 불안할 수밖에 없었다. 당시 한 인물에 따르면, 고트족은 바닷가의 모래알처럼 셀 수 없이 많았다. 황제의 측근들은 고트족을 의심하고 괴롭히는 정책을 채택했는데, 이는 곧 제국과 고트족의 관계를 적대적으로 바꾸어놓았다. 결국 발렌스는 군대를 이끌고 고트족을 공격했고, 그라티아누스는 이를 지원하기 위해 서로마제국의 군대를 이끌고 나갔다. 하지만 그라티아누스가 도착도 하기 전에 발렌스는 하드리아노플전투(378)에서 패배했다. 처음에는 로마군의 공격이 우세해 승리할 가능성이 높아 보였지만, 고트족 기병대가 로마군을 덮치고 말았다. 이에 로마군은 완전히 압도당했고 이 과정에서 발렌스도 전사했다.

이 전투는 여러 측면에서 획기적인 사건이었다. 첫째, 로마제국은 이 전투의 여파로 완전히 회복하지 못했고, 이제 승리의 균형은 고트족에 달려 있었다. 둘째, 이 전투에서 고트족 기병대가 수행한 역할이 매우 중요하다. 로마인들은 보병이 승리의 주력 부대였고 기병대는 보조적인 역할만 했다. 그러나 이때부터 1,000년 동안 기병대는 유럽 군대의 가장 중요한 부분을 차지하게 되었다. 나중에 살펴보겠지만 14세기 크레시전투와 푸아티에전투에서 무장 기사가 몰락하고 보병이 다시 중요해지는 시기가 찾아온다.

테오도시우스와 고트족

하드리아노플의 참사와 발렌스의 죽음으로 동로마제국은 완전히 파괴될 위기에 처한 듯 보였다. 고트족에게 저항할 로마군이 남아 있지 않았기 때문이다. 하지만 고트족은 제국에 맞서지 않았다. 모든 야만족 중에서도 고트족은 로마 문명에 경외심을 가졌고, 어떤 형태로든 제국과 협정을 맺고자 했다. 게다가 하드리아노플전투 직후에 고트족도 내부 분열과 전염병 창궐로 많이 약해져 있는 상태였다.

종교의 역사에서 이미 중요한 위치를 차지하던 테오도시우스는 발렌스의 죽음으로 황제 자리에 올랐고, 고트족과 중요한 협정을 맺는 데 성공했다.

이 협정에 따라 고트족은 로마제국 내에 들어와 살 수 있었다. 고트족 다수는 다뉴브강 남쪽 트라키아(Thracia)에 정착하며 제국의 신민으로 인정받았다. 또한 가난하고 궁핍하다는 이유로 몇 년간 로마에 바치던 조공도 면제되었다. 대신 고트족 4만 명이 로마군에서 의무적으로 복무해야 했다.

고트족, 제국의 동맹군이 되다

그 이후로 이 야만족 부대는 제국의 역사에서 중요한 역할을 담당한다. 이들은 포이데라티(foederati)라고 불렸는데, 계약에 따라 복무하는 사람들의 무리를 뜻한다. 이런 동원 정책은 누가 봐도 위험해 보였다. 로마제국은 그들이 정복한 종족에게 도움을 받는 경우는 많았지만, 이번에는 제국에 위협을 가하는 정복자를 동원한 것이다. 제국은 요령과 결단력으로 성공을 거둘 수도 있었겠지만, 테오도시우스의 죽음으로 성공의 가능성이 모두 사라졌다. 이 동맹군은 자신들이 주인보다 더 우월하다고 생각했다. 제국의 황제들은 이 동맹군으로부터 스스로를 방어하는 유일한 방법은 힘 있는 다른 야만족을 직접 고용하는 것이었다. 이후에는 로마제국을 공격하는 부대나 방어하는 부대 모두 똑같이 야만족으로 보였다.

알라리크와 서고트족

395년에 테오도시우스가 사망했다. 같은 해 알라리크는 서고트족의 왕위에 올랐다. 알라리크에게 '야만인'이라는 단어를 적용하는 것은 관습상 어쩔 수 없지만 그에게는 유독 적합해 보이지 않는다. 그는 기독교도였고 교양인이라 할 만한 인물이었으며, 자신이 공격한 제국의 가치를 확신했다. 더군다나 제국을 파괴하려는 의도는 전혀 없었다. 오히려 제국의 통치 아래에서 명예롭고 권위 있는 자리를 차지하고 싶었을 뿐이다.

395년에 테오도시우스의 죽음으로 제국이 최종적으로 두 갈래로 분열되었다는 점에도 주목해야 한다. 예전에 두 명의 황제가 있을 때도 있었지만, 이것이 최종적인 분열이라는 사실을 아는 사람은 없었다. 그런데 실제로 그렇게 된 것이다. 아르카디우스(Arcadius)는 콘스탄티노플을, 호노리우스(Honorius)는 이탈리아를 통치했으며, 그 후로는 한 명의 황제가 두 영토를 모두 다스리는 일은 더 이상 없었다. 실제로는 세월이 흘러 동로마제국에 단 한 명의 황제가 남게 되었고, 서로마제국은 회복될 희망조차 없이 몰락하고 말았다.

아테네에 입성하는 알라리크

알라리크와 스틸리코

알라리크는 처음에 동로마제국의 황제와 싸웠다. 돈 문제가 싸움의 계기가 되었다. 알라리크의 군대는 콘스탄티노플 성벽에서 후퇴했지만, 다시 그리스 남부로 들어가 승리를 거두었다. 알라리크와의 전투에서 로마제국은 고트족(반달족) 혈통의 군인 스틸리코(Stilicho)에게 의지했다. 스틸리코는 군사 기술 면에서 알라리크와 비슷한 수준이었던 것으로 보인다. 알라리크는 결국 일리리쿰의 사령관 자리를 수락했다. 지도를 보면, 서고트족인 이탈리아나 발칸반도로 진격하기 위해 그 지역에 얼마나 많은 병력을 집결시켰는지 알 수 있다.

알라리크의 이탈리아 침공

401년 알라리크는 수차례 이탈리아를 침공했다. 제국군은 스틸리코가 지휘했는데, 그는 동로마에서 알라리크의 공격에 맞서던 부대를 다시 서로마로 이끌고 왔다. 이탈리아에서 상당한 전투를 치른 알라리크는 결국 일리리쿰으로 후퇴했다. 호노리우스 황제는 이 승리를 크게 축하하며 기념했고, 이날 거행된 검투 경기는 기록상 로마의 마지막 경기로 보인다.

스틸리코의 승리에도 불구하고 호노리우스 황제는 로마가 더 이상 안전하다고 느끼지 못해 궁정 사람들과 함께 라벤나(Ravenna)로 피신했다. 이곳은 훌륭한 궁전과 교회를 갖춘 도시로 성장했고, 이 유적들 덕분에 오늘날까지도 유럽에서 매우 흥미로운 도시로 남아 있다. 물론 당시에는 요새화된 항구에 불과했다. 육지는 늪과 습지로, 해안은 모래언덕과 수로로 막혀 있었다. 지금은 이 수로에 토사가 쌓여 옛 항구를 바다에서 어느 정도 떨어진 곳에 남겨두고 있다.

408년 호노리우스 황제는 이곳에서 큰 범죄를 저질렀다. 스틸리코를 처형한 것이다. 위대한 야만족 족장에 대한 질투가 처형의 동기였을 것이다. 스틸리코의 병사들은 지휘관의 죽음에 분개하며 대거 알라리크에 투항했다. 이로써 전력이 강화된 알라리크는 다시 이탈리아를 공격했다.

알라리크에게 함락된 로마

호노리우스는 알라리크에게 맞설 병력이 없었고, 알라리크는 마음껏 이탈리아로 진군했다. 그사이 호노리우스는 라벤나의 습지 뒤편에 숨어 불명예스럽게 안전을 보장받고 있었다. 알라리크는 408년에 로마 포위 공격을 감행했다. 결국 그해, 그리고 409년에도 로마가 알라리크의 손에 넘어갔다. 그는 두 번이나 항복의 조건을 받아들였지만, 그 약속이 깨지자 비로소 최후의 일격을 가했다. 세 번째 로마 포위 공격은 410년에 이루어졌다. 옛 작가들이 세상이 사라지지 않는 한 없어지지 않을 것이라 말한 '영원한 도시'가 한순간에 함락되었다. 이 도시의 막대한 부는 알라리크의 손에 달려 있었다.

이는 로마 최초의 약탈이었다. 다른 많은 도시의 약탈보다 파괴적이었다. 알라리크는 수하의 병사들을 어느 정도 질서 있게 관리했다. 병사들은 약탈은 했지만 도시를 파괴하거나 사람들을 무차별적으로 살해하지는 않았다. 알라리크는 머지않아 이탈리아 남부로 진군했다. 같은 해 그는 그곳에서 죽고 부센티누스강의 강바닥에 묻혔다.

로마를 함락한 서고트족

로마제국은 로마시의 함락과 함께 멸망하지는 않았지만, 그날 이후 서유럽의 지배권은 점차 황제의 손에서 벗어나 다양한 종족의 '야만인'에게 넘어갔다. 그럼에도 이후 두 세기 동안 이탈리아의 운명은 제국의 영토에 닥친 혼란 속에서도 최고의 단서를 제공했다. 새로운 세력들이 등장하고, 일시적이지만 새로운 국가들이 빠르게 세워졌다. 이러한 혼란 속에서 교회는 조직을 발전시키고 권력을 강화했다. 세속 권력의 약화가 교회의 성장을 도운 것이다.

서고트족은 곧 이탈리아를 떠났다. 아타울푸스가 알라리크의 뒤를 이어 왕이 되었다. 그는 호노리우스 황제의 이복 누이인 갈라 플라키디아(Galla Placidia)와 결혼했고, 이탈리아를 떠나 갈리아 남부와 히스파니아 북부에 서고트 왕국을 건설하도록 권유를 받았다. 나중에 우리는 그곳에서 서고트족의 운명을 살펴볼 것이다.

아프리카로 진출한 반달족

429년에는 훨씬 더 끔찍한 적들이 아프리카 북부 해안의 로마 문명을 덮쳤다. 반달족이 아프리카에 진출한 것이다. 반달족은 고트족의 한 분파였는데, 한때는 서고트족이나 동고트족보다 호전적이지 않다고 여겨졌다. 이들은 더 이른 시기(410년 이전)에 게르마니아에서 갈리아를 거쳐 히스파니아로 건너와 그곳에 정착했다. 지도자 겐세리크(Genseric)는 기량이 뛰어났고 군대는 맹렬했기에 로마의 강적이 되었다. 하지만 부족민 수가 많지는 않았다. 429년 제국 정부와 갈등을 빚고 있던 총독 보니파시오는 반달족을 아프리카로 초대했고, 겐세리크는 기꺼이 초대에 응했다.

　로마제국의 어떤 지역도 아프리카만큼 로마 문명이 깊숙이 침투한 곳도 없었다. 기독교 발전에 가장 큰 공헌을 한 지역도 아프리카였다. 초기 기독교의 위대한 지도자였던 테르툴리아누스(Tertullianus), 키프리아누스(Cyprianus), 아우구스티누스(Augustinus) 모두 아프리카 출신이었다. 로마는 아프리카에서 현재 사막이 된 지역을 넘어 문화를 확장하고 도시를 건설했다. 반달족의 침략은 시간이 흐르면서 아프리카에서 로마 문화를 완전히 지워버린 여러 번의 침략 중 첫 번째 사건이었다. 속주는 전반적으로 거의 저항하지 않았지만, 카르타고 도시는 439년이 되어서야 겐세리크의 손에 넘어갔다. 다른 고트족과 마찬가지로 반달족도 아리우스파였고 아타나시우스파에 극심한 적대감을 품고 있었다. 반달족의 약탈과 억압으로 아프리카는 결코 회복되지 못할 타격을 입었다.

이탈리아의 상황

　제국은 아프리카에서 반달족의 공격을 막으려는 노력을 전혀 하지 않았다. 이탈리아에서는 정치적 타락의 조짐이 곳곳에서 드러났다. 황제가 로마를 버리고 라벤나로 은둔한 사건은 로마제국의 나약함을 고백하는 것이자 오랜 로마 전통을 버리는 것과 마찬가지였다. 상업은 날로 쇠퇴해갔고, 국가의 재정도 나날이 나빠졌다. 오로지 교회의 보호 아래서만 예술이나 문학이 가치 있는 것을 추구할 수 있었다.

　이제 황제의 이름을 하나하나 언급할 필요도 없다. 이들 중 누구도 국가의 운명에 대해 실질적인 권력을 행사할 수 없었다. 권력은 이제 야만족 출신 군인들에게 넘어갔다. 이들은 로마 군대를 구성하고 있는 여러 종족의 부대를 지휘했다. 그러나 가장 뛰어난 군인은 이탈리아 출신의 아이티우스

훈족의 왕 아틸라

(Aetius)였다. 그가 살아 있는 동안에는 제국이 무력한 먹잇감이 되지는 않았다.

제국의 북쪽에 도달한 훈족

반달족의 아프리카 침공보다 더 끔찍한 위험이 제국의 북쪽을 위협했다. 이미 앞에서 보았듯이 고트족이 다뉴브강을 건너 제국을 몰아낸 원인은 그 전에 훈족이 고트족을 공격한 것이었다. 훈족의 위협은 갈수록 심해졌다. 445년 아틸라(Attila)가 훈족의 왕이 되었다. 그의 광대한 제국은 발트해에서 다뉴브강까지, 라인강에서 볼가강까지 펼쳐져 있었다. 아틸라와 로마제국의 관계는 때로는 우호적이어서 훈족이 로마의 동맹국, 심지어 종속국으로 여겨지기도 했다.

하지만 타타르 혈통의 사나운 훈족은 제국에게는 끔찍한 위험 요소였다. 446년 아틸라는 동로마제국을 공격해 콘스탄티노플의 성문까지 무너뜨렸고, 그 후 상당한 영토를 넘겨받았다. 450년에는 라인강을 건너 갈리아를 침공했다. 하지만 로마인과 서고트족이 연합해 침략자에 맞섰다. 로마인 아이티우스와 서고트족의 왕 테오도리크(Theodoric)는 카탈라우눔전투(또는 샬롱전투)에서 아틸라와 싸웠다. 결정적으로 아틸라는 격퇴당했지만, 다시 전열을 가다듬어 이탈리아를 침공했다. 이탈리아의 아퀼레이아(Aquileia), 베로나(Verona), 밀라노(Milano)가 그의 손에 함락되었다. 하지만 알라리크가 다시 로마 진격을 시도할 것을 예상하고, 그는 다뉴브강을 건너 진영으로 돌아갔다.

교황 레오의 중재로 아틸라는 이탈리아를 놔두기로 했다고 전해진다. 그 후 얼마 지나지 않아 아틸라는 사망했다(453년). 후대 작가들은 아틸라의 성격과 그의 군대가 초래한 파괴를 회고하면서 그에게 '신의 징벌'이라는 별명을 붙였다. 그가 제국에 간접적으로 미친 영향은 매우 컸지만, 규모 면에서는 위대한 고트족의 지도자들과 비교가 되지 않는다.

반달족의 로마시 약탈

2년 뒤인 455년 로마는 다시 고트족의 손에 넘어갔다. 이 재앙은 알라리크의 마지막 침공 이전에 발생한 스틸리코 살해 사건과 매우 유사한 사건 때문에 발생했다. 앞서 우리는 아이티우스가 카탈라우눔전투에서 아틸라를 물리치는 데 중요한 역할을 한 것을 보았다. 하지만 발렌티니아누스(Valentinianus) 황제는 아이티우스를 어떤 이유로 질투했고, 결국 454년에 그를 암살했다.

408년 때와 마찬가지로 로마시와 이탈리아는 다시 무력해졌다. 반달족의 왕 겐세리크는 이 기회를 이용해 그의 해적 함대를 테베레강 하구에 출격시켰다. 로마는 더 이상 저항할 수 없었다. 교황 레오의 호소는 겐세리크가 전리품에 만족하고 로마 주민들을 살려주는 데만 도움이 되었다. 14일 동안 로마는 무자비하고 철저하게 약탈당했고, 해적들은 풍성한 전리품을 가지고 카르타고로 돌아갔다.

서로마제국의 최후

이제 제국의 종말이 가까워지고 있었다. 발렌티니아누스는 테오도시우스 왕조의 마지막 황제였다. 이후로 황제라는 칭호를 가진 자들은 위대한 군인들의 꼭두각시에 불과했다. 기원전 476년 군인 오레스테스(Orestes)는 아들 로물루스 아우구스툴루스(Romulus Augustulus)를 황제로 추대했다. 그 직후 오레스테스는 로마에 적대적인 군인들의 요구를 대변하는 또 다른 군인 오도아케르(Odoacer)와 맞붙었다. 오레스테스는 오도아케르에게 패배해 전사했고, 그의 아들 로물루스 아우구스툴루스도 황제 자리에서 쫓겨났다. 이제 제국의 끝이 보였다. 황제의 휘장은 콘스탄티노플에 있는 오도아케르에게 보내졌다. 그는 귀족 칭호를 수여받았고 이탈리아를 통치해달라는 요청을 받았다.

이 사건의 의미

당시 이 사건은 큰 관심을 불러일으키지 않았다. 로물루스 아우구스툴루스는 그다지 중요한 인물이 아니었기에 그의 퇴각은 큰 논란을 불러일으킬 만한 사건도 아니었다. 그런데 돌이켜보면, 이 사건은 서로마제국의 멸망을 의미했다. 형식적으로는 서로마제국과 동로마제국의 재통합이었다. 오도아케르가 콘스탄티노플의 우위를 모호하게 인정했기 때문이다. 하지만 실제로는 이탈리아에서만 제국의 권위가 사라졌다.

제국은 종말을 맞이한 것이 전혀 아니었다. 제국은 여전히 콘스탄티노플에 존재했고, 머지않아 이탈리아는 재정복되어 일시적으로 제국 영토에 다시 합병되었다. 그리고 이후 800년에 우리는 유럽 서부에서 로마 황제라는 칭호를 가진 위대한 통치자가 어떻게 다시 부상하는지 지켜보게 될 것이다. 그렇지만 476년에 율리우스 카이사르와 아우구스투스의 뒤를 이은 통치자들이 가장 비영웅적인 종말을 맞이했다. 로마의 이탈리아 지배가 끝난 것은 거친 폭풍이나 지진, 화재와 같은 것이 아니다. 오히려 시들어버린 나무의 마지막 잎새가 땅 위로 가볍게 떨어지는 것과 같았다.

동고트족의 침략

476년 이후, 서유럽의 정치사에서 가장 중요한 사건들이 알프스산맥 너머에서 일어났다. 우리는 한 세기 동안의 이탈리아의 운명을 추적한 후에 유럽 역사에 등장한 중요한 새로운 요소들을 살펴볼 것이다.

오도아케르는 이탈리아에서 귀족 신분으로 13년 동안 통치했다. 그러던 중 489년에 새로운 고트족이 침략하기 시작했다. 알라리

라벤나에 세워진 테오도리크의 무덤

크가 고트족의 일부를 이끌고 이탈리아로 진군했을 때, 동고트족은 그를 따르지 않았다. 동고트족은 이후 불안정하고 방랑하는 생활을 했고, 한동안은 훈족과 동맹을 맺거나 종속되어 있었다.

동고트족의 인종적 특징은 서고트족과 쉽게 구별되지 않는다. 그들은 아리우스파 기독교도였고, 훌륭한 전사였으며, 쉽게 문명의 영향을 받았다. 동고트족은 친족인 서고트족만큼이나 찬란하면서도 덧없는 업적을 쌓았다. 동고트족의 왕 테오도리크는 어떤 고트족 왕보다 탁월한 정치력을 보여주었다. 오도아케르는 이탈리아 북부에서 동고트족에 패배해 라벤나로 도망쳤고 항복한 후에는 처형되었다. 테오도리크는 489년부터 526년까지 강력한 경쟁자 없이 이탈리아를 홀로 통치했다.

동고트족의 왕 테오도리크

테오도리크의 통치 기간에 주목할 점은 모든 고트족 중에서 가장 성공적이고 안정적인 국가를 건설했다는 것이다. 테오도리크는 로마 문명의 위대함을 느꼈고, 이런 문명을 고트족 전사들의 야성이나 강인함과 융합시키고자 했다. 그는 라벤나에 궁정을 세우고 외형적으로 제국의 통치 형태를 취했다. 보에티우스와 오아시오도루스 같은 이탈리아인들을 신하로 고용했다. 동고트족이 로마제국 영토의 3분의 1을 차지했지만, 이탈리아 지역에서 사는 옛 로마인들의 삶은 예전 방식과 거의 달라지지 않았다. 테오도리크는 로마 문학과 사상에 지대한 관심을 보였고, 자신도 아리우스파였지만 중세 시대 종교적 관용의 본보기를 보여주었다.

그의 영향력과 권위는 이탈리아 국경 너머까지 뻗어나갔다. 테오도리크는 프랑크족, 부르군트족, 서고트족, 반달족과 혼인을 통해 연결되었다. 그의 딸이 서고트족 왕과 결혼했고, 왕이 죽자 테오도리크는 14년간 서고트 왕국을 통치했다. 서유럽에는 그와 같이 권력을 가진 사람이 없었다. 그는 당대 가장 강력하면서도 인도주의적인 통치자였다.

하지만 테오도리크의 말년은 혼란스럽고 불안했다. 가톨릭교회는 그가 종교적 관용을 베풀어도 화해하려 하지 않았다. 이탈리아의 라틴계 원주민들은 '야만인' 동고트족의 통치를 탐탁치 않게 생각했다. 콘스탄티노플의 황제들은 테오도리크를 찬탈자로 간주했다. 그러다 보니 통치 말기에는 초기처럼 화려한 성과를 보여주지 못했다. 526년 사망하기 직전에 테오도리크는 교황가 다투었고 결국 교황을 감옥에 투옥시켰다.

유스티니아누스

테오도리크 사후에 동고트족은 머지않아 동로마제국의 위협에 직면했다. 유스티니아누스(Justinianus)는 527년에 황제 자리를 이어 받았다. 그는 유럽 역사에 위대하고도 영원한 족적을 남겼다. 그의 통치하에서 로마법이 완성된 것이다. 안토니누스 시대 이후 로마법을 성문화하려는, 즉 논리적이고 완전한 형태로 정리하려는 노력이 이어졌다. 그리고 이런 노력은 마침내 유스티니아누스 법전(Codex Justinianus)으로 결실을 맺었다. 이때 발표된 로마법은 중세 후기 유럽의 정치와 사상에 지대한 영향을 미쳤다.

동로마제국의 황제 유스티니아누스

벨리사리우스의 제국 군대

하지만 여기서 가장 중요하게 다룰 이야기는 유스티니아누스 통치 기간의 군사적 공적이다. 제국은 부유하고 질서정연했다. 당시 벨리사리우스는 세계 최고의 장군들과 효율성이 높은 군대를 보유하고 있었다. 이제 제국의 군대는 하드리아노플전투 때와는 전혀 다른 양상을 보이고 있었다. 하드리아노플전투에서는 보병이 제일 중요했지만, 이제 보병은 부차적인 역할만 하게 되었다. 벨리사리우스는 기마 궁수에게 가장 많이 의지했다. 그는 단순한 싸움 실력보다 신속한 움직임과 고도의 전략이 승리를 가져다준다고 확신했다. (그리고 그의 확신은 거의 틀리지 않았다.)

제국의 서로마 재정복

물론 제국은 고트족이 아프리카, 히스파니아, 갈리아, 이탈리아를 정복하는 것을 가만히 두고 보지 않았다. 유스티니아누스의 군대가 페르시아와의 전투에서 실력이 입증되자, 그는 군대를 서로마 수복 작전에 파견했다. 아프리카에 첫 번째 타격이 가해졌고, 거기에 있던 반달족 왕국은 심각한 위기에 처했다. 고트족이 세운 모든 왕국에서 곧 나타날 쇠퇴의 징후가 이번에 극단적으로 드러난 것이다.

겐세리크가 죽었지만 뒤를 이을 유능한 후계자를 찾을 수 없었다. 원주민들은 아리우스파이자 압제자인 반달족에 대해 큰 적대감을 품고 있었다. 거의 열대 지방에 가까운 곳에서 반달족은 이전에 보인 야성과 용기, 인내심을 잃어버렸다. 533년 벨리사리우스가 아프리카에 상륙했을 때, 반달족은 거의 저항할 수 없는 지경이 되었다. 그해가 끝나기 전, 아프리카는 100년 넘게 반달족의 지배를 받다가 다시 제국에 병합되었다.

이탈리아로 진출한 벨리사리우스

3년 후 이번에는 이탈리아의 차례가 왔다. 처음에 시칠리아는 별 어려움 없이 점령되었다. 그리고 536년에 벨리사리우스는 이탈리아의 동고트 왕국을 무너뜨리는 일에 착수했다. 동고트족은 반달족과 같은 이유로 약해졌지만, 나름의 역량을 가지고 있어 그렇게까지 몰락하지는 않았다. 초반에는 모든 것이 순조로웠다. 벨리사리우스는 536년에 로마를, 540년에 라벤나를 점령했다. 이탈리아는 다시 제국의 수중에 안전하게 들어간 듯 보였다. 하지만 동고트 세력은 그리 쉽게 꺾이지 않았다. 갑자기 닥친 재앙이 오히려 예전의 활력을 어느 정도 되살렸다.

동고트족은 알라리크와 테오도리크에 버금가는 토틸라(Totila)라는 훌륭한 지도자를 발견했다. 토틸라는 이탈리아 주민들이 제국의 무거운 세금 탓에 환멸을 느끼고 있다는 사실을 파악했다. 그는 마침내 549년에 로마를 점령했다. 곧 라벤나를 제외한 이탈리아 전역이 그의 손에 들어갔다. 벨리사리우스조차 이 새로운 세력에게는 더 이상 무적이 아니었다. 제국은 동고트족의 새로운 지도자에게 맞서기 위해 모든 병력을 집결시켜야 했다. 콘스탄티노플에서는 낯설고도 기이한 환관 나르세스(Narses)를 파견했다. 553년에 모든 것이 끝났다. 토틸라는 타기나이전투에서 패배하고 전사했다. 그리고 다음 해에 동고트족 군대는 이탈리아에서 철수할 수 있도록 허락해달라고 제국에 요청했다. 이로써 그들의 이름은 이후의 유럽 역사에서 영원히 사라졌다.

불안정한 제국의 성공

이렇게 유스티니아누스와 로마제국은 아프리카, 시칠리아, 이탈리아를 장악했다. 유스티니아누스는 히스파니아에서도 어느 정도 성공을 거두어 반도의 남부와 동부가 제국의 세력권에 들어갔다. 하지만 서방에서 제국의 부활은 다시 병합된 나라들과 제국 양쪽에 실질적으로 이롭지는 않았다. 병합된 나라들을 영구적으로 장악하기에는 제국의 힘이 충분하지 못했다. 이들을 정복할 수 있었던 이유는 벨리사리우스의 천재성과 노력 덕분이었다. 565년 유스티니아누스가 사망했을 때 그의 빈자리를 채워줄 사람이 없었다. 제국이 영토를 복원했지만 이미 제국과 이탈리아 모두 지친 상태여서 적에게 저항할 수 없었다. 결국 이탈리아의 주도권은 그렇게 강하지도 그렇게 인간적이지도 않은 적에게 넘어갔다.

이탈리아를 침략한 롬바르드족

곧 새로운 침략자가 나타났다. 벨리사리우스와 나르세스 군대는 서로 인종과 언어가 다른 기이한 집단이었다. 타기나이에서 제국의 대열에 합류했던 이들 중에는 롬바르드족의 파견부대도 있었다. 568년 롬바르드족은 자신들이 도왔던 나라를 이번에는 공격했다. 제국의 정부는 이탈리아에서 멀리 떨어져 있었고 힘도 없었다. 이탈리아 주민들은 제국이 주는 부담에 짜증이 났다. 하지만 롬바르드족은 서고트족, 동고트족, 벨리사리우스 군대처럼 이탈리아 주민들에게 파죽지세로 나아가지 않았다. 하지만 해가 지날수록 제국의 권력은 약해지고 침략자들의 세력은 커져만 갔다. 그들은 서고트족이나 동고트족보다 더 사나웠고, 문명의 영향에 덜 민감했으며, 덜 정직하고 명예롭지 못하다고 전해졌다. 그럼에도 롬바르드족은 두 고트족보다 이탈리아에 대한 영향력이 훨씬 더 영구적이었으며, 이탈리아 북부 평원에 자신들의 이름을 각인시켰다.

정치적인 이유도 이러한 현상에 영향을 미쳤지만, 무엇보다도 그들은 점차 정통 가톨릭교도가 되어가고 있었다. 고트족과 이탈리아인을 갈라놓은 핵심 원인이었던 종교가 이제는 롬바르드족과 이탈리아인을 하나로 화합시키는 힘이 되었다. 롬바르드족은 교황청과 격렬하게 다투기도 했지만, 결국에는 이탈리아 원주민과 융합해 현대 이탈리아 민족의 기반을 형성했다.

6세기 말의 이탈리아

결론적으로 6세기 말 이탈리아의 지도를 살펴보면, 이탈리아 영토가 제국과 롬바르드족으로 나뉘어 있는 것을 볼 수 있다. 시칠리아, 코르시카, 사르데냐 등 큰 섬들은 제국에 속한다. 이탈리아의 '발꿈치와 발가락'(장화 모양의 이탈리아반도에서 남부 해안 지역에 해당)과 플라미니아 가도(Flaminian Way)를 따라 로마에서 라벤나까지, 그리고 라벤나를 넘어 베네치아까지 뻗어 있는 넓은 영토도 제국에 속한다. 포강 유역의 대부분과 현재 토스카나(Toscana)라고 불리는 지역은 롬바르드 왕족의 손에 있었다. 로마와 라벤나를 잇는 넓은 제국 영토 너머에, 이탈리아 남부와 중부는 베네벤툼과 스폴레토(Spoleto)의 롬바르드 공작들 손에 있었다.

이탈리아는 정치권력, 단결, 집중을 위한 훌륭한 본거지였다. 하지만 이제는 이탈리아에 분열, 약화, 분산이 일어났고, 이는 이후 역사에서 이탈리아의 지속적인 특징이 되었다. 비로소 19세기에 와서 이탈리아는 정치적 통합을 이룰 수 있었다.

22 | 중세 초기의 권력

서유럽은 이제 매우 불안정한 상태가 되었다. 제국이 재건되었음에도, 더이상 제국은 질서와 평화를 위한 힘으로 여겨지지 않았다. 새로운 '야만족' 국가들은 조직이 약하고 수명도 짧았다. 시간이 갈수록 서방에서 고대 로마의 질서는 점점 희미해졌고, 새로운 질서는 아직 뚜렷하게 나타나지 않았다. 우리는 이제 중세 유럽을 탄생시킨 세 가지 힘에 주목해야 한다. 그것은 바로 (1) 교황, (2) 이슬람교, (3) 프랑크 왕국이다.

교황의 등장

우리는 앞에서 4~6세기에 교회의 영향력이 매우 중요하다는 사실을 알았다. 이제는 교회가 교황을 중심으로 어떻게 군주제적인 조직을 갖추게 되었는지 주목하는 것이 중요하다. 교황의 등장에 관해서는 정확히 알려진 바가 없고 논쟁의 여지도 많지만, 교황의 성장을 뒷받침한 특정 세력이 존재했다는 사실은 쉽게 알 수 있다.

제국의 권위는 로마에서 떠났고, 그 결과 '영원한 도시'와 관련된 모든 위대한 정통은 이제 종교적 수장인 주교에게 종속되었다. 이탈리아에 닥친 정치적 혼란으로 말미암아 교황의 종교적 권위에 상대할 경쟁자가 남아 있지 않았다. 제국은 훈족의 아틸라와 반달족의 겐세리크를 물리치지 못했다. 한쪽을 물리치고 다른 쪽의 폭력을 완화시킨 주체는 바로 교회였다.

당시 로마의 주교, 곧 교황은 사실상 물리적 힘을 통제할 수는 없었다. 그의 권력은 경외심과 설득에 기반을 두었다. 교회의 권위는 바로 그 이유로 더욱 쉽게 인정받았고, 교회의 승리는 아무런 반감을 불러일으키지 않았다. 6세기에는 군주주의 사상이 도처에서 우세했다는 점도 주목해야 한다. 유럽 이전에는 다른 이상적인 통치 사상이 존재하지 않았다. 이러한 경향은 로마 주교를 절대적인 교황으로 만들었고, 이는 중세 제국의 전제주의로 이어졌다.

수도원의 등장

수도원의 등장과 성장은 교황의 권력에 크게 기여했다. 수도 생활은 어떤 형태로든 기독교만큼이나, 아닌 그보다 더 오래되었다. 초기 수도원 생활은 불규칙적이고 규율이 없었으며, 통제하기가 어려웠다. 수도원의 조직자이자 입법자는 성 베네딕트(St. Benedict, 480~543년)였다. 그는 수도사와 수녀가 모두 따라야 할 유명한 규칙을 제정했다. 수도원 생활을 시작하는 사람들은 영구적인 구속력을 갖는 서약을 했다. 수도원에서는 공동생활을 해야 했다. 베네딕트회 수도원에는 별도의 독방이 없었다. 그들은 머리로든 손으로든 끊임없이 노동을 해야 했다. "노동은 기도다(laborare est orare)"가 베네딕트회의 모토였다.

최초로 수도원을 세운 성 베네딕트

각 수도원은 자체적으로 관리되면서도, 로마 교황과 긴밀한 관계를 유지했다. 이후 800년 동안 수도원은 유럽에서 가장 강력한 지적·사회적 영향력을 행사했다. 그런데 여기서 특히 주목할 점은 수도원이 교황청에

얼마나 지원을 했느냐다. 유럽 어디
에나 수도원이 있는 곳에는 교회를
수호하고 발전시키는 데 헌신하는 수
비대가 있었다.

그레고리우스 대교황

그레고리우스 대교황

교황이 중세적 형태로 부상한 것
은 특히 그레고리우스 대교황(즉위
590~604년)의 이름과 관련이 있다. 그
의 노력 덕분에 영국은 기독교로 개
종하게 되었다. 하지만 더 중요한 것
은 로마 교회의 정부를 조직하고 교황을 교회의 절대적 수장으로 만드는 길
을 마련했다는 사실이다. 그는 교회의 의식, 음악, 예배를 발전시키고, 이
탈리아 교회의 재산을 늘리고 관리하는 데 많은 노력을 기울였다. 무엇보
다 그는 한쪽의 쇠퇴하는 제국과 또 한쪽의 사나운 롬바르드족 사이에서 이
탈리아 주민을 위한 심판자이자 보호자로 등장했다. 명목상의 제국 영토(라
벤나의 관할구로 불리던 곳) 내에서 그는 진정한 권력자였다. 교황의 현세적인
권력은 곧 실현될 예정이었다.

이슬람교의 등장

기독교 교회가 영역을 넓히고 조직을 강화하는 동안, 한쪽에는 중세 내내
교회와 권력 다툼을 하게 될 세력이 생겨났다. 마호메트(Mahomet)는 그레고
리우스 대교황보다 스무 살 어렸다. 그는 메카에서 태어났고 그 지역의 중
요한 가문 출신이었다. 그가 태어났을 당시 그 지역의 종교는 고대 이교, 유

카바 옆에 앉아 있는 마호메트

대교, 기독교가 묘하게 뒤섞여 있었다. 메카에서는 거대한 돌인 카바(Kaaba)를 숭배했는데, 이 돌은 오늘날까지도 남아 있다. 서쪽에는 이집트, 북쪽에는 시리아에서 기독교가 교리 문제로 심하게 분열되어 있었다.

한편 마호메트는 열정적으로 전염성 있는 자신의 교리를 전파했다. 그는 이교든 기독교든 모두 배척했다. 여러 예언자들처럼 유일신을 전파했는데, 모세, 예수, 마호메트 세 명 중 마호메트 자신이 중심이었다. 그는 예정론을 설파했고, 개종자들은 그의 교리에서 모든 노력을 헛수고로 만드는 힘이 아니라, 열정적인 에너지의 근원을 발견했다. 또한 더 높은 개인의 도덕성과 사회의 도덕성을 주장했다. 그는 종교 운동을 통해 절도, 방탕, 노예제, 일부다처제를 모두 공격하거나 규제했다.

하지만 마호메트는 622년에 반대자들의 박해로 메카에서 쫓겨났다. 이 사건이 바로 '헤지라(Hegira)'인데 이슬람교도들은 이때를 이슬람의 원년으로 삼는다. 이슬람교도들은 "우리는 오직 유일신만 섬길 것이다. 우리는 도둑질하지 않고, 간통하지 않고, 자녀를 죽이지 않을 것이다. 우리는 결코 방탕하지 않고, 예언자에게 불복종하지 않을 것이다"라고 맹세했다. 630년에 마호메트는 개선식을 치르며 메카에 다시 입성했고, 2년 후인 632년에 사망했다.

마호메트가 시작한 종교 운동은 놀라운 속도로 퍼져 나갔다. 이슬람(이 단어는 '신의 뜻을 받아들인다'를 뜻한다)의 병사들은 확고한 신앙과 꺼지지 않는 열정에 고무되었고, 마호메트가 죽자 신앙은 호전적으로 변했다. 새로운 종교가 부상하기 전, 동로마제국은 헤라클리우스(Heraclius) 황제 치하에서 호전적인 활력이 일어나는 듯했다. 그러나 이제 속주들이 하나씩 분리되었다.

시리아는 634년에 함락되었고, 예루살렘은 637년에 칼리프 오마르(Caliph Omar)에게 함락되었다. 페르시아도 거의 같은 시기에 함락되었다. 이집트는 640년에 정복되었다. 그러다가 싸움이 잠시 잦아들었지만, 약 50년 뒤 정복의 물결은 다시 거침없이 이어졌다. 695년에 아프리카와 카르타고는 미약한 저항 끝에 정복당했다. 아리우스파인 반달족은 이슬람교도들을 환영했다. 마침내 711년, 타리크가 이끄는 이슬람 군대는 지브롤터해협(지브롤터는 '타리크의 언덕'이라는 뜻의 '자발 알 타리크'에서 유래함)을 건넜고, 2년 만에 히스파니아 전역이 이슬람의 손에 들어갔다. 아프리카와 이탈리아에서처럼 히스파니아에서도 제국의 부흥이 저항 세력을 약화시켰다.

한편, 서고트족은 안정적인 정부를 세울 능력이 없어 보였다. 그런 탓에 이슬람의 물결이 피레네산맥으로 밀려왔고, 이제 유럽 문명에서 매우 중요한 문제가 해결되어야 했다. 알프스산맥 너머에서 쏟아지는 급류를 막을 수 있는 세력이 과연 존재했을까? 이제 우리는 갈리아의 상황을 주목해야 한다.

5세기의 갈리아족

우리는 앞서 6세기 말까지의 이탈리아와 동방의 역사를 다루었다. 하지만 프랑크 왕국이 어떻게 기독교의 대의를 따르고 이슬람 정복의 물결을 막았는지 이해하려면 다시 5세기로 돌아가야 한다.

476년경 로마제국 북서부의 정치 지형을 살펴보면, 앵글로색슨족(Anglo-Saxons)이 브리튼 남부에 정착했다. 갈리아 남부와 히스파이나 북부는 서고트 왕국이 점령했고, 론강 유역은 부르군트족이 점령했다. 로마의 규범과 제국의 이름은 여전히 갈리아 총독 시아그리우스(Syagrius)에 의해 센강 유역에서 유지되었지만, 오래 지속되지는 않았다. 라인강의 중류와 하류 지역은 프랑크족의 손에 넘어갔다. 프랑크족은 크게 두 부류로 나뉘었는데, 하나는 해안가에 사는 살리아인(Salian)이고, 또 하나는 쾰른 근처에 자리 잡은 리푸아리아인(Ripuarian)이었다.

프랑크족

프랑크족은 당시에 이미 용맹하고 사나운 전사들로 알려져 있었다. 그들은 로마제국을 여러 차례 약탈했고, 고트족보다 훨씬 잔혹하면서도 문명에 대한 수용도는 많이 낮았다. 프랑크족은 한때 로마제국이었던 지역의 바로 외곽에서 꼼짝도 하지 않았다. 앞으로 이들의 운명에 닥칠 위협을 암시하는 것은 아무것도 없었다.

481년 클로비스(Clovis)가 프랑크족의 왕이 되었다. 그는 시아그리우스에게서 등을 돌려 알프스 이북의 마지막 로마제국 잔존 세력을 물리쳤다(486). 나아가 서고트족을 격파하고 가론(Garonne)강까지 영토를 점령했다. 클로비스는 알라만족(Alamans)을 격파했고, 부르군트 공주와 결혼해 부르군트 영토에서 큰 영향력을 행사했다. 그는 갈리아의 최고 권력자가 되었다. 이탈리아에서 테오도리크의 통치가 더 확고하고 체계적이었다면, 서유럽에서 클로비스의 경쟁자는 오직 테오도리크뿐이었을 것이다.

클로비스 왕의 개종

그리하여 클로비스는 죽기 전인 511년까지 프랑크 왕국을 강대국으로 만들어놓았다. 이 왕국은 하나로 똘똘 뭉쳤다. 클로비스의 정복 활동보다 가톨릭교 개종이 프랑크족의 미래에 더 큰 영향을 미쳤을 것이다. 그가 세례를 받은 해는 496년이었다. 부르쿤트 출신의 아내 클로틸다(Clotilda)의 영향

프랑크족 군대를 이끄는 클로비스 왕

을 받아 세례를 받은 것이다. 클로비스는 알라만족과의 전투에서 신이 승리를 허락한다면 기독교를 따르겠다고 선언했다. 마침내 승리를 거두자 그는 자신의 약속을 지켰다. 이후로 서고트족, 동고트족, 반달족에게 치명적이었던 교회의 조직과 사상은 이제 프랑크족의 왕 편에 섰다. 왕국과 종교의 동맹은 이제 우리가 프랑크 왕국의 성공과 영속성을 이해하도록 돕는 만능열쇠가 되어줄 것이다.

클로비스 왕국의 붕괴

클로비스의 죽음으로 프랑크족은 그의 통치 기간에 누렸던 단결과 힘을 빠르게 잃어갔다. 프랑크 왕국은 이후 두 세기 동안 클로비스 치하에서 유지되던 위대함을 되찾지 못했다. 고트족 국가들의 사례에서 보았듯이, 모든 것의 운명이 통치자 개인의 성격이나 특징에 달려 있었다. 법률은 전적으로 전통적이었고 그 영속성을 보장할 수 없었다. 이후 두 세기 동안 프랑크 왕국은 분열된 세력이 주도권을 장악했다. 영토는 여러 통치자에게 분할되었는데, 이들의 경쟁과 적대심은 프랑크 왕국의 와해를 예고하는 듯했다. 프랑크 왕국의 북부 영토는 아우스트라시아(Austrasia, 모젤강과 라인강 유역)와 네우스트리아(Neustria, 서부 지역)로 나뉘었다. 아우스트라시아에서는 게르만족의 생각과 경향이 우세했지만, 네우스트리아는 더 문명화되었고 로마와 라틴 문화에서 비롯된 사상에 영향을 더 많이 받았다. 6세기 내내 이 두 세력은 갈등을 빚었다.

궁정 재상의 등장

7세기에는 어디선가 낯선 세력이 등장하지 시작했다. 군주의 권력은 궁정 재상(Mayors of the Palace, 줄여서 궁재)에 의해 점점 약해졌다. 유럽의 미래는 이러한 변화에 크게 좌우되었으므로 면밀하게 살펴볼 필요가 있다.

프랑크 왕국의 첫 번째 왕조는 메로빙거왕조로 알려져 있는데, 이 명칭은 클로비스의 전설적 조상인 메로빙(Meroving)에서 유래했다. 이 왕조의 왕들은 751년까지 왕위를 계승했다. 하지만 왕의 실질적인 권력은 점차 약해졌고, 그들 옆에 있던 궁재의 권위가 올라갔다. 궁재는 명목상 왕의 하인으로서 처음에는 부차적인 임무를 수행했지만, 주요 신하가 되었고, 나중에는 명목뿐인 왕들의 주인이 되었다.

역사는 명목상의 하인이 이른바 주인이자 수장인 왕에게 실제로 지배력을 행사한 수많은 사례를 보여준다. 우리는 서로마제국 말기에 위대한 군인들이 얼마나 중요했고, 황제들은 얼마나 하찮았는지를 살펴보았다. 우리는 현재 영국의 왕과 총리 사이의 관계에서도 이와 유사한 양상을 찾아볼 수 있다. 특히나 메로빙거왕조의 왕과 궁재의 관계가 가장 두드러진 사례라 할 수 있다.

638년 다고베르트(Dagobert)가 사망한 후, 메로빙거왕조 시대에는 주목할 만한 왕이 없었다. 얼마 지나지 않아 궁재직은 세습되었고, 궁재는 메로빙거왕조와 나란히, 그보다 우월한 새로운 왕조를 형성했다. 궁재 왕조의 번영을 이끈 인물은 아우스트라시아(Austrasia) 왕국의 궁재였던 헤리스탈의 피핀(Pippin of Heristal)이었다. 687년에 그는 네우스트리아 군대를 격파하고 프랑크 왕국을 다시 한 명의 수장 아래 통일했다. 피핀은 714년에 사망했고, 그 뒤를 카롤루스가 이었는데, 그는 나중에 카롤루스 마르텔루스(Carolus Martellus, 망치왕 카롤루스)라는 이름으로 유명해졌다.

카롤루스 마르텔루스

카롤루스 마르텔루스는 중세 역사에서 위대한 인물로 꼽힌다. 그가 살아 있는 동안 그가 신하로서 복종했던 왕은 없었다. 사실상 그는 프랑크족의 왕이나 다름없었다. 메로빙거왕조의 뒤를 이을 이른바 카롤링거왕조는 그의 생전에 이미 통치를 시작했다고 할 수 있다.

카롤루스 마르텔루스는 물려받은 왕궁의 영역 안에서 왕권, 즉 사실상 자신의 권력을 크게 강화했다. 귀족들(특히 거의 독립적으로 활동하던 공작들)은 패배했고, 그 결과 카롤루스는 클로비스 사후에 전례 없이 강력한 중앙 집권적 권력을 행사했다.

투르에서 패배한 이슬람

그는 외적들에게 가한 타격 때문에 '망치왕' 카롤루스라는 칭호를 얻기도 했다. 권력을 계승했을 때도 프랑크족의 영토는 라인강 동쪽 끝자락까지 뻗어 있었다. 하지만 카롤루스는 작센족과 바이에른족에 맞서 일련의 전쟁을 벌이며 프랑크 세력의 범위를 더욱 동쪽으로 넓혔다. 그런데 가장 강력하고도 유명한 타격은 작센족이나 바이에른족이 아니라 이슬람에게 가해졌다. 그 타격의 여파는 서유럽 전역에서 찾아볼 수 있다.

우리는 앞서 이슬람 세력이 아프리카 북부를 따라 파죽지세로 확장되어

지브롤터해협을 건너 피레네산맥에 도달한 사실을 살펴
보았다. 이 장벽 역시 무너져 725년에는 무어인(Moors, 중
세 유럽의 이베리아반도에 거주하던 이슬람교도)들이 남
부 프랑스를 침략해 카르카손(Carcassonne), 님
(Nimes), 오텡(Autun)이 함락되었다. 물리적인 힘
으로 보면, 십자가(기독교 상징)는 초승달(이슬람교
상징)과의 싸움에서 분명히 역부족으로 보였다.
732년에 압데라흐만(Abderrahman)은 가론강과 루
아르강 사이에 있는 아키타니아(Aquitania)를 공격
했다. 아키타니아의 통치자는 카롤루스에게 도
움을 요청했고, 카롤루스는 프랑크 왕국 영토가
위험에 처해 있다고 판단해 군대를 이끌고 무어
인과 맞섰다.

프랑크족의 왕 카롤루스 마르텔루스

　일반적으로 '투르(Tours)전투'라고 불리는 이 대
전투는 푸아티에(Poitiers)와 더 가까운 곳에서 벌어
졌는데, 길고 처절한 싸움 끝에 무어인이 철수하고 만
다. 이 전투는 결정적인 승전이었다. 그 후로 서유럽
에서는 무어인의 공격이 잦아들었다. 남부 프랑스에
서 무어인은 빠르게 쫓겨났고, 무어인과 프랑크족 사이의 모든 전투에서 힘
의 균형은 분명 기독교 세력에 쏠려 있었다.

카롤루스 마르텔루스와 교황

　이번 승리는 이슬람교 운동이 시작된 이래 기독교 세력이 이슬람을 상대
로 거둔 가장 중요한 성과였다. 이를 계기로 카롤루스 마르텔루스는 유럽
최고의 통치자이자 기독교 신앙의 특별한 전사가 되었다. 또한 처음부터 프
랑크족과 교황청을 연결한 유대감이 더 긴밀하게 결속했다. 기독교 교회에

대한 카롤루스 마르텔루스의 봉사는 여기서 끝나지 않았다. 8세기는 유럽에서 선교 사업이 활발했던 시기다. 한 세기 반 전에 그레고리우스와 아우구스티누스의 노력으로 영국이 기독교를 받아들였고, 이제 영국에서 온 선교사들이 신앙에 대한 열정을 가지고 라인강 북쪽과 동쪽의 게르만족에게 기독교를 전파했다.

성 빌리브로르드(Saint Willibrord)는 라인강 하류 양쪽 저지대에서 기독교를 성공적으로 전파한 인물이었다. 데번셔에서 태어난 영국 수도사 성 보니파시오(Saint Boniface)는 위트레흐트에서 성 빌리브로르드 밑에서 먼저 활동한 후, 엄청난 열정으로 라인강 너머에 특히 작센족에게 기독교를 전파했다. 성 보니파시오는 카롤루스 마르텔루스의 지원을 받았으며, 위대한 '궁재'와 위대한 선교사는 교회와 교황에게 놀라운 승리를 안겨주었다. 교황청과 프랑크 왕국은 어디에서나 동맹을 맺어 서로에게 막대한 이익을 창출했고, 곧 둘의 관계는 더욱 가깝고 확실해졌다.

새로운 프랑크 왕국

이제 우리는 프랑크의 궁정 재상들이 먼저 프랑크 왕국의 왕이 되고 그다음에는 황제가 되는 시대에 접어들고 있다. 이처럼 지극히 중요한 변화를 초래한 원인은 분명하다. 프랑크의 궁재도 강력하고 교황도 강력했지만, 서로가 서로를 필요로 했기 때문이다. 왕이나 황제라는 칭호는, 교황이 프랑크의 통치자들에게서 얻은 독립과 권력에 대가로 교황이 프랑크 궁재에게 지불한 것이었다.

이탈리아 교황청의 지위

이탈리아에서 교황청의 지위를 자세히 살펴보자. 교회는 그레고리우스 대교황 이후 꾸준히 성장해왔다. 조직은 크게 개선되었고, 영역도 서쪽으로 더욱 넓어졌다. 수도원 제도의 확산은 교회가 힘을 얻게 된 주된 원인이었다. 8세기에 교회는 전체적으로 강력해졌지만, 이탈리아 교황청은 어려움과 위험에 직면했다.

앞서 이탈리아에서 지배적인 종족인 롬바르드족을 살펴보았는데, 그들은 이제 꽤 세력이 확대되었다. 이탈리아에 대한 동로마제국의 지배력은 상당히 약해졌다. 라벤나는 여전히 제국의 손에 있었고 이탈리아 남부의 일부 지역도 제국의 지배하에 있었지만, 이탈리아의 북부와 남부 모두 롬바르드족이 지배권을 확보했다. 더 이상 경쟁자는 없었다. 롬바르드족은 정통 가톨릭교도가 되었지만, 그럼에도 교황은 그들을 극도로 싫어했다. 어떤 말로도 그들의 범죄를 묘사할 수 없었다. '나병 환자', '악마의 자식'이라 불렀고, 습관적으로 '형언하기 어려운' 롬바르드족이라고 말했다.

이러한 다툼은 사실 종교적이거나 신학적인 것이 아니라 정치적인 것이었다. 교황청은 이탈리아에서 교회를 압도할 수 있을 것처럼 보이는 세력은 무조건 경계했다. 교황은 '형언하기 어려운' 롬바르드족에 맞서 어떤 세력에게 도움을 구했겠는가? 프랑크족의 힘, 정통성, 교회에 기여한 업적 등으로 그들은 교황의 옹호자가 되었다. 739년 카롤루스 마르텔루스는 교황의 호소를 들었지만, 신경 쓸 일이 너무 많아 거절했다. 교황은 다시 호소했고, 그 결과가 중세 전체에 영향을 미쳤다.

교황청과 동로마제국

교황은 롬바르드족과의 문제에만 골머리를 앓은 것이 아니었다. 콘스탄티노플의 황제들과의 관계도 풀어야 할 숙제였다. 황제들은 여전히 이탈리아에서 자신들의 패권을 주장하면서 교황에게 어느 정도 영향력을 행사했다. 제국의 본거지가 로마와 멀리 떨어져 있었기에 어떤 면에서는 제국이 교황청의 좋은 동맹 상대가 될 수 있었다. 그러나 제국은 점점 힘이 약해지

성상 파괴 운동

고 있었고, 더 심각하게는 제국의 정통성이 의심스러울 정도였다.

당시 동방 교회와 서방 교회가 아직 분열되지는 않았지만, 콘스탄티노플에서는 황제의 권위가 그곳 교회에 대해 압도적인 영향력을 행사하게 되었다.

8세기 전반에는 콘스탄티노플에서 이사우리아 왕조의 레오(Leo) 황제의 영향력으로 로마 교황청의 관습과 교리에 직접적으로 반대하는 종교 운동이 일어났다. 이를 '성상 파괴 운동'이라고 부른다. 이 운동은 부분적으로는 이슬람교의 영향을 받았을 가능성이 높고, 어떤 면에서는 개신교의 일부 특징을 예견한 것이기도 했다. 성상 파괴를 주장하는 사람들은 성상 숭배, 성모 마리아의 중재, 사제의 독신 생활, 수도사들의 여러 관습을 거부했다. 이 운동은 종종 광신적인 과격함을 보이며 성공했고, 785년 이레네(Irene) 황후가 가톨릭 정통을 다시 회복할 때까지 이어졌다. 그러나 제국과 교황청의 관계는 계속 경색되었으며, 로마에서는 제국의 정통성에 대한 의심이 여전히 남아 있었다.

우리는 프랑크의 검이 교황의 권좌에 큰 공헌을 했다는 사실을 살펴보았다. 이제 프랑크 왕국의 역사로 돌아가보자. 프랑크의 궁정 재상들은 교황이 줄 수 있는 도움을 절실히 필요로 했다. 카롤루스 마르텔루스는 741년에 사망했고, 그의 두 아들 피핀과 카를로만(Carloman)은 한동안 프랑크 왕국을 나누어 통치했다. 이제 프랑크 왕국이 분열될 위험이 현실적으로 보이기 시작했다. 하지만 곧 카를로만은 퇴위하고 수도원에 은둔했고, 피핀이 프랑크 왕국 전체를 통치했다. 메로빙거왕조의 그림자는 여전히 남아 있었지만, 더 이상 지속될 수는 없었다. 프랑크 왕국에는 6년 동안 왕이 없었다. 이때 피핀의 지위를 합법화하는 것이 최선으로 여겨졌고, 킬데리크 3세(Childerick III)가 왕에 임명되었다. 하지단 751년 마침내 이러한 왕권에 대한 조롱이 종식될 때가 왔다.

이러한 기이한 체제가 오래 지속된 것을 보면 놀랍기 그지없다. 하지만 초기 중세 사회에서는 전통이 강력했고, 프랑크족의 왕위에서 클로비스 왕의 후손을 몰아내는 일은 불경스러운 행위이자 찬탈로 간주될 수 있었다. 바로 이러한 상황에서 교황청의 무한한 권력과 위신은 프랑크족의 '궁재'에게 큰 도움이 되었다. 궁재가 교황에게 앞으로의 조치를 상의하자, 교황은 권력을 갖는 사람이 칭호도 갖는 것이 바람직하다고 답했다. 이는 그대로 실행되었다.

킬데리크 3세는 폐위되어 수도원으로 보내졌다. 피핀은 귀족들의 방패 위에 올라섰고, 영국의 수도사이자 선교사인 보니파시오에게 국왕으로서 기름 부음을 받았다. 751년의 일이었다. 2년 뒤, 교황 스테파노(Stephen)는 친히 피핀의 궁정에 와서 그에게 두 번째로 왕관을 씌워주었다. 피핀의 왕조는, 곧 피핀의 뒤를 이을 위대한 카롤루스의 이름 따서, 카롤링거왕조라고 불렸는데, 권력과 교회의 승인이라는 이중적인 칭호를 가지고 통치했다.

피핀 왕과 교황

교황은 자신의 몫을 완수했다. 이제 피핀이 자신의 몫을 해야 했다. 암묵적인 거래가 있었기 때문이다. 왕의 칭호와 성유(聖油)를 받은 대가로, 피핀은 '형언하기 어려운' 롬바르드족의 압력에서 교황청을 해방시키고 이탈리아에서 교황에게 독립적인 권력을 부여하기로 했다. 그리하여 754년 피핀과 프랑크 군대는 이탈리아를 침공했다. 롬바르드족의 왕 아이스툴프(Aistulf)는 이 싸움에서 패배했다. 그는 이탈리아에서 롬바르드족 영토의 3

카롤루스 대제

분의 1을 교황 스테파노에게 넘기고 매년 공물을 바쳐야 했다.

이것으로 교황과 롬바르드족 사이의 논란이 끝난 것은 아니다. 이로써 교황청은 이탈리아에서 확실한 세속적 권력을 획득했다. 교황은 이제 교회의 영적 수장일 뿐만 아니라 특정 영토의 정치적 통치자이기도 하다. 이제부터 중세 역사는 세속의 통치자인 교황들의 야망과 투쟁이 끝없이 펼쳐진다.

카롤루스 대제의 즉위

피핀 왕은 14년을 더 살면서 그의 영토에서 성공적으로 싸우고 통치했다. 768년 피핀이 사망하자 처음에는 두 아들 샤를과 카를로만이 영토를 공유했다. 하지만 카를로만은 곧 병으로 세상을 떠났고, 그 후 샤를이 홀로 영토를 통치했다. 그는 세계사에서 위대하고도 중요한 통치자 중 한 명이었으며, 당대와 후대에 카롤루스 대제로 불렸다. 우리에게는 프랑스어 샤를마뉴(Charlemagne)로도 잘 알려져 있다.

카롤루스 대제 업적의 중요성

"카롤루스 대제와 함께 고대 세계의 파괴가 끝나고, 카롤루스 대제와 함께 현대 세계의 건설이 시작된다"라는 말이 있다. 카롤루스는 순수한 게르만족 혈통이었고, 게르만어를 구사했으며, 게르만족 땅에 거주했다. 하지만 서유럽의 어느 나라도 그의 업적에 영향으로 받지 않은 곳이 없다. 카롤루스는 프랑크 왕국의 영토를 지금의 독일 동부, 이탈리아와 스페인까지 확장했다. 말 그대로 중세 제국을 건설한 것이다. 그는 문학과 교육을 장려해 중세 초기의 암흑과 무지를 타파했다.

모든 면에서 그의 업적은 일시적인 것이 아니라 영구적인 것이었다. 그는 시대의 흐름과 협력했고, 오늘날 유럽 사회의 토대에는 그의 이름이 새겨져 있다. 그는 당시 평균 이상으로 키가 크고 힘이 세며 민첩했다. 성격은 종교적이고 고상한 경향이 있어, 당시 쾌락적이고 저속한 풍조에서 벗어날 수 있었고, 그가 이룬 업적에 걸맞은 인물이 되었다. 카롤루스 대제의 업적을 살펴볼 때는 연대순은 무시하고 (1) 정복 활동, (2) 제국의 건국과 통치, (3) 문화와 교육에 대한 공헌으로 나누어 다룰 것이다.

카롤루스 대제의 전쟁

카롤루스는 재위 기간 내내 끊임없이 전쟁에 휘말렸다. 작전 수행에 뛰어난 천재성을 보여준 것은 아니지만, 열정과 조직력으로 결국 모든 싸움을 성공으로 이끌었다. 그가 항상 전쟁을 직접 지휘한 것은 아니었고, 그가 군대의 지휘자로 선택한 사람들이 큰 도움을 주었다. 전쟁 중 일부는 프랑크 왕국의 명목상 종속국들을 실질적으로 복종시키기 위해 일으켰다. 이 전쟁에서 아키텐과 바이에른의 공작들이 패배했고, 그들의 영토는 프랑크의 직접 통치하에 놓였다.

그런데 더 중요한 원정이 있었다. 프랑크 영토에 인접한 이교도와 야만족의 땅에 기독교 세력인 프랑크 왕국의 우월성을 주장하는 원정이었다. 앞서 살펴본 바와 같이, 히스파니아 전역은 사라센족(Saracens)의 손에 있었다. 그러나 이들은 내전으로 약해져 있었고, 약해진 상태에서 카롤루스의 공격을 받았다. 히스파니아에서 정복 활동의 규모는 그리 크지 않았지만, 히스파니아 영토의 일부를 이슬람으로부터 빼앗았다. 이 때문에 카롤루스 대제는 현대 스페인의 창시자로 여겨진다.

작센족과의 전쟁

작센족에 대한 원정은 훨씬 더 장기적이고 중요했다. 작센(Saxony)은 현대 독일 지역과는 아주 다르다. 당시 작센족은 엠스(Ems)강, 베저(Weser)강, 엘베(Elbe)강 하구 주변의 저지대, 즉 황야와 습지, 숲이 우거진 땅에 살았다. 사납고 호전적인 그들은 자신들의 종교에 집착했고, 보니파시오의 노력에도 불구하고 기독교 선교사들에게 극렬히 반대했다.

프랑크족과 작센족 사이의 전쟁은 매우 격렬했다. 작센족은 복종을 약속하고 다시 거부했는데 이 일은 끊임없이 반복되었다. 양쪽에서 모두 잔혹한 학살이 자행되었고, 카롤루스는 복종의 표시이자 시험으로 기독교를 강요했다. 마침내 작센족의 전사인 비두킨트(Widukind)는 항복하고 억지로 세례를 받았다. 정복된 땅에는 수도원들이 세워졌고, 새로운 신앙과 새로운 통치가 사람들의 삶에 깊이 뿌리내렸다. 카롤루스 대제의 제국 사업을 한 세기 후 작센족이 계승한 사실은 나중에 더 자세히 살펴보겠다.

카롤루스 대제는 헝가리의 아바르족(Avars)과 싸워 거대한 요새를 돌파했고, 그들의 통치자에게 세례를 받도록 강요했다. 또한 엘베강 동쪽에 있는 슬라브족(Slavs)을 공격해 프랑크 왕국의 우월성을 인정하도록 강요했다.

카롤루스 대제와 롬바르드족

마지막으로, 카롤루스 대제가 롬바르드족에 맞서 벌인 원정을 살펴보자. 이 원정은 그가 황제의 칭호를 얻는 계기가 되었다. 우리는 앞에서 피핀 왕이 롬바르드족과 어떻게 싸웠는지, 롬바르드족을 프랑크 왕국에 어떻게 종속시켰는지, 그리고 프랑크족이 롬바르드족에 적대적인 태도를 보인 것이 프랑크족과 교황청의 동맹에 어떻게 밀접한 관련이 있는지 살펴보았다. 카롤루스 대제 치세 당시 롬바르드족의 왕은 데시데리우스(Desiderius)였는데, 교황 하드리아누스(Hadrianus)는 그와 불편한 관계를 유지하고 있었다. 카롤루스 대제 역시 롬바르드 왕에게 불만을 품고 있었다. 그는 데시데리우스의 딸과 결혼했지만 그녀를 곧 내쫓았다.

이를 비롯한 여러 이유로 773년 전쟁이 발발했다. 이제 옛 롬바르드 왕국의 마지막 순간이 찾아왔다. 데시데리우스 왕은 파비아(Pavia)에서 포위 공격을 받고 포로로 잡혔다. 분열된 롬바르드 왕국은 이제 무너지고 말았다. 카롤루스 대제는 774년에 롬바르드족의 왕이자 로마의 귀족(Patrician)이라는 칭호를 받았다. 교황은 카롤루스 대제로부터 확대된 영토와 권력을 받게 되었다.

카롤루스, 황제가 되다

이 원정은 적절하지 않게 언급된 것처럼 보일 것이다. 작센족, 아바르족, 사라센족과의 전쟁은 모두 롬바르드족이 전복된 이후에 일어났다. 롬바르드족 정복은 약 20년 뒤, 카롤루스의 칭호에 중대한 변화를 가져왔다. 이 시기에 카롤루스는 유럽에서 가장 강력한 권력자였다. 작센족, 사라센족, 아바르족, 슬라브족, 롬바르드족을 정복한 자에게 필적할 만한 권력자를 찾을 수 있었을까? 콘스탄티노플의 황제는 이에 비하면 아무것도 아니었다. 이탈리아에는 300년 동안 황제가 없었다. 하지만 제국에 대한 기억은 여전히 남아 있었다. '제국'이라는 칭호는 모든 칭호 중 가장 위대한 것으로 알려져 있었다. 그리고 모든 것을 정복한 프랑크 왕에게는 어떤 칭호를 붙여도 부끄럽지 않았다.

왕의 칭호는 교황이 피핀에게 내렸다. 다찬가지로 황제의 칭호도 교황이 카롤루스에게 내렸다. 751년 때처럼 교황은 감사의 표시로, 그리고 공로에 대한 보상으로 더 높은 칭호를 내렸다.

교황 레오 3세는 799년에 재위했다. 그는 선출된 뒤 선제후 하드리아누스의 친척들에게 심한 공격과 잔혹한 대우를 받았다. 교황직이 로마 귀족 가문들 사이에서 격렬한 논쟁의 대상이 되었기 때문이다. 교황 레오 3세는 반대자들에게 부상을 입고 감옥에 갇혔다. 그는 간신히 감옥에서 탈출해 카롤루스에게 도망쳐 도움을 구했다. 따라서 카롤루스는 800년에 이탈리아와 로마로 왔고, 그를 막는 모든 저항 세력은 무너졌다. 레오도 교황 자리에 복귀했다. 800년 성탄절에 샤를마뉴는 로마의 성베드로대성당에서 미사에 참석했고, 바로 그때 교황은 그의 머리에 제관(帝冠)을 얹고 황제라는 칭호를 내렸다.

새로운 제국

이렇게 서유럽에서 황제의 칭호가 부활한 후 1,000년 동안 사라지지 않았다. 물론 단순한 명칭의 변화였을 뿐이다. 카롤루스 대제는 이미 왕으로서 황제만큼의 강력한 권력을 행사하고 있었다. 새로운 칭호는 그가 정복하고 조직함으로써 실제로 확보한 지위를 인정한 것에 불과했다. 하지만 언어 자체가 때로는 힘을 지니기도 한다. 프랑크 왕들에게 부여된 이 새로운 단어 '황제'는 중세 전반에 걸쳐 막대한 영향력을 행사하게 된다.

카롤루스 대제는 광대한 영토를 조직하고 통치하는 면에서 시대를 앞서 나갔다. 그는 효율적이고 중앙 집권적인 정부를 만들었고, 산만하고 무질서한 상태를 피하려 했다. 무질서한 상태는 예전에 제국의 폐허 위에 세워진 다른 나라들의 골칫거리였을 뿐 아니라, 카롤루스 대제의 후계자들이 제국을 파괴하는 원인이기도 했다.

카롤루스 대제의 '궁정(Court)'은 일종의 행정 및 사법 위원회로 조직되었다. 막대한 '공작(duke)'의 권력은 해체되었고, 그 자리에 여러 명의 코미테스(comites, 백작)를 앉혔다. 이들은 카롤루스 대제의 치하에서는 훗날처럼 고위 관료가 아니라 지방 정부를 위한 왕실에 종속된 대리인이었다. 카롤루스 대제 정부의 특징 중 하나는 미시 도미니치(Missi Dominici, '왕실 대리인'으로 번역할 수 있음)로 불리는 관리를 임명한 것이다. 이들의 임부는 카롤루스 대제의 광대한 영토를 순회하며 백작이나 다른 관리들이 황제의 뜻을 제대로 수행하는지 감시하는 것이었다. 카롤루스 대제의 법률 제정도 주목할 만했다. 국가 내 사회와 종교의 모든 측면을 다루는 일련의 법률(Capitularies)이 제정되었다.

지성의 부흥

마지막으로 카롤루스 대제의 통치 기간에 문학과 교육이(비록 오래 가지는 못했지만) 어떻게 부흥했는지 살펴봐야 한다. 야만족의 침략으로 일어난 혼란은 사라지고, 옛 로마 문화의 일부가 되살아나는 듯했다. 수많은 학자가 카롤루스 대제의 궁정에 모였는데, 그중에서 요크의 알퀸(Alcuin)이 수장이었다. 학교가 세워지고, 문학 활동이 후원을 받고, 교회 예배와 음악이 세심한 관심을 받았다. 수도사들에게는 장서를 잘 보관하라는 칙령이 발표되기도 했다. 카롤루스 대제의 관심은 단순히 교회 교육에만 국한되지 않았다. 그는 프랑크족의 전통 노래와 전설을 수집했고, 수도 아헨(Aachen)에는 거대한 궁전과 대성당을 건립한 자리에 상당한 규모의 도서관도 세웠다.

확실히 카롤루스 대제의 업적 중 상당수는 시기상조였고, 그의 목표 중 일부는 달성하기 어려웠다. 광대한 영토는 중심지 한곳에서 제대로 통치할 수 없었다. 후계자들이 있었지만 제국의 분열을 막을 수 없었다. 그럼에도 카롤루스 대제의 아이디어와 선례는 결실을 맺었다. 그의 통치와 함께 중세의 가장 어두운 시기가 지나갔다.

루도비쿠스와 제국의 미래

카롤루스 대제는 814년에 사망했고, 그의 영토는 유일하게 살아남은 아들 '경건왕' 루도비쿠스(Ludovicus)에게 분할되지 않은 채 계승되었다. 프랑크 왕국과 제국의 위대함이 카롤루스 마르텔루스, 피핀, 카롤루스 대제의 개인적인 자질에 얼마나 크게 의존했는지 곧 분명해졌다. 프랑크의 위대함은 곧 종말을 고했다.

이제 우리는 제국이 어떻게 분열되고 다른 기반이나 종족에 의해 재형성되었는지 알아볼 것이다. 제국 주위에서 프랑스, 영국, 스페인과 같은 새로운 독립 왕국들은 어떻게 성장했는지, 그사이에 교회는 불명예의 위기에서도 어떻게 끊임없이 발전했는지, 교회가 최고조로 발전했을 때 어떻게 회복된 제국과 갈등을 빚었는지, 이런 갈등 속에서 교회와 제국은 어떻게 상실과 변화를 경험하고, 그 결과 중세가 종식되고 근대가 도래했는지 살펴보겠다.

제국의 붕괴를 초래한 원인

카롤루스의 제국은 그의 사후 30년 동안이나 통일을 이루지 못했다. 권력의 분열은 루도비쿠스의 통치 기간에도 뚜렷하게 드러났다. 양보만으로도 종식될 수 있는 내전도 있었지만, 이런 내전보다 더 중요한 것은 분열의 영구적인 원인이 드러났다는 것이다. 정부가 제국의 모든 지역을 감독한다는 것은 불가능했다. 그래서 백작들이나 지방의 통치자들은 실질적으로 독립되어 있었다.

북방 민족의 침입

무엇보다도 최악은 새로운 위험이 도사리고 있었다는 사실이다. 북방인들이 해안을 약탈하고 제국 깊숙이 침투하기 시작했다. 해상 약탈자들은 카롤루스 대제 시대에도 이미 위협적인 존재였고, 간신히 격퇴하고 있었다. 하지만 카롤루스의 후계자들은 약탈자들을 전혀 격퇴하지 못했다. 북방인들의 배는 북해 연안의 모든 해안과 강변 마을에 공포심을 안겨주었고, 얼마 지나지 않아 이 항해자들은 지브롤터해협을 통과했다.

이탈리아, 프랑스 남부, 지중해의 큰 섬들은 북방인들의 공격에 노출되었다. 이들은 무모할 정도로 용감했고, 잔인하고 미개하며 이교적이었다. 어디를 가든 카롤루스 대제의 정책을 생겨나고 있던 문명의 싹을 짓밟았다. 이렇

바이킹족의 배

게 서유럽의 발전을 수십 년이나 지연시켰다. 하지만 이들도 문명화되고 기독교화되면서 정부 조직과 심지어 생활 양식에도 크게 기여했다.

북방인들의 첫 번째 강력한 타격은 836년 앤트워프와 위트레흐트를 점령하면서 경건왕 루도비쿠스의 영토에 가해졌다. 중앙정부는 최전방을 방어할 수 없었으므로, 각 지역은 최선을 다해 자체 방어 체계를 조직해야 했다. 무려 50년 넘게 북방인들의 공격은 계속되었다. 북부 영국의 문화가 파괴되었고, 같은 기간에 서유럽의 해안 도시들 중에 파괴되거나 위협받지 않은 곳이 없었다. 가장 큰 참상은 881년에 벌어졌는데, 북방인들은 카롤루스 대제 제국의 심장부였던 곳을 공격해 마스트리흐트(Maestricht), 리에주(Liege), 쾰른(Cologne), 본(Bonn) 심지어 제국의 수도였던 아헨까지 불태웠다.

제국의 분할

제국은 북방 민족의 공격으로부터 신민들을 보호할 수 없었고, 그 결과 제국은 빠르게 붕괴되었다. 경건왕 루도비쿠스의 통치 기간에 겉으로는 분열이 보이지 않았다. 하지만 그가 죽자 세 아들인 로타리우스(Rotarius), 루도비쿠스, 카롤루스는 상속권을 놓고 다투었다. 로타리우스가 황제로 인정받았지만, 세 형제 사이에는 끊임없이 갈등이 이어졌고, 마침내 이들은 843년에 제국의 영토를 세 영역으로 분할하기로 결정했다.

제국의 칭호는 한 사람에게만 속할 수 있었지만, 제국 영토의 통치는 세 사람에게 분할되었다. 로타리우스는 황제 칭호를 받았고, 라인강 하구에서 남쪽으로 스위스를 거쳐 이탈리아까지 뻗어 있는 중앙 영역(중프랑크 왕국)을 통치했다. 동쪽 영역(동프랑크 왕국)은 루도비쿠스에게 왕이라는 칭호와 함께 주어졌다. 카롤루스도 왕으로서 서쪽 영역(서프랑크 왕국)을 통치했다. 우리는 이와 같은 영토 분할에서 프랑스와 독일 역사의 시작을 확인할 수 있다. 프랑스와 독일 사이에 놓인 영토(로타링기아[Lotharingia]라고 불림)는 베르됭 조약 체결 이후 끊임없이 두 나라 사이의 분쟁 지역이 되었다.

제국의 해체

　분열은 곧 다른 분열로 이어졌다. 카롤링거제국(카롤루스 대제의 제국)은 옛 로마제국이 무너진 것보다, 프랑크족의 메로빙거 왕조를 몰아낸 것보다 훨씬 더 빠르게 해체되었다. 이제는 황제를 압도할 '궁정 재상'도 없었지만, 북방 민족의 공격과 제국 내부의 분열이 제국을 더 잘게 조각냈고, 결국 정치적 대혼란이 몰려올 것처럼 보였다.

　그러던 중 새로운 민족, 즉 최근에 정복당한 작센족이 전면에 나서 이후 3세기 동안 정치 질서를 구축하는 중심 세력이 되었다. 우리는 이러한 쇠퇴의 과정을 따라갈 필요는 없다. 제국의 칭호는 때로는 프랑스의 것도 되었다가, 독일의 것도 되었다가, 로타링기아의 것도 되었다. 하지만 이는 공허한 위엄에 불과했고 마침내 모든 것이 소멸되었다. 카롤루스 대제의 제국은 실제로 888년에 종말을 고했다고 할 수 있다.

봉건제의 시작

　제국만 붕괴된 것이 아니라, 제국에서 형성된 왕국들도 붕괴되고 있었다. 분권화가 주요 특징인 봉건제가 시작된 것이다. 봉건제는 성문법보다는 관습에 기반을 둔 매우 복잡한 사회 체제였다. 물론 그 기원과 주요 특징은 쉽게 이해할 수 있다. 이제 중앙정부는 무너졌다. 북방인들을 물리치거나 내부 질서를 유지하는 데 중앙정부로부터 별 도움을 기대할 수 없었다.

　이후 사회는 남아 있는 강력한 세력을 중심으로 재조직되었다. 자신의 성(城)에서 적에게 저항하고 자신을 신뢰하는 사람들을 보호할 수 있는 대지주가 강력한 세력이 되었다. 이제는 왕국의 정부와 제국의 정부가 무너지면서 봉건 정부가 형성되었다. 봉건 정부는 억압적인 성격이 강했지만, 봉건제의 기원을 단순한 억압이나 폭력에서 찾을 수는 없다. 봉건제는 완전한 무정부 상태에 빠진 시대에 어떤 형태의 정부를 구성해야 할 필요성에서 비롯되었다.

봉건 귀족은 주변 지역 전체의 실질적인 통치자가 되었다. 봉건 귀족의 이웃들은 전투에서 그를 지원하고, 정해진 시기에 세금을 납부하고, 법적 소송에서 그의 결정을 받아들여야 했다. 봉건 영주가 말 그대로 주인이었고, 멀리 떨어져 있는 공작이나 왕이나 황제는 그저 이름뿐이었다. 이러한 사회 형태는 먼 과거에 뿌리를 두고 있는데, 9세기에 접어들면서 서유럽 문명을 위협하던 위험들 때문에 확실한 형태를 갖추게 되었다.

동방 교회와 서방 교회의 분열

이런 정치적 혼란 속에서 교회 조직만이 유일하게 안정적으로 발전하는 세력으로 보였다. 하지만 실제로 교회는 상당한 영토를 상실했다. 이슬람의 정복으로 아시아, 아프리카, 히스파니아의 광대한 지역이 교회와 단절되었다. 카롤루스 마르텔루스와 카롤루스 대제의 승리에도 불구하고, 상실한 영토를 되찾을 가능성은 거의 없어 보였다. 이와 더불어 또 다른 손실의 위험이 있었다.

동로마제국은 오랫동안 로마와 사이가 좋지 않았다. 신학의 차이가 심각했고, 이면에는 정치적인 시기심이 있었는데, 단지 그것이 종교적인 적대감으로 표출되었을 뿐이다. 동로마제국의 영토도 줄어들었지만, 콘스탄티노플은 여전히 위대했던 과거의 전통을 간직하며 로마의 우위를 받아들이고자 하지 않았다. 866년 콘스탄티노플에서 열린 회의 시노드(Synod)에서 교회의 정통성에 반대하는 몇 가지 선언을 발표했다. 특히 성직자의 보편적인 독신제와 "성부와 성자로부터 성령이 나온다"라는 교리에 반대했다. 이후 이런 차이를 좁히려는 시도가 여러 번 있었지만, 결국 로마와 콘스탄티노플은 두 번 다시 진정한 종교적 연합을 이루지 못했다.

가톨릭교회의 성장

가톨릭교회가 지배하던 영토는 감소했지만 서유럽에서 가톨릭교회의 권위는 어느 때보다 강력했고, 교회의 조직도 잘 정비되었고, 교회 내에서 교황의 권한은 더 확실하게 널리 인정되었다. 9세기에 교황의 세속권에 대한 주장은 문서의 출현을 뒷받침되었다. 이 문서들은 지금은 위조품으로 밝혀졌지만 당시에는 진짜로 받아들여졌다.

이 문서들 중 가장 중요한 것은 '콘스탄티누스의 기부장(Donation of Constantine)'으로, 제국에 속한 모든 서유럽의 영토를 교황에게 기증한다는 내용이 담겨 있다. 그런데 이러한 위조 문서는 교회 권력의 원인이 아니라 오히려 결과물이었다. 수도원의 확산은 교회를 강력하게 만들었고, 당시 유럽에서 가장 훌륭하고 현명한 모든 것이 교회의 주장과 야망을 뒷받침했다.

교황을 위협하는 위험

이처럼 전반적으로 교회는 번영하고 있었지만, 로마 교황청 자체에는 심각한 어려움이 있었다. 롬바르드족은 더 이상 교황을 위협할 수 있는 세력이 아니었고, 이탈리아의 프랑크 왕들도 교황에게 우호적이었다. 하지만 로마시에서는 큰 혼란이 발생했는데, 이는 교황 선거 당시에 특히 두드러졌다. 도시는 귀족 파벌들로 분열되어 있었고, 이들은 자기 파벌 사람을 교황으로 승격시키는 것을 최고의 영예로 여겼다.

아직 교황 선출 방식이 명확하게 규정되지 않아 혼란이 가중되었다. 따라서 서유럽에서 교회의 성장에는 지장이 없었지만, 정작 교회의 수장인 교황은 가장 치열하고 부도덕한 파벌의 희생자이자 상금이자 노리개였다. 일찍이 교황청이 프랑크족의 개입으로 롬바르드족으로부터 구출되었던 것처럼, 이제 또 다른 게르마니아 세력이 개입해 교황청을 심각한 위험으로부터 구출했다. 첫 번째 개입과 마찬가지로 두 번째 개입도 제국의 재건으로 이어졌다.

독일의 상황

신성로마제국의 토대를 이해하려면 독일로 돌아가야 한다. 앞서 살펴본 바와 같이 왕정은 명목상의 연합 상태를 유지했다. 진짜 권력은 봉건 세력, 즉 대공작에게 있었다. 공작은 독일을 구성하는 여러 민족의 우두머리였는, 이들 공국(公國)에는 작센, 프랑코니아(Franconia), 로렌(Lorraine), 슈바벤(Schwaben), 바이에른 등이 있었다. 만약 동방의 위협적인 야만족과 이교도의 침략이 없었다면 아마도 완전하고도 공개적인 독립을 이루었을 것이다. 918년까지는 왕위가 카롤링거왕조에 속해 있었지만, 그해 콘라트가 사망하자 그의 자리를 대신할 카롤루스 대제의 후손은 남아 있지 않았다. 그러므로 할 수 없이 새로운 혈통에서 왕을 선택해야 했는데, 작센 공작인 하인리히가 선택되었다. 그는 역사에서 '새 사냥꾼 하인리히'로 잘 알려져 있다.

독일 왕국의 미래

하인리히의 왕위 계승은 독일과 유럽 역사에 새로운 시대를 열었다. 그와 함께 중세 독일의 역사가 시작된 것이다. 하인리히는 강력하고 단결된 민족을 대표했고, 이들의 지지를 받는 유능한 통치자가 왕위에 올랐다. 하인리히 치하 독일의 권력과 영광은 카롤루스 대제의 나약한 후손들의 권력과 영광을 훨씬 능가했다. 처음에는 다른 공작들이 이름뿐인 충성만 바쳤다면,

시간이 흐르면서 진정한 복종을 강요받았다. 왕정이 독일의 실질적인 정부가 되었고, 교황이 하인리히의 후계자이자 아들인 오토 5세에게 황제의 칭호를 수여하면서 독일 왕권은 최고조에 달했지만, 한편으로는 위험한 영광을 얻게 되었다.

독일 왕국의 오토 대왕

오토 대왕의 독일 통치

오토 1세(오토 대왕)는 936년에 아버지의 뒤를 이어 독일 작센 왕조의 정책을 완벽하게 발전시켰다. 이 정책의 주요 노선을 확인하는 것이 중요하다.

첫째, 오토는 공작들의 독립적인 주장에 강하게 반대했고, 완전하지는 않지만 크게 성공했다. 그의 친형 하인리히도 군주 권력에 반대하는 세력에 가담했는데, 왕은 이들의 저항을 극복하고자 길고도 고통스러운 노력을 감내했다. 비록 공작들은 여전히 남아 있었지만 권력이 크게 약해졌다.

둘째, 오토는 헝가리에 정착해 다뉴브강을 따라 진격하면서 독일을 위협하던 마자르족(Magyars, 훈족이나 아바르족과 유사하지만 다른 종족)과 치열하게 싸웠다. 955년, 마자르족은 아우크스부르크(Augsburg)에서 압도적이고도 결정적인 패배를 당했고, 이후로는 그 정도로 유럽을 위협하지는 못했다.

셋째, 오토는 카롤루스 대제의 통치 방식과 어느 정도 유사한 새로운 통치 방식을 도입했다. 그의 목표는 공국들이 그랬던 것처럼 왕실의 독립을 주장하지 않는 정부의 대리인을 찾는 것이었다. 서쪽으로는 독일 국경을 방어하기 위해 팔츠 백작(궁정 백작)을 임명했고, 동쪽과 남쪽에는 슬라브족, 마자르족, 이탈리아인을 견제하기 위해 '국경 정부'를 만들었다.

오토 대왕과 교회

하지만 오토의 정부는 주로 성직자들에게 의존했다. 이 사실은 향후 두 세기 동안 독일 역사의 많은 부분을 이해하는 열쇠를 제공한다. 성직자는 유일하게 교육을 받은 계층이었다. 성직자 계층과 독일 정부의 밀월 관계는 카롤루스 마르텔루스와 피핀 왕 시대까지 거슬러 올라간다. 그런데 성직자들은 오토 왕의 대리인으로서 특히나 중요했다. 독신 서약으로 자신들만의 가문을 세울 수 없었고, 봉건 귀족과도 거리를 둘 수 있었기 때문이다. 따라서 교회와 왕국의 관계는 아주 긴밀해졌다. 주교는 왕권의 버팀목이자 지지대였다.

주요 성직자들은 카롤루스 대제 시대보다 훨씬 덜 독립적이었다는 점에 유의해야 한다. 이들은 교황보다 왕의 하인이었다. 주교들은 국가의 관리나 마찬가지였다. 피핀과 카롤루스 대제 시대에는 교회와 국가가 동등하고 서로 도움이 되는 동맹 관계였다. 하지만 이제는 교황이 도시의 지역 문제에 너무 몰두하거나 영향을 받아 교회 전체를 강하게 감독할 수 없었고, 독일 교회가 국가의 통제하에 침몰할 위험이 있었다. 오토는 성직자들을 활용하면서 이탈리아의 문제에 관심을 갖게 되었고, 결국에는 황제의 칭호까지 얻게 되었다.

10세기의 이탈리아

이탈리아에서는 정치적 통일성이 사라진 지 오래되었다. 이탈리아의 왕은 북부를 통치했고, 그 후에 교황령(領)이 등장했다. 이탈리아반도 남부는 동로마제국의 잔존 세력인 베네벤토 공작과 최남단의 특정 지역을 지배하던 사라센족이 공유했다. 951년, 오토 대왕은 이탈리아에서 도움을 요청받았다. 로타르(Lothair) 왕의 미망인 아델라이드(Adelaide)는 현 왕의 아들과의 결혼에 대한 방어를 요청했다. 충분한 구실이었다. 오토는 북부 이탈리아를 침공해 별 어려움 없이 정복했다. 그는 파비아에서 이탈리아의 왕으로 즉위했고, 베렝가리오(Berengario) 왕은 여전히 그의 봉신으로 통치할 수 있었다. 이렇게 오토는 교황청의 이웃이 될 수 있었다.

오토 대왕이 황제가 되다

962년, 로마시 자체에서 오토의 개입을 요청했다. 로마시의 파벌 싸움은 심각한 위기에 처했다. 시내 안팎에서 싸움이 벌어졌다. 교황청은 외부의 도움을 통해서만 도시의 파벌들에 대한 쿠끄러운 복종에서 구출될 수 있을 것 같았다. 이러한 이유로 962년 교황 요한 12세는 오토 대왕에게 호소했다. 오토가 도착하자 로마는 그에게 저항할 능력이 없다고 밝혔다. 교황 요한 12세는 권좌를 회복했고, 오토에게 사전에 약속된 보상을 지급했다. 962년 2월 2일 오토 대왕이 황제로 즉위하면서 진정한 의미의 중세 제국인 '독일 민족의 신성로마제국'이 시작되었다.

제국의 새로운 국면

여기서 이 유명한 사건의 원인과 성격을 이야기하는 것이 좋겠다. 앞서 살펴본 바와 같이, 이 사건은 카롤루스 대제가 제국을 세운 것과 매우 유사하다. 두 가지 경우 모두, 교황이 교회에 큰 공헌을 한 서유럽 세속 권력에 제국의 칭호를 수여한 것이었다. 하지만 오토의 경우는 여러 면에서 카롤루스 대제와 입장이 달랐다. 카롤루스 대제는 오토 대제보다 더 보편적인 군주였다. 그는 여러 종족을 통치했고, 로마제국과 비교조차 할 수 없을 만큼 넓은 영토를 소유하고 있었다.

반면, 오토 대제도 강력한 군주이긴 했지만 본질적으로는 독일인이었다. 카롤루스 대제와 교황은 동등한 동맹 관계였다. 하지만 오토 시대에는 교황청이 심한 굴욕을 당했고, 오토가 이탈리아에 체류하던 당시의 상황은 황제가 교황보다 얼마나 우월했는지를 잘 보여준다.

이탈리아와의 관계가 제국에 미친 영향

이후 300년의 역사는 오토 대제의 이탈리아 정책에 달려 있었다. 독일의 왕권은 제국의 칭호와 알프스 남쪽의 크고 귀중한 재산들과 연결되었고, 로마 교황청에 대해 보호적인 태도를 취했다. 이 새로운 연결은 독일에 큰 영광을 안겨주었지만, 동시에 크나큰 위험과 궁극적인 파멸을 가져다주기도 했다. 독일 왕국은 그대로 두었다면 잘 조직된 안정적인 국가를 건설할 수 있었을 것이다. 그러나 이후 몇 년 동안 독일 왕들의 노력과 야망은 끊임없이 이탈리아로 향했다. 결과적으로 독일은 방치되었고, 결국 다시 봉건적인 무정부 상태에 빠지고 말았다. 황제들은 교황청과의 필사적인 싸움에 휘말렸으며, 교황청은 사실상 제국을 완전히 파괴했다.

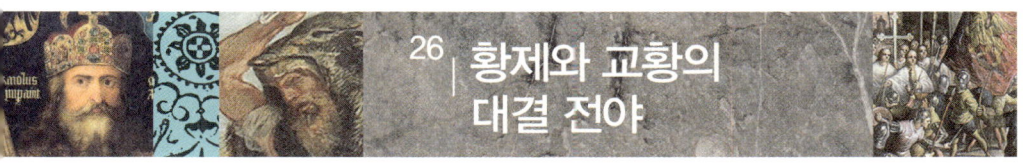

10세기의 주요 세력들

10세기 유럽을 지배한 두 주요 세력은 제국(독일 왕국 포함)과 교황이었다. 그런데 다른 세력들이 부상하자 처음에는 그들과 경쟁했고, 그다음에는 그들을 중요한 위치에서 밀어내고자 했다. 새로운 왕조가 통치하는 프랑스에서는 위대한 운명을 준비하고 있었다. 동로마제국은 여전히 무시할 수 없는 세력이었지만, 국력과 영토가 모두 약하지고 있었다. 영국에서는 덴마크 왕조가 색슨 왕조를 몰아냈고, 다음 세기에는 노르만족의 침략이 영국 역사를 새로운 국면으로 몰고 갔다. 하지만 지금은 이러한 주요 사건들을 살펴볼 필요가 없다.

제국과 교황

제국과 교황, 이 둘의 동맹과 경쟁, 싸움은 중세 역사의 핵심을 이룬다. 따라서 중세를 거쳐 근대까지 이 역사를 따라가보는 것도 좋다. 10세기 말, 제국과 교황은 동맹을 맺었다. 제국은 교황을 몰락에서 구해냈다. 교황청의 관리들은 제국 내에서 가장 유능하고 충성스러운 사람들이었으며, 제국의 하인이기도 했다. 하지만 황제가 교황에게 제공한 보호는 후원에 가까웠고, 황제의 우월성을 암시했다. 교황이 충분히 힘이 강해지자 곧 이 둘은 관계를 뒤집으려 했다.

오토 3세

황제 계승에는 문제가 없었고, 거의 한 세기 동안 제국이 재건될 때 다가올 싸움의 징후도 보이지 않았다. 오토 1세에 이어 오토 2세가 즉위하고 983년에는 오토 3세가 그 뒤를 이었다. 오토 3세의 통치 기간에는 황제라는 칭호가 가져올 위험한 결과가 명백해졌다. 오토 1세와 오토 2세는 주로 독일에만 관심을 기울였고, 그들은 독일의 왕이었다.

하지만 오토 3세가 신성로마제국의 황제가 되고자 한 데는 이유가 있었다. 그는 로마에 자신의 거처를 정했고, 콘스탄티노플의 궁정 의례를 일부 도입했으며, 무엇보다 세계 제국을 꿈꾸었다. 그런데 오토 3세의 계획과 생각은 독일인이나 이탈리아인 모두를 만족시키지는 못했다. 로마에서 반란이 일어나자 그는 곧장 독일로 돌아갔고, 이탈리아에 자리를 비우는 동안 제국의 국경은 좁아지고 제국의 위신도 떨어졌다.

하인리히 2세, 콘라트 2세, 하인리히 3세

오토 3세의 후계자인 하인리히 2세, 콘라트 2세, 하인리히 3세는 이러한 정책적 실수를 반복하지 않았다. 이들은 제국이라는 이상적인 타이틀이 아니라 현실적인 독일 왕국에 더 관심이 많았다. 세 왕의 통치 기간에는 독일이 좀 더 풍요롭고 유망한 방향으로 발전했다. 중앙정부는 대귀족들과 맞서며 점점 강해졌고, 독일의 국경은 확장되었으며, 예전처럼 군주제는 대성직자들의 대행을 통해 운영되었다.

독일의 교회와 국가 모두 이러한 동맹으로부터 이득을 얻는 듯 보였다. 독일의 도시들도 성장하기 시작했다. 11세 중반, 유럽의 어떤 국가도 독일만큼 성공적인 미래를 보장받은 것처럼 보이지 않았다. 그러나 1056년, 여섯 살 소년 하인리히 4세가 왕위에 오르면서 제국의 발전이 중단되고 말았다.

교황청의 상황

우리가 방금 살펴본 시기에는 교황청이 제국에 대항할 가능성이 거의 없어 보였다. 오토 1세의 개입이 교황 선거나 교황령 통치에 어떤 질서를 부여하지는 못했다. 교황의 자리는 여전히 로마시 귀족 세력의 전리품처럼 보였다. 이 시기에 교황청이 매각되었다는 보고도 있다. 한때는 자신이 교황이라고 주장하는 자가 동시에 세 명이나 나왔다.

클뤼니파의 부활

우리는 수도원이 교황청에 얼마나 큰 공헌을 했는지 살펴보았다. 이번에도 교황청은 수도원으로부터 다시 도움을 받았고, 덕분에 두 세기 만에 최고의 권력을 갖게 되었다. 수도원의 역사는 쇠퇴와 부흥의 역사였고, 10세기에는 가장 중요한 수도원의 부흥 운동이 시작되었다. 그 중심지는 부르고뉴의 마콩 근처에 있는 클뤼니여서, 이 운동을 '클뤼니 운동'이라고 부른

클뤼니 수도원

다. 이는 주로 부흥 운동이었는데, 성 베네딕트의 반쯤 잊힌 이상을 되살리고 강화하는 것을 목표로 삼았다.

클뤼니 수도원은 베네딕트회에 속했지만, 초기의 베네딕트회와는 몇 가지 중요한 차이를 보였다. 베네딕트회 수도원들은 각각 자치 공동체였지만, 클뤼니 수도원들은 긴밀히 연합되어 있어, 한 수도원이 무질서해지더라도 다른 수도원들의 규율로 통제할 수 있었다. 클뤼니 수도원장은 전제적인 권력을 행사하기도 했다. 클뤼니 수도원은 주교의 통제에서 자유로웠고, 교황에게 직접적으로 의존했다.

클뤼니 수도원은 일반적으로 교회 규율의 회복을 목표로 삼았지만, 특히 성직자의 독신 생활을 강화하는 데 관심을 가졌다. 성직자의 독신 생활은 단순한 종교적 교리가 아니었다. 교회의 독립, 연대 그리고 권력을 위해서도 필수적이었다. 기혼 성직자는 가톨릭보다는 지역의 이익을 추구했고, 지역의 귀족들에게 종속될 가능성이 컸다. 바로 이것이 클뤼니 운동이었다. 클뤼니 운동은 보편적이고, 연합되어 있고, 규율이 잡혀 있으며, 한 명의 수장이 통치하고, 세속 권력으로부터의 독립을 강력하게 지지했다.

힐데브란트

이러한 사상은 중세 최고의 성직자인 힐데브란트(Hildebrand)의 지지를 받았다. 그는 뛰어난 지성과 의지로 여러 교황의 정책에 영향을 주며 개혁을 추진했다. 교황청의 사제나 서기로 일하며 교황들을 섬겼고, 명목상으로는 종속적인 지위에 있었지만 교회 정책의 실질적인 책임자가 되었다. 높은 지위를 탐하지는 않았지만, 그의 명성은 매우 높아져 1073년 대중의 지지를 받으며 교황(그레고리우스 7세)으로 추대되었다.

교황 그레고리우스 7세의 목표

교황 그레고리우스 7세의 주된 목표는 교회를 모든 종류의 세속 권력으로부터 해방하는 것이었다. 그의 원칙은 '교황 교서(Dictatus Papae)'로 알려진 문서에 명확하고 적극적으로 표현되어 있다. 그 문서에는 다음과 같은 선언이 나온다. "로마 교황은 세상에서 유일무이하다. 교황만이 주교를 폐위시키거나 화해시킬 수 있다. … 그는 누구의 심판도 받을 수 없다. … 로마 교회는 결코 기만당하지 않았고, 앞으로도 그럴 것이다. 로마 교황은 황제를 폐위시킬 권한이 있다. 인간의 오만이 왕의 권력을 만들어냈고, 신의 자비가 성직자의 권력을 만들어냈다. 교황은 황제의 주인이다."

교황의 권력

이러한 견해를 가진 강력하고 유능한 고황은 제국과 충돌할 것이 안 봐도 뻔했다. 교황은 이러한 투쟁에서 어떤 동맹에 의지할 수 있었을까? 교황의 권력은 교회의 수장에 대한 존경심, 금령과 파문이라는 무기에 있었다. 그리고 그에게는 세속적인 동맹도 있었다. 당시 토스카나(Toscana)는 마틸다(Matilda) 백작 부인의 손에 있었고, 그녀는 평생 교황청을 지지했다. 이탈리아 남부에서 교황청은 노르만족(Normans)의 충성심에 의지할 수 있었는데, 우리는 이 기이한 침략자들에게 주의를 기울여야 한다.

이탈리아를 침공한 노르만족

노르만족은 유럽 대륙의 해안을 휩쓸고 영국의 색슨 왕조를 압도한 북방 민족과 같은 혈통의 사람들이었다. 이들은 센강 하류에 안정적인 세력을 구축했고 그 지역을 자신들의 이름을 따서 노르망디(Normandy)라고 불렀다.

우리는 1066년 노르망디 공작이 어떻게 영국의 왕이 되었는지 알고 있다. 그 이전에 노르만족의 한 분파가 남부 이탈리아와 시칠리아의 지배자가 되었다. 이들은 11세기 초에 처음으로 그 땅을 보았고, 점차 그곳에서 중요한 세력으로 성장했다.

이들의 중요성은 1046년 로베르 기스카르(Robert Guiscard, 역사상 가장 중요한 노르만족의 정복왕 윌리엄 다음으로 중요한 인물)가 이탈리아로 진출하면서 시작되었다. 이탈리아의 영토를 소유한 강대국들은 오랫동안 경멸해온 침략자를 몰아내기 위해 힘을 합쳤다. 동방과 서방의 황제들이 군대를 파견했고, 교황 레오 9세도 합세했다.

노르만족과 교황

그런데 이상한 일이 벌어졌다. 이 노르만족은 기독교도들이었고, 교회의 수장인 교황에게 깊은 존경심을 갖고 있었다. 이들은 포로를 최대한 존중했고, 교황의 발 앞에 엎드렸으며, 이들의 지도자는 교황의 가신이 되었다. 치비타테(Civitate)전투에서 교황의 패배는 교황에게 승리보다 훨씬 큰 도움이 되었다. 이후로 노르만족이 교황의 충실한 동맹군이 되었기 때문이다. 노르만족의 지배권은 이미 이탈리아 남부까지 확장되었다.

1062년 노르만족은 시칠리아를 공격해 이슬람 세력으로부터 쉽게 영토를 빼앗았다. 로베르 기스카르는 사망 당시 시칠리아, 이탈리아 남부, 아드리아해 동쪽의 일부 영토를 지배하고 있었다.

　　교황은 제국과 경쟁하기 위해 모든 동맹뿐 아니라 자신의 위신을 동원해야 할 때가 왔다. 제국과 교황이 서로에게 이익을 주는 동맹은 어느덧 끝나가고, 이제는 끊임없는 마찰과 갈등이 기다리고 있었다.

교황과 제국의 경쟁

　　이 거대한 대결의 근본적인 원인은 바로 권력을 향한 경쟁이었다. 모든 유럽 역사를 관통하는 실마리 중 하나는 종교와 권력, 교회와 국가, 영적인 세력과 세속적인 세력의 관계다. 지금까지 제국과 교황은 아직 힘이 약했기 때문에 서로 갈등이 잘 일어나지 않았다. 서로가 서로를 필요로 했거나, 한쪽이 너무 약해 다른 쪽에서 경쟁심을 느끼지 않았다. 그러나 이제 제국은 효율적으로 조직되고 능동적으로 행동할 수 있는 진정한 세력이 되었다.

　　앞서 보았듯이 교회는 힐데브란트(그레고리우스 7세)의 손에 있었는데, 그의 주된 목표는 교회의 독립적인 권위를 확립하는 것이었다. 따라서 교황과 제국은 필연적으로 충돌할 수밖에 없었다. 모든 세부 사항의 바탕에는 "누가 주인인가? 교황인가, 황제인가?"라는 질문이 있었다. 이 문제는 독일 땅에서 가장 시급했다. 앞서 말했듯이, 독일에서는 황제의 국정 운영에 대한 주요 권한은 주교들에게 있었다. 사실상 황제가 주교들을 임명하고 황제의 손으로 '서임'을 내렸다. 다시 말해, 황제가 공식적으로 주교 자리에 임명했기 때문에, 주교들의 최우선 충성 대상은 분명히 황제였다. 이때 교황과의 관계는 부차적일 뿐이었다.

하인리히 4세와 서임권 투쟁

하인리히 4세는 1056년, 여섯 살의 나이로 황제의 자리에 올랐다. 1075년 큰 투쟁이 일어나기 전에도 이미 마찰과 어려움이 있었지만, 서론은 생략하고 바로 본론으로 들어가 실제 투쟁부터 살펴보겠다.

1075년 그레고리우스 7세는 '평신도 서임권', 즉 평신도(황제는 평신도 중 가장 위대한 인물이었다)가 주교를 임명하고 그 직책의 상징으로 반지와 주교관을 주는 관행에 반대하는 교황령을 발표했다. 이런 식으로 교회의 직분을 받은 사람은 그 직분을 박탈당했고, 나아가 그레고리우스 7세는 "황제, 국왕, 공작, 후작, 백작 또는 평신도 권력자나 평신도가 서임을 허락할 경우, 그는 파문당했음을 알려야 한다"라고 선언했다. 이로써 논쟁은 명확하게 드러났다. 모든 성직자는 제국의 종이 아니라 교회의 종이었다. 황제가 이를 인정하지 않으면 그는 교회의 몸으로부터 단절될 것이었다. 이것이 바로 그레고리우스 7세 교황의 주장이었다.

하인리히 4세와 그레고리우스 7세의 대결

하인리히 4세와 그레고리우스 7세의 대결은 중세의 핵심 사건이다. 그레고리우스 7세는 권력이나 인격 면에서 교황 중 가장 위대한 인물이었으며, 하인리히 4세는 제국을 대표하는 데 부족함 없는 인물이었다. 칙서와 서한이 잇따랐고, 논쟁이 진행됨에 따라 적대자들은 위엄과 자제력을 잃고 극심한 폭력으로 서로를 비난했다.

처음에는 이 갈등의 승패가 하인리히의 손에 달려 있는 것처럼 보였다. 과연 황제의 군대에 교황이 무엇으로 맞설 수 있겠는가? 하지만 초반에 갈등은 그렇게 불평등하지 않았다. 하인리히 4세는 재위 중 상당 기간을 교황이 선동한 색슨족의 반란으로 어려움을 겪었고, 이탈리아에서는 토스카나 백작 부인과 노르만족이 교황에게 지원을 아끼지 않았다. 무엇보다 교황의 변함없는 위신, 파문의 공포, 그리스도의 대리자와의 대립으로 인한 경각심은 이 거대한 대결의 첫 단계에 상당한 영향을 미친 것으로 보인다.

카노사의 굴욕

이 대결에서 가장 큰 사건은 1077년이 일어난 '카노사의 굴욕'이다. 하인리히 4세는 자신의 권력이 뿌리부터 위협받고 있다는 사실을 깨달았다. 그의 신하들인 주교, 공작, 백작 들이 자신에게서 멀어져 교황의 편에 선 것이다. 색슨족은 반란에 성공했다. 하인리히 4세는 교황과 화해하는 것만이 황제 자리를 보존할 수 있는 유일한 방법이라고 생각했다. 그는 알프스산맥을 넘어 당시 카노사 성에 머물고 있던 교황에게 방문했다. 하지만 세 번이나 입성을 거부당했고 마침내 마틸다 백작 부인의 중재로 교황의 용서를 받게 되었다.

카노사의 굴욕

그레고리우스 7세는 독일 제후들에게 보낸 편지에서 황제가 당한 굴욕을 다음과 같이 강조했다. "우리가 그의 지나친 행동을 엄하게 질책하자, 그는 결국 자진해 우리가 머물고 있던 카노사로 왔다. 그는 적대감이나 배짱은 조금도 보이지 않았다. 왕의 장신구를 모두 내려놓고 맨발에 양털 옷만 입고 성문 앞에 사흘간 서 있었다. 그의 뉘우침과 절절한 간청에 못 이겨 우리는 파문의 사슬을 풀고, 성찬의 은혜를 베풀며, 성모 교회의 품에 안기게 했다."

'카노사의 굴욕'은 교황 권력과 영향력의 절정을 보여준다. 물론 후대의 교황들도 교회의 주장을 강조했지만, 교황의 권력이 이처럼 일반적으로 받아들여진 적은 없었다. 10년 전에 일어난 노르만족의 영국 정복은 교황의 지원을 받았고, 영국 교회는 의례나 정치 면에서 더욱 로마적인 모습을 띠게 되었다. 프랑스 왕은 교황에게 암묵적으로 복종했다. 서속적인 문제나 영적인 문제에서 교황의 권위는 당대 가장 강력한 힘으로 여겨졌다.

그레고리우스 7세의 죽음

'카노사의 굴욕'은 일시적인 사건일 뿐이었다. 하인리히 4세는 황제의 권력을 무시하는 데 진정으로 동의할 수 없었다. 1년 후에 교황과 황제는 극단적인 조치를 취했다. 그레고리우스 7세는 하인리히 4세를 폐위시키고 반(反) 황제를 지지했다. 황제는 반 교황을 지지하는 것으로 대응했다. 1080년, 교황은 하인리히 4세를 다시 파문시켰다. 하지만 무기를 반복해서 사용할수록 무기의 날은 무뎌지고 있었다.

이듬해 하인리히 4세는 이탈리아를 침공해 산탄젤로(Sant'Angelo) 성을 포위하고 로마시의 나머지 지역을 점령했다. 곤경에 처한 그레고리우스 7세는 노르만족에게 호소했고, 노르만족의 로베르 기스카르가 도착해 로마를 점령하고 교황을 구해주었다. 그러나 이 교황의 옹호자는 황제보다 로마에 더 악랄한 적이었다. 로마 주민들이 노르만족에게 잔혹하게 약탈당하고 살해된 것이었다. 결국 그레고리우스 7세는 인기를 잃고 말았다. 그는 이탈리아 남부의 살레르노(Salerno)에 은둔하다가 1085년에 사망했다. "나는 신의 법을 사랑하고 불의를 미워하였기에 망명 중에 죽노라"라는 마지막 말을 남겼다고 한다.

하인리히 5세와의 타협 시도

하인리히 5세는 1106년에 황제 자리에 올랐다. 독일과 이탈리아 모두 제대로 된 정부가 필요했지만, 황제는 오로지 교황과의 싸움에만 몰두했다. 이 싸움은 예전처럼 질기게 이어지거나 양보 없이 진행되지는 않았다. 타협과 화해를 하자는 입장을 보이더니 1111년에 마침내 최종 합의에 도달할 듯했다.

하인리히 5세는 이탈리아를 침공했고, 그레고리우스 7세처럼 완고한 성격을 지닌 교황 파스칼(Paschal)과 협상을 맺었다. 서임권에 대한 타협안이 받아들여졌고, 화해의 표시로 교황은 하인리히 5세에게 엄숙하게 제관을 씌우기로 했다. 하지만 로마인들에게는 이 조건들이 비굴한 항복으로 보였다. 대관식은 폭동으로 중단되었는데, 이때 많은 독일인이 사망했다. 또 다른 전쟁이 발발했고, 결국 황제와 교황의 결정은 11년 더 미뤄졌다.

보름스협약

그사이에 끊임없이 논란이 이어졌다. 반 교황 운동이 일어났고, 교황 파문 주장이 재개되었다. 그러자 작센족의 반란이 다시 일어났다. 승리는 황제보다 교황 편인 듯했다. 교황 파스칼이 사망하고, 그의 후계자도 세상을 떠났다. 비(非) 수도원 출신 교황인 칼리스투스 2세(Calixtus II)는 이 논쟁을 적어도 휴전으로 이끌었다.

1122년 보름스협약(Concordat of Worms)은 이 대논쟁의 첫 단계를 종식시켰다. '서임권 문제'에만 집중하고 권력 투쟁이라는 좀 더 광범위하고 해결할 수 없는 문제는 고려하지 않음으로써, 해결책을 찾을 수 있었던 것이다. 협약에 따라 주교 선출은 교회에 맡겨졌고, 주교들은 교황에게서 반지와 주교장(영적 직책의 휘장)을 받게 되었다. 그러나 주교들은 대부분 영적 지도자이면서 동시에 영지의 영주이기도 했다. 따라서 주교들은 제국에 세속의 재산을 바치고 황제로부터 별도의 서임을 받도록 규정했다.

투쟁의 결과

이처럼 서임권 투쟁은 무승부로 끝났지만, 이 과정에서 교황의 권위는 크게 강해진 반면, 제국의 권력은 약해졌다. 카노사의 굴욕에 대한 기억은 절대 지워지지 않았다. 게다가 이 투쟁에서 왕의 적이었던 봉건 귀족들이 독립을 획득하며 위험한 존재가 되었고, 이는 독일 왕국의 존립 자체를 위협했다. 협약으로 결정된 부분은 일부분에 불과했다. 교회와 국가 간의 관계에 대한 최종적인 해결책은 아직 나오지 않았다. 이들은 여전히 권력을 놓고 경쟁하고 있었다.

28 | 황제와 교황의
두 번째 대결

황제와 교황의 투쟁이 그다음 위기에 이르렀을 때는 정치나 법률의 문제가 그레고리우스 7세와 하인리히 4세의 시대보다 더 큰 비중을 차지했다. 그러므로 우리는 독일와 이탈리아의 발전상을 살펴볼 필요가 있다.

프리드리히 바르바로사의 즉위

1122년에 체결된 보름스 협약 이후, 독일은 평화의 시기를 맞이했고, 평화는 언제나 그렇듯 진보를 의미했다. 로타르(Lothair) 황제는 하인리히 5세의 뒤를 이어 1125년부터 1137년까지 즉의했다. 그의 후계자는 호엔슈타우펜(Hohenstaufen) 왕가의 콘라트 3세(Konrad III)였으며, 제국이 유럽에서 강세를 유지하는 동안 그 뒤를 이른 모든 황제는 호엔슈타우펜 가문에 속했다. 15년간의 재위 후, 1152년 콘라트의 뒤를 이어 호엔슈타우펜의 가장 위대한 황제이자 카롤루스 대제 이후 모든 중세 황제 가운데 가장 위대한 황제였던 프리드리히 바르바로사(Frederick Barbarossa)가 황제가 되었다. 황제의 머릿속에는 제국의 과거 영광에 대한 기억으로 가득 차 있었고, 그의 가장 큰 야망은 제국의 영광을 되찾는 것이었다. 이러한 야망에 사로잡힌 황제는 한동안 독일에서 이탈리아로 눈을 돌렸고, 결국 야망은 큰 재앙으로 끝났다.

하지만 그의 치하에서 독일은 중세 문화의 정점에 도달해 있었다. 제국의 권력은 모든 봉건 영주를 압도했다(이는 도든 중세 왕들의 영원한 과제였다). 혈통 있는 마지막 공작인 작센의 사자공 하인리히가 반란을 일으켰을 때, 그는 패배해 추방당했고 그의 영토는 분할되었다. 또 다른 두 가지 흐름이 귀족에 맞서 왕권을 강화하는 데 기여했다. 첫 번째는 쾰른, 트리어(Trier), 보름스, 뉘른베르크(Nürnberg), 아우크스부르크(Augsburg)와 같은 독일의 큰 도시의 발전이었다. 이 도시들은 독일 중세 문화의 중심지가 되었으며, 봉건 귀족에 맞서는 중앙 제국 권력과 강력한 동맹을 맺기도 했다.

로마법 연구

두 번째 반 봉건적인 흐름은 로마법의 도입이었다. 로마법 연구는 11세기와 12세기에 활발하게 진행되었다. 당시에 설립된 대학들은 로마법에 많은 관심을 기울였고, 유럽의 모든 왕들과 통치자들은 로마법을 열렬히 환영했다. 로마법의 정의(正義)와 논리는 모든 사람의 지성에 호소했다. 동시에 통치자의 무제한적 권리를 강조함으로써 모든 통치자를 만족시켰다. "군주가 결정하는 것은 무엇이든 법적 효력을 갖는다"가 로마법의 중요한 모토 중 하나였다. 독일, 프랑스, 영국에서 통치자들은 이러한 모토가 어떤 식으로 집행되는지, 교회와 국가에서 자신들의 권위를 어떻게 강화하는지 차분히 지켜보았다.

이탈리아의 상황

이탈리아의 정치적 특징은 빠르게 변하고 있었다. 교황의 권위는 어느 때보다 높아졌는데, 한때 절정에 달한 십자군 운동으로 권위는 더욱 강화되었다. 이 운동에 관해서는 별도로 다루도록 하겠다. 더불어 대대적인 수도원 부흥 운동이 일어났고, 이는 늘 그렇듯 교황청의 힘이 강해지는 데 기여했다. 이 새로운 운동으로 시토 수도회(Ordo Cisterciensis)가 형성되었다.

시토 수도회와 성 베르나르도

스테파노 하딩(Stephen Harding)이 시토 수도회를 위한 회칙을 제정했지만, 이 수도회의 확산과 영향력은 중세 가톨릭교의 가장 완벽한 인간형인 성 베르나르도(St. Bernard, 1091~1153) 덕분이었다. 성 베르나르도는 힐데브란트처럼 교황의 자리에 오르지는 않았지만, 교회 내에서 교황들보다 더 강한 영향력을 행사했다. 그는 자신의 권위를 가지고 교회의 통일성을 해칠 논쟁들을 해결했다. 또한 이단과 맞서 싸웠고, 십자군을 선포했으며, 교회의 사상과 예배에도 큰 영향을 미쳤다. 특히 성모 마리아의 예배를 중시했다. 교황은 그의 조언과 명예로부터 큰 힘을 얻었다.

한편, 처음에는 교황청의 편에 서서 교황과 동맹을 맺었지만, 위험한 경쟁자가 될 운명을 지닌 정치 세력들이 부상하고 있었다.

시토 수도회의 성 베르나르도

노르만족과 양 시칠리아 왕국

우리는 이미 이탈리아 남부의 노르만족 세력에 관해 이야기했다. 이 세력은 그때보다 지금 더 단결되고 강해졌다. 1127년 이후 노르만 왕 시칠리아의 로제르(Roger)는 나폴리와 시칠리아를 확실히 장악했는데, 이 나라는 이후 '양(兩) 시칠리아 왕국'으로 알려지게 되었다. 이 영토에는 노르만족, 그리스인, 라틴인, 사라센족 등 다양한 인종, 종교, 민족이 기묘하게 뒤섞여 있었다. 그의 통치는 관대한 편이었고, 철학과 문학이 주로 사라센족의 영향 아래 번성하기 시작했다. 시칠리아의 로제르는 1154년에 사망했고, 그의 후계자들은 선대 왕보다 부족했지만, '양 시칠리아 왕국'은 여전히 부유하고 강력한 국가로 남았다.

롬바르디아의 도시들

한편 이탈리아 북부에서는 새로운 세력이 부상하고 있었다. 롬바르디아 평원과 토스카나는 프리드리히 바르바로사의 영토였고, 독일과 마찬가지로 이곳도 도시들이 활기차게 독자적으로 발전하고 있었다. 볼로냐, 피렌체, 밀라노, 베네치아, 피사, 제노바와 같은 해상 도시들을 중심으로 발전했다. 처음에는 이 도시들 대부분은 주교가 중심이 되어 통치했고, 주교의 도움으로 주변 귀족 세력을 떨쳐냈다.

하지만 이제는 도시 정부가 봉건 세력이나 주교로부터 독립하려는 경향이 나타났다. 이탈리아 북부의 도시들은 그 후 300년 동안 고대 그리스의 여러 특징을 재현했다. 이 도시들은 옛 그리스 도시들처럼 독립을 주장했고 때로는 독립을 유지했다. 이들도 똑같은 애국심을 지녔고, 격동의 세월을 겪었으며, 지적·예술적 문제에 열정을 가지고 있었다. 다양한 명칭으로 그리스 도시들의 특징을 재현하기도 했다.

모든 시민은 코무니타스(communitas)로 불렸다. 이들은 정치적 목적을 위해 팔라멘툼(parlamentum)이라는 광장에 모였다. 집정관이나 원로원은 크레덴티아(credentia)라고 불렸고, 도시국가의 수반에는 집정관이라는 칭호를 가진 행정관들이 있었다. 하지만 이들과 로마 공화국 행정관들 사이에는 공통점이 거의 없었다. 밀라노는 부와 야망, 자치 정부의 발전으로 선두를 차지했다. 두 도시 간의 경쟁은 빈번했지만, 외부의 적에게 위협을 받을 때는 긴밀하게 동맹을 결성했다.

이탈리아와 마찬가지로 독일에서도 도시의 발전과 독립이 당시의 두드러진 특징이었다. 하지만 차이점이 있다면, 독일의 도시들은 제국의 권력과 손을 잡았고, 이탈리아의 도시들은 제국에 저항했다.

브레시아의 아르놀드

자치권 정신은 로마에서도 나타났다. 당대 위대한 학자였던 브레시아의 아르놀드(Arnold of Brescia)의 지도 아래 강력한 운동이 일어났다. 이 운동은 한편으로는 교회 정치와 도덕의 개혁을 목표로 했고, 또 한편으로는 자유로운 시민 정부의 수립을 목표로 했다. 황제는 교황과 힘을 합쳐 이 운동에 맞섰고, 결국 아르놀드는 화형을 당하고 말았다. 이 운동이 이탈리아의 여론이 격렬하게 동요하고 있다는 사실을 보여준다.

이탈리아의 프리드리히 바르바로사

프리드리히 바르바로사는 이탈리아 북부를 제국의 영토라고 주장했다. 하지만 이 지역을 차라리 제국에서 배제하는 편이 현명했을지도 모른다. 그의 첫 번째 경쟁 상대는 이탈리아 북부의 도시들이었다. 독립과 자치의 중심지였던 밀라노를 그대로 둔다면 롬바르디아 평원에서 제국의 권력은 그림자처럼 사라질 것이었다. 제국은 이탈리아 원정을 진행해 밀라노를 포위 공격했고, 결국 제국의 완전한 승리로 끝난 듯 보였다. 1162년의 대공성전 이후, 밀라노를 완전히 파괴하고 인구를 더 작은 마을 단위로 나누었다. 동시에 황제의 도시 통치권을 주장했고, 이에 저항하는 것은 불가능해 보였다.

롬바르디아 동맹과 교황

하지만 이탈리아 북부의 도시들은 교황이라는 강력한 동맹을 찾았다. 1157년 초, 프리드리히 바르바로사와 교황 아드리아노 4세(Adriano IV) 사이에는 원칙 문제를 두고 심각한 마찰을 빚고 있었다. 교황은 공식 문서에 황제의 관은 교황이 수여하고, 제국은 교황청의 봉건적 속국이라고 명시했다. 제국과 교황청의 관계를 굴욕적으로 해석하는 것에 황제는 강력히 반발했고, 교황은 자신의 의도를 어느 정도 해명했다. 한편, 교황은 이탈리아 북부에서 제국이 실질적인 세력으로 부상하는 것을 못마땅하게 여겼다.

결국 1159년 두 라이벌은 직접적인 경쟁을 벌이게 되었다. 그해 알렉산데르 3세(Alexander III)가 교황으로 선출되었지만, 황제와 동맹을 맺은 추기경들은 이 선출을 거부하고 대신 빅토르(Victor)를 선택했다. 이 반교황파는 프리드리히 황제의 지지를 받았다. 이로써 알렉산데르는 교황의 지위가 걸린 싸움에 곧장 뛰어들게 되었다. 공통의 위기에 처한 교황과 롬바르디아의 도시들은 서로 손을 잡았는데, 이는 나중에 그 유명한 롬바르디아 동맹(Lombard League)으로 발전했다.

격분한 프리드리히 황제는 이탈리아로 진군했고, 로마를 포위하기 전까지는 별다른 저항을 받지 않았다. 도시는 그의 수중에 떨어졌으며, 알렉산드르 3세는 피난처를 찾아 노르만족에게 도망쳤다. 이제 황제는 완전한 승리를 거둔 듯했다. 그런데 역병이 덮쳐 제국의 군대가 거의 전멸하다시피 했다. 황제는 얼마 남지 않은 병력을 이끌고 알프스산맥을 넘어 후퇴해야 했다. 사람들은 그리스도의 대리자를 원수로 삼은 황제에게 신이 심판한 것이라고 생각했다.

프리드리히 바르바로사의 굴욕

곧 다시 싸움이 벌어졌고 황제는 어느 정도 승리를 거두었다. 하지만 밀라노에서 약 27킬로미터 떨어진 레냐노(Legnano)에서 황제의 군대는 완전히 패배하고 말았다. 1177년 7월, 프리드리히 바르바로사는 베네치아의 산 마르코 대성당 현관에서 교황 알렉산데르 3세를 만났다. 기록에 따르면 "그는 성령에 감동하여 황제로서의 위엄을 버리고 교황의 발 앞에 겸손히 엎드렸다"라고 한다. 카노사의 굴욕 이후 정확히 100년이 지난 시점이었고, 교황의 승리는 100년 전보다 더 완벽했다. 승리한 것은 교황만이 아니었다. 이

교황파와 황제파의 싸움(레냐노전투)

탈리아의 도시들도 완전한 승리를 거두었다. 이 승리는 유럽의 정치와 문화에 지대한 영향을 미쳤다.

시칠리아의 콘스탄스와 하인리히 6세의 결혼

황제와 교황의 두 번째 대결은 끝났지만, 프리드리히 통치 말기에 이르면 다시 갈등과 혼란이 시작된다. 세 번째 대결은 프리드리히가 재위 말년에 주선한 획기적인 결혼에서 비롯되었다. 저국에 맞서 교황청과 동맹을 맺었던 양 시칠리아 왕국은 콘스탄스 공주의 손에 넘어가게 되었다. 공주가 왕관을 차지한 것이 그녀의 백성에게는 운명적인 결과를 초래했다! 콘스탄스 공주가 프리드리히 바르바로사의 아들 하인리히(나중에 하인리히 6세 황제가 됨)와 결혼한 것이다. 이러한 외교적 수완으로 노르만족은 제국의 동맹국이 될 운명해 처했다. 이제 이 결혼을 통해 교황에 맞서는 최악의 적이 탄생하게 된다.

우리는 영국, 프랑스, 스페인, 동방 등 다른 곳에서 진행되고 있던 거대한 역사적 움직임은 일단 제쳐놓아야 한다. 대신 황제와 교황의 역사를 끝까지 추적해야 한다.

12세기 말에 황제와 교황 두 세력은 모두 강력했다. 각자의 지지 세력이나 조직, 뒷받침하는 사상도 모두 어느 하나 밀리지 않았다. 이전 두 차례의 대결에서 교황이 결정적인 승리를 거두었지만, 제국은 무너지지 않았다. 제국은 여전히 세력이 강했고, 승리하고자 하는 야망 역시 조금도 수그러들지 않았다.

황제 하인리히 6세

프리드리히 바르바로사의 아들인 하인리히 6세는 앞서 살펴본 바와 같이 양 시칠리아 왕국의 상속녀 콘스탄스와 결혼했다. 그는 '신성로마제국'을 실현하고, 이탈리아와 독일을 긴밀하게 연결하고, 이탈리아에서 전 유럽을 통치하려는 야망을 품고 있었다. 그의 통치 기간에는 교황과의 갈등이 극적인 위기를 겪지는 않았다. 하지만 여전히 갈등은 계속되었고, 교황은 심지어 시칠리아 영토에 대한 경쟁자를 내세우기까지 했다. 그러나 하인리히 6세는 모든 적을 물리쳤다.

하인리히 6세는 한 가지 희망을 품고 있었지만 실패했는데, 그 희망이 실현되었다면 유럽의 운명이 크게 바뀌었을 것이다. 그는 유럽 대부분의 군주국처럼 제국도 선거제 대신 세습제 국가로 만들고자 했다. 독일 지도자들도 그의 계획에 상당한 지지를 보냈다. 결국 계획은 실패해 제국은 선거제 체제로 남았지만, 선거의 정확한 방식은 나중에 가서야 확정되었다. 선거제는 일부 이론가들의 지지를 얻기는 했으나, 실제로는 너무 형편이 없었다. 선거제를 채택한 나라는 국가의 약화와 붕괴를 초래했다.

교황 인노켄티우스 3세

1197년 하인리히 6세가 사망했을 때 그의 아들 프리드리히는 아직 어린 아이였다. 후에 프리드리히 2세가 되는 이 아이에게 우리는 주목할 필요가 있다.

그 전에 먼저 교황의 역사부터 살펴보자. 1198년 인노켄티우스 3세(Innocentius III)가 교황이 되었다. 그가 가장 위대한 교황이라고 불릴 수는 없겠지만('인노켄티우스'라는 칭호는 본래 그레고리우스 대교황이나 그레고리우스 7세에게 적합해 보인다), 적어도 이 교황의 주장은 가장 절대적인 형태로 제시되고 있다. 이전 교황들은 교회의 독립성 확보에 목표를 두었다면, 인노켄티우스 3세는 모든 세속 권력보다 교회의 최고 권위를 주장했다. 다음은 인노켄티우스 3세의 말이다. "너희는 주께서 그의 백성 위에 세우신 이 종이 누구인지 보라. 다름 아닌 베드로의 후계자인 그리스도의 대리자다. 그는 신과 사람 사이에 서 있다. 신 아래에 있고 사람 위에 있다. 신보다 작고 사람보다 크다. 그는 모든 사람을 심판하지만, 아무에게도 심판받지 않는다. 주님은 베드로에게 보편 교회뿐 아니라 온 세상의 통치권을 맡기셨다."

교황은 이처럼 지고한 이상으로 선포했으며 인노켄티우스 3세 재위 기간에 그 이상은 거의 실현되었다. 인노켄티으스 3세 교황이 영국에서 존(John) 왕과 그의 신하들 사이의 갈등에 개입한 이야기는 잘 알려져 있다. 프랑스에서는 필리프 오귀스트(Philippe Auguste) 왕에게 그가 거부했던 아내를 다시 받아들이라고 강요했다. 양 시칠리아 왕국, 스웨덴, 덴마크, 아라곤, 포르투갈도 모두 교황의 종주권(宗主權)을 인정했다.

인노켄티우스 3세와 오토 4세

교황은 제국에도 결정적인 영향을 미쳤다. 하인리히 6세가 사망하자 황제 계승을 둘러싼 분쟁이 일어났고, 인노켄티우스 3세의 영향력으로 오토 4세에게 계승권이 보장되었다. "당신의 손으로 나에게 유리하도록 저울질하지 않았다면, 나의 황제 자리는 먼지와 재 속으로 사라졌을 것이다." 오토 4세의 감사 편지 내용이다. 하지만 교황과 황제는 늘 그랬듯이 곧 긴장 관계에 빠졌다. 그것은 개인적인 문제가 아니라 경계가 불분명한 경쟁 세력 간의 문제였다.

오토 4세는 양 시칠리아 왕국을 침략하려고 했다. 인노켄티우스 3세나 다른 어떤 교황도 이탈리아에서 제국이 세력을 휘두르는 꼴을 보고 싶지 않았고, 따라서 오토 4세의 시칠리아 영유권 주장은 반대에 부딪혔다. 교황은 오토 4세에게 금지령을 내렸고, 인노켄티우스 3세의 영향력 때문에 사방에서는 그에게 적대적인 세력이 등장했다. 1211년 독일 왕국과 황제의 칭호는 하인리히 6세와 콘스탄스의 아들인 프리드리히에게 넘어갔다. 우리는 앞으로 그를 프리드리히 2세라고 부르겠다. 이어진 치열한 경쟁은 전 유럽에 영향을 미쳤다. 오토 4세는 1214년 부빈(Bouvines)전투에서 결정적인 패배를 당했지만, 인노켄티우스 3세가 죽자 프리드리히 2세의 승리가 확실시되었다.

프리드리히 2세의 중세 사상과의 단절

인노켄티우스 3세는 자신도 모르게 교황의 가장 위험한 적을 황제 자리에 앉혔다. 황제 프리드리히 2세는 중세의 주목할 만한 인물 중 한 명이며 여러 면에서 시대를 앞서 나갔다. 그의 사고방식이나 목표는 13세기보다 15세기에 속한 것으로 보인다. 그는 당대의 지식에 깊은 관심을 보이며 나폴리대학교와 살레르노 의과대학을 설립했다. 두 기관 모두 곧 저명한 교사들의 눈에 띄었다. 관용적인 제도 덕분에 다양한 국적과 신앙을 가진 사람들이 그의 영토 내에서 지식 발전에 기여할 수 있었다. 또한 이단적인 종교 사상을 바탕으로 황제 역시 교황만큼이나 최고의 종교적 지위를 차지할 수 있다고 믿었다.

프리드리히 2세는 사상뿐 아니라 행동도 당대보다 앞서 있었다. 중세 사상이나 봉건주의와는 완전히 반대되는 정신으로 양 시칠리아 왕국을 통치했다. 중앙 집권적이고 전능한 군주제가 그의 이상향이었다. 그는 귀족의 권력을 무너뜨리고 성직자의 특권을 파괴했다. 영국의 헨리 8세와 프랑스의 루이 11세는 프리드리히 2세의 정책에서 자신들의 정책과 유사한 면을 상당 부분 발견했다.

프리드리히 2세의 독일 통치

하지만 이런 설명은 이탈리아 남부에 있는 그의 영토에서만 사실이었다는 말을 덧붙여야겠다. 독일에서 프리드리히 2세의 통치는 완전히 성격이 달랐다. 그는 독일 왕국을 직접 통치할 시간이 없었고, 그래서 귀족이나 성직자 등의 지배 세력이 각자의 이상에 따라 자기 영역을 통치하도록 내버려두었다.

남부 왕국에서는 근대적 유형의 진보적인 통치를 했다면, 독일에서는 봉건주의적이고 퇴보적인 통치를 했다. 시민의 자유는 귀족의 이익을 위해 억압당했다. 이단은 잔혹하게 처벌받았다. 북부 사람들에게는 독일과 이탈리아의 관계가 이보다 더 치명적인 때는 없었다.

프리드리히 2세와 교황

하지만 우리가 특별히 살펴봐야 할 대목은 프리드리히 2세와 교황의 관계다. 프리드리히 2세는 교황의 특별한 보호를 받았지만, 교황과 제국의 요구가 조화되는 일은 불가능했다. 프리드리히 2세도 곧 오랜 갈등에 휘말렸다.

첫 번째 문제는 프리드리히 2세가 십자군 원정을 수행하겠다는 약속을 이행하지 않는 데서 비롯되었다. 그는 이 일로 파문을 당했고, 항해를 통해 동방에서 큰 성공을 거두었음에도 이런 그의 방식 때문에 교황의 분노를 샀다. 귀국 후 프리드리히 2세는 자신의 영토를 교황군이 점령한 것을 보았지만, 큰 어려움 없이 이들을 몰아냈다(1230).

신성로마제국의 황제 프리드리히 2세

교황파와 황제파

몇 년 뒤에는 황제와 교황의 대결이 더욱 치열해졌다. 이탈리아 북부의 도시 연맹은 교황과의 동맹을 여전히 이어 나갔다. 프리드리히 2세는 이탈리아 북부의 지방 자치를 억압하려다가 교황과 충돌하고 말았다. 봉건 귀족들은 프리드리히 2세 편에 섰고, 교황은 새로운 프란치스코 수도회의 지원을 받았다. 이탈리아의 거의 모든 지역과 도시에는 황제파(Ghibelline)와 교황파(Guelf)가 존재했고, 이 두 파벌의 경쟁은 본래의 대의가 사라진 뒤에도 오랫동안 지속되었다.

이는 상식적으로 이해하기 어려운 경쟁이다. 프리드리히 2세가 사망했을 당시, 어느 쪽도 결정적인 승리를 거두지 못했다. 황제는 전투에서 승리했고, 교황은 파문이라는 무기를 사용했다. 교황은 경쟁을 붙일 또 다른 황제를 하나 세웠고, 프리드리히는 공의회에 참석하기 위해 로마로 가는 주교들을 체포했다. 자세한 내용은 다루지 않겠지만, 두 세력 간의 격렬하고 무자비한 분위기에는 주목할 것이다.

교황의 칙서에는 황제를 "온통 신성 모독으로 가득한 짐승. 교회를 은밀하게 습격하고, 영혼을 파멸시키기 위해 학교를 세우고, 인류의 구원자이신 그리스도를 거스르는 자"라며 황제를 비난했다. 이에 프리드리히 2세도 맞받아쳤다. 교황을 "온 세상을 속인 대단한 적그리스도 … 어둠의 왕 중의 왕 … 땅과 하늘을 황폐하게 만들려고 돈이 가득 들어 있는 병을 들고 구렁텅이에 나온 천사"라고 선언한 것이다. 그리고 모든 왕국의 왕들에게 "내가 쓰러지면 누가 교황에게 맞설 수 있겠는가?"라며 관심을 갖고 투쟁에 동참해줄 것을 호소했다.

호엔슈타우펜 왕가의 종말

프리드리히 2세의 죽음(1250)으로 싸움은 미결 상태로 남았지만, 이후로 빠르게 결정이 내려졌다. 프리드리히 2세의 세 후손은 차례로 황제의 칭호를 받고 교황과 싸움을 벌였지만 모두 실패했다. 프리드리히 2세의 아들 콘라트 4세(Conrad IV)는 독일에서 쫓겨났다. 그는 나폴리를 점령했지만 곧 사망했고, 콘라트의 동생 만프레트(Manfred)가 그 뒤를 이었다. 콘라트는 교황 우르바노 4세에 맞서 프랑스에 호소했다. 40년 후 교황에게 어떤 황제보다 심각한 타격을 가할 프랑스가 지금은 교황의 신뢰를 받는 동맹국이었는 점은 주목할 만한 사실이다.

프랑스 왕 루이 9세와 로마의 관계는 카롤루스 마르텔루스, 피핀, 카롤루스 대제 시대에 프랑크족과 교황 사이의 우호 관계를 떠올리게 했다. 이때 프랑스 왕 루이 9세의 동생 앙주의 샤를(Charles of Anjou)이 이탈리아에 입성해 베네벤토 근처에서 만프레트를 격파했다(1267). 프리드리히 2세의 손자인 콘라디노(Conraddino)는 호엔슈타우펜 왕가의 마지막 후손이었다. 앙주의 샤를이 행한 광적인 실정이 오히려 콘라디노에게 기회를 주었다. 그는 '이탈리아의 해방자'라는 명목으로 이탈리아반도를 침공했다. 하지만 탈리아코초(Tagliacozzo)에서 패배하고 이후 나폴리에서 공개 처형을 당했다. 이 비극으로 호엔슈타우펜 왕가의 가계는 단절되었고, 교황의 승리로 제국과의 갈등은 종식되었다.

교황의 승리와 그 결과

교황은 완전한 승리를 거둔 듯 보였다. 제국은 전복되었고 명목상으로만 부활했다. 물론 전쟁을 거치며 교황의 위세도 심각하게 약해졌다. 교황이 내세운 보복 정책은 도덕적 권위를 의심하게 만들었고, 유럽 열강들은 교황이 주장하는 세속적인 우월성에 경악했다. 교황은 과거의 동맹국들 사이에서 최악의 적을 찾으려 했다. 이제 프랑스가 어떻게 교황에게 굴욕을 주었는지 알아보자.

제국과 교황 사이의 갈등이 진행되는 동안, 라인강 서쪽과 알프스산맥 북쪽에서는 제국과 교황 둘 다를 권좌에서 몰아낼 세력이 등장하고 있었다. 프랑스 왕국과 프랑스 국민이 탄생한 것이다. 이제 13세기에서 9세기로 다시 거슬러 올라가보자.

프랑스 왕국과 노르만족

베르됭 조약으로 카롤루스 대제의 영토가 분할되었을 때, 가장 서쪽에 위치한 지역이 프랑스 왕국으로 알려졌지만, 처음부터 통일성이 있었던 것은 아니다. 카롤루스 대제의 영토 중 다른 어떤 지역보다 노르만족의 침입으로 큰 피해를 입었다. 이러한 위험은 885년 노르만족이 파리를 포위 공격하면서 절정에 달했다. 프랑스의 왕들은 도시를 구하기 어려웠을 것이다.

하지만 군주제가 실패한 지역에서는 봉건 귀족이 권력을 계승했고, 파리는 백작 외드(Eudes) 덕분에 살아남을 수 있었다. 이때부터 노르만족은 센강 하류 양안 땅에 정착했고, 훗날 노르망디(Normandy)라는 이름을 얻게 되었다. 마침내 911년에는 프랑스 왕들이 노르만족과 조약을 맺고 프랑스 왕의 종주권 아래 있는 땅을 그들에게 양도했다.

카페 왕조의 등장

프랑스 왕들에 관해서는 더 이상 언급할 필요가 없다. 그들은 프랑크족 메로빙거 왕조의 후기 왕들(rois faineants)처럼 되었다. 그들 곁에 있던 프랑스의 공작들이 일어나 왕을 능가하는 권력을 행사했다. 결국 987년 왕위가 공석이 되자 프랑스 공작 위그 카페(Hugh Capet)를 왕으로 선출했고, 그때부터 프랑스의 카페 왕조가 시작되었다. 그리고 1830년에 프랑스의 마지막 왕이 사라졌다. 987년은 주목할 만한 해지만, 동시대 사람들에게는 큰 변혁을 의미하지는 않았다. 새로운 왕들은 프랑스 전역의 주인이 아니었다. 하지만 위그 카페와 그의 후손들은 여러 세대에 걸쳐 교회와 긴밀한 동맹을 맺었고, 비록 왕권은 미약하고 형식적이었지만 공작으로서 그들은 풍요롭고 중요한 알짜배기 영토를 차지했다.

10세기 프랑스의 상황

10세기 말 프랑스의 상황을 파악하는 것이 중요하다. 당시 지도를 보면 프랑스 왕이 직접적으로 통치한 영토는 일부에 불과하다. 다른 곳에는 봉건 귀족이, 즉 공작, 백작, 남작 등이 다스렸고, 왕권은 이름뿐인 권력에 불과했다. 하지만 앞으로는 왕권이 성장하면서 봉건 세력이 점차 붕괴하게 된다. 16세기에는 루아르강 남쪽의 특정 지역만 봉건 귀족의 독립을 유지하다가 결국 왕실 영토에 합병된다. 물론 공작, 백작, 남작과 같은 귀족은 여전히 존재했지만, 모두 왕에게 종속되었다. 귀족은 왕의 신하가 되었고, 토지는 왕의 소유가 되었다. 또한 프랑스의 봉건제는 영국에서는 결코 허용되지 않던 방식으로 발전했다는 점에 주목해야 한다. 특히 영국과는 다르게 프랑스에서는 봉건 귀족들 간의 전쟁이 끊임없이 발생했다.

프랑스 왕국의 발전

우리는 프랑스 왕국의 발전과 관련해 핵심적인 부분만 언급하며 프랑스의 역사를 가볍게 살펴보고자 한다. 첫 번째 결정적인 상승세는 필리프 1세 통치 기간(1060~1108)에 나타났는데, 그에게 도움이 된 두 가지 중요한 사건이 정작 프랑스 땅에서 일어나지는 않았다.

첫째, 1066년 노르망디의 윌리엄이 영국의 왕 윌리엄 1세가 되었다. 이로써 프랑스 왕의 가신 중 가장 강력하고 위험한 자에게 그의 야망을 다른 데로 돌릴 만한 임무가 주어졌다. 1095년에는 십자군에 대한 최초의 설교도 나왔다. 십자군 운동은 처음에 주로 프랑스에서 진행되었다. 이 운동은 프랑스에서 많은 귀족을 빼앗아 갔고, 왕은 이들을 신민보다는 경쟁자로 여겼다. 필리프 1세의 두 후계자는 프랑스 왕국의 전반적인 정책을 그대로 계승했다. 교회와의 동맹은 계속되었고, 왕들은 각자의 영토에서 통치를 강화했다. 그런데 이들의 통치 기간에 새로운 세력이 등장했다. 프랑스의 큰 도시들은 주변의 귀족들을 희생시켜 도시 정부의 자유를 획득하기 시작했고, 이러한 움직임은 왕의 후원으로 뒷받침되었다. 성직자, 도시민, 하층 계급은 봉건 귀족과 맞서는 왕의 동맹자로 여겨졌다.

그러나 루이 7세 치하에 왕이 획득한 모든 이점을 상쇄할 만한 사건이 벌어졌다. 루이 7세는 아키텐의 엘레오노르(Eleanor of Aquitaine)와 결혼했는데, 그녀는 결혼 지참금으로 아키텐 공국의 광대한 영토를 가져왔다. 그런데 얼마 지나 루이 7세와 엘레오노르는 이혼했고, 그녀는 다시 앙주 공작이자 영국의 왕인 헨리 2세와 결혼했다. 이제 헨리 2세는 프랑스에서 루이 7세보다 훨씬 더 큰 권력을 행사했다. 프랑스 왕의 실제 영토는 헨리 7세가 다양한 작위를 가지고 통치한 영토에 비하면 미미한 수준이었다. 영국 왕들의 어리석음과 프랑스 왕 필리프 오귀스트의 기교가 프랑스 왕국을 큰 위기에서 구해냈다.

필리프 오귀스트가 영국을 패배시키다

프랑스의 필리프 오귀스트와 영국의 리처드 사자심왕·존왕의 경쟁은 영국 역사의 중요한 장면이지만, 여기서는 이 문제를 다룰 필요는 없을 것 같다. 대신 헨리 2세의 자녀들이 치열하게 다투며 아버지의 업적을 어떻게 훼손했는지, 필리프 오귀스트가 교황과 함께 어떻게 오토 황제와 존 왕에게 저항했는지, 부빈전투에서 영국 왕과 신성로마제국 황제의 대의가 어떻게 망가졌는지만 기억하면 된다. 영국 왕들은 노르만 유산은 빼앗겼고, 프랑스 왕의 권위는 그 어느 때보다 크게 발전했다.

하지만 필리프 오귀스트가 무력으로만 왕위를 강화한 것은 아니었다. 그는 프랑스의 정부 기구를 발전시켰는데, 로마제국 멸망 이후 유럽에서는 전례 없는 수준이었다. 파리대학교는 급속도로 성장했고, 군주제에 항상 유리한 로마법 연구가 특별히 관심을 받았다. 왕국과 도시국가들의 동맹도 계속되었다.

프랑스의 왕 루이 9세

성 루이의 통치

필리프 오귀스트의 후계자 루이 8세는 재위 기간이 짧았고, 그 후에는 프랑스 국왕 중 가장 고귀하고 위대한 루이 9세(성 루이)가 즉위했다. 그는 평생 종교에 헌신했기 때문에 '성왕(聖王)'이라는 칭호를 받을 만하다. 그에게서 중세 종교의 편협성, 광신, 잔혹성은 거의 보이지 않았다. 그의 모든 행동과 말에는 경건과 자선은 물론이고, 자연의 경이로운 온화함이 깃들어 있었다.

하지만 경건함에 대한 명성이 정치적 수완에 대한 명성에 손상을 입혔다. 비록 성인이 아니더라도 그는 여전히 위대한 프랑스의 국왕이었을 것이다. 물론 그는 욕심이 없었지만 노련함과 열정으로 프랑스 왕권을 키워나갔다.

봉건주의의 타파

성 루이는 프랑스 봉건 귀족들의 반란에 성공적으로 저항했다. 거의 모든 귀족이 그를 전복하려고 힘을 합쳤지만, 결정적인 패배를 맛보았다. 그 이후로 누구도 다시는 국왕과 동등한 권력을 가질 수 없었다. 옛 봉건주의 시대는 빠르게 종말을 향해 달려가고 있었다. 성 루이는 부당한 이득을 취하지 않았다. 오히려 부당하게 취득했다고 여겨지는 영토를 아키텐의 공작이자 프랑스 국왕의 가신인 영국의 헨리 3세에게 반환했다. 1250년 프리드리히 2세 황제가 사망하자 프랑스는 유럽의 최강대국으로 자리 잡았다. 우리는 앞에서 루이 9세의 동생인 앙주 백작이 어떻게 시칠리아의 왕이 되었는지 살펴보았다. 프랑스의 국왕은 영국의 헨리 3세와 그의 귀족들 사이의 갈등을 조정할 중재자로 소환되었다.

새로운 정부

성 루이의 손에서 통치 방식과 사법 제도가 크게 발전했다. 왕의 대의회는 단순한 자문 기관이 아닌, 행정 기관으로 조직되었다. 국가 재정을 관리하는 별도의 기구를 갖추었다. 이제 파리의 의회(Parlement of Paris)도 분명하게 모습을 드러낸다. 파리 의회는 이후 수 세기 동안 프랑스의 왕권 강화에 크게 기여했다.

파리 의회

파리 의회(영국 의회와는 매우 다름)는 변호사와 판사로 구성된 기관이었고, 그들의 주된 임무이자 거의 유일한 임무는 법정의 역할을 수행하는 것이었다. 이들이 왕권을 어떻게 강화했는지 주의 깊게 살펴보자.

프랑스에서는 로마법의 정신이 널리 퍼지기 시작했고, 파리 의회는 지금까지 귀족들의 봉건 법원에서 재판을 받아왔던 사건들을 왕의 사건(cas royaux)이라는 이유로 끊임없이 철회했다. 그러자 귀족들은 자신들의 중요한 권력 중 하나가 약해지는 것을 느꼈다. 왕은 온 나라를 위한 최고 법의 원천이 되었다. 개혁의 대상은 법의 집행뿐만 아니라 법 그 자체였다. 귀족들은 사적으로 전쟁을 일으킬 수 없었고 농노들을 공평하게 대우해야 했다. 조국의 아버지이자 국민의 친구라 불릴 자격이 있는 왕은 성 루이뿐이었다.

이단 알비파

성 루이의 통치 기간 동안 상당한 땅이 왕실 영토에 추가되었지만, 성 루이의 중재를 통해서 그렇게 된 것이 아니라는 점에 주목해야 한다. 1209년 프랑스 남부 툴루즈(Toulouse) 백작의 영토에서 격렬한 내전이 발생했다. 이 내전의 주요 원인은 이단 알비파(Albigenses)의 종교 운동이었다. 이 운동에 포섭된 사람들은 교황 인노켄티우스 3세에게 분노를 일으켰다.

이 끔찍한 투쟁을 여러 단계로 나누어 살펴볼 필요는 없다. 프랑스 왕국은 이 사건과 거의 관련이 없지만 큰 이득을 얻기는 했다. 1229년 모(Meaux) 조약으로 론강 서쪽의 넓은 영토가 프랑스에 할양되었고, 툴루즈 백작령 전체는 현재 통치자가 사망하면 프랑스 국왕에게 귀속될 예정이었다. 이렇게 프랑스 왕의 영토는 지중해에 닿았는데, 이는 매우 중요한 진전이었다.

성 루이의 십자군전쟁

마지막으로, 성스러운 왕이 자신의 종교에 이끌려 십자군 운동에 참여하게 되었다는 점을 이야기해야 한다. 이 사건은 종교에 이끌려 조국의 안녕에 피해를 준 유일한 사례였다. 그의 십자군 원정은 두 차례 모두 실패로 끝났다. 1270년 그는 두 번째 십자군 원정 때 죽었다. 그의 후계자 필리프 3세는 별로 주목할 필요 없다. 샹파뉴(Champagne)와 툴루즈(Touloase)를 획득하면서 왕의 영토가 확장되었다. 1285년 필리프 3세가 사망했을 당시, 프랑스 정부는 유럽 대륙에서 가장 강력하고 번영하는 정부였는데, 교회와의 동맹이 프랑스 정부의 발전에 가장 크게 기여했다. 다음 이야기는 교회가 세속 권력에 대한 훌륭한 적이라는 사실을 보여준다. 하지만 이 주제를 다루기 전에 다른 주제들부터 먼저 살펴봐야 한다.

1095년부터 1270년까지 거의 두 세기 동안 서유럽의 기독교 국가들은 동방의 이슬람 국가들을 상대로 일련의 원정을 전개했는데, 이를 '십자군전쟁(Crusades)'이라고 한다. 이 전쟁에 참여한 모든 사람은 임무의 상징으로 십자가를 달고 다녔다. 중세의 가장 영웅적이고 모험적인 장면은 이 십자군전쟁에서 비롯되었고, 이는 서유럽 사람들에게 상당한 영향을 미쳤다.

십자군전쟁의 원인

십자군전쟁의 원인은 서방의 상황과 동방의 상황 양쪽에서 모두 찾을 수 있다. 서유럽을 먼저 살펴보자. 우선 힐데브란트(그레고리우스 7세) 시대의 교황의 권력을 떠올려봐야 한다.

당시 서유럽에는 지금은 없는 것이 있었다. 바로 모든 사람이 경청하고 대부분의 사람이 복종해야 한다고 생각한 목소리였다. 당시는 신앙의 시대였다. 기독교의 신조가 서유럽 전역에서 받아들여졌고, 초자연적인 이야기들이 쉽게 받아들여졌다. 물론 당시에는 막강한 힘을 지닌 자극이 지금은 거의 힘을 발휘하지 못하고 있지만 말이다. 게다가 중세에는 순례가 사람들의 신앙에 큰 비중을 차지했다. 신도들이 영혼의 구원과 죄사함을 위해 성인의 성지를 방문하는 것이 가톨릭교회 의식에서 매우 중요했다. 유럽 모든 성지 중 예루살렘의 성묘(Holy Sepulchre)만큼 신성한 곳도 없었다. 순례자들은 별 어려움 없이 이슬람교도의 허락하에 그곳에 들어갈 수 있었다.

하지만 이 시기는 신안의 시대였을 뿐단 아니라 전쟁의 시기이기도 했다. 봉건제도는 군사적 본능에 기반을 두고 이를 조장했다. 모든 귀족은 전쟁 수행 훈련을 받았고, 대부분은 전쟁을 좋아했다. 영국, 프랑스, 독일에 강력한 정부가 들어서면서 전투 본능을 충족시킬 기회는 점점 줄어들었다. 바로 이때 많은 사람이 군사적 모험을 위한 새로운 기회를 열렬하게 환영했다.

동방의 상황

유럽의 서부에서 동부로 눈을 돌리면 군사적으로 개입할 충분한 이유를 찾을 수 있다. 새로운 이슬람 세력이 소아시아와 시리아로 퍼져 나가고 있었기 때문이다. 온화하고 문명화된 아랍인들 뒤에 사납고 무시무시한 셀주크튀르크족(Seljuk Türk)이 부상하고 있었다. 아랍인들은 이들에게 압도당했다. 예루살렘은 곧 함락되었고, 소아시아 전역이 셀주크튀르크족에게 점령당했다. 동방의 기독교인들은 모두 새롭게 벌어진 상황에 경악했다. 순례자들은 더 이상 예루살렘에 들어갈 수 없었다. 예루살렘에서 열렸던 대규모 종교 행사도 막을 내렸다.

무엇보다 중요한 점은 콘스탄티노플의 기독교 제국(그곳에 로마제국이 여전히 존재했지만 국경이 축소되고 자원이 부족한 상태였다)이 이 튀르크인들에게 저항하기에는 스스로 너무 약하다고 생각했다는 것이다. 크게 놀란 기독교 제국은 교황에게 동맹을 호소했다. 콘스탄티노플 교회는 교리나 조직 면에서 로마 교회와 실제로는 분리되어 있었다. 하지만 두 교회 모두 새로운 세력에게 위협을 느꼈으므로, 교황은 동방 황제의 호소에 응했다.

십자군전쟁의 시작

교황 그레고리우스 7세(힐데브란트)는 동방 황제를 도우러 가자며 유럽의

클레르몽 공의회

제후들을 소집했다. 처음에는 별 성과가 없었지만, 순례자들의 고난을 이야기한 은둔자 페테르(Peter the Hermit)의 설교가 교황의 메시지에 힘을 실어주었다. 이 작업을 이어받은 교황 우르바누스 2세(Urbanus II)는 1095년 클레르몽(Clermont)에서 공의회를 열었다. 십자군들의 열정과 결의가 대단했다. 참여하는 모든 사람이 옷에 십자가 휘장을 달았다. 그들은 "이것은 신의 뜻이다!"라고 외치며 신의 명령에 따른 임무를 수행할 때 초자연적인 도움과 즉각적인 승리를 기대했다.

제1차 십자군 원정

제1차 십자군 원정은 모든 면에서 가장 훌륭하고 성공적이었다. 왕은 원정에 참여하지 않았지만, 프로방스인, 이탈리아인, 프랑스인, 독일인, 노르만인은 아직 규율이 잡히지 않은 대규모의 군대가 모였고, 귀족들이 이들을 이끌었다. 이미 앞에서 지적했듯이, 귀족들이 떠난 지역은 왕에게 더 많은 권력이 넘어가는 경향이 있었다. 십자군은 부족한 규율, 질병, 적군의 저항으로 끔찍한 고통을 겪어야 했다. 십자군의 수는 약 50만 명에서 약 2만 5,000명으로 대폭 줄어들었다.

그럼에도 마침내 1099년 7월 예루살렘은 십자군의 손에 넘어갔고, 시리아의 해안은 원정대의 귀족들에게 분할되었다. 예루살렘은 왕국이 되어 부용(Bouillon)의 고드프루아(Godfroy)가 통치했고 안티오크(Antioch), 오데사(Odessa), 트리폴리스(Tripolis)는 십자군을 이끌던 다른 세력들이 통치했다.

기사단의 창설

그런데 제1차 십자군 원정의 가장 기이한 결과는 성 요한 기사단과 템플 기사단과 같은 군사 단체의 창설이었다. 십자군은 선견지명이 있는 정치가들은 아니었지만, 이 기독교 국가들이 적대적인 튀르크에 맞서 존속하려면

예루살렘을 정복한 십자군

지속적인 군사적 지원이 필요하다는 사실은 분명했다. 그들은 군사적 능력과 종교적 열정으로 영토를 수복했고, 같은 방식으로 영토를 유지할 수 있을 것이라고 믿었다.

이처럼 반(半) 사제 반(半) 군인으로 구성된 기사단들이 창설되었다. 성 요한 기사단은 1100년에, 성전 기사단은 1123년에 등장했다. 이 기사단들은 험난하고 비극적인 역사를 지녔지만 군사력을 잘 유지해왔다. 동방 기독교 국가들이 곧 다시 이슬람 세력에 넘어간 것은 이들의 잘못이 아니었다.

제2, 3차 십자군 원정

이슬람 군대의 진격은 곧 유럽을 다시 들뜨게 했다. 제2차 십자군 원정은 성 베르나르도가 앞장서서 모집했고, 프랑스 국왕 루이 7세가 지휘했다. 하지만 이 전쟁은 완전히 실패로 끝났다. 실패에도 불구하고 동방의 위협으로 다시 제3차 십자군전쟁이 발발했다. 이때 위대한 이슬람 지도자 살라딘(Saladin)이 등장했다. 관대함, 인도주의, 군사적 기량 면에서 그는 기독교의 경쟁자들을 압도했다. 1187년에는 예루살렘 왕국이 다시 그의 손에 넘어갔다. 곧 조치를 취하지 않으면 초기에 십자군전쟁에서 얻은 승리의 결과는 아무것도 남지 않을 터였다.

그래서 프랑스의 필리프 오귀스트와 영국의 사자심왕 리처드는 제3차 십자군전쟁을 벌였다. 프리드리히 바르바로사 황제는 십자군전쟁에 나섰지만 소아시아에서 전사하고 말았다. 리처드의 유명한 업적에도 불구하고 이번 십자군전쟁도 실패하고 말았다. 예루살렘을 다시 탈환하지 못했고, 살라딘의 세력은 흔들리지 않았다. 십자군전쟁은 두 왕 간의 격렬한 싸움으로 끝났다.

제4차 십자군 원정과 콘스탄티노플의 함락

사자심왕 리처드와 필리프 오귀스트의 실패로 십자군 원정의 전성기는 끝났다고 할 수 있다. 초기 십자군의 자신감 넘치던 신앙은 영원히 지나가 버렸다. 제4차 십자군전쟁(1200~1204)은 동방에서 기독교 세력이 강해지기 보다는 약해지는 경향이 있었지만, 훌륭한 성과를 거두었고, 어떤 면에서는 영구적인 결과를 가져왔다.

십자군 원정을 촉구한 사람은 주로 인노켄티우스 3세였으며, 그의 요청이 프랑스의 귀족들에게 받아들여졌다. 귀족들은 육로로 베네치아까지 갔고, 거기서 성지까지 항해할 배를 찾았다. 하지만 이들은 자금이 고갈되어 더 이상 나아갈 수 없었다. 결국 상업적 국가인 베네치아 공화국과 협상할 수밖에 없었다. 그러다가 이들의 사업은 성지에서 벗어나 먼저는 아드리아

콘스탄티노플을 점령하는 십자군

해 반대편 해안 있는 도시 자라(Zara)로, 나중에는 콘스탄티노플로 향하게 되었다. 십자군전쟁이 낳은 기이한 결과였다! 동방의 제국은 십자군에게 도움을 요청했다. 자신들이 도움을 구한 동맹국에 의해 파괴될 위기에 처했기 때문이다. 십자군의 명목은 전혀 부족하지 않았지만, 이 공격의 진짜 이유는 베네치아의 상업적 야망이었다.

1204년 콘스탄티노플이 십자군의 손에 넘어갔다. 통치하고 있던 왕조는 무너졌고, 그리스식 기독교는 폐지되었으며, 가톨릭교와 라틴 제국이 수립되었다. 첫 번째 황제는 플랑드르의 백작 볼드윈(Baldwin)이었다. 이 사건은 동방의 기독교에 큰 충격을 안겼다. 비록 그리스 제국은 약했지만, 봉건제의 모든 약점이 더욱 두드러진 신생 라틴 제국보다는 강했기 때문이다. 그래서 라틴 왕국은 반세기 남짓 동안 불안정한 상태를 유지했다.

한편 그리스인들은 민족적·종교적 감정이 불타올랐고, 1261년에 결국 라틴 제국은 멸망하고 만다. 미카엘 팔게올로구스(Michael Palgeologus)가 도시를 점령하면서 그리스 왕조와 옛 신앙이 재건되었고 이후 거의 2세기 동안 지속되었다.

마지막 십자군 원정

다음 십자군 원정은 우리가 이미 살펴본 전쟁이었다. "세계의 경이로움"이라고 불리며 다양한 이단으로 의심받던 프리드리히 2세 황제는 교황 그레고리우스 9세의 권유를 받고 심지어 명령까지 받으며 십자군 원정에 나섰다. 프리드리히 2세의 십자군 원정은 참신하면서도 효과적이었다. 그는 이슬람교도에 대해 광신적인 증오를 전혀 보이지 않았다. 오히려 협상을 통해 예루살렘의 항복을 얻어냈다. 성스러운 도시 예루살렘은 다시 순례자들에게 개방되었고, 프리드리히는 스스로 예루살렘의 왕으로 즉위했다(1229).

그러나 새로운 예루살렘 왕국은 첫 번째 왕국만큼 오래 지속되지는 못했다. 또 다른 튀르크족 세력이 그 땅을 뒤덮었고, 예루살렘은 그들의 손에 넘어갔다. 기독교 세계가 들을 귀가 있었다면, 이 사건은 또 다른 소명이었을 것이다. 성 루이는 이 호소에 응해 1248년 원정을 떠났다. 하지만 성지를 직접 공격한 것이 아니라 이집트로 떠났다. 이집트에서 큰 승리를 거두었지만, 만수라(Mansourah)전투(1249)에서 포로로 잡히고 말았다. 그는 몸값을 치르고 석방되었지만, 자신이 짊어진 십자가의 의무를 아직 다하지 못했다고 생각했다. 1270년에 그는 신성한 깃발 아래 또 다른 원정을 감행했는데, 이번에는 튀니스(Tunis)의 술탄을 상대로 했다. 하지만 역병이 그의 군대를 덮치는 바람에 그는 전사하고 말았다.

이후에도 십자군이라고 불리는 운동이 여러 차례 있었지만, 그 이름에 걸맞은 운동은 없었다. 마침내 성 루이의 죽음으로 십자군 원정은 대단원의 막을 내렸다.

십자군 원정의 결과

십자군 원정의 결과는 무엇이었을까? 외부적인 변화는 거의 없었다. 십자군이 세운 국가는 모두 휩쓸려 나갔다. 이슬람 세력은 잠시 가라앉았지만, 곧 다시 전진해 나갔다. 그럼에도 십자군 원정은 위험하고 공격적인 이슬람에 대해 어느 정도 견제 역할을 했을 것이다. 다른 한편으로는, 라틴 왕국의 콘스탄티노플 정복이 유럽 기독교의 주요 보루를 실제로 약화시켰다는 점을 기억해야 한다.

이 원정의 간접적인 결과가 아마도 가장 중요했을 것이다. 봉건 귀족들은 자국에서 강제로 쫓겨났고, 그들의 부재로 유럽 왕들의 세력은 더욱 강해졌다. 상업도 큰 자극을 받았고, 동방과 서방이 서로 접촉하는 계기가 되었다. 서유럽은 그리스 제국과 동방의 이슬람 문명을 접하게 되었다. 이때 접한 지식을 바탕으로 새로운 사상과 사회·종교 운동이 탄생했는데, 그중 일부는 우리가 추적할 수 있지만 더 많은 부분은 아마도 파헤치기 전까지는 감춰져 있을 것이다.

교회의 행정 및 의례 변화

교회는 제국과의 싸움으로 초기와는 어떻게 달라졌을까? 교회의 조직은 크게 발전했다. 교황 선출은 이제 추기경들의 손에 맡겨졌고, 잘 알려진 원칙에 따라 진행되었다. 로마에는 어떤 왕국이나 제국만큼 거대한 정부 기구가 성장했다. 거대한 자금이 끊임없이 로마로 흘러들어왔고, 로마에는 유럽 전역의 모든 교회 관련 사건을 다루는 항소 법원이 있었다. 교회법이라는 거대한 법체계가 교회 관련 사건의 판결을 안내하고 통제하기 위해 서서히 발전했다.

교회의 행정뿐 아니라 의례와 교리에도 변화가 있었다. 성직자의 독신은 더욱 엄격히 강조되었지만, 종교개혁 때까지 교회 안에는 기혼 성직자도 있었다. 우리는 앞서 순례의 중요성이 점차 커져가는 모습을 보았다. 성유물 숭배는 꾸준한 관행이었다. 무엇보다도 중요한 것은 성모 마리아의 숭배였다. 성모 마리아 숭배는 점점 더 대중화되고 영향력이 커졌다. 위대한 성 베르나르도의 이름과 영향력은 특히 성모 숭배와 연관되어 있는데, 이슬람교도들은 이것을 기독교의 뚜렷한 특징으로 여겼다. 성인 숭배 역시 교회 전례에서 상대적으로 큰 비중을 차지하게 되었다. 인노켄티우스 3세 교황 때가 중세 교회의 정점으로 볼 수 있다.

수도회의 발전

성 베네딕트 시대 이래로 수도원은 교회에 중요한 역할을 해왔다. 우리는 클뤼니 수도회 운동이 무엇이었는지, 그리고 그레고리우스 7세 시대에 이르러 어떻게 교회에 큰 영향을 미쳤는지 살펴보았다.

이후 수도원 운동의 큰 물결은 시토 수도회를 낳았다. 이는 본질적으로 부흥 운동이었다. 새로운 원칙을 선포하기보다는, 기존의 원칙을 재정의하고 강조했다. 시토 수도회가 명성을 얻고 수도자가 많아진 것은 수도회에 합류한 성 베르나르도(1091~1153)의 영향 덕분이었다. 처음에 시토 수도회는 화려한 수도원 건축에 반대했다. 하지만 곧 이전 수도회들처럼 위풍당당하고 아름다운 수도원을 건립하기 시작했는데, 영국 전역에 널리 흩어져 있는 유적들을 보면 잘 알 수 있다.

카르투시아(Cartusia) 수도회는 거의 같은 시기(1100)에 설립되었지만, 시토 수도회와는 완전히 다른 사상에 기반을 두었다. 클뤼니 수도회나 베네딕트 수도회처럼 시토 수도회는 공동 생활을 하며 모든 분열과 비밀을 피했던 반면, 카르투시아 수도회는 개별 공간과 오랜 침묵을 수도원 생활에 도입했다.

새로운 수도회의 등장

12세기 교회에서는 수도원의 이상에 대한 이의가 제기되지 않았지만, 13세기에 이르면 기존 교회나 수도원과는 또 다른 이상이 생겨나면서 도전장을 내밀었다. 바로 도미니크 수도회 수도사들의 이상이었다. 수도사들은 규칙적인 생활을 하는 사람들이었고, 순종과 독신 생활을 서약했다는 점은 기존 수도사들과 유사했다. 하지만 비슷한 점은 이것이 전부다.

새로운 수도사들의 방법과 목표는 기존 수도사들과 모두 달랐다. 기존 수도사들이 수도원의 장벽 안에서 세상의 오염으로부터 가려져 사는 동안, 새로운 수도사들은 세상 속에 살면서 세상의 가장 타락한 요소들과 일부러 어울렸다. 기존 수도사들이 영혼의 구원을 목표로 삼은 반면, 새로운 수도사들은 세상의 개선과 회개를 위해 노력했다. 이 새로운 수도사들의 특징적인 서약은 바로 청빈 서약이었다. 이들은 개인적으로든 수도회에서든 재산을 소유할 수 없었다.

12~13세기의 이단들

당시 상황에 따라 이런 수도사들이 필요했다. 이슬람 세력으로부터 성묘를 지키기 위해 군사 수도회가 필요했듯이, 새로운 수도사들은 이단 또는 종교적 무관심과 맞서 싸우는 교회의 전사였다.

12세기 말, 유럽에는 교회에 적대감을 불러일으키는 새로운 지성이 활기를 띠고 있었다. 12세기 초의 아벨라르(Abelard)와 브레시아의 아르놀트(Arnold of Brescia)는 중세 신학의 근본 개념과 성직자의 삶과 실천에 대한 공격으로 유명하다. 이들의 운동은 억압을 받았지만, 곧 다른 곳에서도 동일한 경향이 나타났다.

특히 프랑스 남부의 랑그독(Languedoc)에서는 도덕과 신학에 관한 다양한 사상이 대중 사이에서 인기가 많았다. 이들은 일반적으로 알비파로 알려져 있는데, 이름은 이 운동이 가장 활발했던 도시에서 유래되었다. 이들은 툴루즈 백작의 궁정에서 보호를 받았다. 우리는 앞에서 교황이 어떻게 이들을 상대로 십자군을 선포했는지, 그 지역에 얼마나 끔찍한 파멸이 닥쳤는지, 그리고 결국 황폐해진 땅이 어떻게 프랑스 왕실에 합병되었는지 살펴보았다.

12세기의 지성인 아벨라르

성 프란체스코

아시시의 성 프란체스코

알비파 운동은 잔혹한 군사력과 무자비한 종교재판으로 진압되었다. 수도사들은 훨씬 더 효과적으로 사람들을 교회로 돌아오게 했다. 우선 프란체스코 수도회가 설립되었다. 나중에 성 프란체스코(Saint Francesco)라고 불리게 되는 어느 이탈리아 상인이 세상과 부에서 돌아서서 "가난을 나의 신부로 삼았다"라고 말했다. 그가 자신과 비슷한 성향의 사람들을 모으고, 그와 동료들이 모든 세상과 모든 사람에 자비를 베풀고, 빵을 구걸하며, 교회의 라틴어가 아닌 민중의 일상 언어로 설교했다는 이야기는 참으로 놀랍기 그지없다. 1210년 성 프란체스코는 수도회를 결성하고자 했고 마침내 인노켄티우스 3세의 지지를 얻었다. 여성들도 이와 비슷한 수도회를 결성했고, 성 프란체스코가 세상을 떠나기 전인 1226년에 이미 이 운동은 세상에 널리 영향을 미쳤다.

도미니크회 수도사들

하지만 프란체스코 수도회(우리는 그들을 이렇게 불러야 하지만, 성 프란체스코는 '아시시의 가난한 사람들'이라고 부르는 걸 더 좋아했을 것이다)만 있었던 것은 아니다. 이들 곁에는 스페인 사람 성 도미니크(Sanit Dominic, 1170~1221)가 창설한 도미니크 수도회도 있었다. 도미니크 수도회는 프란체스코 수도회와 동일한 서원을 했지만, 처음부터 강한 지성과 투쟁적 성향을 지니고 있었다. 그러다 보니 자연스럽게 신학 논쟁과 종교재판에 연루되었다.

수도회의 타락

탁발 수도사들은 가톨릭 세계 전역으로 빠르게 퍼져 나갔고, 초반의 소박함이나 정직함에서 빠르게 벗어났다. 그럼에도 이들은 중요한 일을 했다. 대중을 교회로 인도했고, 교회가 본래 대중의 옹호자인 것처럼 보이게 만들었다. 이들의 활동으로 이단과 종교적 무관심은 눈에 띄게 줄어들었다.

그리하여 13세기 말 교회는 그 어느 때보다도 강력한 힘을 지닌 것처럼 보였다. 교회는 제국을 결정적으로 전복시켰고, 공들여 성공적으로 조직했으며, 충성스럽고 헌신적인 사람들의 지원을 받았다. 교회가 이처럼 권력의 정점에 도달한 듯 보였을 때, 교회의 역사상 가장 파괴적인 타격이 닥쳐왔다.

33 | 중세 교회의 재앙

프랑스의 필리프 4세

1285년 흔히 '공정왕 필리프(Philip the Fair)'라고 불리는 필리프 4세가 프랑스 왕위를 계승했다. 그의 통치 기간에 교황은 우리가 앞서 언급한 끔찍한 타격을 입었다. 하지만 필리프 4세는 종교 정책과는 별개로 그 자체로 중요한 왕이었다. 우리는 먼저 그가 프랑스 왕국의 권력을 어떻게 발전시켰는지 살펴보도록 하겠다.

플랑드르와의 전쟁

그는 플랑드르와 중요한 전쟁을 치렀다. 플랑드르 백작은 프랑스의 봉건 귀족 중 강력한 인물에 속했으며, 여전히 실질적인 독립을 누리고 있었다. 하지만 전쟁에서 패배해 자신의 영토를 프랑스 왕에게 넘겼다. 이렇게 전쟁은 끝난 것처럼 보였다. 그러나 플랑드르의 도시들은 부유하고 자치적이었으며, 견고한 요새를 갖추고 있었고, 자신들의 자유에 자부심을 가졌다.

한편, 프랑스 왕은 정부 조직이 성장함에 따라 이를 유지하기 위한 자금이 필요했는데, 재정이 매우 부족했다. 그래서 대신들의 조언을 따라 플랑드르 사람들에게 세금을 부과했다. 이 지역의 상업과 산업이 발전하면서 세금을 충분히 낼 수 있었기 때문이다. 하지만 이들에게 납세는 억압적일 뿐 아니라 권리를 침해하는 것으로 여겨졌다.

공정왕 필리프 4세

결국 1302년 플랑드르는 반란을 일으켰다. 프랑스의 기사단은 플랑드르 시민들을 향해 진군해 쿠르트레(Courtrai) 근처에서 맞섰다. 이어진 전투에서 왕의 군대는 맞서는 시민 세력을 무시하다가 비참하게 패배했다. 이 전투는 전쟁사에서 매우 중요한 전투였다. 지금까지 거의 1,000년 동안 기병은 전투에서 가장 중요한 무기였다. 하드리아노플전투(378년) 이후 기병의 우세는 흔들리지 않았다. 하지만 14세기에는 큰 변화가 일어났는데, 무거운 갑옷을 입은 기병이 가벼운 전투복을 입은 보병보다 덜 중요해진 것이다. 쿠르트레전투는 이 변화에 중요한 역할을 했으며, 이 교훈은 곧 벌어진 크레시(Crecy)전투와 푸아티에(Poitiers)전투에서 더 강해졌다.

왕은 또 다른 군대를 모집했고, 쿠르트레의 재앙은 다음 원정에서 얻은 승리로 어느 정도 만회되었다. 하지만 이제는 나라 전체를 합병하는 시도는 하지 않았다. 플랑드르 남부 지역만 프랑스 왕국에 합병되고 북부 지역은 독립을 인정하는 조약을 체결한 것이다. 수많은 노력에도 불구하고, 그 이후로도 프랑스는 필리프 4세가 포기한 풍요롭고 가치 있는 땅을 결코 얻지 못했다.

필리프 4세와 교황의 싸움

뒤이어 필리프 4세와 교황 사이에 신기원을 이루는 큰 싸움이 벌어졌다. 이는 200년 후 영국 왕 헨리 8세의 행동과도 매우 유사하다. 이 문제는 교회의 교리나 성직자의 도덕성과는 아무런 관련이 없다. 권력이 문제였다. 프랑스 왕은 황제들이 실패했던 싸움을 다시 일으켜 성공적인 결과를 이끌어냈다.

보니파티우스 8세

보니파티우스 8세(Bonifatius VIII)는 1294년에 교황으로 선출되었고, 처음에는 프랑스와 우호적인 것처럼 보였다. 그는 교황이 모든 세속 권력보다 우월하다는 견해를 가지고 있었는데, 이는 인노켄티우스 3세의 발언보다 훨씬 과격한 주장이었다. 그는 다음과 같이 적었다. "우리는 모든 인간이 구원을 위해 로마 교황에게 복종하는 것이 절대적으로 필요하다고 선언한다." 그는 이렇게도 말했다고 한다. "나는 카이사르이며, 진정한 황제이며, 따라서 지구상의 모든 군주보다 우월하다." 이런 원칙들이 교황과 프랑스 왕의 치명적인 충돌을 초래했다.

교황과의 첫 번째 충돌

첫 번째 갈등은 재정 문제였다. 왕은 늘 재정난에 시달렸으므로, 성직자들의 재산에 세금을 부과하기로 결심했다. 이에 교황은 칙서 클레리키스 라이코스(Glericis Laicos)를 통해 항의했다. 이 칙서에서 그는 세속 권력이 교회에 세금을 부과하는 권리를 부인했고, 세금을 부과하는 자와 납부하는 자는 모두 파문하겠다고 위협했다.

이 칙서는 영국과 프랑스 모두에게 큰 반발을 불러일으켰다. 영국의 에드워드 1세와 프랑스의 필리프 4세는 교황이 칙서를 수정하도록 압력을 가할 방법을 찾아냈다. 곧 분쟁은 다시 불거졌다. 한 프랑스 주교가 국왕에 대한 음모를 꾸몄다는 혐의로 프랑스에서 재판을 받았다. 하지만 교황은 성직자가 교회 법정에서만 재판을 받을 수 있다고 항의하며 이 사건을 로마로 이관할 것을 요구했다. 이것은 영국에서 토마스 에이 베켓(Thomas a Becket)의 살해와 헨리 2세(Henry II)의 회개를 촉발했던 그 분쟁이었다. 이 분쟁은 지금까지와는 전혀 다른 결과를 초래했다.

삼부회 소집

먼저 교황의 맹렬한 칙서가 내려졌고, 이에 못지않게 맹렬한 왕의 답변이 나왔다. 교황의 주장이 과장된 위조 칙서가 유포되는 바람에 교황이 불신에 시달리기까지 했다. 1302년 이 싸움의 심각성을 감지한 필리프 4세는 국민에게 도움을 청했다. 그는 처음으로 삼부회(Estates-General)를 소집했다. 삼부회는 성직자, 귀족, 평민이라는 왕국의 세 신분을 대표하는 기구였는데, 프랑스 역사에서 매우 중요한 역할을 담당했다. 교황은 왕의 위협에 겁을 먹기는커녕 파문 칙서로 답했다.

보니파티우스 8세에 대한 공격

다음 단계에서는 이전의 교황과 황제의 다툼에서는 볼 수 없었던 일이 벌어졌다. 왕은 교황을 직접 공격하고, 위협이나 물리적 폭력으로 퇴위를 강요하기로 결심했다. 노가레(Nogaret)를 수장으로 한 국왕의 대리인들은 로마에 있는 교황의 원수인 콜론나(Colonna) 가문과 손을 잡았다. 86세였던 교황은 아나니(Anagni)에 있는 자신의 성에 머물고 있었다. 공모자들은 교황의 면전에 난입해 교황을 위협하고 모욕했으며, 심지어 그를 때렸다는 소문까지 나돌았다. 하지만 교황은 굴복하지 않았다. 교황복을 차려입고 반대자들의 아우성을 물리쳤으며, 비록 포로가 되더라도 퇴위는 거부했다.

아나니에서 벌어진 장면은 어디에서나 깊은 인상을 남겼다. 사람들은 그리스도의 지상 대리자가 이처럼 모욕을 당한 적은 없다고 이야기했다. 이탈리아의 시인 단테(Dante)는 그리스도가 자신의 대리자를 통해 다시 한번 조롱당했고, 식초와 쓸개를 다시 그의 입술에 가져다 댔으며, 이번에 그리스도는 죽임을 당했지만 강도들은 살아남았다고 기록했다.

이탈리아의 시인 단테

클레멘스 5세의 선출

이번 폭행 사태로 예상했던 결과를 가져오지는 못했지만, 필리프 4세는 교황이 굴욕을 당할 때까지 계속 집권하기로 결심했다. 교황 보니파티우스 8세는 같은 해인 1303년에 죽었는데, 교황 선출에 영향을 미침으로써 많은 것을 이룰 수 있었다. 보니파티우스 8세의 직계 후임자는 곧 사망했지만, 보르도(Bordeaux)의 주교 클레멘스가 클레멘스 5세(Clement V)라는 칭호로 교황에 취임했다.

그가 선출되기 전에 프랑스 국왕에게 몇 가지 약속을 했다는 사실이 곧 알려졌다. 주요 약속은 교황이 필리프 4서를 파문 칙서에서 풀어주고 교회와 화해시키겠다는 것이었고, 교황이 로마를 떠나 알프스산맥 너머 교황의 도시 아비뇽(Avignon)에 거처를 마련하겠다는 것이었다. 이에 따라서 클레멘스 5세는 리옹(Lyon)에서 교황으로 임명되었고, 곧 아비뇽 궁전에 거처를 마련했다. '교회의 바빌론 유수'가 시작된 것이다.

아비뇽 유수

교황은 중세의 권력을 로마시의 신성한 기억과 세속적 기억에 빚지고 있었다. 나아가 유럽의 모든 강대국으로부터 독립된 지위를 획득한 데서 권력을 유지할 수 있었다. 교황의 영적 권위는 유럽의 어떤 군주에게도 도구나 대리인으로 예속되지 않았기 때문에 널리 인정받았던 것이다. 하지만 그가 아비뇽에 머무는 한, 이 모든 것은 끝이 났다. 물론 교황이 프랑스 땅에 있지는 않았지만, 분명 프랑스의 권력 아래 있었고, 프랑스의 경쟁자들이나 적들은 그의 말을 교회의 독립적인 발언으로 받아들이지 않았다. 오히려 다른 통로로 전달되는 프랑스 국왕의 목소리로 받아들였다.

템플 기사단의 붕괴

곧 프랑스에서 템플 기사단이 붕괴되었다. 십자군전쟁으로 생겨난 템플 기사단이 몰락한 주된 이유는 왕의 재정이었다. 왕은 돈이 필요했고 템플 기사단은 부유했기 때문이다. 이들에 대한 또 다른 비난도 제기되었다. 왕과 교황이 싸울 때 교황 보니파티우스 8세 편을 들었다. 그들은 이제 더 이상 어떤 봉사도 하지 않았다. 성지는 다시 이교도의 손에 넘어갔다. 성 요한 기사단이 이슬람 세력에 맞서는 전초 기지로 로도스섬을 지키고 있는 동안, 템플 기사단은 초기 활동으로 얻은 막대한 부를 편안하게 누리는 것에 만족하는 듯했다. 나아가 이들의 특징과 신앙마저 악화되었다고 한다. 특히 그들은 음주로 비난을 받았고, 기이하고 혐오스러운 의식을 거행한 탓에 이단이라는 소문도 나돌았다.

템플 기사단이 유용했던 시대는 지나갔지만, 이들의 탄압은 너무 불의하고 잔혹했다. 파리에서는 기사단원 54명이 화형을 당했고, 기사단장은 처형되었다. 1312년 프랑스 남부 비엔느(Venne)에서는 교황이 소집한 공의회에서 기사단 전체를 폐지시켰다.

프랑스 왕의 권력 성장

이 모든 사건이 군주의 권력을 엄청나게 강하게 만들었다. 교황은 위험한 경쟁자가 아니라 이제는 프랑스 왕의 굴종적인 도구가 되었다. 이 상황은 헨리 8세가 교회의 수장이 되었을 때의 영국과 크게 다르지 않았다. 템플 기사단의 몰락은 왕의 재원을 풍부하게 만들어주었다. 다른 면에서도 군주의 권위는 커지고 있었다. 로마법에 대한 폭넓은 연구와 일반적인 수용으로, 다른 곳과 마찬가지로 프랑스에서도 왕의 권위는 강력한 지지를 얻었다. 교황과의 싸움에서 왕의 주요 대리인으로 로마법에 정통한 변호사들이 나섰다.

삼부회에서 필리프 4세는 500년 후 왕을 전복할 어떤 기구를 만들었다. 하지만 당시에는 왕을 무너뜨리는 도구가 아니라 왕의 통치를 위한 도구였다. 파리 의회도 점차 발전했는데, 이 역시 미래에는 왕의 권위에 반하는 적대자가 되었다. 하지만 지금은, 그리고 앞으로 400년 동안 파리 의회는 왕권의 가장 중요한 도구였다. 이를 통해 왕은 프랑스 전역에서 최고의 사법권을 갖게 되었다.

중세 시대의 종말

이러한 일련의 사건들과 함께 중세는 이제 종말을 고했다고 할 수 있다. 중세는 콘스탄티누스가 기독교를 공인하면서 시작되었다. 중세의 가장 두드러진 특징은 교황 체제에서 가톨릭교회의 세력이 점차 커져 우위를 점하게 되었다는 것이다. 물론 가톨릭교회가 종말을 고한 것은 아니다. 하지만 1305년 가톨릭교회는 그레고리우스 7세, 인노켄티우스 3세, 보니파티우스 8세 시대에 갑자기 무너졌고, 다시는 그 지위를 회복하지 못했다.

14세기 초에 변한 것은 교회뿐만이 아니다. 중세의 두드러진 특징들도 사라졌다. 제국은 교황만큼이나 충격적이고 파괴적인 변화를 겪었다. 십자군 전쟁이 종식되었고, 템플 기사단은 붕괴되었으며, 기병의 우월성은 사라졌다. 이제부터는 점차 부상하는 근대 세계의 특징들에 주목해볼 것이다.

농노제가 노예제를 대체하다

중세를 벗어나기 전에, 지난 1,000년 동안 유럽이 겪은 주요 변화를 다시 한번 간략하게 되짚어보자. 그리스 도시국가나 로마제국의 중앙 집권적인 행정 대신, 중세에는 매우 다양한 군주제가 등장했는데, 이는 모두 봉건주의에 다소 직접적인 기반을 두고 있었다. 군주제 아래에서는 여러 국가에 (영국에서는 다른 어느 나라보다 더 발전된 형태로) 의회나 삼부회 등 대의 정부적 요소가 존재했다. 유럽 어디에도 고대 그리스처럼 시민에 의한 직접적인 자

중세의 농노들

치 정부는 존재하지 않았고, 로마제국처럼 전제적인 국가도 없었다.

사회적으로 가장 큰 변화는 노예제가 거의 사라지고 농노제가 그 자리를 대신했다는 것이다. 농노는 이제 더 이상 주인의 소유물이 아니었다. 고대 노예는 개인의 권리도 없고, 가정생활도 누리지 못하고, 국가 종교에도 참여하지 못했다. 물론 농노는 토지에 매여 있었으며, 대부분 봉건 영주의 처분에 맡겨져 있었다. 농노가 부를 축적하거나 법적 지위를 개선하는 일은 거의 불가능해 보였다. 하지만 자신의 집을 가질 수 있었고, 비록 노예나 다름없는 지위였지만 토지도 소유하고 있었다. 가정생활과 종교 활동도 마음만 먹으면 할 수 있었다. 노예의 지위처럼 농노의 지위도 별 볼 일 없던 시대였지만, 농노제가 유럽 사회 발전에 큰 역할을 했다는 점에는 의심의 여지가 없다.

고전 세계의 종교 사상과 중세 유럽의 종교 사상의 차이는 훨씬 크다. 그리스와 로마의 철학은 모두 사라지거나 알아볼 수 없을 정도로 변형되었다. 가톨릭교 사상은 도처에 존재했으며, 심지어 교회 반대자들조차 새로운 사상을 수입하지 않았다. 삼위일체와 성육신의 신비, 성모 마리아와 성인 숭배, 유물 숭배, 순례 관행, 교황의 권력과 조직 등은 제국의 체제, 기병의 우월성, 대의 제도의 등장보다 중세를 이해하는 데 더 본질적인 요소라 할 수 있다.

3부

유럽의 근현대 역사

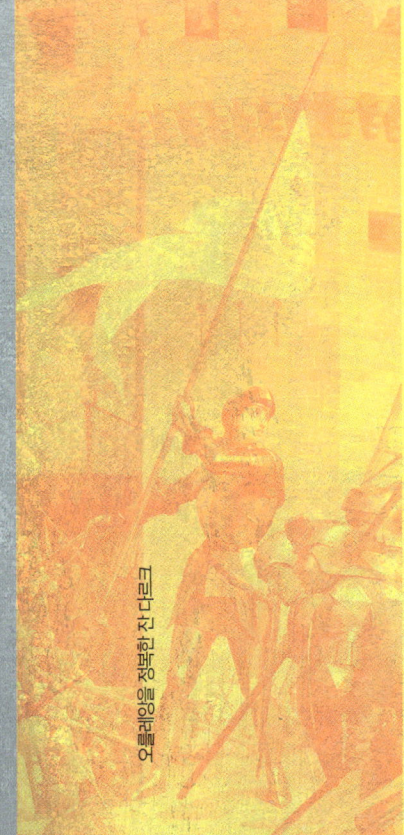

르네상스는 '재생'을 의미하는데, 보통 당시 그리스 로마 문학과 사상의 부활을 가리킬 때 사용된다. 이는 사람들이 수세기 동안 잘 통하던 중세적인 생각이나 형식에 더 이상 만족하지 못했다는 걸 의미한다. 많은 사람이 이미 인간의 지성과 마음과 욕구에 눈을 뜨게 되었기 때문에, 중세에는 간과되었지만 결코 잊히지는 않았던 그리스 로마의 고전 문학으로 다시 눈을 돌릴 수 있었던 것이다.

백년전쟁이 프랑스에 미친 정치적 결과는 왕권의 강화였다. 왕권은 경쟁자들을 제거함으로써 이득을 얻었을 뿐 아니라, 전쟁 말기에 취한 법적 조치 때문에 당시 사람들이 생각했던 것보다 훨씬 더 강력해졌다. 국왕은 '타이유'라 불리는 토지와 재산에 대한 세금을 징수할 수 있었고, 이렇게 징수된 돈은 상비군을 유지하는 데 사용했다.

마르틴 루터는 1510년 로마를 방문했을 때 교황의 도시가 얼마나 타락했는지 목격했다. 그는 면죄부 교리에 반대하는 95개조 반박문을 비텐베르크 대성당 문에 내붙였다. 루터는 로마의 조직과 사상에 반기를 들었다. 그는 다음 해 열리는 보름스의회에 소환되었지만, 자신의 뜻을 철회하지 않았다.

1453년 오스만제국이 콘스탄티노플을 점령하자, 인도와 중국으로 가는 기존 항로가 위험해지고 비용 부담도 막대했다. 콜럼버스는 아시아의 동쪽으로 가는 다른 항로를 찾기 위해 대서양을 횡단했다. 희망봉 항로의 발견이 가져온 결과는 더욱 컸다. 중국과 인도 상품을 위한 육로는 더 안전한 해로가 생기면서 발길이 끊겼다. 신항로의 발견은 유럽 사회의 모든 분야에 영향을 미쳤다. 처음에는 무역이나 국제 관계가 영향을 받았다.

구질서에 충성하는 사람은 아무도 없었다. 귀족, 중산층, 심지어 성직자조차도 큰 변화를 원했다. 일반 대중은 구질서를 참을 수 없을 만큼 큰 부담으로 여겼다. 볼테르와 루소의 새로운 사상을 받아들인 사람들은 구질서가 부당하다고 생각했고, 이것이 가난도 억압도 범죄도 없는 사회로 가는 길을 막는다고 믿었다. 이처럼 절실한 희망이 없었다면 혁명은 일어나지 않았을 것이고, 설령 일어났더라도 실제 역사와는 매우 다른 모습이었을 것이다.

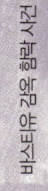

14세기의 프랑스

우리는 중세 교회의 비극적인 재앙에서 중세의 종말을 보게 된다. 다음 두 세기 동안 두드러진 특징 중 하나는 유럽 국가들이 자의식적인 존재로 부상하는 것이다. 제국과 교황은 모두 국제적(international)이거나 반국가적(anti-national)이었다. 그러나 이제는 프랑스, 스페인, 영국에서 국가 정신과 국가 조직이 크게 발전했다. 독일과 이탈리아에서도 국가 정신이 자라났지만 몇 세기 동안은 전자의 나라들만큼 성공하지는 못했다.

앞서 살펴본 바와 같이, 유럽에서 중세 제국이 붕괴되기 전 유지했던 지위를 이제 프랑스가 차지하게 되었다. 프랑스 왕국의 발전은 정치사와 전쟁사에서 향후 두 세기 동안 우리를 이끌어줄 중요한 실마리다. 하지만 필리프 4세가 죽자, 프랑스는 영국과의 분쟁에 휘말렸는데, 이는 두 나라에 말할 수 없는 고통을 안겨주었고 양국의 정치와 역사를 크게 변화시켰다. 필리프 4세는 1314년에 죽으면서 자녀와 손자를 포함해 수많은 후손을 남겼다. 왕위 계승은 확실해 보였으나, 곧 프랑스는 유럽에서 가장 심각한 왕위 계승 문제에 직면하게 되었다.

프랑스 왕위에 대한 영국의 주장

필리프 4세 가문에 암울한 시기가 찾아온 듯했다. 그의 세 아들이 차례로 왕위를 계승했지만, 짧은 재위 기간 끝에 모두 죽고 딸들만 남았다. 필리프 4세의 네 번째 자녀는 영국의 에드워드 2세와 결혼한 이사벨라(Isabella)였고, 이제 이 둘의 아들 에드워드 3세가 영국을 통치하고 있었다. 에드워드 3세는 스스로 프랑스의 왕위를 주장했다. 이쪽과 저쪽에서 제기된 법적 쟁점은 거의 현실성이 없었다. 영국 측에서는 정복에 대한 탐욕으로 이런 주장을 펼쳤고, 프랑스 측에서는 경쟁하는 강대국에 흡수되는 것을 피하고자 저항했다.

영국의 프랑스 내 영토 소유

영국 왕 에드워드 3세가 프랑스에 막대한 영토를 소유하고 있었다는 점을 기억해야 한다. 영국 왕들은 노르망디 공작과 앙주 공작으로서 한때 소유했던 땅을 실제로 잃었지만, 헨리 2세의 왕비인 아키텐의 엘레오노르를 통해 얻은 땅의 대부분은 여전히 그들 손에 있었다. 이 영토는 프랑스 왕의 봉건적 속국이었다. 게다가 처음에 에드워드 3세는 필리프 6세에게 충성을 맹세함으로써 그의 프랑스 왕위 계승권 주장의 타당성을 인정했다. 그러나 전쟁이 발발하자 에드워드 3세는 프랑스 왕이라는 칭호를 사용했고, 필리프 6세가 그 칭호를 사용하는 것에 반대했다.

백년전쟁

'백년전쟁'이라는 표현은 다소 오해의 소지가 있다. 영국과 프랑스는 결코 100년 동안 전쟁을 치르지 않았다. 하지만 1338년부터 1453년까지 두 나라는 언제나 전면전으로 치달을 준비가 되어 있었다. 이 100년 동안 영국군 지휘관들과 병사들에게 군사적 영광을 안겨준 사건들이 많이 있었다. 하지만 이 때문에 전반적인 결과가 영국에 확실히 불리했다는 점을 지적해야 한다. 에드워드 3세의 통치 기간에도 영국의 왕은 프랑스 영토의 상당 부분을 잃었다. 전쟁이 끝났을 때, 칼레(Calais)라는 도시와 그 주변 지역을 제외하고는 프랑스에 영국의 영토가 남아 있지 않았다.

영국과 프랑스의 상대적 강점

1338년부터 1360년까지 첫 번째 국면에서는 영국 군대가 눈부신 승리를 거두었고 상대편에 내놓을 것이 거의 없었다. 영국은 프랑스보다 훨씬 더 단결되어 있었고, 봉건적이지 않았으며, 국왕의 직접적인 통치를 받는 국가였다. 전쟁 초기 단계에서는 중앙 집권적인 왕국과 충돌했을 때 귀족 중심의 봉건 국가는 약점이 잘 드러났다. 영국의 봉건제는 프랑스처럼 귀족에게 권력을 넘겨준 적이 없었고, 헨리 2세와 에드워드 1세 치하에서 왕권이 크게 발전했다.

영국을 위해 싸운 군대는 왕의 군대로서 왕의 명령을 수행할 의무가 있었다. 반면, 프랑스 군대는 대부분 귀족의 군대였으며, 이들은 왕에게 마지못해 복종했다. 영국의 승리는 정치적 이유만으로 이루어진 것은 아니었다. 영국이 고용한 보병들은 프랑스의 서툴고 뚱뚱한 기사들보다 우월했고, 프랑스가 사용한 어떤 투척 무기보다 영국의 장궁이 우월했다.

영국의 초기 승리

이처럼 프랑스는 계속해서 타격을 입는 바람에 붕괴 직전까지 간 것처럼 보였다. 1340년 프랑스는 슬로이스(Sluys)해전에서 패배했고, 1346년에는 크레시에서, 1356년에는 푸아티에에서 완전히 무너졌다. 영국은 크레시 전투 이후 칼레를 점령해 언제든 프랑스를 침략할 수 있는 관문을 손에 넣었다. 프랑스의 상황은 절망적이었으므로, 1360년 프랑스 정부는 브레티니

프랑스와 영국의 슬로이스해전

(Bretigny) 평화조약을 수락했다. 이 조약으로 프랑스의 광대한 영토가 영국에 할양되었고, 에드워드 3세는 헨리 2세처럼 프랑스 국왕보다 더 넓은 프랑스 영토를 통치하게 되었다.

영국의 승리가 끝나다

영국은 브레티니 평화조약 직후 전쟁을 재개했지만, 이전의 성공과는 달랐다. 이런 변화의 원인은 프랑스가 채택한 새로운 전략에서 찾을 수 있다. 1364년 '현명왕(le Sage)'이라는 별명을 가진 샤를 5세가 왕위에 올랐다. 그의 통치하에서 프랑스는 크레시와 푸아티에를 견제할 만한 영광의 시절은 없었지만, 영국의 정복 흐름은 빠르게 잦아들었다. 그 이유는 프랑스 통치자들이 봉건적이고 중세적인 방식과 생각을 버렸고, 영국 군대가 자신들과 크게 다르지 않은 적수와 싸워야 했기 때문이다. 봉건 군대는 더 이상 프랑스의 주력이 아니었다.

프랑스 국왕은 용병 부대인 '대 용병대(grande companie)'를 고용하고 유능한 지도자의 손에 맡겼다. 왕은 프랑스군이 수행하는 전쟁에서 베르트랑 뒤 게클랭(Bertrand du Guesclin)이라는 뛰어난 지도자를 발견했다. 프랑스 군대는 더 이상 성급한 기사도 정신에 따라 영군 군대가 제안하는 전투에 응하지 않았다. 그들은 크레시전투나 푸아티에전투의 전철을 밟지 않으려 했다. 대신 적을 괴롭히고, 통신을 차단하고, 보급품을 빼앗고, 요새에서 끈질기게 저항했다.

에드워드 3세가 1377년에 사망했을 때 그의 영토는 즉위 당시보다 훨씬 작았다. 칼레, 보르도, 바욘(Bayonne)과 그 주변 영토를 보유하고 있었지만, 그 이상은 아무것도 없었다. 하지만 위대한 승리를 기억하고 있던 영국 왕은 스스로 강하다고 느끼면 영국의 옛 영토를 돌려달라고 말할 수 있을 것 같았다.

프랑스와 부르고뉴

1362년에 프랑스 왕에게 큰 이득이 될 것처럼 보인 사건이 하나 발생했지만, 결국은 매우 위험한 일로 밝혀졌다. 그해 부르고뉴 공작의 영토는 프랑스 왕의 소유가 되었다. 그러나 부르고뉴 공작인 장(Jean)은 그 영토를 왕실 영토에 합병하는 대신, 넷째 아들 필리프에게 하사했다. 당연히 혈연관계 때문에 부르고뉴 공작이 프랑스 왕에게 적대감을 갖고 권력을 사용하지는 않을 것으로 기대했다. 하지만 필리프의 후계자들 손에 들어간 부르고뉴 세력은 어떤 봉건 귀족보다 프랑스 왕의 적대 세력임이 판명되었다.

광인왕 샤를 6세

이처럼 프랑스 왕은 자신의 어리석음 때문에 위험한 경쟁자를 만들어냈고, 샤를 5세가 죽자 나약하고 무능한 자들의 손에 넘어갔다. 샤를 6세는 즉위 당시 겨우 열두 살이었고, 성인이 되자 지적 능력이 쇠퇴하기 시작했다. 그가 정신 이상 증세를 보이면서 프랑스의 왕권도 흔들리기 시작했다.

아르마냐크와 부르고뉴

프랑스는 영국과의 평화가 한동안 유지되었고, 영국의 리처드 2세는 왕의 딸인 프랑스의 이사벨라와 결혼했다. 하지만 프랑스는 외부의 적들과 평화가 유지되는 동안, 내부에서는 내전이 발발했다. 왕이 허약하고 그의 아들들이 왕위를 계승하기 어렵다면 탐욕스러운 귀족들에게는 이보다 좋은 기회가 없었다. 왕이 통치할 수 없는 상황에서 만약 왕의 아들들이 죽는다면 누가 왕위를 계승해야 할까?

두 가문이 이 좋은 기회를 두고 경쟁했는데, 이들은 반세기 후 영국사에서 요크(York)가와 랭커스터(Lancaster)가의 경쟁과 비슷한 양상을 보였다. 한편에는 오를레앙(Orléans)가가 있었다. 오를레앙 공작은 왕의 동생이었는데, 1407년 공작이 살해된 후 친척인 아르마냐크(Armagnac) 공작이 그 자리를 대신했다. 그래서 이 무리는 오를레앙파로 불리기도 하고 아르마냐크파로 불리기도 한다. 프랑스의 봉건 귀족들은 이 가문을 지지했는데, 그 이유는 자신들이 과거의 독립된 권력을 회복할 기회를 엿보았기 때문이다.

또 한편에는 부르고뉴 공작이 이끄는 브르고뉴파가 있었다. 그는 파리 시민들과 손을 잡고 있었고 시민들의 파리시 독립의 열망에 동조했다. 이 두 경쟁 세력 사이에 내전이 발발했고, 영국이 위협했을 때도 갈등은 끝나지 않았다. 1413년 영국에서는 헨리 4세가 죽고 헨리 5세가 왕위에 올랐는데, 헨리 5세는 자신의 열정과 실력을 뽐내고 싶었을 뿐 아니라 의심스러운 왕위 계승권에서 사람들의 눈을 돌리려고 프랑스와의 전쟁을 일으켰다.

샤를 6세 치세에 닥친 재앙들

전쟁의 새로운 국면은 크레시전투와 푸아티에전투가 벌어진 시절보다 프랑스를 더 깊은 굴욕에 빠뜨렸다. 한동안 프랑스의 왕위가 영국의 손에 넘어가기도 했다. 프랑스가 얼마나 불리한 조건이었는지 생각해보자. 프랑스의 왕 샤를 6세는 정신 상태가 위험한 광인이었다. 그래서 봉건 세력이 다시 힘을 얻었고, 사실상 내전이 벌어지고 있었다. 이 내전의 당사자인 부르고뉴파는 영국 왕과의 동맹을 받아들이고, 프랑스의 분할 또는 영국 정부의 프랑스 흡수에 동의할 의향이 있었다. 따라서 헨리 5세는 에드워드 3세보다 더 유리한 고지를 점한 채 전쟁에 돌입했다.

영국 왕 헨리 5세의 프랑스 장악

헨리 5세의 승리는 압도적이고 신속했다. 1415년 아쟁쿠르(Azincourt)전투에서 프랑스는 크레시전투나 푸아티에전투보다 더 큰 패배를 당했다. 노르망디도 영국의 손에 넘어갔다. 부르고뉴파와 아르마냐크파를 화해시키

프랑스와 영국의 아쟁쿠르전투

려는 시도는 결국 부르고뉴 공작의 암살과 부르고뉴파와 영국 간의 더욱 긴밀한 연합으로 끝이 났다.

마침내 1420년 트루아(Troyes) 평화조약을 통해 헨리 5세가 프랑스 왕녀 카트린과 혼약을 맺고, 샤를 6세가 살아 있는 동안에는 섭정으로 프랑스를 통치하고, 샤를 6세가 사망하면 프랑스 국왕으로 즉위하기로 했다. 프랑스는 여전히 군대를 보유하고 있었지만, 헨리 5세는 이전 어떤 영국 왕에게도 없었던 권력과 희망찬 전망을 갖고 있었다. 그러던 중 1422년에 용맹한 전사 헨리 5세와 불쌍하고 어리석은 샤를 6세가 모두 죽음을 맞이했다.

프랑스 국왕의 경쟁자

샤를 6세의 아들 샤를 7세가 왕위에 오르자 프랑스 국왕의 전망은 더욱 어두워졌다. 부르고뉴와 영국이 프랑스를 장악하고 있는 듯했다. 프랑스 왕실의 군대는 루아르(Loire)강 남쪽에서만 안전했다. 영국과 부르고뉴의 합동 작전으로 프랑스 왕실의 군대를 쉽게 격파할 수 있을 것 같았다. 이처럼 암울한 분위기 속에서 통치를 시작한 샤를 7세는 나중에 프랑스에서 영국의 지배를 종식시키고 만다. 그는 '승리왕'이라는 칭호를 얻지만 실제로 이에 걸맞은 왕은 아니었다.

프랑스에 유리한 조건

이 거대한 변화의 원인은 당시 역사에 분명하게 기록되어 있다. 전쟁을 치르던 두 국가의 입장은 거의 역전되었다. 어리석은 사람은 프랑스 왕이 아니라 영국 왕이었다. 훗날 장미전쟁을 일으킨 요크가와 랭커스터가 때문에 영국에 유리하던 상황이 깨져버렸고, 반면 프랑스는 부르고뉴파와 왕실이 화해하면서 하나로 합쳐졌다. 처음에는 영국이 군사적 능력도 뛰어났고

오를레앙을 정복한 잔 다르크

영국군의 장궁은 프랑스의 무기보다 우위에 있었다. 하지만 이제 프랑스는 자신감과 활력을 되찾았다. 또한 화약을 사용하면서 상대방의 무기인 장궁에 충분히 맞설 수 있었다. 이렇게 프랑스에 유리한 상황이 되었지만, 잔 다르크(Jeanne d' Arc)의 놀라운 활약이 없었다면 프랑스는 결정적인 승리를 거두지는 못했을 것이다.

영국은 헨리 6세가 새로 통치하면서 6년 동안은 승승장구했다. 노르망디와 센강 상류에서 전투에 승리하면서 영국군의 우월성을 보여주었다. 1428년 영국군은 오를레앙을 포위했는데, 만약 이 거대한 도시가 함락되면 프랑스의 중심부로 향하는 관문이 영국의 손에 넘어가는 것이었다. 그러던 중 잔 다르크가 나타났다. 그녀의 업적은 유럽 역사에서 다른 어떤 일보다 인과관계를 분석하기가 어렵다. 어쨌든 잔 다르크의 승리로 프랑스는 자신감을 얻었고 미신적인 공포로 적군에게 겁을 주었다.

여기서는 그녀의 영웅적인 삶이나 비극적인 죽음에 대해서는 이야기하지 않겠다. 1431년 잔 다르크가 화형당했을 당시, 영국은 여전히 프랑스에서 지배력을 가지고 있었지만 그 영향력은 점차 약해지고 있었다. 1435년 부르고뉴의 필리프가 영국과의 동맹을 완전히 파기하고, 프랑스 국왕과 아라스(Arras) 평화조약을 맺었는데, 부분적으로는 이 훌륭한 여전사의 업적 덕분이었다.

백년전쟁의 종식과 그 결과

이후 프랑스의 승리가 끊이지 않았다. 1450년 영국은 노르망디에서 마지막 전투를 치렀고, 1453년 아키텐(Aquitaine)의 카스티용(Castillon)전투에서 백년전쟁의 종지부를 찍었다. 백년전쟁은 역사상 매우 끔찍한 전쟁 중 하나였으며, 프랑스 일부 지역에서 벌어진 대대적인 파괴는 가히 상상할 수 없을 정도였다. 이 전쟁이 프랑스에 미친 정치적 결과는 왕권의 강화였다. 봉건 귀족들은 크레시전투, 푸아티에전투, 아쟁쿠르전투에서 치명적인 타격을 입었고, 이들의 군사적 위신은 이 굴욕적인 시기를 버텨낼 수 없었다. 백년 전쟁의 승리는 고귀한 귀족들이 가져온 것이 아니었다. 고용된 병사와 지휘관, 베르트랑 뒤 게클랭과 잔 다르크와 같은 영웅, 그리고 봉건 귀족의 최대의 적인 화약이 전쟁 승리의 주역이었다.

하지만 왕권은 경쟁자들을 제거함으로써 이득을 얻었을 뿐 아니라, 전쟁 말기에 취한 법적 조치 때문에 당시 사람들이 생각했던 것보다 훨씬 더 강력해졌다. 이것이 바로 1439년의 오르레앙 칙령이었다. 이 칙령에 따라, 우선 국왕은 '타이유(taille)'라 불리는 토지와 재산에 대한 세금을 징수할 수 있었고, 이렇게 징수된 돈은 상비군을 유지하는 데 사용했다. 영국의 역사와 비교하면 이 규정의 중요성을 분명히 알 수 있다. 의회의 세금 통제와 상비군의 부재는 영국 의회 정치가 성립하게 된 두 가지 주요 수단이었다. 1439년의 칙령은 탄력적인 세금 징수와 상비군을 왕의 손에 맡겼다. 따라서 이 칙령은 일종의 '역전된' 대헌장이었다. 대헌장이 영국에서 의회 정치 수립을 최종적으로 보장했던 것처럼, 이 칙령은 (혁명으로 전복되기 전까지) 프랑스 절대왕정의 기반을 마련했다.

루이 11세의 절대왕정

프랑스 왕국은 백년전쟁으로 거의 몰락할 뻔했지만, 전쟁의 결과로 왕권은 더 강력해지고, 중앙 집권화되었으며, 이전보다 더 넓은 영토를 통치하게 되었다. 샤를 7세의 업적은 후계자인 루이 11세(1461~1483 재위)에 의해 계승되고 완성되었다. 이 위대한 왕은 로맨스 소설에서 잔혹하고 파렴치하며 미신적인 폭군으로 자주 그려졌는데, 통치 말년의 행적으로 보면 이러한 평판을 얻을 만도 했다.

하지만 역사적으로 중요한 점은 루이 11세가 프랑스를 강력하고 잘 조직된 절대주의 체제로 발전시켰다는 사실이다. 15세기와 16세기에는 전반적으로 귀족의 권력이 약해지고 군주의 권력이 강해지는 경향이 나타났다. 물론 영국과 스페인에서도 이러한 일이 일어났지만, 프랑스가 가장 좋은 사례다. 루이 11세는 마침내 귀족들의 권력을 무너뜨리고 왕권을 최고의 권력으로 만든 장본인이었다.

부르고뉴의 공작 용담공 샤를

루이 11세의 가장 큰 경쟁자이자 적은 부르고뉴의 공작 용담공 샤를(Charles the Bold)이었다. 그의 영토는 843년 베르됭 조약으로 세워진 옛 로타링기아 왕국과 맞먹었다. 영토는 라인강 하구에서 론강까지 뻗어 있었지만, 북부와 남부 사이에는 간극이 있었다. 용담공 샤를의 지위에 대한 흥미로운 사실에도 주목해야 한다. 그는 독립적인 군주가 아니었다. 자신의 영토 중 일부에 대해서는 황제에게, 다른 일부는 프랑스 국왕에게 봉건적 충성을 바쳐야 했지만, 그 어느 쪽보다도 강한 권력을 가진 듯 보였다.

용담공 샤를이 패배하다

용담공 샤를은 군인으로서 무모할 정도로 대담했는데, 이는 예민하고 경계심 강한 프랑스 국왕의 성격과 묘한 대조를 이루었다. 용담공 샤를 역시 프랑스의 대귀족들과 동맹을 맺었다. 용담공 샤를과 루이 11세의 대결은 귀족주의와 군주주의의 대결이었다. 이 유명한 대결의 세부적인 사항을 일일이 알 필요는 없다.

루이 11세는 때때로 큰 위험에 처하기도 했다. 하지만 적들의 실수를 이용한 교활함과 끈기로 승리를 거두었다. 루이 11세의 외교적 수완으로 스위스가 용담공 샤를에게 반기를 들었는데, 샤를은 스위스와의 전투에서 전사하고 말았다. 샤를의 몰락은 프랑스 귀족들에게 엄청난 재앙이었다. 귀족들은 프랑스 왕으로부터 독립할 좋은 기회를 다시는 얻지 못했다.

용담공 샤를의 영토 분할

부르고뉴의 공작 용담공 샤를

용담공 샤를의 영토는 어떻게 되었는지 좀 더 자세히 살펴보자. 영토 중 상당 부분(피카르디, 아르투아, 부르고뉴 공국)은 프랑스의 영토가 되었다. 루이 11세는 용담공 샤를의 외동딸인 마리를 자신의 아들과 결혼시켜 이 모든 영토를 차지하려 했다. 하지만 이 시도는 실패했고, 마리는 막시밀리안(Maximilian) 황제와 결혼했다.

이 결혼은 유럽 역사상 가장 운명적인 결혼이었다. 마리와 막시밀리안의 아들인 필리프는 스페인 왕위 계승자인 후아나(Juana)와 결혼했고, 그들의 아들 카를로스 5세(Carlos VI)는 제국과 오스트리아 왕가의 모든 소유물, 스페인 왕실의 모든 재산, 용담공 샤를의 영토 대부분을 상속받았다. 16세기에는 이러한 영토의 분포가 유럽 역사에서 얼마나 중요한지 잘 보여줄 것이다.

이렇게 우리는 두 세기에 걸친 프랑스의 역사를 빠르게 훑어보았고, 15세기 말 프랑스가 어떻게 유럽에서 가장 강력하고 잘 조직된 강대국이 되었는지 살펴보았다. 이제는 다시 돌아가서 같은 시기의 교회의 운명, 그리고 독일과 스페인의 운명을 살펴보자.

아비뇽 유수

우리는 이미 1305년에 프랑스의 폭력과 음모로 교황이 로마를 버리고 론 강 근처 아비뇽에 거처를 마련한 사건을 살펴보았다. 아비뇽은 원래 교황의 도시였으며 교황들이 그곳에 갇힌 것은 아니었다. 물론 '아비뇽 유수'는 일반적으로 교황들이 그곳에 머물렀던 시기를 가리키는 말이기는 하다. 어쨌든, 교황의 권력과 위신은 아비뇽이 아닌 로마와 밀접한 관련이 있었고, 아비뇽의 교황이 프랑스 왕의 도구처럼 보인 것은 사실이다. 교황은 독립적인

그레고리우스 11세의 로마 귀환

지위를 잃었고 더 이상 영향력을 발휘할 수 없었다.

'유수'는 1305년부터 1377년까지 70년 넘게 지속되었으며, 교황의 역사에서 이보다 어두운 시기는 없었다. 아비뇽의 교황들은 노예근성, 악덕, 심지어 이단이라는 이름으로 악명을 떨쳤다. 교황들은 로마에 거주하던 시절에 영국의 존 위클리프(John Wycliffe) 같은 종교개혁가에게 공격받기 시작했고, 종교개혁 때까지 이들은 잃었던 영토를 되찾지 못했다. 그동안 교황의 로마 귀환을 위한 여러 제안이 있었다. 도시와 교회의 영토는 빠르게 봉건 귀족의 손에 넘어가고 있었으므로, 교황의 권위를 회복하기 위해서는 교황의 로마 귀환이 필수적이었다. 마침내 그레고리우스 11세(Gregorius XI)가 로마로 돌아오면서 포로 생활도 막을 내렸다.

서방 교회의 대분열

하지만 교황의 로마 귀환과 함께 새로운 재앙이 닥쳤다. 1378년에 '서방 교회의 대분열'이 시작된 것이다. 그해 그레고리우스 11세가 죽었고, 추기경들은 우르바누스 6세(Urbanus VI)를 교황으로 선출했다. 그러나 곧 프랑스의 이익을 대변하는 추기경 13명이 부정 선거가 진행되었다고 선언하고는 클레멘스 7세(Clemens VII)를 교황으로 선출했다. 이전에도 두 사람이 동시에 교황이라 주장하는 경우가 여러 번 있었지만, 이러한 '분열'은 오래가지 않았다. 하지만 이 '대분열'은 모든 노력에도 불구하고 1417년까지 지속되었다.

유럽의 정치적 분열이 이 종교적 분열에 큰 책임이 있었다. 영국과 프랑스는 각각 다른 교황을 지지했다. 동시에 제국은 파벌로 분열되었고, 이 분열은 교회의 분열과 연결되었다. 우르바누스 6세와 클레멘스 7세가 죽었지만 분열은 끝나지 않았다. 각 파벌은 후임 교황을 선출했다. 우르바누스파 교황과 클레멘스파 교황이 차례로 선출된 것이다. 이는 교회와 기독교 세계에서 벌어진 크나큰 스캔들이었다. 두 교황은 서로에게 교회의 가장 큰 무기를 사용했다. 결과적으로 유럽인들은 교황의 주장을 전면적으로 비판하는 경향이 커졌다. 영국의 위클리프에 이어 보헤미아의 얀 후스(Jan Hus)가 등장했다. 마르틴 루터(Martin Luther)가 등장해 위대한 종교개혁을 시작할 때까지 교황의 주장은 더 이상 보편적으로 받아들여지지 않았다.

분열을 끝내는 방법

분열을 끝내기 위해 여러 방법이 제안되었지만, 결국 초창기에 교회의 분쟁을 해결했던 방법을 활용하기로 했다. 공의회를 소집해 서방 교회의 일치를 위한 방안을 논의하기로 한 것이다. 하지만 공의회에서 교회의 일치를 회복하는 일은 결코 쉽지 않았다. 실제로 첫 번째 시도는 당시 만연한 혼란을 가중시켰을 뿐이다. 1409년 피사에서 공의회가 소집되었고, 두 교황이 모두 참석할 것으로 예상했다. 그러나 두 교황 모두 참석하지 않았다. 공의회는 두 교황을 대신할 교황 요한 23세(John XXIII)를 선출했지만, 두 교황이 모두 사임하지 않았기 때문에 이제는 교황이라고 주장하는 사람이 두 명이 아닌 세 명이 되었다.

콘스탄츠 공의회

5년 후인 1414년에 또 다른 시도가 이루어졌다. 신성로마제국의 콘스탄츠(Konstanz)에서 대규모 공의회가 소집되어 엄청난 인파가 참석했다. 4년 넘게 진행된 공의회 기간에 성직자 약 1,800명과 평신도 약 10만 명이 참석했다고 한다. 공의회에서 주로 지기스문트(Sigismund) 황제가 영향력을 행사했으며, 공의회는 기존의 분열뿐 아니라 교회의 전반적인 상황을 고려했다. 그럼에도 교황 권력의 회복, 즉 교황을 세 명에서 한 명으로 대체하는 일이 가장 절실했다.

요한 23세는 자신이 단독 교황으로 지명되기를 기대했다. 그러나 그렇게 되지 못할 것을 알고는 콘스탄츠에서 도망쳤지만 체포되어 감금되었다. 1417년 드디어 해결책이 마련되었다. 기존 교황 세 명 중 두 명은 폐위되었고, 한 명은 사임했으며, 마르티누스 5서(Martinus V)가 새 교황으로 선출되었다. 그의 통치권에 이의를 제기하는 사람은 아무도 없었다.

콘스탄츠 공의회에서 제안된 개혁

콘스탄츠 공의회는 다른 개혁들도 추진했다. 교황 선거와 관련된 모든 분쟁은 총회에서 결정할 권리가 있다고 선언했다. 또한 선거 방식을 규제하고 추기경의 수를 제한했다. 한 세기 후 종교개혁을 촉발했던 교회 행정의 여러 폐해도 시정할 것을 제안했다. 교황이 세금을 부과하고, 재판하고, 신민에게 법률 의무를 면제할 권리를 법제화했지만, 이 모든 공의회의 노력은 허사로 돌아갔다. 제안된 조치들이 제대로 이행되지 않았기 때문이다. 교회는 종교개혁이 일어나기 전까지 한 세기 동안 전통적인 방식을 고수했다.

얀 후스

콘스탄츠 공의회는 교황의 권력을 억제하는 한편, 교회의 정통성을 유지하는 데 열심이었다. 그리고 이단자 얀 후스를 화형시킴으로써 이단에 대한 증오심을 드러냈다. 후스는 위클리프가 영국에 뿌린 교리를 보헤미아에서 전파했는데, 후스파 운동은 놀라운 규모로 확산되었다. 공의회는 교회 통치의 통일성뿐 아니라 교리의 통일성도 회복하고자 했다. 따라서 후스를 공의회에 소환했고, 지기스문트 황제는 처음에 그에게 안전을 약속했다. 하지만 공의회는 이단자의 신앙은 지켜줄 필요가 없다는 이유로 이 약속을 깨기로 결정했다. 결국 후스는 콘스탄츠 성벽 밖에서 화형당하고 말았다. 하

콘스탄츠 공의회에 참석한 얀 후스

지만 후스파 운동은 끝나지 않았다. 후스파는 한동안 보헤미아에서 위협적인 모습을 보였지만, 결국 아주 어렵게 진압되었다.

콘스탄츠 공의회의 결과

콘스탄츠 공의회의 결과를 주의 깊게 살펴보자. 이 공의회는 교황보다 공의회의 우월성을 선언했다. 그레고리우스 7세와 인노켄티우스 3세 시대의 절대적인 교황의 권력이 무너졌음을 보여주었다. 이 공의회는 교회 내에서 중앙 집권적인 1인 체제를 대체할 일종의 귀족 공화정을 수립했다.

바젤 공의회

13년 후인 1431년에 스위스의 바젤(Basel)에서 또 다른 대규모의 공의회가 소집되었다. 교회의 폐해를 개혁하자는 것이 공의회가 공표한 목표였다.

보헤미아에서 후스파 공의회가 끊임없이 성공을 거두는 것을 보니, 어떤 종류의 개혁이 절실히 필요한 듯 보였다. 바젤 공의회는 콘스탄츠 공의회보다 훨씬 민주적이었다. 바젤 공의회는 더 많은 것을 목표로 내세웠지만 실제로는 그보다는 더 적은 것을 이루었다. 공의회는 교회의 개혁이 필요한 부분을 다루는 별도의 위원회를 마련했다. 교황은 공의회의 이러한 조치에 반대했다. 교황은 당연히 교황청이 위원회로 대체되는 것에 동의하지 않았다. 교황의 적대감으로 새로운 분열이 시작될 것처럼 보였다.

공의회는 현 교황을 폐위하고 다른 교황을 선출했다. 하지만 새로 선출된 교황은 사임했고, 새로운 분열은 막을 수 있었다. 바젤 공의회는 중요한 성과를 거두지 못했다. 바젤 공의회가 소집된 이유 중 하나는 후스파 전쟁 때문이었는데, 1434년 보헤미아의 종교 반란군은 일련의 놀라운 성공으로 마침내 진압되었고, 그들의 지도자는 살해되었다.

동서방 교회의 재통합

15세기에는 바젤 공의회의 불명예스러운 실패 이후 중요한 공의회가 여러 차례 열렸다. 다음 공의회는 교황이 소집했다. 서방 교회가 이단과 분열로 혼란스러운 시기에, 마침내 동방 교회와 서방 교회의 재통합 기회가 생긴 듯했다.

이제 콘스탄티노플에서 진행된 그리스 제국의 역사를 마지막으로 살펴봐야 한다. 이곳에는 옛 로마제국의 후예이면서 여전히 스스로를 로마라고 부르는 제국이 존재했다. 우리는 앞에서 제4차 십자군 원정으로 그리스 제국이 얼마나 심각하게 쇠퇴했는지 살펴보았다. 라틴 제국이 몰락하고 그리스의 언어와 그리스의 기독교가 다시 유행했지만, 제국은 결코 예전의 힘을 회복하지 못했다. 이슬람 세력은 점점 더 큰 힘으로 그리스 제국을 압박하고 있었다.

튀르크 군대는 유럽에서 넓은 영토를 점령하고 소아시아 전역을 손에 넣었다. 이들에게 저항한 곳은 콘스탄티노플뿐이었다. 이 도시는 군사력이 막강했지만 외부의 도움 없이는 함락될 것이 뻔해 보였다. 극한의 상황에 처한 동방 황제들은 서유럽에 도움을 호소했다. 이제 사라져가는 십자군의 열정을 되살리고 로마와 동방을 갈라놓은 교리나 교회 정치를 모두 포기할 수 있을 것이라는 희망도 품었다.

교황은 동서 교회의 오랜 분열을 회복하고 콘스탄티노플의 복종을 받아들이기 위해 페라라(Ferrara)에서 공의회를 소집했다. 700명의 그리스인들이 모여 '성령의 행적', 무교병(누룩 없는 빵)의 사용, 무엇보다 교황의 우위에 관해 논의했다. 합의가 이루어졌고, 교황의 칙서는 교회의 연합을 선포했다. 콘스탄티노플은 자존심 때문에 첫 번째 제안을 거부했지만, 이슬람 세력이 성문에 도착한 뒤에야 이 교만한 도시는 결국 로마에 머리를 숙였다. 1452년 12월에 교회 통합 축제가 열렸다.

하지만 아쉽게도 이 재통합이 콘스탄티노플의 파멸을 막는 데는 효과가 없었다. 1453년 5월 29일 콘스탄티노플은 습격당했고, 1,100년 넘게 십자가가 서 있던 자리에 초승달이 매달렸다.

15세기 교회의 역사 요약

15세기 교회의 역사를 다시 요약해보자. 교회의 권력과 위신이 크게 흔들렸다. 공의회 소집 자체가 교황의 권위로 교황 관할권 내의 문제들을 더 이상 해결할 수 없다는 사실을 보여주었다. 어떤 경우에는 권력이 교황에서 주교들에게로 넘어갔고, 또 어떤 경우에는 민족 감정으로 해외 세력(교황)에 대한 복종을 거부하기 시작했다. 세기 말 무렵, 교황들은 새로운 상황을 거의 받아들이거나 적어도 더 이상 저항하지 않는 듯했다. 교황은 교황령의 세속적 이익에만 몰두했고, 보편 교회의 영적 이익은 등한시했다. 교회는 곧 닥칠 거대한 폭풍 속으로 무심코 떠내려갔다.

합스부르크 왕가의 등장

1268년 호엔슈타우펜 왕조가 종식된 이후 독일은 실질적인 중앙정부을 잃게 되었다. 신성로마제국은 붕괴되었고, 그 구성국인 독일 왕국도 무너졌다. 한동안 권력 부재 기간(interregnum)이 이어졌다. 누구도 황제로 인정받지 못했고, 게르만 국가들은 심판이나 통제 없이 서로 다투었다.

1273년에는 합스부르크 왕가의 루돌프(Rodolph)가 황제가 되어 1291년까지 통치했다. 황제의 홀은 얼마 지나지 않아 그의 가문을 떠났다. 하지만 루돌프는 합스부르크 왕가의 창시자로 여겨지며, 그의 후손들은 수백 년 동안 신성로마제국의 왕좌를 차지했고, 이후에는 오스트리아 제국의 왕좌를 차지했다. 신성로마제국이 다시 그림자처럼 모습을 드러내긴 했지만, 독일 왕국은 사실상 제국의 지배를 받지 않았다. 원심력이 거의 통제되지 않은 상태로 작용했다. 각 나라나 도시가 모든 실질적인 통제에서 벗어났다.

금인칙서

14세기에 이르러 마침내 신성로마제국의 헌법이 제정되었다. 그런데 이는 제국의 무능함을 선언하는 것이나 마찬가지였다. 황제 카를 4세가 발표한 금인칙서(金印勅書, Golden Bull)는 대체로 터무니없을 정도로 사소한 예의 범절 문제들을 다루고 있었다. 물론 미래 독일의 정치적 기반을 이룰 몇 가지 원칙도 제시되었다. 금인칙서에는 신성로마제국의 황제는 선거로 선출되며, 선거권은 마인츠 대주교, 트리어 대주교, 쾰른 대주교, 보헤미아 국왕, 라인강 팔츠 백작, 작센 공작, 브란덴부르크 후작에게 있다는 점을 명확히 했다. 나아가 이 선제후들은 각자의 영토 내에서 최고 권력을 가지며, 이 영토는 자식이 아니라 후계자에게 귀속되어야 한다고 선언했다.

독일의 동맹

제국의 운명은 금인칙서에 명시되어 있었다. 하지만 제국의 힘이 약해지자 독일의 여러 도시는 공동의 목적을 위해 동맹을 형성했다. 그중 주요한 것은 독일 북부의 상업 도시들로 구성된 한자동맹(Hanseatic League)이었다. 초기 동맹국은 뤼베크(Lubeck), 로스토크(Rostock), 슈트랄준트(Stralsund)였다. 이 동맹에는 발트해의 주요 무역 중심지들도 포함되었다. 한자동맹은 상업상 상호 보호를 위해 존재했으며, 약 150년 동안 매우 강력한 조직으로 활동했다.

한자동맹 시기의 상업 도시 뤼베크

스위스 동맹의 등장

같은 시기에 제국의 남서부에서도 독립적인 세력이 부상했다. 지금의 스위스 지역이 거의 제국의 국경 안에 있었고, 스위스의 중부 지역은 합스부르크 영토의 일부에 해당했다. 1291년 슈비츠(Schwytz), 우리(Uri), 운터발덴(Unterwalden)은 상호 보호 동맹을 결성했다.

1315년 오스트리아의 레오폴트(Leopolc)가 이들을 압박하려 했지만, 모르가르텐(Morgarten)전투에서 저항에 부딪혀 패배하고 말았다. 동맹은 점차 세력을 키워나갔다. 다른 다섯 개의 주(州)가 동맹에 가담했고, 1386년 젬파흐(Sempach)전투에서 다시 한번 제국군을 격파했다. 자유의 신(Liberty)은 스위스의 산악 지대에 안식처를 찾았고 거기서 결코 쫓겨난 적이 없었다. 15세기 동안 스위스 동맹은 점차 성장하고 번영했다. 나중에 부르고뉴의 용담공 샤를이 동맹을 진압하려 했지만, 이 산악 지대의 사람들은 맞서기에 너무 강한 세력이 되어 있었다(1476).

스페인

스페인에서는 독일과는 정반대의 경향이 진행되고 있었다. 15세기 말에는 스페인이 예상치 못하게 유럽의 위대한 군사 왕국으로 부상했다. 우리는 이 책에서 카롤루스 대제 시대 이후로는 스페인의 모습을 전혀 볼 수 없었다. 당시 무어인과 이슬람 세력의 패권에 처음으로 타격이 가해진 것을 확인했다. 무어인의 패권은 이후로 점점 쇠퇴했다.

한동안 무어인들은 유럽 어느 지역보다 계몽주의를 앞서서 받아들였다. 하지만 통치자들 사이의 내전이 발생하고 무어인 왕들이 기독교도인 백성을 회유하지 못하자 무어인의 세력은 무너지고 말았다. 13세기가 되자 무장한 기독교도들이 압제자들보다 우위를 점하기 시작했고, 그 이후로 무어인 세력은 계속 약해졌다.

스페인의 통일

　무어인에 맞선 승리는 스페인 기독교도 전체가 공동으로 이룬 결과는 아니었다. 무어인에게서 얻은 땅에 세워진 여러 독립 국가의 업적이었다. 독립을 향한 이들의 열망이 스페인 역사의 많은 부분을 설명한다. 스페인 지역의 나라 중에 아라곤(Aragon)과 카스티야(Castile)는 단연코 중요했다. 카스티야는 살아남은 무어인 왕국인 그라나다(Granada)와 교류하고 있었다. 아라곤은 강력한 왕의 지배를 받았고 무역업으로 번성했다. 1469년 카스티야의 상속녀 이사벨라(Isabella)는 아라곤의 상속자 페르디난도(Ferdinando)와 결혼했고, 이 결혼의 결과로 스페인이 통일되었다.

스페인의 중요성

　스페인은 놀랍도록 갑작스럽게 유럽 강대국의 대열에 합류했다. 스페인 국민들은 무어인과의 오랜 투쟁으로 자연스럽게 전쟁에 대비하게 되었고, 곧 유럽 최고의 보병임을 스스로 증명했다. 유럽의 어떤 국민도 스페인 국민만큼 독실하고 공격적으로 가톨릭교를 신봉하지 않았다. 그들에게 가톨릭교는 단순한 종교가 아니라 인종적 유대감이자 이교도에 맞서는 결집의 구호였다.

　이후 교황은 유럽의 다른 지역보다 스페인에서 강력한 지지를 얻었다. 페르디난도와 이사벨라의 통치 기간 동안 무어인의 그라나다 왕국은 파괴되고 말았다. 스페인의 왕권은 모든 귀족과 도시보다 우월했다. 아메리카가 발견되면서 스페인은 유럽 최초로 육지와 바다에서 모두 강대국임을 입증했다. 불행하게도 이탈리아는 종교적 편협함 때문에 빛을 잃어갔다. 이러한 분위기가 이탈리아 전역에 만연하면서 이 나라를 파멸로 몰고 갔다.

이탈리아의 분열

　15세기 이탈리아는 놀라운 광경을 보여준다. 이탈리아는 지성적으로 유럽의 다른 지역보다 훨씬 앞서 있었다. 이탈리아에서 르네상스가 본격적으로 시작되었다. 다음 장에서 르네상스의 특징을 살펴보겠지만, 이탈리아를 위협했던 심각한 정치·사회적 문제를 다룰 때도 이탈리아의 뛰어난 지적 업적을 염두에 두어야 한다.

　이탈리아는 영국, 프랑스, 스페인이 추구하던 것과는 아주 다른 방향으로 발전하고 있었다. 당시 이탈리아에서는 므든 세력이 정치적 통일과 중앙 집권화를 위해 움직이고 있었다. 하지만 그 나라에서는 정치적 통일을 위한 원칙을 찾아볼 수 없었다. 본질적으로 세계주의적인 교황청에서는 어떤 통일도 이룰 수 없었고, 이탈리아 지역에는 다른 나라에 자신의 의지를 관철할 만큼 강력한 나라도 없었다.

　따라서 이탈리아는 지리적인 특성에 따라 독립적인 여러 국가로 구성되어 있었다. 주요 나라로는 제노바, 밀라노, 베네치아, 피렌체, 로마, 나폴리 등이 있었는데, 이들 중 일부 나라는 뒤에 더 자세히 살펴볼 것이다. 이 외에도 완전한 독립을 유지하거나 주장하던 수많은 나라가 있었다.

이탈리아의 불화와 파벌

　이 수많은 나라 사이에는 아무런 질서나 원칙도 없었다. 나라와 나라 사이의 동맹은 고대 그리스 도시국가들처럼 일시적이었다. 유일하게 변함없는 원칙은 상대적으로 강한 나라가 있다면 나머지 다른 나라들이 연합해 맞서야 한다는 것뿐이었다. 피렌체와 피사, 밀라노와 이웃 도시들, 베네치아와 제노바처럼 특정 국가들 사이에는 끊임없이 불화가 발생했다. 이탈리아의 다른 나라들의 관계도 유난히 불안정했다.

　도시들도 파벌로 분열되었는데, 이 파벌들은 구엘프(Guelf)와 기벨린

(Ghibeliin)이라는 명칭을 사용했다. 원래 구엘프는 교황파를, 기벨린은 황제파를 가리켰다. 하지만 이 이름들은 본래 의미를 잃었고, 이제는 단순히 이기적인 목적을 추구하는 파벌을 가리키는 공허한 호칭에 불과했다.

용병의 고용

이탈리아의 또 다른 특징은 시민군을 모집하지 않고 용병을 고용했다는 것이다. 이 역시 타락한 고대 그리스와 비슷한 점이다. 이 용병군의 지휘관인 콘도티에리(condottieri)는 유럽의 거의 모든 나라에서 병사들을 모집했다. 용병들은 자신에게 돈을 지불하는 국가에 충실히 복무했다. 하지만 용병 고용으로 이탈리아는 외세의 침략에 쉽게 노출되고 말았다. 이는 수백 년 전 그리스를 마케도니아의 지배하에 두는 것과 같은 상황이었다.

베네치아

베네치아는 이탈리아의 모든 도시 가운데 가장 번영하고 통치 질서가 잘 잡힌 곳이었다. 주민들은 '영원한 도시'에서 야만인들을 피해 도망쳐 온 로마인들이 베네치아를 건설했다는 전설을 즐겨 이야기했다. 베네치아만이 유일하게 위엄, 확고한 의지, 끈기와 목적의식, 질서 있는 생활 등 공화정 로마의 특징을 어느 정도 재현하고 있었다.

세상 어느 도시도 이처럼 기묘한 자연환경을 가지고 있지 않다. 베네치아의 섬들은 수면 위로 높이 솟아 있지 않고, 토양은 너무 부드럽고 탄력이 없어 건물을 세우려면 나무 말뚝을 박아야 했다. 이처럼 무르고 불안정한 기반 위에 가장 아름다운 중세 도시가 세워진 것이다. 두 가지 지리적 특징이 이 도시의 위치를 잘 설명해준다.

첫 번째 지리적 특징은 장거리 대포가 발명되기 전에는 놀라울 정도로 방어력이 뛰어났다는 것이다. 본토 쪽은 바다뿐 아니라 건강에 해로운 습지가 막고 있었고, 아드리아해 쪽에는 석호와 바다를 가르는 섬들 사이의 험난한 항로를 배들이 통과해야 했다. 두 번째 지리적 특징은 조수, 즉 밀물과 썰물이다. 지중해는 일반적으로 조수가 없는 바다로 알려져 있지만, 베네치아를 둘러싼 바다는 조수 간만의 차가 충분히 커서 도시 사람들의 건강을 지켜주었다. 참고로 조수의 영향을 받지 않는 석호에는 사람이 살 수 없다.

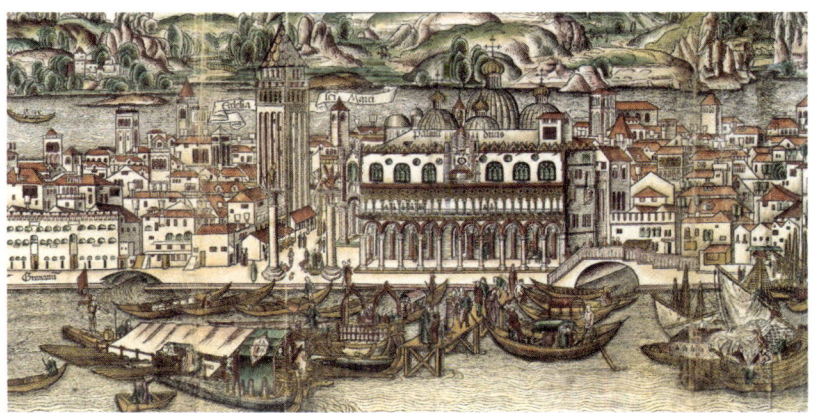

15세기 베네치아의 모습

베네치아의 무역업

베네치아의 모든 힘은 무역업에서 나왔다. 베네치아는 동서양을 연결하는 요충지였다. 희망봉(Cape) 항로가 발견되기 전까지는 동방의 모든 상품이 베네치아로 운반되었고, 여기서 대상(隊商)을 통해 독일, 프랑스를 비롯한 유럽 전역으로 운송되었다. 베네치아 정부는 항구를 통과하는 모든 상품을 통해 막대한 이익을 얻었다.

베네치아의 정치체제

베네치아의 10인 평의회

14세기 초, 베네치아 정부는 거의 과두정 내지 귀족정이었다. 처음에는 민중 세력 또는 민주 세력이 강력해 도제(Doge, 일종의 대통령에 해당하는 직책)를 국민 투표로 선출했다. 그러나 시간이 흐르면서 귀족들이 모든 권력을 손에 쥐게 되었다. 베네치아 대평의회는 로마의 원로원처럼 명목상으로는 선출된 조직이었지만 본질적으로는 귀족적인 의회였다.

그런데 1297년 '대평의회 폐회'로 알려진 사건이 발생했고, 이후로는 고위 귀족층만이 평의회에 들어갈 수 있었다. 국가의 행정은 '10인 평의회'라는 소규모 위원회에 위임되었다. 한편, 이탈리아에는 질서, 활력, 효율성 면에서 베네치아만큼 뛰어난 정부가 없었다.

피렌체

피렌체는 모든 면에서 베네치아와 극명한 대조를 이루었다. 질서가 아닌 혼란이, 통합이 아닌 분열이 존재했다. 민주주의는 독재정치에 자리를 내주었다. 피렌체의 파벌도 구엘프와 기벨린으로 알려졌는데, 전자는 전반적으로 민주주의를 열망했고, 후자는 귀족정을 표방했다. 이 두 파벌의 격렬한 경쟁과 엎치락뒤치락하는 승부는 피렌체를 더욱 불안하게 만들었다. 그러다가 1434년 새로운 세력이 등장하게 되었다.

코시모 데 메디치

　메디치(Medici) 가문은 민중과 뜻을 함께하다가, 결국 가문의 수장 코시모 데 메디치(Cosimo de' Medici)가 피렌체에서 추방당하는 일이 벌어졌다. 하지만 민중이 봉기해 코시모의 적들을 무너뜨리고 그를 다시 피렌체로 불러들였다. 코시모는 처음에는 피렌체의 지도자가 되었다가 나중에는 영향력 있는 거인이 되었다.

　그 후 여러 세대의 걸친 피렌체의 역사는 곧 메디치 가문의 역사였다. 코시모는 1464년에 사망했고, 1469년에 로렌초 데 메디치(Lorenzo de' Medici)가 피렌체의 통치자가 되었다. 로렌초의 통치하에 피렌체는 예술과 문학에서 최고의 명성을 얻었다. 다만 이탈리아의 위대한 시인 단테는 거의 2세기 전의 인물에 속한다.

메디치 가문의 수장 코시모 데 메디치

　이탈리아의 다른 지역에서는 훨씬 더 거친 폭정이 벌어졌다. 민주적인 운동은 곳곳에서 진압되었고 소수의 통치자나 귀족이 권력을 장악했다. 이제 나폴리와 시칠리아가 프랑스의 손에 넘어갔다가 다시 아라곤 왕가의 한 분파에게 넘어가는 과정을 살펴보겠다.

르네상스의 일반적인 특징

한편, 사람들의 생각과 믿음, 감정에 큰 변화가 생기기 시작했다. 이 운동은 흔히 '르네상스(Renaissance)'로 알려져 있다. 르네상스는 '재생'을 의미하는데, 보통 당시 그리스 로마 문학과 사상의 부활을 가리킬 때 사용된다. 하지만 르네상스는 실제로는 그 이상의 의미를 지닌다. 이는 사람들이 수세기 동안 잘 통하던 중세적인 생각이나 형식에 더 이상 만족하지 못했다는 것을 의미한다. 이제 그들은 새로운 빛과 길을 모색하고 있었다.

유럽을 중세적 관념에서 벗어나게 한 여러 원인이 있었다. 15세기 교황청의 몰락이 그중 하나다. 로마는 더 이상 예전의 영향력과 위신을 유지하지 못했다. 그리고 고전 학문의 부활이 르네상스의 모든 것을 설명하지는 못하더라도 이 운동의 색깔과 영향력을 보여준다. 중세는, 우리가 때때로 묘사하듯이, 교육이나 문화가 부족하거나 암울한 시대는 아니었다. 하지만 카롤루스 대제가 죽은 뒤 오랫동안 학문이 쇠퇴했고, 독창적인 사고나 사색은 존재하지 않았다.

그러다가 13세기 중반에 이르러 어둠이 걷히고 새벽이 밝아왔다. 13세기는 스콜라철학자들의 시대였는데, 대표적인 인물로는 로저 베이컨(Roger Bacon), 알베르투스 마그누스(Albertus Magnus), 성 토마스 아퀴나스(S. Thomas Aquinas) 등이 있었다. 이들의 공통된 목표는 당시 라틴어 번역본으로 알려진 그리스 철학자 아리스토텔레스의 저작을 교회의 교리에 맞게 각색하는 것이었다.

하지만 당시의 문화는 위대한 시인 단테의 작품에서 절정에 이르렀다고 할 수 있다. 단테의 작품들이 좁은 의미의 르네상스가 시작되기 전, 즉 그리스어가 이탈리아에 알려지기 전에 사람들이 교회의 사상과 조직을 별 의문 없이 받아들이던 시점에 등장했다는 사실에 유의해야 한다. 단테의 작품에 대한 단편적인 지식만으로도 르네상스 전야에 유럽은 깊은 어두움에 빠져 있었을 것이라는 선입견은 사라질 것이다.

고전 학문의 부활이 유럽 지성 운동의 직접적인 원인은 아니었다. 이 운동은 그 전에 이미 시작되어 찬란한 과실을 맺고 있었다. 많은 사람이 이미 인간

스콜라철학자 성 토마스 아퀴나스

의 지성과 마음과 욕구에 눈을 뜨게 되었기 때문에, 중세에는 간과되었지만 결코 잊히지는 않았던 그리스 로마의 고전 문학으로 다시 눈을 돌릴 수 있었던 것이다.

고전의 부흥

이처럼 고전의 부흥은 점진적으로 자연스럽게 일어나는 과정이었다. 단테(1265~1321)가 바로 그 길을 보여주었다. 페트라르카(Petrarca, 1304~1374)와 보카치오(Boccaccio, 1313~1375)는 둘 다 그리스어의 중요성을 깨닫고 세상에 알렸다. 그러나 콘스탄티노플 출신의 그리스인 크리솔로라스(Chrysoloras)가 이탈리아에서 그리스어를 가르친 것은 13세기 말(1396년)이 되어서였다. 이때부터 그리스의 언어, 문학, 철학 연구가 이탈리아 교양 계

층에서 유행하기 시작했다. 새로운 학문의 첫 발상지는 피렌체였지만, 곧 사방으로 퍼져 나갔다. 베네치아가 이 유행을 이어받았고, 교황 니콜라스 5세(Nicholas V, 1447~1455)는 가장 열렬한 후원자 중 한 명이 되었다.

그리스 문화 부흥의 영향

새로운 학문은 사람들의 생각과 신념에 지대한 영향을 미쳤다. 고대 그리스 문학을 접한 사람이라면 누구든 감탄하지 않을 수 없었다. 15세기의 이탈리아인들에게는 이것이 일종의 계시와도 같았다. 당시 예술과 철학에 대한 새로운 개념들은 이러한 원천에서 비롯되었다. 인류 역사상 새로운 학문에서 새로운 자극을 받지 않은 지식 분야는 없었다.

기독교와는 다르고 기독교보다 앞선 이 훌륭한 문명의 출현은 가톨릭 교리에 일격을 가했다. 게다가 그리스어 지식은 개신교 종교개혁가들에게 유용한 무기가 되어주었다. 사람들은 중세적 사고에서 벗어나 고대 시인과 철학자, 심지어 그리스와 로마의 신들에게 손을 뻗었다.

인쇄술의 발명

현재에 만족하지 못한 사람들이 먼 과거로 눈을 돌려 더 밝은 미래를 꿈꾸는 동안, 인류의 사상과 활동에 새로운 길을 열어준 사건들이 일어났다. 15세기 후반 인쇄술이 발명된 것이다. 최초의 라틴어 성경은 1455년에 인쇄되었고, 최초의 인쇄기는 1471년 이탈리아에 설치되었다. 처음에는 인쇄 과정이 느리고 비용도 많이 들었기 때문에, 인쇄술이 미래에 어떤 영향을 미칠지 아무도 예측하지 못했다.

인쇄술의 가장 중요한 결과는 수도원 도서관에서 발굴된 그리스어 서적과 라틴어 서적이라는 보물을 확보하는 것이었다. 만약 이 책들이 필사본으

16세기 인쇄기로 서적을 만드는 사람들

로만 남아 있었다면, 다시 사라졌을지도 모른다. 하지만 이 책들은 인쇄기에 정확히 인쇄된 사본으로 유럽 학자들 사이에 널리 유포되었다.

지리상의 발견

15세기 말에는 역사상 가장 중요한 지리상의 발견이 이루어졌다. 지구의 숨겨진 곳을 밝히려는 열망이 전혀 새로운 것은 아니었다. 이미 14세기에 베네치아 사람 마르코 폴로(Marco Polo)가 아시아에서 놀라운 탐험을 감행했다. 하지만 그의 탐험은 앞으로 다가올 사건에 비하면 그다지 중요하지 않았다. 세상이 갑자기 어마어마하게 넓어진 것처럼 보였기 때문이다.

16세기에 유럽이라 불린 대륙보다 훨씬 더 광대한 신대륙이 사람들의 사고와 활동의 지평 안으로 들어왔다. 1492년 제노바 출신의 콜럼버스(Columbus)는 스페인 선박을 타고 대서양 너머로 솟은 땅을 목격했다. 1497

인도의 캘리컷에 도착한 바스코 다 가마 일행

년에는 바스코 다 가마(Vasco da Gama)가 유럽에서 출발해 아프리카의 최남단 희망봉을 돌아 인도양으로 가는 길을 열었다. 이러한 항해의 동기에는 주로 상업적인 목적이 있었다.

1453년 오스만제국이 콘스탄티노플을 점령하자, 인도와 중국으로 가는 기존 항로가 위험해지고 비용 부담도 막대했다. 콜럼버스는 아시아의 동쪽으로 가는 다른 항로를 찾기 위해 대서양을 횡단했다. 그는 생을 마감하는 순간까지 자신이 새로운 대륙이 아닌 아시아의 동쪽 해안에 도착한 것이라고 믿었다. '서인도제도'는 그의 항해 동기와 실수를 떠올리게 한다.

이 위대한 발견은 중대한 결과를 가져왔다. 신대륙의 보물과 땅은 탐욕의 대상이 되었다. 처음에는 스페인과 포르투갈이 독점했지만, 곧 유럽의 해상 국가들 사이의 격렬한 분쟁의 대상이 되었다. 애초에 탐험에 참여하지 않았던 영국이 신대륙의 대부분을 차지할 운명이었다. 희망봉 항로의 발견이 가져온 결과는 더욱 컸다. 중국과 인도 상품을 위한 육로는 더 안전한 해로가 생기면서 발길이 끊겼다. 이로써 지중해의 많은 항구에 치명적인 상업적 손실을 가져왔는데, 그중에서도 베네치아만큼 큰 타격을 입은 곳도 없었다. 동방 무역의 무대가 베네치아에서 다른 곳으로 옮겨 가면서 이 도시는 쇠퇴하기 시작했다.

신대륙의 발견은 유럽 사회의 모든 분야에 영향을 미쳤다. 처음에는 무역이나 국제 관계가 영향을 받았다. 인간의 사고와 상상력은 더욱 활개를 쳤다. 신대륙의 이야기는 이 책의 범위에서 벗어나 있어 다루지는 않을 것이다. 하지만 그 후 약 400년 동안 유럽인들의 삶의 모든 영역이 이 신대륙 이야기의 영향을 받았다.

새로운 천문학

15세기는 아니지만 곧 이루어진 또 다른 발견에 주목해보자. 16세기 중반 코페르니쿠스(Copernicus)는 지구가 우주의 중심이 아니라는 사실을 발견했다. 뒤를 이어 케플러(Kepler)와 갈릴레오(Galileo)가 오늘날 우리가 알고 있는 태양계의 주요 특징들을 밝혀냈다. 이러한 우주의 발견은 중세 내내 인류가 믿어온 우주론에 큰 충격을 주었고, 한편으로는 인생과 종교에 대한 새로운 관점을 선택할 수 있는 길을 마련해주었다.

38 | 프랑스-이탈리아 전쟁

앞으로 몇 장에 걸쳐 이야기할 주제는 프로테스탄트 종교개혁으로 알려진 종교적 혁명이다. 종교개혁의 시작에 앞서, 이 종교적 변화와 동시대 유럽의 전쟁사 및 정치사를 간략하게 살펴보겠다.

부유한 약체 이탈리아

앞서 살펴본 것처럼 이 시기의 강대국은 영국, 프랑스, 스페인이었다. 이 나라들은 한 명의 왕을 중심으로 통합된 왕국을 이룬 반면, 독일과 이탈리아와 같은 나라는 분열되어 있었고 결과적으로 국력이 약해졌다. 이탈리아는 독일보다 국력이 훨씬 더 약했지만 더 부유했다. 상업과 산업의 발달은 이탈리아를 부유하게 만들었고, 이탈리아의 문학과 예술은 다른 어떤 나라보다 이탈리아를 유명해지게 했다. 이탈리아는 아름답고 부유했지만 거의 무방비 상태에 놓여 있었다. 이웃 국가들은 탐욕스러웠고 힘이 강력했다. 결국 다음과 같이 당연한 결과가 나타났다.

샤를 8세의 이탈리아 침공

강대국들 중 프랑스가 이탈리아와 가장 가까웠고, 가장 힘이 셌다. 샤를 8세는 1483년 루이 11세가 사망하자 뒤이어 왕위에 올랐다. 모험심이 강하고 낭만적인 기질을 지닌 새 왕은 위대한 업적을 남기고 싶었다. 샤를 8세는 나폴리에 대한 몇 가지 권리를 주장하고는 이를 이탈리아 침공의 구실로 삼았다. 그는 알프스산맥을 넘어 이탈리아를 가로지르며 끊임없이 승리를 거두었다. 밀라노, 피렌체, 로마, 나폴리는 거의 전투를 치르지도 않고 샤를 8세의 수중에 들어갔다. 이탈리아인들은 훌륭하게 무장한 프랑스 군대에 맞설 무기가 아무것도 없었다.

프랑스의 첫 이탈리아 원정이 이후의 모든 원정의 전형이 되었다. 정복은 쉬웠지만 정복한 곳을 지키는 일은 어려웠으므로, 결국 정복을 포기했다. 교활한 이탈리아인들은 프랑스에 맞설 무기를 외교와 정치적 모의에서 찾았다. 정책은 끊임없이 변했지만 이것을 이끈 한 가지 원칙은 모든 사람이 현재 가장 강력한 세력에 맞서 일치단결해야 한다는 것이었다.

샤를 8세의 실패

샤를 8세가 이탈리아 정복을 꿈꾸고 있을 때, 이탈리아 북부에서는 베네치아의 지휘 아래 그에게 대항하는 동맹이 결성되었다. 샤를 8세는 후퇴가 필요하다고 판단했고, 프랑스로 돌아가기 위해 싸웠지만, 정복한 영토는 빠르게 획득했던 것처럼 빠르게 사라졌다.

세력 균형의 원칙

프랑스의 샤를 8세가 시작한 이탈리아 전쟁이 진행되는 동안 '세력 균형' 이라는 원칙이 나타나기 시작했다. 유럽의 강대국들은 어느 나라도 다른 나라들이 그에 상응하는 이점을 얻지 않는다면 영토를 확장해서는 안 된다는 원칙을 암묵적으로 채택했다. 이 원칙은 평화의 기반으로 효과적인 역할을 하지는 못했지만, 유럽 국가 체제의 완전한 무정부 상태를 방지했고, 여러 세대에 걸쳐 유럽 외교의 기초가 되었다.

루이 12세의 이탈리아 정복 시도

1498년 루이 12세가 샤를 8세의 뒤를 이었는데, 그에게도 이탈리아는 유혹의 대상이었다. 이번 정복의 대상은 나폴리가 아니라 밀라노였다. 루이 12세가 밀라노 영토에 대한 모종의 영유권을 주장할 수 있었기 때문이다. 외교적 책략으로 침략의 길을 닦았고, 침략이 시작되자 이번에는 밀라노가 다시 저항할 수 없을 것처럼 보였다. 점령된 밀라노는 프랑스에 합병되었다. 그러자 이번에는 나폴리가 아주 매력적으로 보였다. 프랑스와 스페인 모두 나폴리에 대한 영유권을 가지고 있었기 때문에, 만약 프랑스가 이를 무시하고 나폴리를 침략한다면 스페인은 프랑스와 적대적인 관계가 될 것이 분명했다.

이러한 어려움은 스페인과 그라나다 평화조약(1500)을 체결해 해결했다. 이 조약으로 프랑스와 스페인은 나폴리라는 전리품을 나누기로 합의했는데, 유럽 역사에서 이보다 더 부도덕한 합의는 찾아볼 수 없다. 나폴리 왕은 손을 잡은 프랑스와 스페인에 맞설 수 없었고, 나폴리 영토는 저항 한번 해보지 못하고 점령되었다. 하지만 이 두 나라는 전리품을 나누어 와서는 금방 다투었고 결국 전쟁이 벌어지고 말았다. 전쟁은 결과를 예측하기 어려웠지만, 마침내 프랑스군이 나폴리에서 쫓겨났고, 머지않아 밀라노를 제외한 모든 이탈리아 영토에서 손을 떼야 했다.

캉브레 동맹

당시 부도덕한 정책의 특징을 보여주는 독특한 사건이 벌어졌다. 우리는 이미 앞에서 베네치아가 얼마나 번영하고 안정적이었는지 살펴보았다. 베네치아는 본토에 광대한 영토를 보유하고 있었는데, 이웃 나라들, 즉 북동쪽의 신성로마제국, 남쪽의 교황청, 그리고 밀라노공국에 자리 잡은 프랑스가 이 땅을 질투 어린 시선으로 바라보고 있었다. 여러 강대국은 베네치아에 대해 딱히 불만이 있는 건 아니었지만, 부유하면서도 약하다는 점만으로 베네치아는 충분히 유혹의 대상이 되었다. 1508년 프랑스와 신성로마제국, 스페인, 피렌체, 교황청은 캉브레 동맹(League of Cambrai)을 맺고 베네치아를 약탈해 분할했다.

베네치아의 패배와 회복

베네치아는 자신을 공격하는 대규모 병력을 효과적으로 막을 수 없었다. 베네치아 군대는 패배했고 장군은 포로로 잡혔다. 베네치아 공국의 멸망이 눈앞에 다가온 듯했다. 하지만 베네치아는 정치적 수완과 외교적 수완을 발휘했고, 적들 사이의 경쟁과 다툼 덕분에 살아남을 수 있었다. 우선, 본토 신민에 대한 억압적인 통치를 하지 않았기 때문에, 신민들은 정복자의 잔혹한 통치와 베네치아의 온건한 통치를 극명하게 비교할 수 있었다.

교황 율리우스 2세

더욱 중요한 점은 교황 율리우스 2세라는 존재였다. 그는 당대 가장 강력하고 주목할 만한 교황이었다. 일부 교황들처럼 악덕을 품지 않았고, 선견지명을 가지고 과감하게 정책을 펼쳐나갔다. 하지만 그의 행적을 면밀히 살

교황 율리우스 2세

펴보면 가톨릭교회의 영적 이익이 그의 마음속 최우선은 아니었다. 그는 예술의 후원자이자 위대한 건축가였으며 무엇보다 야심 찬 통치자였다. 베네치아는 교황령 북부 국경에 붙어 있는 영토 상당 부분을 율리우스 2세에게 할양했다. 이는 교황이 탐내던 땅이었다. 이로써 베네치아에 맞선 동맹에 가담한 목적이 달성되었다.

이제 그는 프랑스가 이탈리아 북부에서 강대국으로 자리 잡는 것을 바라지 않았다. 약소국 베네치아가 아닌 강대국 프랑스가 어느새 모든 이탈리아 국가의 적이 되었다. 율리우스 2세는 이탈리아 땅에서 증오스러운 이방인들을 몰아내기 위해 신성동맹을 조직했다. 교황의 지도 아래 베네치아, 스페인, 신성로마제국, 피렌체, 심지어 영국까지 이 동맹에 가담했다. 이처럼 변화무쌍한 외교 정책은 16세기 이탈리아의 특징이 되었다.

프랑스에 맞선 유럽 동맹

프랑스 왕 루이 12세는 적들이 공격할 때까지 기다리지 않았다. 그는 이탈리아에 군대를 파견해 처음에는 승리를 거두었다. 그러나 전세가 역전되어 프랑스군은 정복했던 모든 이탈리아 지역에서 쫓겨났다. 역사에서는 이탈리아반도에서 프랑스 세력이 이처럼 빠르게 쇠퇴하고 빠져나가는 모습을 자주 보여준다. 프랑스의 적들은 이탈리아에서 프랑스군을 몰아낸 것에 만족하지 않고, 나아가 프랑스 땅을 침략해 영토를 분할하는 것까지 생각했다. 스페인, 영국, 신성로마제국이 이 계획에 가담했다. 하지만 이 동맹도 다른 동맹들처럼 불안정했다. 루이 12세는 1515년 사망 직전에 이 동맹을 깨고 프랑스에 매우 유리한 평화협정을 체결했다.

프랑수아 1세의 마리냐노전투 승리

루이 12세의 뒤를 이러 사촌인 프랑수아 1세가 왕위에 올랐다. 그는 젊고 열정적이었으며, 군사적 재능도 있었고, 전쟁에서 이름을 떨치고자 하는 큰 야망도 가지고 있었다. 샤를 8세와 루이 12세의 실패에도 굴하지 않고 그는 다시 이탈리아 정복 사업에 뛰어들었다. 스페인, 신성로마제국, 교황청은 이에 맞서기 위해 동맹을 맺었다. 프랑수아 1세는 베네치아를 동맹으로 삼을 수 있었지만, 다른 동맹은 생각할 수 없었다.

그럼에도 그의 첫 번째 시도는 눈부시게, 압도적으로 성공적이었다. 그는 알프스산맥을 넘어 밀나노 근처 마리냐노(Marignano)에서 베네치아인들의 도움을 받아 적을 완전히 격파했다(1515). 이 마리냐노전투는 여러 가지 이유로 오랫동안 지속될 중요한 결과를 가져왔다. 국왕의 전쟁 모험심에 불을 지폈을 뿐 아니라, 온 유럽은 위대한 군인이 나타났다고 믿었다. 더군다나 이 승리는 프랑스 병사들에게는 큰 영광의 날이었다. 프랑수아 1세의 군대는 진정한 국민군이었고, 이들에 맞선 상대는 유럽 최고의 군인으로 평가받는 무적의 스위스 용병들이었다. 프랑스가 무시무시한 스위스군을 무너뜨릴 군인들만 만들 수 있다면, 무엇이든 못할 일이 없을 것만 같았다.

이 전투 후에 중요한 조약이 체결되었다. 볼로냐 협약(Concordat of Bologna)을 통해 프랑수아 1세는 교황청과 협정을 체결했다. 프랑스가 최근 거부한 일부 지원금이 다시 교황청 금고로 흘러들어갔다. 그 대가로 교회 고위 인사 임명은 국왕의 손에 넘어갔다. 교황은 돈을 벌었고, 왕은 권력을 얻었다. 그 후로 프랑스 국왕은 종교개혁 이후 헨리 8세가 영국 교회를 지배했듯이 프랑스 교회를 거의 장악했다.

이때 유럽 무대에 프랑수아 1세의 평생 라이벌이 될 운명의 투사가 등장했다. 1516년 막시밀리안의 아들 카를로스 1세가 스페인 왕위에 오른 것이다. 그는 유럽에서 가장 중요한 세력 중 하나였는데, 그의 뒤에는 호전적인 스페인 국민과, 저지대 국가의 상업과 산업이 있었고, 신대륙 영토를 명목상 소유함으로써 얻은 막대한 명성이 있었기 때문이다. 그의 군대는 충성스럽고 유능했으며 유럽의 어떤 세력에도 뒤지지 않았다. 심지어 영국의 헨리 8세나 프랑스의 프랑수아 1세와 비교해도 둘째가라면 서러울 정도였다.

그런데 1519년에 카를로스 1세의 손에 더 큰 전리품이 들어왔다. 막시밀리안 황제가 사망한 것이다. 신성로마제국은 원칙상 선거에 의해 통치되었다. 실질적으로는 몇 세대를 거듭해 세습되어왔고, 특별한 일이 발생하지 않는 한 스페인의 카를로스 1세가 황제가 되어 이미 가지고 있는 광대한 영토에 합스부르크가의 세습 영지와 신성로마제국의 황제라는 영광스러운 칭호를 더할 터였다.

황제에 선출된 카를 5세

프랑수아 1세는 이 선거에 이의를 제기하기로 결심했다. 하지만 그의 노력은 허사로 돌아갔다. 결국 스페인의 카를로스 1세가 신성로마제국의 황제 카를 5세가 되었으며, 어떤 유럽의 통치자도 그의 것으로 인정하지 않던 광활한 영토를 통치했다. 하지만 이러한 광대한 영토와 모호한 권리는 카를 5세의 권력에 아무런 보탬이 되지 않았다. 그는 황제 카를 5세보다 스페인의 카를로스 1세로서 더 강력한 권력을 가지고 있었다. 게다가 그의 황제 선출은 프랑수아 1세의 끝없는 질투를 불러일으켰다.

카를 5세와 프랑수아 1세의 대결

우리는 이 대단한 권력자들의 경쟁을 끝까지 추적할 것이다. 그런데 여기서 주목해야 할 점은, 우리가 도달한 시점 직후에 독일에서 종교개혁이 시작되었고, 그 이후로 카를 5세와 프랑수아 1세 사이의 갈등이 가톨릭교와 개신교의 격렬한 투쟁과 기묘하게 뒤섞인다는 사실이다. 종교적 동기와 정치적 야망의 혼합이 16세기 중반의 두드러진 특징을 만들어냈다. 이러한 요소들은 끊임없이 밀접하게 얽혀 있지만, 여기서는 명확한 이해를 위해 분리할 것이다.

파비아전투

신성로마제국 황제 선거 직후, 프랑수아 1세와 카를 5세 사이에 전쟁이 발발했다. 카를 5세는 영국의 헨리 8세를 자신의 편으로 끌어들이는 데 성공했다. 프랑수아 1세에게 더욱 심각한 문제는 전쟁 위기 속에서 프랑스 귀족인 부르봉(Bourbon) 공작에게 배신을 당한 일이었다. 부르봉 공작의 반역으로 남동부 프랑스의 심장부로 향하는 길이 열리게 되었다.

다행히 공격은 물리쳤고, 1525년 여전히 군사적 야망에 젖어 있던 프랑수아 1세는 프랑스군을 이끌고 이탈리아로 진격해 불과 10년 전 자신의 이름을 널리 알렸던 승리를 재현하고자 했다. 그는 밀라노를 점령하고 파비아(Pavia)를 포위했다. 그러자 부르봉 공작이 독일에서 모은 대군을 이끌고 왔다. 치열한 전투가 이어졌고, 프랑수아 1세는 용감히 싸웠지만 결국 참패해 포로로 잡히고 말았다. 110년 전 아쟁쿠르전투 이후 프랑스에 이와 같은 재앙이 닥친 적은 없었다.

하지만 예상했던 것처럼 재앙이 완전히 파괴적이지는 않았다. 프랑수아 1세는 마드리드로 끌려가 조약에 서명할 때까지 감금되었다. 만약 그 조약이 이행되었다면 프랑스는 파멸했을지도 모른다. 그는 감금에서 풀려나자

신성로마제국과 프랑스의 파비아전투

마자 조약을 파기하고, 조약이 폭력적으로 이루어졌다고 선언했다. 전쟁은 계속되었다. '세력 균형의 원칙'은 이제 카를 5세에게 불리하게 돌아섰다. 카를 5세가 완전히 우세해진 것처럼 보였기에 유럽의 다른 강대국들은 그에 맞서 힘을 합쳤다. 프랑스, 베네치아, 피렌체, 영국은 명목상 수장인 교황 아래 카를 5세에게 맞서 싸웠는데, 이것은 제2차 신성동맹으로 알려져 있다.

1527년의 로마 약탈

교황 클레멘스 7세는 스페인을 상대로 맡은 역할 때문에 빠르고 막대한 대가를 치러야 했다. 파비아전투 승리 이후 제국군은 이탈리아에 남아 있었지만, 오히려 카를 5세의 금고에 돈이 거의 들어오지 않았기 때문에 병사들은 보수를 받지 못하는 상황이 되었다. 반항심이 생긴 제국군은 부유한 도시를 약탈해 스스로 대가를 얻기로 했다. 처음에는 피렌체를 표적으로 삼았지만 이후에는 로마로 돌아섰다. 수비대조차 거의 없는 피렌체는 별 어려움 없이 제국군의 손에 넘어갔다. 로마는 중세 초기 야만인들의 침략 이후로 이처럼 잔혹한 고통을 겪은 적이 없었다. 도시는 조직적으로 약탈당했다. 교황은 카를 5세의 손아귀에 놓이면서 그의 정책에 순응하는 도구가 되었다.

1527년의 로마 약탈은 유럽에 큰 반향을 일으켰으며 정세에도 큰 영향을 미쳤다. 로마 약탈은 이탈리아를 둘러싼 프랑스와 스페인의 경쟁에서 마지막으로 일어난 중요한 사건이었다. 독일의 종교개혁은 곧 카를 5세가 처리해야 할 중요한 문제가 되었고, 그 결과 그의 관심은 주로 이탈리아보다는 독일에 쏠렸다. 어쨌든 1559년 마침내 ㄱ 나긴 휴전에 이르기 전까지 두 강대국의 경쟁을 계속 따라가보자.

전쟁의 재개

프랑스는 기진맥진했고 프랑수아 1세는 이미 군사적 야망을 충족시켰다. 이제 그는 살아 있는 동안 제국과의 전쟁에 더 이상 많은 에너지를 쏟지 않았다. 1529년 그는 캉브레 평화조약을 수락했다. 하지만 곧 새로운 분쟁의 원인이 발생했다. 이탈리아에서 제기된 주장들이 전쟁을 다시 일으키는 원인이 되었다. 프랑스의 가장 기독교적인 왕(Christian King, 모든 프랑스 왕이 가지고 있던 공식 칭호)이 독일의 개신교도들과 손을 잡았고, 모든 '이단' 중 가장 악명 높은 오스만제국의 술탄과도 동맹을 맺었던 것이다. 그러면서 프랑스는 국내에서는 개신교 이단자들을 박해하고 있었다.

그러나 전쟁 중에 큰 사건은 없었다. 양측 모두 지쳐 있어 1538년 니스

(Nice) 평화조약을 받아들였다. 이 조약은 최소 10년 동안 지속될 예정이었지만, 4년 뒤 밀라노공국을 둘러싼 분쟁으로 또다시 전쟁이 발발했다. 승패가 갈리지 않는 싸움이 벌어졌다. 내용을 자세히 알 필요는 없다. 우리가 주목해야 할 사실은 이번 전쟁이 초기 단계의 격렬함이나 결정적 사건들을 전혀 보여주지 못한다는 것뿐이다. 두 왕이 나이가 많기도 했지만, 무엇보다 카를 5세가 종교개혁이 격동하고 있던 독일에 관심을 쏟을 수밖에 없는 상황이었기 때문이다.

프랑스 국왕 앙리 2세

프랑수아 1세는 1547년에 사망했고, 그의 아들 앙리 2세가 왕위를 계승했다. 프랑스의 젊은 왕은 오랜 라이벌이 독일에 연루된 것을 이용해 이득을 취하고자 전쟁을 재개했다. 프랑스는 로렌(Lorraine)의 거대한 국경 요새인 메츠(Metz)를 점령했고, 카를 5세는 그곳에 군대를 파견했다. 처음에 승리가 확실해 보였지만, 도시는 완강하게 방어했고 결국 황제의 군대는 격퇴당했다.

이번 패배로 카를 5세의 마음속에 자신의 막강한 권력을 포기하겠다는 마음을 먹었다. 로마 황제 디오클레티아누스 이래로 어떤 통치자도 스스로 기꺼이 물러난 사례는 없었다. 건강 악화, 정치·군사적 낙심, 아들의 정치 활동을 지켜보며 감독하고 싶은 마음 등 이 모든 것이 그러한 결심을 내리는 데 영향을 미쳤다. 그는 1556년 황제의 지위를 포기하고 나머지 권력도 조금씩 내려놓은 뒤 1558년 죽을 때까지 수도원에 은둔하며 살았다. 그의 동생 페르디난트가 황제 자리를 계승했지만, 그의 아들 펠리페 2세가 스페인 왕위를 물려받고 스페인, 네덜란드, 신대륙에 있는 왕실의 모든 영토를 상속받았다.

스페인 국왕 펠리페 2세의 즉위

　펠리페 2세는 프랑스와의 갈등도 아버지로부터 물려받아 몇 년간 이어
갔다. 그런데 종교적 문제가 점점 더 중요해지면서 두 가톨릭 세력 간의 갈
등이 비이성적으로 봉합되었다. 프랑스와 스페인 양국 모두 승리를 거두었
다. 1559년에는 유럽 발전의 중요한 단계를 상징하는 카토-캉브레지(Cateau
Cambresis) 평화조약이 체결되었다. 프랑스는 이탈리아에서 패배를 인정했
다. 스페인이 밀라노와 나폴리를 모두 손에 넣었기 때문이다. 프랑스는 북
동쪽 국경에 있는 메츠, 툴(Toul), 베르(이 세 곳은 흔히 '세 주교령'이라고 불림)
라는 거대한 요새를 획득했다. 반세기 동안 지속된 두 나라의 대결은 긴밀
한 동맹으로 바뀌었다. 이 동맹의 상징은 (영국 메리 여왕의 죽음으로 이제 막 자
유를 얻은) 펠리페 2세와 프랑스 공주 엘리자베트(Elizabeth)의 결혼이었다.

　이 장기전은 국격의 변화와 영토 이양을 넘어 중요한 결과를 가져왔다.
이탈리아의 운명은 전쟁 과정에서 결정되었다. 하지만 가장 중요한 것은 이
전쟁이 우리가 이제 살펴볼 독일 종교개혁 운동의 성공에 크게 기여했다는
점이다.

15세기 후반, 교황청은 정치적이든 교리적이든 어떤 위험에도 흔들리지 않았다. 교황들은 이탈리아의 군주가 되었고, 더 이상 옛 교황 그레고리우스 7세나 인노켄티우스 3세의 고귀한 업적에 얽매이지 않았다. 마치 종교적 열정이 넘치던 시대가 지나간 것처럼 보였다. 독일에서 처음 폭풍이 불기 시작했지만 교황청은 이 무기력함과 세속적 욕심에서 깨어나지 못했다.

마르틴 루터

마르틴 루터는 유럽 역사에서 새로운 시대를 열게 될 선언을 하는데, 이러한 견해는 예전부터 천천히 쌓여서 형성된 것이었다. 루터는 원래 독실한 수도사였다. 불가타(Vulgata) 라틴어 번역 성경과 성 아우구스티누스의 저작들을 열심히 연구했다. 이러한 연구가 사람들을 가톨릭 정통 교리의 엄격한 틀에서 벗어나게 하는 경우가 많았다. 그는 1510년 로마를 방문했을 때 교황의 도시가 얼마나 타락했는지 목격했다.

하지만 1517년이 되어서야 가톨릭 조직의 문제점을 공격하기 시작했다. 그해 독일의 수도사 테첼(Tetzel)이 루터가 신학 교수로 재직 중이던 비텐베르크대학교에 방문했다. 테철의 임무는 로마의 성 베드로 대성당 건설 기금 마련을 위해 '면죄부'를 판매하는 것이었다. 면죄부에 관한 교리는 복잡하지만, 루터가 보기에는 미혹된 사람들을 속여 돈을 버는 부끄러운 수단이자, 신의 용서를 돈으로 살 수 있다는 거짓 선언이었다. 루터의 영혼은 안에

서부터 불타올랐으며, 결국 테첼의 악행을 고
발하게 되었다. 그는 면죄부 교리에 반대하는
95개조 반박문을 비텐베르크 대성당 문에 내
붙였다.

독일의 종교개혁가 마르틴 루터

로마와 갈등하는 루터

하지만 루터는 자신이 가톨릭 세계에 가장
큰 분열을 불러올 종교 운동의 선구자라는 사
실을 전혀 알지 못했다. 그는 성정이 보수적이
고 충직했다. 교황청이 그를 다정하게 대했다
면 화해가 절대 불가능한 일도 아니었다. 교황
청은 상황을 오해하고 그에게 굴욕적인 복종을 요구했다.

루터는 1520년 파문 칙서가 내려지기 전까지 가톨릭교회의 전통과 더욱
직접적으로 갈등을 빚었다. 하지만 파문이라는 무기는 300년 전과 동일한
효과를 내지는 못했다. 루터는 칙서를 불태웠고 로마의 조직과 사상에 반기
를 들었다. 그는 다음 해 열리는 보름스의회(Diet of Worms)에 소환되었지만,
자신의 뜻을 철회하지 않았다. 그는 자신이 알고 있던 것보다 훨씬 더 큰 싸
움에 도전장을 내밀고 있었다.

독일과 종교개혁

독일은 새로운 운동을 환영하고 지지할 준비가 되어 있었다. 물론 모든
사람이 환영한 것은 아니었지만, 이 운동에 힘과 영속성을 부여할 만큼 충
분한 에너지를 가지고 있었다. 루터가 종교개혁에 성공한 반면, 위클리프
와 후스는 실패한 이유를 이해하려면, 당시 독일의 변화된 상황을 알아야

한다.

새로운 사상에 맞서 유럽 전역에서 십자군 운동이 일어나는 것은 불가능했다. 두 강대국인 프랑스와 신성로마제국은 치열한 전쟁을 벌이고 있었고, 루터교를 무너뜨리기 위해 서로의 입장 차이를 좁히는 데 실패했다. 루터 시대 이전에 독일에서도 교황청에 대한 교리적 저항의 조짐은 없었지만, 교황의 강요에 대한 불만은 만연해 있었다. 독일은 유럽의 어떤 나라보다 큰 고통을 겪었다. 당시 독일의 프로테스탄트 운동은 다른 지역과 마찬가지로 민족적 독립을 향한 열망과 연결되어 있었다.

당시 독일의 정치적 상황도 고려해보아야 한다. 제국과 교황의 오랜 경쟁의 결과로, 독일은 정치적 통일도 이루지 못하고 유능한 정부도 갖지 못했다. 만약 독일이 프랑스, 스페인, 영국과 같은 나라였다면 결국 중앙정부가 자신이 싫어하는 종교 운동을 진압했을 것이다. 그러나 앞서 살펴본 것처럼 황제는 독일에서 실질적인 권한을 거의 행사하지 못했다. 실질적인 권력은 종속국에서 행사할 수 있었고, 종속국 중 다수는 여러 가지 이유로 루터의 운동에 진심으로 동참했다. 250년 전 교황은 제국의 조직을 해체하는 데 성공했는데, 오히려 그 승리가 이제 교황의 권력을 위협하는 위험한 운동이 성공하는 데 크게 기여했다.

독일의 농민 봉기

독일의 정치적 분열은 루터 운동의 역사를 추적하는 것을 특히 어렵게 만든다. 게다가 이 운동이 시작되고 몇 년 후에 매우 중요한 사회 운동이 벌어지면서 양상은 더욱 복잡해진다. 독일 농민들은 여전히 농노 상태에서 벗어나지 못했고, 토지에 매여 있었으며, 주인에게 여러 가지 노예적인 의무를 다해야 했다. 이들이 처한 실제 상황은 매우 다양했다. 많은 사람이 물질적인 형편은 꽤 괜찮았다. 하지만 대부분의 혁명은 민중의 상황이 나아질 때 일어났다.

농민들은 루터 운동의 설교에 더욱 고무되었다. 마치 와트 타일러(Wat Tyler) 시대에 영국 농민들이 위클리프의 설교에 감동했던 것처럼 말이다. 1524년 독일 농민들은 절대적인 자유를 요구하고 천년왕국이 속히 오길 기대하며 맹렬하게 봉기를 일으켰다. 하지만 봉기보다 훨씬 더 격렬한 저항에 맞서게 되었다. 귀족들과 제국은 농민들을 당연히 혐오감을 가지고 대했고, 농민의 지도자들을 루터에게 동정을 바랐다.

하지만 루터는 사회운동이 자신의 종교운동에 해를 끼칠까 봐 두려운 나머지, 결국 농민들을 잔혹하게 비난했다. 농민 봉기는 매우 잔인하게 진압되었고 독일에서는 농노제가 다시 등장했다. 이후로 루터 운동은 농민들의 지지를 기대할 수 없었다. 그 이유 중 하나는 루터 운동이 독일의 제후들과 더욱 가까워졌기 때문이다.

슈말칼덴 동맹

카를 5세와 프랑수아 1세가 한창 전쟁을 벌이는 동안, 그 틈에 루터 운동은 빠르게 세력을 확장했다. 하지만 1530년이 되면서 카를 5세는 전쟁에 매이지 않고 자유롭게 활동할 수 있었다. 카를 5세는 프랑수아 1세와 일시적인 평화협정을 맺었다. 이제 유럽에서는 카를 5세의 권력에 필적할 상대는 없어 보였다. 그는 루터파를 근절해야 한다고 선언했다. 루터 운동 지지자들은 몇 년 전부터 황제의 명령에 저항하며 '프로테스탄트'라는 명칭을 사용하기 시작했다.

이제 프로테스탄트 국가들은 제국의 강압에 맞서 서로 돕기 위해 그 유명한 슈말칼덴 동맹(Schmalkaldic League)을 맺었다. 프랑수아 1세와의 전쟁이 재개되지 않았더라면 카를 5세는 프로테스탄트 세력에 더 일찍 타격을 가했을 것이다. 하지만 1547년 카를 5세는 프랑스와 평화조약을 맺고 더불어 프랑스아 1세도 죽자 기회가 생겼다. 카를 5세는 그해 대규모 군대를 이끌고 독일로 들어가 뮐베르크전투에서 작센의 요한 프리드리히 공이 이끄

뮐베르크전투에서 승리한 카를 5세

는 슈말칼덴 동맹군을 격파했다. 프로테스탄트 국가인 독일은 이제 황제의 손아귀에 들어간 듯했다.

카를 5세는 독실한 가톨릭 신자였지만, 정치에 정통해 광신도가 되지는 않았다. 그는 독일에서 종교적 평화가 정착하길 바랐다. 교회의 대공의회가 소집되었고, 콘스탄츠 공의회가 분열을 치유했던 것처럼 이번에도 새로운 분열이 치유되길 기대했다. 공의회가 소집되어 심의가 완료될 때까지 모든 독일 국민이 받아들여야 할 조치가 마련되었다. '임시 조치(the Interim)'라고 불리는 이 합의에서 교황의 지도와 성령의 보호 아래 교회가 일치를 단언하면서도 개신교의 특징인 '칭의(믿음으로 의롭게 됨)'와 같은 특정 교리도 인정했다. 반면 성직자의 결혼과 같은 의심스러운 사항들은 대의회의 결정에 맡겼다.

독일에 승리하고 다시 패배한 카를 5세

전망은 가톨릭교에 유리해 보였다. 프로테스탄트는 패배한 것처럼 보였고 황제는 큰 승리를 거두었다. 하지만 수면 아래에서는 위험한 일들이 벌어지고 있었다. 독일은 루터의 가르침도 민족의 열망도 잊지 않았다. 독일의 제후들은 자신들이 제국에 완전히 종속되기를 바라지 않았다. 카를 5세에 대한 공적인 불만뿐 아니라 개인적인 불만도 있었다. 카를 5세의 동생인 페르디난트도 그와 다투고 있었다. 더군다나 예상치 못한 더 큰 위험은 작센의 마우리츠(Maurits)로, 그는 질투심 많은 야망가였다. 마우리츠는 독일에서 가장 중요한 인물이었다. 그는 뮐베르크전투의 승리에 크게 기여했고, 정치적으로나 군사적으로 매우 높은 수준의 능력을 보여주었다.

하지만 자신이 거둔 승리의 대가에 불만을 품고 있었다. 독일에서 최고위직을 기대했지만 얻지 못했기 때문이다. 그래서 사방으로 음모를 꾸몄다. 프랑스 국왕 앙리 2세, 카를 5세의 동생 페르디난트, 독일의 개신교 제후들을 끌어들였다. 기민한 정치가였던 카를 5세도 교묘한 적대자의 기습 공격에는 손을 쓸 수가 없었다. 1552년 마우리츠는 카를 5세에게 반기를 들며 아우크스부르크를 점령했고 인스브루크(Innsbruck)에서 황제를 거의 사로잡을 뻔했다. 황제는 간신히 이탈리아로 탈출했다. 작센의 마우리츠는 이제 한동안 유럽에서 가장 대단한 인물이 되었다. 하지만 1553년 그의 책략이 명확히 드러나기 전에 죽고 말았다.

아우크스부르크 평화조약

카를 5세가 젊고 활력이 있었다면 지금쯤 자신의 지위를 되찾기 위해 단호하게 노력했을 것이다. 하지만 스스로 나이 듦을 느꼈고, 그의 말처럼 운명은 노인들을 버렸다고 생각했다. 그는 마지못해 독일에 압박을 가하려고 했고, 1555년에 아우크스부르크에서 의회를 소집하고 아우크스부르크 평화조약을 받아들였다. 이 평화조약은 독일 종교개혁 운동의 첫 단계를 종식시켰으며, 동시에 혼란의 씨앗이 되었다. 따라서 이 조약의 내용을 살펴볼 필요가 있다.

평화조약의 내용

우선, 종교 문제는 제국의 각 지역에서 스스로 결정해야 한다. "그 지역의 종교가 자신의 종교가 된다(Cujus regio ejus religio)"라는 원칙이 수용되었다. 즉, 각 지역의 정부가 그 지역의 신앙을 결정해야 했다. 따라서 가톨릭 국가와 개신교 국가는 존재할 수 있었지만 그 국가 안에서는 종교적 관용이 없었다. 게다가 루터교만이 유일하게 인정받는 개신교 교파였다. 칼뱅교(Calvinism)도 이미 개신교계 내에서는 큰 경쟁자였지만, 아우크스부르크 평화조약에서는 그 존재가 무시되었다.

재산 문제도 있었다. 거대한 교회의 재산이 세속화되었다. 다시 말해, 최근에 혼란을 빚은 세속 권력이 몰수한 것이다. 이러한 재산은 원래 속해 있던 교회에 반환해야 할까, 아니면 반환하지 않아도 될까? 1552년을 경계로 그어야 한다는 결정이 내려졌다. 1552년 이전에 세속화된 교회 재산은 일반 시민의 손에 남아도 되지만, 나머지는 교회에 반환해야 했다.

이렇게 해서 독일은 한동안 평화를 누렸다. 하지만 종교적으로나 정치적으로나 아우크스부르크 평화조약은 최종적인 것으로 간주될 수 없었다. 여전히 종교적 열정과 정치적 야망이 해소되지 않은 채 남아 있었다. 독일에서 종교개혁을 인해 생긴 고통은 결코 끝나지 않았다. 독일은 종교전쟁의 큰 무대가 되지는 않았다. 그러다가 반세기 후, 유럽에서 가장 끔찍한 모습으로 종교전쟁이 벌어졌다.

16세기 후반은 당대 종교 교파들의 영향을 크게 받았다. 당시의 전쟁이나 정치는 단순히 종교적 논쟁에서만 비롯된 것은 아니다. 하지만 모든 면이 종교적 논쟁과 관련 있었다. 따라서 우리는 주요 종교 집단이 가졌던 신념과 정책, 활용 방법 등을 살펴봐야 한다. 먼저 프로테스탄트, 즉 개신교 쪽부터 알아보자.

루터교의 특징

우리는 이미 루터교의 등장과 확산에 대해 어느 정도 살펴보았다. 유럽 대륙에서 알려진 모든 개신교 교파 중 (헨리 8세와 엘리자베스 여왕이 조직한 영국국교회를 제외하고) 루터교가 가장 보수적이었다. 루터는 기독교 전통에 대한 연민을 가지고 있었고, 그래서 로마에 속한 모든 것에 그토록 단호하게 적대적인 입장을 취하며 투쟁해나간 것이다.

성찬식의 본질 문제에 관해, 루터는 로마 가톨릭의 화체설(化體說) 교리는 거부했지만, 공체설(公體說) 교리는 고수했다. 성찬식의 빵과 포도주가 실제로 그리스도의 몸과 피라는 것을 부인했지만, 성찬식이 단순히 기념 의식이라는 견해도 부정했다. "철이라는 실체에 불이 스며들듯이" 빵과 포도주와 함께 신성한 실체가 존재한다고 믿었다. 이것을 '공체설'이라고 불렀다. 극단적인 개신교도들은 화체설처럼 공체설도 곧바로 거부했다.

루터교의 또 다른 특징은 국가 권력에 의존한다는 것이다. 루터 자신도 기득권 세력에 종속되어 있다는 의식이 가득했고, 실제로 독일의 루터 교회는 국가의 보호와 통제를 받았다. 루터가 사망한 직후에 루터교는 생명력이 없다는 비난을 받았다. 이제 개신교 진영의 다른 경쟁자들에게 활력과 주도권이 넘어갔다.

츠빙글리

루터의 경쟁자들을 시간 순으로 알아보자. 첫 번째 경쟁자는 스위스의 종교개혁가인 츠빙글리다. 츠빙글리 운동도 흥미롭지만 그 영향력이 스위스에 국한되었기 때문에 여기서는 깊이 살펴보지 않을 것이다. 츠빙글리주의는 대체로 루터교보다 더 솔직하고 독립적이며 민주적인 형태를 띠었다.

칼뱅과 그의 영향력

칼뱅주의는 훨씬 더 중요했다. 장 칼뱅의 영향력이 한창일 때는 칼뱅주의가 개신교 진영에서는 주도적이고 공격적인 세력으로 자리 잡았다. 칼뱅은 프랑스 북부 피카르디(Picardy)에서 태어났으며, 처음에는 부모의 뜻에 따라 가톨릭교회에서 유망한 직책을 맡게 되었다. 하지만 이후에는 성직자에서 변호사로 전향했고, 오를레앙에서 법학을 공부하는 동안 개신교의 견해를 받아들였다. 그 후 프랑스 정부가 개신교에 대한 압박을 강화하자, 그는 프랑스를 떠나 라인강 강변의 개신교 공동체에서 한동안 생활한 후 스위스 제네바(Geneva)에 정착했다. 그리고 힘겨운 투쟁 끝에 제네바의 종교 지도자가 되었다.

칼뱅이 세운 종교 체계는 한 세기 동안 유럽 개신교에 가장 큰 영향을 미쳤다. 루터교의 활력이 수그러들면서 칼뱅교는 가장 강력하고 명확한 개신교 신앙으로 자리를 잡았다. 칼뱅은 루터와 매우 대조적이다. 루터는 열정적이고 감정적이었지만 논리력은 부족했다. 반면, 칼뱅에게는 의지와 논리가 전부였다. 그의 삶과 종교 체계에서는 인간의 감정 따위는 중요하지 않았다. 1536년 제네바에 오기 전에 그는 『기독교 강요』를 집필했고, 이 저작은 이후 크게 확장되어 칼뱅주의 교리와 규율의 토대가 되었다.

프랑스 출신의 종교개혁가 장 칼뱅

칼뱅교의 특징

그렇다면 칼뱅교는 루터교와 어떤 점에서 달랐을까? 우선, 교리의 논리적 완전성이다. 칼뱅은 루터와 거의 같은 지점에서 출발했다. 하지만 칼뱅교의 체계는 더 철저했고, 여전히 가톨릭을 애정 어린 시선으로 바라보는 사람들을 달래려는 의지는 약했다. 칼뱅교는 가톨릭의 화체설뿐만 아니라 루터의 공체설도 거부했다. 성찬식은 특별한 은총을 베푸는 기념 의식으로만 받아들였다. 예정설은 칼뱅교 전체 체계의 근간이었다. 이는 새로운 교리가 아니라 기독교 자체만큼이나 오래된 교리였지만, 칼뱅의 손에서 가장 완전하고도 엄격한 정의가 내려졌다.

칼뱅의 교회 정부 체제

다음으로, 칼뱅의 체계는 특별한 교회 정부 체제로 특징지어졌다. 교회는 독일의 루터교처럼 국가에 보호를 구걸하는 것이 아니라 국가로부터 독립해야 했다. 각 교회의 업무는 주교가 아닌, 회중이 직접 선출한 목사와 평신도로 구성된 기구에서 운영해야 했다. 이렇게 민주주의적 요소가 교회 정치에 개입되었고, 다음에는 교회에서 국가로 넘어갔다. 16세기에 칼뱅교가 강했던 곳은 어디나 정치적 자유를 위한 운동과 관련되어 있었다. 잉글랜드, 스코틀랜드, 네덜란드, 프랑스, 스위스가 그런 나라였다.

마지막으로 칼뱅교는 엄격한 도덕 규율의 필요성을 강조했다. 개신교는 때때로 도덕적 의무감이 느슨하다는 비난을 받았지만, 칼뱅교는 엄격한 도덕과 예의범절 체계를 확립해 시행했다. 제네바 시민들은 도덕적 행위뿐 아니라 복장, 식탁, 개인적인 습관까지 엄격한 감독을 받았다. 그 결과로 삶이 암울해지고 어느 정도 위선도 드러났지만, 처음에는 고무적인 훈련으로 작용해 개신교 진영의 강력한 투사들이 길러졌다.

16세기의 인문주의자들

네덜란드의 인문주의자 에라스무스

16세기 유럽을 휩쓸었던 다양한 신앙의 흐름을 이야기하는 동안, 어느 종교 진영에도 제대로 분류할 수 없지만 중요한 지적 운동이 있었다는 점도 언급하는 것이 좋겠다. 유럽에는 가톨릭의 견해와 다른 입장을 취하면서도 개신교의 어떤 형태도 받아들이지 않았던 사상가와 작가가 많았다.

보통 '인문주의자'라고 불리는 이 사람들은 위대한 네덜란드 학자 에라스무스(Erasmus), 프랑스의 라블레(Rabelais)와 몽테뉴(Montaigne)가 대표적이다. 이들의 목적은 신학적 개혁이라기보다는 학문, 계몽 그리고 인류 전체에 대한 봉사였다. 추종자는 많지 않았지만 미래에 큰 영향을 미쳤다.

반종교개혁

가톨릭 진영으로 눈을 돌려보면, 이곳에서도 중요한 변화가 있었다는 사실을 알 수 있다. 교황청은 처음에는 종교개혁 운동을 크게 개의치 않았다. 하지만 잉글랜드, 스코틀랜드, 네덜란드, 독일이 몰락하고, 프랑스에서 개신교가 급속도로 세력을 확장하며 베네치아마저 로마의 충성에서 이탈할 위기에 처하자, 교회는 무기력함에서 깨어났고, 놀랍도록 커져버린 이 위험에 맞서기 위해 세력을 조직하기 시작했다. 이러한 재조직 운동 전체를 '가톨릭 반동' 또는 '반종교개혁'이라고 부른다.

예수회의 창설

이 새로운 운동의 선두주자는 예수회(Company of Jesus)였다. 예수회의 창설자 이냐시오 로욜라(Ignatius Loyola)는 스페인 귀족이었는데, 1521년 군대에서 부상을 입어 더 이상 복무를 할 수 없게 되었다. 그래서 자신의 군사적 열정을 세속적 전투에서 영적 전투로 옮겼다. 그는 오랫동안 수도 생활을 하고 파리대학교와 여러 곳에서 공부하면서 마음속에 여러 계획을 구상했다. 결국 예수회라는 새로운 수도회를 설립하자고 제안했고, 교황 바오로 3세의 인가를 받았다.

예수회의 창설자 이냐시오 로욜라

예수회의 목적과 조직

교회는 예전에도 위기와 위험의 순간에 새로운 질서를 세우는 경우가 많았다. 우리는 앞에서 클뤼니 수도회와 시토 수도회가 교회에 얼마나 큰 공헌을 했는지, 프란치스코 수도회와 도미니크 수도회가 교회를 위해 얼마나 효과적으로 노력했는지 살펴보았다. 따라서 개신교 세력이라는 큰 위험 앞에서 교회를 수호하기 위해 새로운 질서를 만드는 것은 당연한 일이었다.

개신교에 맞서 싸우는 것이 '예수회'의 특별한 사명이었다. 예수회는 도미니크 수도회와 어느 정도 유사했지만, 조직과 방식 면에서는 크게 독창적이었다. 이들은 명상이 아니라 행동을 위해 존재했다. 특별한 복장을 입지 않았고 다양한 방식으로 세상과 교류했다. 물론 교회의 수호와 전파를 늘 염두에 두어야 했다. 다른 수도회처럼 순종을 서약하고 세속적 속박과의 단절을 서약했다. 하지만 이전 수도회와는 달리 과도한 금욕주의는 경계했다. 교육과 학습에 관심이 많았다는 점이 예수회 활동의 두드러진 특징이었다. 지금까지 신학문(新學問)은 주로 교회의 반대자들이 사용해왔다. 그러나 예수회는 교회를 지키는 데도 신학문이 활용될 수 있다는 것을 알았다. 곧 모든 가톨릭 국가와 학교와 대학은 예수회의 영향력에 장악되었다.

물론 예수회의 조직과 목표에 대한 어떤 분석도 이 조직이 성공한 이유를 설명하기에는 충분치 않다. 적어도 예수회가 설립된 첫 세대에는 자기희생적인 열정으로 고무되었는데, 반대편의 루터교도나 칼뱅교도의 열정과 거의 맞먹었다. 당시 예수회 구성원들만큼 가톨릭교 회복에 크게 기여한 사람들도 없었다.

트리엔트공의회

트리엔트공의회의 활동도 가톨릭 부흥에 기여한 또 다른 원동력이었다. 카를 5세 황제는 처음부터 가톨릭과 개신교 간에 쟁점이 되는 문제들을 전 기독교 세계가 참여하는 공의회에 회부하고 싶었다. 마침내 교황청은 트리엔트(Trient, 알프스 남쪽 기슭에 위치하며 지리적으로는 이탈리아에 속하지만 독일제국 내에 있는 도시)에서 공의회를 소집했다. 공의회의 회의에는 주로 이탈리아 성직자들이 참석했다. 전쟁과 전염병으로 회의가 중단되는 경우가 많았지만, 마침내 1563년 회의와 활동이 마무리되었다. 현대 로마가톨릭교회는 대체로 트리엔트공의회의 결과물이라고 할 수 있다.

트리엔트에서 열린 공의회

공의회의 결과

공의회가 내린 결론은 어떤 결과를 가져왔을까? 교황청이 큰 승리를 거두었다. 콘스탄츠공의회가 교황 군주제를 폐지하고 주교 귀족제를 도입했다면, 트리엔트공의회는 교황의 군주적 지배권을 회복했다. 교황의 권위가 공의회의 권위보다 우위에 있다고 선언했다. 게다가 카를 5세가 바라던 가톨릭과 개신교의 화해는 완전히 좌절되었다. 성경의 배타적 권위와 '칭의' 교리는 모두 거부되었는데, 논쟁에 참여한 몇몇 저명한 성직자에게는 유감스러운 일이었다. 성직자의 독신제가 강조되었고, 성직자뿐 아니라 평신도도 성찬례에 참여해야 한다는 개신교의 요구는 거부되었다. 이에 더해 교회의 도덕 개혁, 규율 강화, 권력 남용 근절 등 일련의 조치들이 채택되었다.

이처럼 교회는 트리엔트공의회를 통해 정화되고 더 나은 조직으로 강화되었지만, 교리는 이전보다 더 엄격하고 배타적으로 변했다. 교회가 서구 기독교 일부를 넘어서 전체를 품을 운명은 아니었다.

종교재판

이 시기에는 종교재판소도 좀 더 활성화되었다. 중세 교회에는 이단을 적발하고 처벌하는 조직을 가지고 있었으며, 어떤 신학자도 교회의 이단 처벌 의무에 의문을 제기한 적이 없었다. 15세기 후반(1483년) 스페인은 무어인과 유대인을 박해하기 위한 특별한 형태의 종교재판을 채택했다. 1542년에는 교황이 개신교 이단을 다루기 위해 최고 종교재판소를 조직했다. 그런데 종교재판소는 해당 국가 통치자의 허가를 받아야만 도입될 수 있었다. 프랑스와 같은 일부 가톨릭 국가에서는 전혀 받아들여지지 않았다.

종교재판의 절차와 영향

종교재판소의 절차와 처벌은 당시 세속적인 재판소와 매우 유사했다. 용의자를 체포하고, 고문을 통해 자백을 강요하며, 피고인을 고소인과 직접 대면시키지 않았다. 교황 외에는 어떠한 항소도 허용하지 않았다. 피고인이 유죄 판결을 받으면 처벌을 위해 국가에 넘겨졌다.

종교재판소는 권한을 행사할 수 있는 곳이면 어디서든지 끔찍할 정도로 가혹하게 운영되었다. 종교재판소의 희생자는 수천 명에 달했다. 하지만 교회의 대의에는 실제로 도움이 되지 않았다. 오히려 개신교의 적대감을 키웠고, 반대자들에게는 절망 속에 용기를 불어넣었으며, 무엇보다 양측 간의 화해를 불가능하게 만들었다.

종교개혁 시대에는 대부분의 유럽 국가에서 정치적 변혁이 일어났다. 독일, 프랑스, 스페인, 영국은 모두 혼란의 시기를 겪으며 주도 세력이 변화했고, 동맹이 바뀌었으며, 목표와 정책도 크게 수정되었다. 이 시기에는 작지만 강력한 국가가 새롭게 등장해 향후 200년 동안 유럽에서 가장 진보적이고 영향력 있는 국가가 되었다. 이 새로운 국가는 '네덜란드공화국(the United Netherlands)'이라고 불리는 것이 적절하지만, 때로는 '더치공화국(Dutch Republic)'이라는 애매한 표현으로 불리기도 하고, 심지어는 (매우 부정확하지만) '홀랜드(Holland)'라고 불리기도 한다.

네덜란드

우리는 앞에서 네덜란드의 17개 주가 브르고뉴의 마리와 황제 막시밀리안의 결혼을 통해 스페인 왕위 계승권을 획득한 사실을 살펴보았다. 막시밀리안은 카를 5세의 조부이자 스페인 펠리페 2세의 증조부이기도 했다. 17개 주는 각각 별도의 헌법을 가지고 있었으며, 주마다 사회·정치적 성격이 매우 달랐다. 북부의 7개 주와 남부의 10개 주 사이의 차이점은 궁극적으로 이들의 역사에 큰 영향을 미쳤다. 북부의 주들은 더 민주적이었고, 상업과 산업에 적극적이었으며, 칼뱅주의 형태의 개신교를 받아들였다. 반면, 남부의 주들은 귀족적 성격을 띠었고, 철저하게 가톨릭교를 믿었다.

네덜란드는 전반적으로 스페인에 큰 도움을 주었다. 때로는 마찰도 있었지만, 대개는 스페인에 충성했다. 네딜란드의 번영하는 산업과 상업은 페루와 멕시코의 광산보다 스페인에 더 수익성 있는 수입원이 되었다. 네딜란드 주민들은 자부심이 강하고 독립적인 성격을 지녔는데, 어떤 면에서는 스페인에 반감을 품기도 했다. 하지만 카를 5세 치하에서는 관계가 쉽게 유지되었고, 펠리페 2세가 즉위하면서 네딜란드는 카를 5세의 귀중한 영토가 되었다.

펠리페 2세의 정책

펠리페 2세는 아버지처럼 재치 있는 인물은 전혀 아니었다. 그의 모든 방식과 생각은 철저히 스페인적이었다. 절대적이고 타협하지 않는 성격은 스페인과 네딜란드를 갈등으로 몰아넣었는데, 이 갈등은 그가 살아 있는 기간보다 더 오래 지속되었다. 펠리페 2세의 전반적인 목표(그가 의무감을 가진 목표이기도 했다)는 그의 영토 전체에 정치적·종교적 절대주의를 확립하고, 개신교의 반체제에 맞서 로마가톨릭교회를 모든 곳에서 재확인하며, 그가 지배하는 모든 지역에서 자유와 자치의 원칙을 파괴하는 것이었다.

네딜란드와의 갈등을 처음 야기한 것은 그의 종교 정책이었다. 다른 모든 곳과 마찬가지로, 여기서도 종교 문제는 정치적 열망과 밀접하게 관련되어 있었다. 네딜란드는 위험한 불안에 휩싸여 있었다. 기지와 타협을 통해 저항하는 국가들을 충성과 복종으로 이끌 수도 있었다. 하지만 펠리페 2세는 가장 강력한 탄압 조치를 취하기로 마음먹었다. 유럽 역사상 최고의 무장 군대를 보유한 스페인 장군 알바 공작(Duke of Alva)이 네딜란드 17개 주에 국왕의 뜻을 관철하기 위해 파견되었다(1567). 장군과 그의 왕실 주군은 짧은 원정과 적은 비용으로 이곳 상인들의 땅을 줄일 수 있을 것이라고 확신했다.

알바 공작과 네덜란드

한동안 그럴듯한 저항은 없었다. 네덜란드인들은 싸우러 가는 곳마다 패배했다. 알바 공작은 스페인에 대한 모든 반역 사건을 재판하기 위해 '분쟁 위원회(적들은 '피의 위원회'라고 불렀다)'라는 새로운 법정을 열었다. 즉결 처형과 잔혹한 처벌은 온 나라를 공포정치에 빠뜨렸다. 1569년이 되자 스페인 정권에 대한 모든 저항이 사라진 듯 보였다. 그러나 알바 공작은 과도하고 어처구니없는 방식으로 세금을 부과하기 시작했다. 네덜란드 사람들이 이를 그대로 받아들인다면 모든 부의 원천인 상업이 파괴될 것처럼 보였다. 새로운 과세는 피의 위원회보다 더 위험한 반대에 부딪혔다.

'바다 거지'의 등장

알바 공작의 억압적인 조치로 많은 주민이 달아났다. 그중 다수는 해적 생활을 했는데, 조롱의 의미로 '바다 거지(the Water-Beggars)'라 불렸다. 1572년 라인강과 스헬데강 하구에 해적의 함대가 나타나 브릴(Brill), 플러싱(Flushing), 엔크하우젠(Enkhuisen)의 중요 요새들을 점령하는 데 성공했다. 물론 알바 공작이 곧 진압할 수 있는 잠깐의 기습 공격에 불과한 듯 보였다. 하지만 네덜란드는 이미 불만으로 들끓었고, 이 반란은 앞으로 40년간 지속되는 전쟁으로 이어져 결국에는 스페인의 위신과 권력을 무너뜨렸다.

오라녜 공작 빌럼 1세

반란군은 '침묵공 빌럼'으로 널리 알려진 오라녜 공작 빌럼 1세(Willem van Oranje)에게 군대의 지휘권을 맡아줄 것을 요청했다. 그는 이미 알바 공작과의 싸움에서 패배해 독일로 도피한 상태였다. 그러나 다시 한번 전투에

오라녜 공작 빌럼 1세

뛰어들었다. 그의 용기, 인내심, 외교적 수완, 이타심 그리고 따뜻한 인간애 덕분에 16세기 유럽 정치사에서 가장 위대한 영웅이 되었다.

스페인과의 전쟁의 특징

처음에는 승리가 불가능해 보였다. 훈련받지 않은 소수의 병사들이 당대 가장 강력한 군사 왕국의 위력에 맞서 싸워야 했기 때문이다. 빌럼 1세의 천재성과 네덜란드인의 끈질긴 용기만으로는 승리를 거둘 수 없었다. 그런데 운하와 바다가 근접해 적의 공격을 방어하기가 유리했다. 제방을 여러 차례 무너뜨려 바닷물이 땅 위로 범람하게 만들어 스페인군을 몰아냈다.

스페인도 겉보기만큼은 강하지 않았다. 스페인군은 유럽에서 타의 추종을 불허했고, 전쟁이 끝날 때까지 대체로 승리를 이어갔다. 하지만 재정이 곧 고갈되는 바람에 병사들에게 봉급을 지급하지 못할 때가 많았다. 스페인 역시 유럽 전역에 중요한 지역을 점령하고 있었고, 네덜란드와의 전쟁이 끝나기도 전에 프랑스와 영국에 맞서 전쟁을 벌이고 있었다. 끈질긴 네덜란드인들은 냉혹하고 강렬한 칼뱅주의 고무되어 힘을 얻었고 결국 스페인으로부터 네덜란드 영토 일부를 떼어내어 독립 국가를 수립하는 데 성공했다.

전쟁의 과정

이 전쟁은 주로 포위 공격으로 진행되었는데, 성벽 뒤에서 싸울 때만 네덜란드가 스페인에 맞서 승리할 가능성이 있었기 때문이다. 네덜란드는 라이덴전투에서 첫 번째 승리를 거두었다. 네덜란드군은 용감무쌍하게 적을 방어한 뒤 제방을 무너뜨리고 바닷물을 끌어들여 적군을 물리쳤다. 침묵공 빌럼은 군사 작전을 지휘하는 데도 뛰어난 능력을 보였지만, 무엇보다 정치가이자 외교관으로서 탁월한 재능을 보였다.

빌럼은 1576년에 가장 큰 승리를 거두었다. 그는 남부 주들이 북부 주들과 손을 잡도록 유도했고, 겐트 평화조약(Pacification of Ghent)을 통해 스페인을 몰아내고 일종의 자치 정부를 수립하기 위해 힘을 합치도록 했다. 만약 이 합의가 지켜졌다면 전쟁은 더 짧아지고 반란군은 더 큰 승리를 얻었을 것이다. 그러나 북부 주들과 남부 주들 사이에는 실제로 감정이나 이해관계에서 차이가 있었다. 이러한 차이는 네덜란드를 지휘한 위대한 스페인 장군 파르마의 알렉산드르가 능숙하게 조율했다.

1579년 침묵의 빌렘은 모든 주의 통합이 불가능한 꿈이라는 사실을 깨달았고, 대신 '위트레흐트 연합(Union of Utrecht)'을 결성했다. 이 연합에 따라 북부의 7개 개신교 주는 전쟁을 수행하기 위해 손을 잡는 동시에 공동 정부 형태를 수용했다. 이 정부는 근대사 최초의 연방 정부였기 때문에 특별히 관심이 쏠린다. 7개 주는 각각 자체적인 내정을 관리하되, 외교 및 군사 정책은 공동 정부를 따라야 했다. 이로써 위트레흐트 연합은 아메리카합중국(United States of America)의 선구자가 되었다.

오라녜 공작 빌럼 1세의 암살

이후의 전쟁은 이전보다 더 격렬해졌다. 빌럼 암살에 대한 현상금이 걸렸고, 네덜란드공화국(이제 7개 주가 이렇게 불렸다)은 마침내 스페인의 펠리페 2세에 대한 모든 충성을 내려놓았다. 1584년, 빌럼을 암살하려는 여러 차례의 시도 중 마지막 시도가 성공했다. 이제 네덜란드공화국은 그의 지도 없이도 계속 싸워야 했다. 다른 이의 도움 없이는 살아남을 수 없을 것 같았다. 빌럼은 죽기 전에 프랑스나 영국과 동맹을 맺기 위해 열심히 협상을 진행했다. 하지만 영국의 엘리자베스는 그의 제안을 거부했고, 프랑스에서 지원군이 왔지만 네덜란드공화국에는 별 도움이 되지 않았다.

영국의 지원

빌럼이 죽은 뒤에는 외국의 지원이 어느 때보다 절실해졌다. 결국 엘리자베스는 지원군을 보내는 데 동의했지만, 지원 병력이 부족했다. 그런데 영국이 지원하자 오랫동안 휴화산 같았던 영국과 스페인의 전쟁이 마침내 폭발하고 말았다. 스페인의 무적함대(Armada)가 1588년에 파견되었으나, 영국 포병대의 공격 앞에 패배하고 대서양의 폭풍에 파괴되고 말았다. 궁지에 몰렸던 네덜란들인들에게는 큰 위안이 되었다.

전쟁의 종식

무적함대의 패배가 곧 전쟁의 끝은 아니었다. 물론 네덜란드공화국에는 완전한 파멸의 위기가 두 번 다시 찾아오지는 않았다. 그 후 스페인은 영국과 프랑스를 상대로 맹렬한 전투를 벌였고, 용감무상하고 자신감에 찬 네덜란드에 맞설 충분한 군대를 찾을 수 없었다. 스페인 쪽에서도 침묵공 빌럼의 아들이자 위대한 군인인 마우리츠(Maurits) 공작이 나타났다. 1597년, 그는 투른호우트(Turnhout)전투에서 스페인군을 상대로 승리를 거두었다. 한편, 네덜란드 해군은 스페인 해군에 맞서 확실한 우위를 점했다. 스페인이 수많은 전쟁과 잘못된 재정 정책으로 피를 흘리며 죽어가는 동안, 네덜란드의 무역을 빠르게 성장하고 있었다.

마침내 찾아온 평화

마침내 네덜란드만큼이나 완강한 스페인이 패배를 인정할 수밖에 없었다. 그럼에도 스페인은 네덜란드공화국의 독립과 별개의 정치적 존재로 즉시 인정할 의향은 없었다. 1609년 두 나라는 12년간 휴전을 체결했다. 휴전이 끝나고 전쟁이 재개되었지만 이전만큼 활발하지는 않았다. 네덜란드는 안전하게 독립을 유지했고, 스페인은 세력이 약해지고 있었다. 다시는 스페인이 네덜란드를 점령할 수 없을 것 같았다.

네덜란드공화국의 중요성

이러한 사건들의 중요성은 아무리 강조해도 지나치지 않다. 가톨릭의 반동과 스페인 세력은 참혹한 패배를 당했다. 이보다 더 중요한 것은, 종교적·정치적 공화주의, 즉 자유라는 이념에 기반을 둔 새로운 유형의 국가가 등장했다는 사실이다. 이 나라는 17세기 유럽에서 가장 진보적인 국가였다. 영국과 프랑스에서 전제정치가 승리했을 때, 자유의 수호자들은 네덜란드에서 피난처를 찾았다. 프랑스 루이 14세의 절대주의는 네덜란드공화국을 무슨 대가를 치르더라도 타도해야 할 적으로 여겼다. 네덜란드공화국이 없었다면 1688년 영국혁명도 거의 일어날 수 없었을 것이다.

프랑수아 1세와 개신교

프랑스의 프랑수아 1세는 스페인의 카를 5세와의 오랜 싸움 기간 동안, 때때로 독일 개신교과 손을 잡기도 했다. 한때 그는 프랑스에서 '개혁' 사상의 수호자이자 지지자가 될 것이라는 기대를 받았다. 헨리 8세가 영국에서 했던 역할을 프랑스에서 수행할 것이라고 생각한 것이다. 하지만 전혀 사실이 아니었다. 파비아전투 이후 그는 교황과 성직자의 지지를 원했는데, 프랑스의 '이단자'에 대한 탄압 조치를 통해 얻어야 했다. 프랑수아 1세는 개신교 박해를 더욱 강화했다.

프랑스의 칼뱅교

이 모든 것에도 불구하고 프랑스에서는 개신교가 점차 강성해졌다. 처음에는 루터교로 나타났지만, 루터교는 독일 밖에서는 활발하게 번성하지는 못했다. 루터교는 곧 칼뱅교로 대체되었는데, 칼뱅교의 엄격하고 논리적인 성향이 프랑스의 기질에 더 잘 어울리는 듯했다. 1560년경 칼뱅교는 프랑스에서 매우 중요한 세력이 되었다. 프랑스 칼뱅교도들은 위그노(huguenot)라는 별칭을 얻었는데, 이 단어의 유래는 불분명하다.

프랑스의 개신교는 몇 가지 주목할 만한 특징이 있다. 개신교는 주로 프랑스의 남부와 서부 지역에서 지지를 받았다. 물론 일반적으로 개신교는 유럽 북부 국가들의 신앙이었다. 무엇보다도 칼뱅교는 프랑스 귀족들에게 얼마나 호응을 얻었는지 살펴보는 것이 중요하다. 초기에 칼뱅교를 받아들인 사람들은 중산층과 산업계 출신이었지만, 16세기 후반에는 귀족 계층에서 지지를 받았다. 다른 지역과 마찬가지로 프랑스에서도 종교개혁 운동은 정치적·사회적 투쟁과 밀접한 관련이 있었다. 귀족들은 왕권에 맞서 싸우다가 패배했다. 이들은 새로운 종교 운동에서 다른 형태로 투쟁할 기회를 엿보았다. 따라서 프랑스의 개신교 운동은 유럽의 다른 지역보다 (아마도 스코틀랜드는 예외일지 모르지만) 매우 뚜렷하게 정치적 성격을 띠었다.

위그노의 지도자 콜리니

이 귀족 옹호자들 중 다수는 종교적 주장이 이기적이고 위선적이었다. 물론 모든 사람에게 해당되는 것은 아니다. 유럽 개신교계에서 프랑스의 위그노 지도자이자 순교자인 콜리니(Coligny)보다 더 고귀한 인물은 찾기 힘들 것이다.

카테리나 데 메디치와 자녀들

1559년 앙리 2세가 사망하자 왕위는 그의 아들 프랑수아 2세에게 넘어갔다. 그런데 앙리 2세의 아내 카테리나 데 메디치가 낳은 자녀들은 모두 몸과 마음이 약해 보였다. 프랑수아 2세, 샤를 9세, 앙리 3세 세 명이 왕위에 올랐지만, 실제로 이들을 대신해 통치한 사람은 어머니였다. 카테리나 데 메디치는 남편에게 소홀히 여겨졌고, 한편 그녀는 자신의 야망을 충족시킬 기회를 기꺼이 잡았다. 그녀는 역사상 가장 혹독한 비판을 받는 이름으로 남게 되었다.

그런데 그녀의 정책이나 인품이 종종 왜곡되기도 했다. 카테리나 데 메디치는 종교적 광신자와는 거리가 멀었다. 오히려 당대의 종교적 논쟁을 이탈리아인 특유의 경솔함과 냉정함을 가지고 다루었다. 그녀의 목표는 종교전쟁을 피하는 것이었다. 전쟁이 발발하더라고 곧 종식시켜 프랑스의 통일과 국력을 유지하고자 했다. 우리는 그녀의 목표 중 일부에는 공감해야 한다.

하지만 양심의 가책도 없이 이기적인 목적을 채우려고 온갖 수단을 동원하다가 그녀의 섭정은 암울해졌다. 피렌체의 작가 마키아벨리(Machiavelli)는 통치자는 일반적인 도덕률에 얽매이지 않는다고 주장했다. 당대의 많은 정치가가 이 원칙에 따라 행동하는 것처럼 보였지만, 불운한 시기에 프랑스의 여왕이 된 피렌체의 여인만큼 이를 분명하게 실천한 사람도 없었다.

삼부회 소집

프랑스 정부가 취약해지자, 1560년에 삼부회가 소집되었다. 앞서 살펴본 바와 같이, 삼부회는 프랑스의 세 신분, 즉 성직자, 귀족, 평민을 대표하는 기구였다. 물론 실제로 가장 큰 영향력을 행사한 신분은 귀족이었다. 1560년의 회의도 주로 프랑스 귀족의 열망과 염원을 대변했다. 삼부회에서는 종교적 관용, 삼부회의 정기 회의, 교회 재산의 몰수를 요구했다. 프랑스 정부는 그중 어느 것도 동의할 수 없었다. 결국에는 곧 내전이 발발했다.

개신교와 가톨릭의 지도자들

개신교 쪽 주요 인물로는 부르봉 왕가의 우유부단한 나바르(Navarre) 왕과 그의 동생 콩데 공작이 있었다. 첫 번째로 언급한 나바르의 앙리의 아들이 내전으로 결국 왕위에 오르게 되었다. 훨씬 더 고귀한 가문은 샤티용(Châtillon) 가문이었는데, 이 가문의 대표로는 주로 콜리니(Coligny) 제독이 언급된다.

가톨릭 쪽에서 가장 큰 영향력을 행사한 세력은 왕가가 아니라 기즈(Guise) 가문이라는 귀족이었다. 이 가문은 왕가와 혼인 관계를 맺었고, 가톨릭 반동 세력은 이들을 지도자로 여겼다. 처음에는 모든 가톨릭교도의 관심이 기즈 공작 프랑수아에게 집중되었다. 그가 죽자 아들 앙리가 가톨릭의 지도자가 되었다. 그의 위치는 마치 프랑스 왕위를 차지할 만큼 높아 보였지만, 결국 그는 프랑스 왕의 손에 비참한 죽음을 맞게 되었다. 가톨릭과 개신교 사이에는 당대 가장 고상한 인본주의 정신을 대표하는 로피탈 총리(Chancellor L'Hopital)가 있었다. 그는 가톨릭과 개신교의 화해를 위한 토대를 마련하고자 끊임없이 노력했으나 모든 것이 허사였다.

내전의 특징

1562년에 발발한 내전이 계속 이어졌는데, 몇 차례 중단되기도 했지만 38년 동안 단 한 순간도 평화를 누리지는 못했다. 다음 장에서 다룰 독일의 30년전쟁 다음으로, 이 내전은 종교개혁 시기에 발생한 가장 악하고 파괴적인 전쟁이었다. 이 전쟁은 유난히 이해하기 어렵다. 전투가 꽤 산발적으로 일어났고 거의 모든 지역이 혼란에 빠져들었기 때문이다. 결정적 사건들을 기록하고 그 결과를 요약하는 것만으로도 이 책의 목적을 충분히 달성할 것이다.

1572년의 위기

역사가들은 1562년과 1570년 사이에 세 차례의 전쟁이 벌어졌다고 기록한다. 위그노들은 완강하게 싸웠지만 대부분 큰 피해를 입었다. 1570년에 생제르맹 평화조약(the Peace of S. Germairs)이 체결되는데, 많은 사람이 이 조약이 유럽의 큰 변화와 맞물려 영구적인 평화를 가져올 것이라고 생각했다. 당시 왕이었던 샤를 9세는 어머니 카테리나 데 메디치가 프랑스의 정책에 행사하는 영향력에 점점 지쳐갔다.

이러한 내전의 결과로 프랑스의 권력과 영향력이 점차 약해졌고, 결국 프랑스의 강력한 경쟁자인 스페인의 영향력을 높여놓았다. 그래서 샤를 9세는 개신교 지도자 콜리니에게 접근했고, 그의 영향력 아래 유럽에 영국적인 종교적 평화가 확립될 것으로 기대했다. 프랑스는 영국 여왕과 손을 잡았고, 또한 스페인에 대항하는 반란군과 손을 잡았다. 그러고는 스페인과 가톨릭 반동 세력에 결정적인 타격을 가하고자 했다. 1572년은 유럽에서 이처럼 거대한 계획이 실행되는 해가 되리라 예상했다.

성 바르톨로뮤 축일의 대학살

하지만 그해에 성 바르톨로뮤 축일의 대학살이 일어났다. 이는 치밀한 계략이 아니었다. 샤를 9세는 그렇게 위선적인 사람이 아니었다. 오히려 이

성 바르톨로뮤 축일의 대학살

사건은 카테리나 데 메디치와 앙리 드 기즈(Henri de Guise)가 어떤 수단을 써서라도 자신의 권력을 붙잡으려는 굳은 마음에서 비롯되었다. 콜리니는 죽임을 당했고, 파리와 프랑스 전역에 있던 수천 명의 위그노도 그와 함께 살해당했다. 당분간은 프랑스에서 칼뱅교가 전멸된 것처럼 보였다. 하지만 이 학살은 일종의 범죄일 뿐 아니라 크나큰 실수임이 드러났다. 실제로 유럽의 개신교에 대한 희망은 큰 타격을 입었고, 프랑스의 위그노들은 잔혹한 고통을 겪었지만, 절망 속에서도 계속 투쟁할 수 있을 만큼 열정적인 사람들이 충분히 남아 있었다.

곧이어 종교전쟁이 다시 시작되었다. 20년 넘게 진정한 평화가 찾아오지 않았다. 1574년 샤를 9세가 사망하고, 그의 동생 앙리 3세가 왕위를 계승했다. 앙리 3세는 젊은 시절 군인으로서 어느 정도 명성을 얻은 인물이었다. 그러나 미신에 빠진 쾌락주의자로 전락했고, 곧 가톨릭과 개신교 양쪽 모두 그를 똑같이 불신하게 되었다.

정치파의 등장

후기 단계에서는 전쟁이 다소 다른 양상을 띠었다. 칼뱅교도들은 여전히 가톨릭교도들을 반대했고, 신학적 차이는 계속해서 격정을 불러일으켰다. 하지만 위그노들은 이제 단독의 병력으로 적을 정복하려는 희망을 내려놓아야 했다. 가톨릭교도 중 좀 더 온건한 세력과 동맹을 모색했다.

이렇게 해서 '정치파(Politique)'라는 당이 성장했다. 이들은 가톨릭교도든 개신교도든 신학적인 면보다 정치적인 면을 중시했고, 종교적 관용을 바탕으로 프랑스 내 모든 계급의 진정한 통합을 목표로 했다. 이들의 전반적인 정치 이론은 칼뱅교도들이 전쟁을 시작할 때 내세운 이론과는 거의 정반대였다. 지금은 왕권에 대한 극단적인 교리를 지지했다.

반면 1562년에는 왕의 절대주의에 맞서 싸웠고, 삼부회의 통치로 그 자리를 대신하려고 했다. 이러한 변화의 이유는 쉽게 설명할 수 있다. 앙리 3

세는 자식이 없었고, 그의 동생 앙주 공작도 자식이 없었다. 두 사람이 건강이 좋지 않아 장수하지 못하고 죽자, 다음 왕위 계승자는 개신교도이자 위그노파와 '정치파'의 지도자인 나바르의 앙리였다. 따라서 프랑스에서 개신교의 성공은 엄격한 왕위 세습 계승권 주장과 밀접하게 관련 있는 것처럼 보였다.

신성동맹

  개신교도들이 정치파와 손을 잡고 왕위 계승의 절대적 권리를 지지하는 동안, 가톨릭파는 정반대의 변화를 겪었다. 가톨릭교도들은 세습권을 거부하고 삼부회의 주장을 지지했다. 이들은 어떤 이단도 프랑스 왕위 계승권을 주장할 수 없다고 선언했다. 가톨릭 정통파의 우위를 유지하기 위해 프랑스의 최대 적인 스페인과 동맹을 맺거나, 심지어 스스로를 스페인의 신민이라고 선언할 마음의 준비가 되어 있었다.

  이 조직은 '신성동맹(Holy League)'으로 알려졌는데, 주로 예수회의 영향을 받았다. 1584년 앙주 공작이 사망하자 왕위 계승 문제가 시급한 사안으로 떠올랐다. 왕가의 원로인 부르봉(Bourbon) 추기경이 신성동맹에 의해 명목상 후보로 채택되었지만, 실제로 신성동맹의 일부는 앙리 드 기즈의 주장을, 다른 일부는 스페인 펠리페 2세의 주장을 지지했다.

신성동맹에 반대하는 앙리 3세

  이제 프랑스의 역사는 혼란의 구렁텅이에 빠졌다. 앙리 3세는 가톨릭 신자였고 성 바르톨로뮤 축일의 대학살을 일으킨 주요 배후 중 하나였다. 하지만 신성동맹의 반왕당파적인 분위기에 불쾌감을 느꼈고, 앙리 드 기즈를 매우 질투 어린 눈으로 바라보았다. 이러한 질투심은 1588년 파리 시민들이 앙리 드 기즈를 지지하며 봉기해 앙리 3세를 수도에서 몰아낸 이른바 '바리케이드의 날(Day of the Barricades)'에 더욱 증폭했다. 왕의 처지는 아주 곤란해졌다. 신성동맹 진영에서는 의심을 받아 무력했고, 이들의 마음을 사로잡은 사람은 앙리 드 기즈였다. 암살만이 유일한 해결책으로 떠올랐다. 결국 1588년 크리스마스에 앙리 드 기즈를 살해했다.

나바르의 앙리와 손을 잡은 앙리 3세

하지만 신성동맹에서 앙리 3세의 지위는 나아지지 않았다. 오히려 그는 모든 열성 가톨릭 신도들에게 공공의 적으로 여겨졌다. 그는 이제 누구에게 도움을 구할 수 있을까? 상황의 압박에 밀려 앙리 3세는 강력한 경쟁자인 나바르의 앙리에게 왕위 계승권을 인정해달라고 요청했고, 위그노를 위한 종교적 관용을 약속해달라고 간청했다. 성 바르톨로뮤 축일의 대학살을 일으킨 주모자는 침묵공 빌럼의 언어를 빌려 인간의 양심을 강요하는 악행을 이야기했다.

앙리 3세의 암살

이 기묘한 동맹은 두 앙리에게 압도적인 군사력을 제공했다. 1589년 신성동맹은 완전히 무너질 것처럼 보였다. 실제로 파리는 신성동맹을 위해 나섰다. 하지만 왕과 나바르의 앙리는 파리를 포위했고, 이 도시는 곧 굶주림으로 항복할 것처럼 보였다. 파리에서는 종교적 광신이 극에 달했는데, 한 수도사가 포위군의 진영에 들어가 앙리 3세를 칼로 찔렀다.

앙리 3세의 죽음으로 상황은 순식간에 뒤바뀌었다. 가톨릭 신자이자 프랑스의 합법적 국왕인 헨리 3세를 따랐던 많은 사람이 이제 이단적인 나바르의 앙리를 따르기를 거부했다. 파리 포위 공격은 중단되어야 했고, 나바르의 앙리는 다시 한번 왕위를 위해 싸우는 모험가가 되었다.

나바르의 앙리가 프랑스 정복에 실패하다

그 후 2년 동안 나바르의 앙리는 용기와 담력을 가지고 승리를 거두며 프랑스인들에게 자신의 이름을 각인시켰다. 1590년 그는 이브리(Ivry)전투에서 승리해 파리를 맹렬히 공격했다. 파리는 다시 극한의 기근에 내몰렸고, 확실히 함락될 듯이 보였다. 나바르의 앙리가 파리를 얻으면 프랑스도 얻게 될 터였다. 하지만 파리는 다시 구원을 얻었다. 신성동맹은 이제 스페인과 긴밀한 동맹을 맺었다. 파르마 대공의 지휘 아래 스페인 군대가 네덜란드에서 프랑스로 진군해 파리를 구원한 것이다. 그사이에 나바르의 앙리는 영국의 엘리자베스와 동맹을 맺었다. 하지만 영국의 도움을 받더라도 그것만으로 프랑스의 왕관을 차지할 수 없을 것 같았다.

나바르의 앙리가 이끈 이브리전투

나바르의 앙리의 개종

몇 년 동안 다른 방법이 제시되었다. 단약 나바르의 앙리가 스스로를 가톨릭 신자라고 선언한다면 그에게 맞서던 모든 저항이 무너질 것이다. 대다수의 프랑스 가톨릭 신자들조차도 그의 개인적인 용맹함과 따뜻한 인간미 앞에서 기꺼이 복종할 것이다. 나바르의 앙리는 이 문제를 오랫동안 신중하게 고민했다. 주로 정치적인 관점에서 고민했는데, 그만큼 신학적 신념이 그의 양심을 그다지 강하게 사로잡고 있지 않았기 때문이다.

마침내 그는 '큰 도약'을 결심했다. 파리는 그에게 '미사를 드릴 만한 가치가 있는 곳'으로 보였다. 그는 가톨릭 신앙에 대한 교육을 받고 스스로 신앙을 가졌다고 선언했다. 그러고는 1593년 7월 25일에 미사에 참석했다. 예상했던 결과는 머지않아 나타났다. 마을들이 하나둘씩 그의 손에 넘어갔다. 이듬해에 나바르의 앙리는 파리에 입성했고, 곧 자신이 단결된 국민을 통치한다는 자부심을 가질 수 있었다.

프랑스의 내부 상황

이렇게 그가 얻은 왕국은 30년간의 내전으로 분열되었고, 사방에서 어려움을 직면하게 되었다. 프랑스는 스페인과 전쟁 중이었고, 위그노들은 불만을 품고 있었고, 귀족들은 반항적인 태도를 보였고, 국가의 재정은 절망적인 상황에 빠져 있었다. 앙리 4세(이제 나바르의 앙리는 이렇게 불렸다)는 이 모든 어려움에 담대하게 맞서며 큰 성공을 거두었다.

스페인과의 전쟁

스페인은 겉보기보다 덜 위험한 존재였다. 스페인의 자원은 완전히 고갈된 상태였을 뿐만 아니라, 지난 200년 동안 유럽에서 유지해온 중요한 지위에서 급속하게 추락하고 있었기 때문이다. 프랑스의 혼란으로 스페인은 어느 정도 성공을 거두었지만, 앙리 4세가 전쟁에 전념하자 전쟁은 곧 끝이 났다.

1598년에 그는 스페인이 베르벵 평화조약(Peace of Vervins)을 받아들이도록 압력을 가했다. 같은 해에 스페인의 펠리페 2세가 사망했다. 펠리페 2세만큼 크고 야심 찬 계획을 세운 통치자는 없었는데, 그럼에도 자신의 계획을 거의 달성하지 못했다. 네덜란드공화국은 사실상 독립을 이루었고, 영국은 해상에서 승승장구했다. 개신교는 북유럽 지역에서 활발하게 활동하며 우세해졌다. 스페인은 광대한 제국을 소유했지만 그럼에도, 또는 그것 때문에 빈곤해지고 지쳐 있었다. 포르투갈의 합병이 스페인의 주목할 만한 유일한 성공이었지만, 영구적인 것은 아니었다.

프랑스의 왕 앙리 4세

낭트칙령

평화가 눈에 보이자 앙리 4세는 위그노 문제로 눈을 돌렸다. 위그노는 주군을 위해 그토록 오랫동안 몸 바쳐 싸워왔는데, 그가 가톨릭 왕으로 군림하며 새로운 동료들에게 신임을 보내는 것을 보고 분노하지 않을 수 없었다. 이들의 불만이 내전으로 번질 가능성은 없었다. 그럼에도 앙리 4세는 1598년 낭트칙령(Edict of Nantes)을 발표해 위그노에게 신앙의 자유를 허락하고 모든 공직과 군사 분야에서 가톨릭교도와 동등한 지위를 부여했다.

이러한 종교적 평등이 진정한 조치라는 것을 보여주기 위해, 특정 마을에는 개신교 군대만 주둔시켰고 개신교와 가톨릭 판사가 모두 포함된 재판소에서 법적 소송을 진행할 수 있도록 허용했다. 이는 명예로운 조치였다. 유럽의 어떤 나라도 종교적 반체제 인사들에게 이토록 유리한 조건을 제시하지는 않았다. 영국의 가톨릭교도들은 두 세기 반 동안 이러한 지위를 누리지 못했다. 개신교도들에게 부여된 특권은 그들에게 위험할 정도로 컸다. 결국 개신교도들은 질투와 공포의 대상이 되었고, 한 세기도 채 지나지 않아 낭트칙령은 철회되었다. 이로써 프랑스는 무한한 손해를 입고 말았다.

프랑스의 국내 개혁

앙리 4세의 재정 및 국내 개혁은 그다지 결정적이지는 않았다. 그는 군주의 권력을 강화하고자 했고 모든 대의 기관을 억압하거나 무시했다. 앙리 4세의 장관 쉴리(Sully)는 프랑스의 재정과 농업 경제에 많은 공헌을 했다. 하지만 1610년 앙리 4세가 독일에서 벌어질 전쟁에 참가할 준비를 하다가 암살당하고 만다. 아직 그는 해야 할 일이 많이 남아 있었는데 말이다.

우리는 지금까지 아우크스부르크 평화조약(1555) 이후로 독일의 역사는 살펴보지 않았다. 앞에서 보았듯이, 조약의 조항들은 비록 수정된 형태라 하더라도 황제가 독일 전체에 가톨릭을 강요하려는 노력이 실패했다는 사실을 분명히 보여준다. 독일의 여러 주권 국가들은 종교 문제에 관해 각자의 노선을 고수해야 했다. 평화조약은 단지 숨을 돌릴 틈을 주는 것에 불과했다. 긴급한 문제들은 하나도 해결되지 않았다.

30년전쟁의 원인

30년 동안 독일을 강타한 대재앙의 주된 원인이 무엇이었는지 우리는 쉽게 알 수 있다. 아우크스부르크 평화조약은 루터교도에게만 관용을 확대했다. 평화조약 이후 칼뱅교는 독일에서 강력한 영향력을 행사했다. 팔츠(Pfalz) 선제후와 브란덴부르크(Brandenburg) 선제후는 칼뱅교도였으며, 그들은 독일에서 중요한 세력이었다. 독일 내 이 칼뱅교 국가들은 미래에 어떻게 되었을까?

다음으로, 아우크스부르크 평화조약은 1552년 이전에 개신교를 받아들인 모든 기독교 국가(독일에는 이런 국가의 수가 많고 강력했다)는 그대로 유지하되, 1552년 이후의 개종은 인정하지 않도록 규정했다. 1552년 이후 여덟 개의 주교 관할권이 개신교로 넘어왔다. 아우크스부르크 조약에 따르면, 이도시들은 가톨릭 통치자에게 넘겨져야 했지만, 실제로는 조약의 규정을 무시하고 개신교 통치자와 세속 통치자가 점유하고 있었다.

독일 내 가톨릭의 반동

그런데 아우크스부르크 조약과는 별가로 다른 원인들도 있었다. 1555년 이후 가톨릭의 반동이 독일에서 확산하면서 놀라운 성공을 거두었다. 예수회의 설교와 종교재판소의 활동으로 오스트리아, 바이에른 그리고 이웃 나라인 폴란드 왕국에서 개신교를 완전히 몰아냈다. 이와 같은 승리는 가톨릭에 대한 희망을 다시 한번 고조시켰다. 개신교의 본거지인 독일에서 개신교가 완전히 파괴되었고, 온 나라가 로마에 복종해야 할 것처럼 보였다. 바이에른의 막시밀리안과 곧 황제가 될 오스트리아의 페르디난트는 새롭게 공격적인 국면에 접어든 가톨릭을 열렬히 지지했다. 이처럼 가톨릭은 자신감이 넘쳤지만, 반면 개신교는 열정이 눈에 띄게 식어가고 있었다. 개신교의 미래는 의심할 여지 없이 암울했다.

황제의 정치적 야망

30년전쟁은 모두 종교적인 원인에서 비롯된 것은 아니었다. 이 전쟁은 신성로마제국이 권위를 되찾고, 13세기 이후부터 진행된 제국의 정치적 분열을 막고, 황제를 모든 독일 국가들의 명목상 수장이 아닌 진정한 통치자로 만들기 위한 노력이기도 했다. 따라서 전쟁의 과정은 다소 어렵고 모호하지만, 쟁점 하나만큼은 명확하다.

첫 번째 국면: 보헤미아전쟁

보헤미아는 종교개혁 훨씬 이전부터 격렬한 반가톨릭 운동의 현장이었다. 특히 귀족들 사이에서는 개신교의 주장이 확고하게 자리를 차지하고 있었다. 1618년 오랫동안 이어진 불길은 활활 타오르기 시작했다. 미래의 황제이자 가톨릭 반동 세력의 강력한 지지자인 오스트리아의 페르디난트(Ferdinand)가 왕으로 선출되었다. 그런데 그가 황제의 약속을 무시하고 개신교 교회들을 철거하려 하자 강력한 반대에 부딪혔다. 프라하에서 격렬한 폭동이 일어났고, 이를 계기로 개신교 지역인 보헤미아와 가톨릭 및 신성로마제국 세력 사이에 전쟁이 발발했다.

보헤미아의 루터교도들은 외부의 도움 없이는 자신들의 대의를 지킬 수 없었다. 이들은 루터교 작센 선제후에게 호소했지만 허사였다. 결국 칼뱅교도인 팔츠 선제후 프리드리히에게 보헤미아의 왕위를 수락하고 자신들의 대의를 옹호해달라고 설득했다. 하지만 그는 이 사업을 성공적으로 이끌어갈 인품도 능력도 없었다. 1622년까지 신성로마제국 군대는 보헤미아에서 승리를 거두었을 뿐만 아니라, 팔츠 선제후를 상하(上下) 팔츠의 모든 영토에서 몰아냈다. 이는 가톨릭 세력과 신성로마제국 세력 모두에게 큰 승리였으며, 앞으로 더 큰 승리를 약속하는 듯했다.

두 번째 국면: 발렌슈타인 장군

보헤미아전쟁은 비교적 작은 사건이었지만, 이제 독일의 문제는 전 유럽의 관심을 끌기 시작했다. 팔츠 선제후인 프리드리히는 영국 제임스 1세의 사위였다. 그는 제임스 1세가 자신의 영토로 복위되기를 간절히 바랐다. 하지만 독일의 모든 주변국은 스페인과 긴밀히 관계 맺고 있는 신성로마제국의 세력이 크게 확대될 것을 우려했다. 프랑스에게는 이 오스트리아—스페인 강국은 전통적인 적이었다. 결국 프랑스 측에서 결정적인 개입이 이루어졌다.

그러나 처음에는 덴마크와 스웨덴의 개신교 왕들이 종교적·정치적 이유로 이 강대국의 성장을 우려했다. 개신교의 대의를 가장 먼저 지지한 사람은 덴마크의 크리스티안 왕이었고, 동시에 신성로마제국은 헝가리에서 일어난 반란으로 위협받고 있었다. 그런데 제국 측에서 위대한 군인 발렌슈타인(Wallenstein)이 나타났다. 발렌슈타인은 보헤미아 출신이고 개신교도였지만, 로마 가톨릭으로 개종해 신성로마제국에 복무하고 있었다. 그는 뛰어난 군인이자 유능

신성로마제국의 발렌슈타인 장군

한 조직가였다. 높은 정기적 봉급을 약속하며 모든 나라에서 군사 모험가들을 끌어들였고, 종교의 구분 없이 모든 사람을 환영했다. 그는 곧 신성로마제국의 모든 적을 격파했다.

덴마크의 개입

덴마크의 크리스티안이 이끄는 군대는 완전히 패배해 발렌슈타인의 휘하로 끌려 들어갔다. 발렌슈타인은 발트해의 도시들을 대부분 포위 공격해 점령했지만, 그중 슈트랄준트는 발렌슈타인에게 성공적으로 저항했다. 1629년에 발렌슈타인이 성공적인 점령 활동을 펼친 덕분에 황제는 뤼벡(Lübeck) 평화조약과 회복칙령(Edict of Restitution)을 통해 독일에 자신의 의지를 강요할 수 있었다.

뤼벡 평화조약으로 덴마크의 크리스티안은 신성로마제국 내 모든 권리를 포기해야 했다. 회복칙령에서는 아우크스부르크 평화조약 이후 '세속화된' 모든 교회 영토는 가톨릭교회에 반환해야 한다고 선언했다. 마그데부

르크(Magdeburg)와 브레멘(Bremen)의 대주교령, 그리고 100개가 넘는 소규모 교회령들이 이 칙령의 영향을 받았다.

독일을 시기한 발렌슈타인

신성로마제국과 가톨릭의 승리는 완전한 듯 보였다. 그 누가 발렌슈타인의 군대를 막을 수 있겠는가? 하지만 이 완승이 어려움을 야기했다. 독일의 약소국들은 정부의 종교 박해 조치를 심각하게 우려했고, 심지어 페르디난트의 동맹국들조차도 그의 권력의 그늘에 가려질까 두려워했다. 발렌슈타인은 이미 자신을 신민의 지위를 넘어서게 만들 계략을 꾸미고 있었다. 스웨덴과 프랑스가 1622년에 신성로마제국의 지위를 시기했다면, 지금은 그들의 감정이 어떠했을까?

세 번째 국면: 스웨덴의 구스타부스 아돌푸스

독일 개신교가 처한 위험과 발렌슈타인이 발트해 남쪽 스웨덴 영토에 가한 공격은 스웨덴 국왕 구스타부스 아돌푸스(Gustavus Adolphus)에게는 직접적인 도전이었다. 독일에서 일어난 사건들은 곧 스웨덴 국왕에게 개입을 위한 좋은 기회를 제공했다.

라티스본 제국 의회

1630년 신성로마제국 황제는 라티스본(Ratisbon)에서 제국 의회를 소집했다. 황제가 가진 가장 큰 걱정은 자신의 아들 페르디난트를 로마 왕으로 선출하는 것이었다. '로마 왕'이라는 칭호는 아버지가 사망했을 때 황제 자리를 계승할 수 있다는 것을 의미했다. 황제는 의회가 굴복할 뜻이 없다는 사실을 알게 되었다.

선제후들은 황제의 권력이 커지면서 자신들의 독립이 위협받는다고 느꼈다. 특히 발렌슈타인을 가장 두려운 황제의 대리인으로 여겼다. 선제후들은 발렌슈타인이 해임될 때까지 어떤 것도 양보하지 않았다. 결국 황제는 해임에 동의할 수밖에 없었다. 격분한 발렌슈타인은 보헤미아로 물러났고, 사람들은 그가 마치 "황제의 관을 짊어진 듯했다"라고 말했다. 발렌슈타인의 뒤를 이어 제국군의 사령관이 된 사람은 훨씬 나약한 틸리(Tilly)였다.

스웨덴의 왕 구스타부스 아돌푸스

구스타부스 아돌푸스의 상륙

발렌슈타인이 물러나면서 독일의 개신교도들 위해 더 많이 간섭할 수 있는 기회가 제공되었다. 스웨덴의 영웅적인 국왕 구스타부스 아돌푸스는 이 기회를 놓치지 않았다. 그는 이 전쟁에 개인적인 이해관계와 영토적인 이해관계를 가지고 있었다.

하지만 그는 진심으로 개신교의 대의를 위해 싸우고 고통받을 준비가 되어 있었다. 그는 1630년 4만 명의 군대를 이끌고 슈트랄준트 근처에 상륙했다. 그는 종교심이 깊고 독실하면서도 매우 실용적이고 정력적이었으며, 군사 작전을 수행할 때는 천재성을 발휘했다. 그의 군대는 잘 훈련되어 있었고, 30년전쟁 당시 다른 군대처럼 치욕적인 방종과 약탈을 일삼지도 않았다. 그는 전쟁에 새로운 방법을 도입했고, 이전보다 군대 이동 속도를 훨씬 높였으며, 화기를 더 많이 활용했다.

구스타부스가 프랑스로부터 중요한 지원을 받았다는 점에도 유의해야 한다. 사실상 당시 프랑스는 위대한 추기경 리슐리외(Richelieu)의 통치를 받고 있었다. 리슐리외는 독일에서 신성로마제국의 권력이 확대되는 것을 불안한 마음으로 지켜보았다. 리슐리외는 구스타부스와 조약을 맺고 금전적 지원을 제공했다.

구스타부스 왕의 승리

처음에 독일의 개신교 세력은 위대한 구원자를 의심했다. 개신교도들은 구스타부스를 외국인이라 불신했고, 칼뱅교도들은 그를 루터교도라 의심했다. 하지만 틸리 휘하의 제국군이 승리를 거두고 무시무시한 횡포를 부리자 독일의 개신교 세력은 구스타부스와 동맹할 수밖에 없었다.

1631년 구스타부스는 독일에서 가장 강력한 두 지역인 브란덴부르크, 작센과 합류했다. 이 지원을 바탕으로 그는 독일 중부를 거침없이 공격해 들어갔다. 1631년 9월에 그는 라이프치히 근처 브라이텐펠트(Breitenfeld)에서 대승을 거두며 제국군을 완전히 무너뜨렸다. 오스트리아의 수도 빈(Wien)은 그의 손아귀에 있는 듯했지만, 그는 이곳을 공격하는 대신 서쪽으로 방향을 돌려 다뉴브강 상류와 라인강의 교회령들을 공격했다. 어디에서도 그에게 심하게 저항하지 않았다. 바이에른과 라인강 지역이 결국 그의 손아귀에 들어갔다.

구스타부스와 발렌슈타인의 죽음

구스타부스 세력의 승리에 불안해진 황제는 자신이 모욕적으로 해고한 군인 발렌슈타인에게 다시 의지할 수밖에 없었다. 신성로마제국을 구할 수 있는 자는 발렌슈타인밖에 없다고 생각했다. 발렌슈타인은 자신이 독일의 지배자가 된다는 조건으로 복귀에 동의했다. 그는 대규모 군대를 모았다.

발렌슈타인의 명성은 병사들을 그의 깃발 아래 모으기에 충분했다.

1632년 11월 그는 브라이텐펠트 전장 근처 루첸(Lutzen)에서 구스타부스와 맞서게 되었다. 대전투에서 구스타부스는 승리했지만, 승리의 순간에 전사하고 말았다. 발렌슈타인도 곧 사망했다. 그는 한 나라의 신하치고는 세력이 너무 강했다. 독립적인 통치자의 지위를 차지할 것이 분명했다. 황제는 결국 자신의 장군과 싸워야 할지도 몰랐다. 1634년 2월 결국 발렌슈타인은 암살당하고 말았다.

뇌르틀링겐에서의 개신교 패배

구스타부스와 발렌슈타인의 죽음은 이쪽 편과 저쪽 편 모두를 유리하게 만들어주는 것처럼 보일 수 있었다. 하지만 구스타부스가 없는 개신교도들은 너무도 나약해 적과 맞서 싸우지도 못했다. 1634년 9월, 작센-바이마르의 베르나르트(Bernard)가 이끄는 스웨덴군과 개신교군은 뇌르트링겐(Nördlingen)에서 참패했다. 패배가 너무 압도적인 바람에 브란덴부르크와 작센 모두 제국 편에 서게 되었다. 오스트리아의 승리와 가톨릭의 반동은 확실해 보였다.

네 번째 국면: 프랑스의 개입

독일의 개신교는 가톨릭교의 프랑스에게 구원을 받았다. 이 구원의 가장 큰 원동력은 로마가톨릭교회의 추기경이었다. 다음 장에서 프랑스가 어떻게 단결하고 강해지는지 살펴보겠다. 독일은 절망적인 분열에 빠져 있었다. 30년전쟁에서 리슐리외의 이해관계는 전적으로 정치적이었다. 오스트리아 왕가와 동맹을 맺은 스페인 왕가는 앞으로 여러 세대에 걸쳐 프랑스의 가장 큰 적대자이자 경쟁자가 되었다.

만약 신성로마제국이 지금의 느슨하고 무력한 연방 대신 중앙 집권적이고 효율적인 정부를 갖춘다면, 프랑스 세력은 위협을 받았을 것이다. 뇌르틀링겐전투 이후, 외부의 도움 없이는 독일이 제국의 손에 속수무책으로 넘어갈 것이 분명해지자, 리슐리외가 외부의 도움을 제공하기로 결심했다. 그리고 1635년 프랑스는 신성로마제국과 스페인이 벌이는 전쟁에 공개적으로 참전했다.

프랑스의 승리

이 전쟁의 자세한 내용은 이야기할 필요가 없다. 처음에는 프랑스가 전혀 우세하지 못했다는 사실만 이야기해도 충분하다. 제대로 훈련되지 않은 프랑스 군대는 30년전쟁에서 훈련받은 노련한 군대에 패배했다. 하지만 프랑

베스트팔렌 평화조약

스는 이러한 끔찍한 참패에서 이득을 얻게 되었다. 리슐리외뿐 아니라 그의 후임자 마자랭(Mazarin) 추기경은 모두 탁월한 조직가이자 외교관이었다. 튀렌(Turenne)과 콩데(Conde) 같은 위대한 장군들이 프랑스 편에 섰다. 스페인과 신성로마제국은 몹시 지친 상태였다.

마침내 1648년 프랑스 장군들의 노련함과 마자랭 추기경의 외교적 수완 덕분에 30년전쟁의 오랜 고통은 베스트팔렌 평화조약으로 종결되었다. 이 유명하고도 중요한 평화조약에 명시된 전쟁의 전반적인 결과는 신중하게 언급해야 한다.

베스트팔렌 평화조약의 결과: 독일

신성로마제국을 통제하고 통합하려는 황제들의 노력은 완전히 수포로 돌아갔다. 베스트팔렌 평화조약은 제국이 더 이상 효과적인 국가로 간주될 수 없다고 선언했다. 이후 신성로마제국은 크고 작은 국가들의 느슨한 연합체(조약에 따라 343개국으로 정해짐)로 확실시되었으며, 제국 내에는 법률 수용, 병사 징집, 세금 부과를 강제할 수 있는 권력이 없었다.

오스트리아 또는 합스부르크의 황제들이 이처럼 실패하자, 다른 세력에게 독일의 지도력을 확보하고 오스트리아가 실패한 부분을 이어받을 기회가 생겼다. 곧 프로이센의 왕이라 불린 브란덴부르크 선제후들이 이 임무를 어떻게 성공적으로 수행했는지 살펴보겠다. 또한 조약을 통해 네덜란드와 스위스를 제국으로부터 독립된 국가로 선언한 점도 주목할 만하다.

베스트팔렌 평화조약의 결과: 프랑스

프랑스는 전쟁 후반에 크게 위신을 얻었고, 신성로마제국과 스페인의 기력이 쇠하면서 유럽의 주요 강대국으로 떠올랐다. 프랑스는 상당한 영토도 획득했다. 베스트팔렌 평화조약으로 "이전에 제국에 속했던 모든 권리와 함께" 알자스(Alsace)가 프랑스에 양도되었고, 프랑스는 공식적으로 메츠, 툴, 베르됭이라는 '세 주교령'과 그에 속한 영토를 소유하게 되었다. 이러한 획득은 프랑스의 동부 국경을 실질적으로 강화했다.

베스트팔렌 평화조약의 결과: 종교개혁의 종식

베스트팔렌 평화조약으로 종교개혁 시대가 종식되었다는 사실에 주목하자. 종교개혁은 사실상 무승부로 끝이 났다. 종교개혁가들은 초기에 로마 가톨릭이 완전히 파멸할 것이라고 희망했지만 이제는 포기했다. 전 유럽이 로마에 복종하게 만들려는 가톨릭 반동 세력의 노력 또한 실패로 돌아갔다. 이후 두 종교는 유럽에서 공존해야 했고, 어떤 형태로든 종교적 관용은 모든 진보적 국가들의 최우선 과제가 되었다.

국제법의 탄생

우리가 지금까지 살펴본 30년전쟁은 근대 전쟁 중 가장 잔혹하고 파괴적이었다. 전쟁, 역병, 기근으로 인구 파괴가 엄청나게 심각했다. 독일 인구는 최소한 절반이 사망한 것으로 추산된다. 하지만 전쟁의 참혹함과 야만성이 가치 있는 반발을 불러일으키기도 했다. 위대한 네덜란드인 후고 그로티우스(Hugo Grotius)는 "모든 범죄가 풀려나는" 전쟁에 경악하며 전쟁의 과잉 행위를 억제할 수 있는 방법을 숙고했다. 그 결과 『전쟁과 평화의 법』(1625)이라는 저서를 출간해 국제법의 기초를 마련했다.

프랑스의 패권

17세기 유럽의 유일한 강대국은 프랑스였다. 신성로마제국이 자멸을 초래한 전쟁에 휘말리고, 스페인이 과중한 부담으로 스스로 침몰하고, 영국이 청교도혁명으로 이어지는 국내 문제에 얽매여 있는 동안, 프랑스는 통합을 강화했고, 정부는 점점 더 군주정으로 집중되고 있었다. 17세기 중반에 이르러 프랑스는 어떤 경쟁자보다도 확실히 우위를 점했고, 어떤 강력한 연합 세력에도 맞서서 스스로를 지킬 수 있는 역량을 보여주었다.

앙리 4세의 죽음 이후 반응

종교개혁 시기의 내전은 군주정을 강화하는 결과를 가져왔다. 앙리 4세는 삼부회, 의회, 종교 조직 등 어떤 경쟁자보다도 왕의 권위를 가장 높은 위치에 올려놓았다. 하지만 앙리 4세가 죽었을 때 그의 아들은 겨우 아홉 살에 불과했다. 프랑스 사회에 불만을 품은 세력이 왕의 권위를 전복하거나 약화시킬 가능성이 있었다.

그 후로 불안과 반동의 시기가 이어졌다. 귀족과 개신교도는 내전을 일으켰다. 이들은 삼부회 소집을 요구했고, 1614년 이 번거로운 대의 기관은 프랑스혁명 전 마지막으로 소집되었다. 하지만 반응은 피상적이었다. 프랑스는 강력한 군주제를 지향하고 있었고, 1624년 리슐리외 추기경이 젊은 국왕의 수석 장관이 되어 절대 왕권의 강화를 위해 헌신해 완벽한 성공을 거두었다.

리슐리외 추기경의 등장

리슐리외 추기경의 역사적 위치는 매우 기묘하다. 그는 로마가톨릭교회의 추기경이었지만, 대부분의 경우에는 가톨릭 세력에 맞서 개신교도와 손

을 잡았다. 그는 왕실의 최고 대리인이었고, 프랑스 왕정의 발전을 위해 끊임없이 노력했다. 하지만 왕실 구성원들과는 늘 불화를 겪었으며, 국왕과도 항상 좋은 관계를 유지한 것은 아니었다. 리슐리외는 영국 기병대와 같은 진정한 왕당파는 아니었다. 군주제를 단지 목적이 아닌 수단으로 생각했다. 다시 말해, 그에게 군주제는 프랑스의 힘과 영광을 위한 수단이었다. 그는 독실한 가톨릭 신자였지만 정치가 기질은 어떤 성직자보다 강했고, 그래서 유럽에서 교황이나 가톨릭 반동 세력과 자주 갈등을 빚었다.

프랑스의 리슐리외 추기경

그가 내세운 모든 정책의 두 가지 목표는 다음과 같았다. 첫째, 프랑스에서 왕의 권위를 다른 모든 경쟁 세력보다 높이는 것. 둘째, 프랑스를 유럽의 지배 세력으로 만드는 것. 그는 놀랍게도 이 두 가지 목표를 모두 성공적으로 이루었다.

리슐리외의 국내 정책

먼저 리슐리외의 국내 정책부터 살펴보자. 왕권에 위협이 되는 세력은 주로 개신교도와 귀족 계층이었다. 프랑스에서는 개신교와 귀족이 밀접하게 관련 있었다는 사실을 우리는 이미 살펴보았다. 리슐리외는 프랑스의 위그노에 대해 종교적 적대감은 품고 있지 않았지만 정치적 세력으로는 두려워하고 있었다. 낭트칙령은 위그노에게 위험한 권력을 부여했고, 위그노는 루이 13세의 소수파를 이용해 위험한 내전을 일으키려 했다. 리슐리외는 위그노의 특권에 거듭 반발했고, 1628년 갈등이 끝나게 되었다.

라로셸의 포위 공격

리슐리외 추기경은 왕의 군대를 이끌고 개신교의 거점인 라로셸(La Rochelle)을 공격했다. 이곳에서 이어진 포위전은 역사상 기억에 남을 만한 전투 중 하나가 되었다. 위그노들은 용감무쌍하게 싸웠지만 굶주림을 이기지 못해 도시는 항복할 수밖에 없었다. 위그노는 종교적 자유와 시민의 평등권은 얻었지만 법적·군사적 보장은 박탈당했다. 이후로 위그노는 오직 '왕의 말'만 믿어야 한다는 말을 듣게 되었다. 60년 후 그들은 왕의 말을 믿는다는 것이 얼마나 어리석은 일인지 깨달았다!

리슐리외의 반귀족 정책

위그노에게 가해진 타격은 그 자체로 귀족의 권력에도 심각한 제약을 가했다. 리슐리외는 귀족이 왕권의 가장 해로운 적이라는 사실을 깨달았고, 그래서 귀족의 권력을 더욱 약화시키고자 했다. 귀족이 저지르는 어떤 방종도 예외 없이 엄중하게 처벌했다. 리슐리외는 다수에게 친절하기 위해 소수에게 가혹한 인물이었다. 프랑스 귀족 중 일부는 그에게 반기를 드는 바람에 그 죄로 단두대에 올라야 했다. 나아가, 이전 시기에 귀족들의 중요한 군사적 권력을 보여주는 요새화된 성을 파괴했다.

지방 감독관들

그런데 무엇보다도 귀족에게 가한 큰 타격은 행정 업무에서 그들을 배제한 것이었다. 프랑스 지방 정부는 왕실 관리들에게 맡겨졌다. 왕실 관리들은 대부분 중산층 출신으로 왕의 권위를 대표하기 위해 지방으로 파견되었다. 프랑스 귀족들은 부유하고 사회적 영향력이 크고 군대의 요직을 차지했지만, 혁명이 일어나기 전까지는 프랑스 정부에 영향력을 거의 행사하지 못했다. 귀족들은 500년 가까이 왕권과 씨름해오다가 이제는 완전히 전복되고 말았다.

외교관 리슐리외

리슐리외가 프랑스 국내에 미친 영향력은 컸지만, 그는 무엇보다 뛰어난 외교관으로 가장 잘 알려져 있다. 그는 의지가 강했고, 유럽의 정치 상황을 깊이 이해했으며, 탁월한 외교 수완을 발휘했다. 오스트리아-스페인 세력의 계략에 맞서고, 전쟁으로 혼란한 시대에도 프랑스의 국력을 키우기 위해 노력했다. 프랑스가 전쟁에 뛰어들기 전부터 인내와 열정, 재능을 지닌 리슐리외가 30년전쟁에서 프랑스의 영향력을 압도적으로 확대했다. 우리는 이미 1648년 독일에서 벌어진 대규모 전쟁을 종식시킨 것이 프랑스의 군사력이었다는 사실을 살펴보았다.

리슐리외와 왕의 관계

리슐리외는 자신의 권위와 권력에 맞서는 끊임없는 음모 속에서도 맡은 임무를 수행했다. 음모에 대처하는 태도, 루이 13세의 어중간한 동정, 그리고 리슐리외의 최후의 승리는 역사에 낭만적인 이미지를 선사한다. 여기서는 이러한 내용을 굳이 자세히 훑어볼 필요는 없다. 프랑스의 절대왕정은 다른 어떤 정치가보다 리슐리외의 업적에 가깝다는 점만 강조하는 것으로도 충분하다. 프랑스 역사의 위대한 시대는 루이 14세 시대보다는 리슐리외의 시대라고 부르는 것이 적절하다.

리슐리외와 루이 13세의 죽음

1642년 12월에 리슐리외가 죽자, 곧이어 1643년 5월 그의 주군인 루이 13세도 세상을 떠났다. 이 두 위대한 인물의 죽음은 귀족들에게 새로운 음모를 꾸밀 여지를 주었다. 루이 14세는 겨우 다섯 살이었고, 리슐리외의 뒤를 이을 유능한 후계자가 없었다. 프랑스 정부는 왕대비인 오스트리아의 안나(Anna)의 손에 맡겨졌는데, 그녀는 프랑스 사회의 격동하는 세력을 진압하는 데 필요한 성격과 실력을 전혀 갖추지 못했다.

프롱드내전

이러한 상황에서 '프롱드(Fronde)'로 알려진 운동이 일어났다. 이는 사실상 1789년 프랑스대혁명 이전에 왕권에 반대하는 프랑스 사회의 불만 세력이 일으킨 마지막 시위였다. 이 운동은 당시 영국의 청교도 운동과 의회주의 운동에서 일부 자극을 받았다. 처음에는 프랑스에 입헌 정부의 형태를 확보하는 것이 목표였다. 하지만 지금까지 내려온 프랑스의 역사는 이러한

프랑스의 프롱드내전

대규모 사업을 어렵게 만들었다. 영국에서는 대의제와 의회 제도가 깊이 뿌리내리고 있어, 이를 파괴하려면 스튜어트 왕가보다 더 강력한 힘이 필요했을 것이다. 하지만 프랑스는 상황이 완전히 달랐다. 프랑스 국왕은 수백 년 동안 국민의 진정한 대표자였으며, 대부분 귀족에 맞서 국민 편에 섰다. 삼부회는 프랑스 정치에서 필수적인 부분이 아니었다.

이 시점에서 헌법 제정에 대한 열망의 목소리가 상원이 아닌 파리 의회에서 나왔다. 파리 의회는 임명 방식이나 성격 면에서 대표 기관이 전혀 아니었다. 파리 의회는 법률 제정이 아니라 사법 집행에 관여하는 변호사와 판사로 구성된 기관이었다. 이들은 세습 재산으로 직책을 유지했다. 구성원 중에는 귀족적이고 애국적인 인물들도 있었지만, 그들은 정치가가 아닌 변호사의 관점을 지니고 있었다.

이렇게 프롱드내전의 첫 번째 국면은 끝났고, 그 후 왕권에 반대하는 귀족 운동이 이어졌다. 스페인과의 전쟁에서 두각을 드러낸 위대한 군인 쿠드(Coude) 공은 이 '귀족적 프롱드'의 주역이었다. 그의 주된 관심사는 그보다 더 크고 고귀한 경쟁자 튀렌 원수(Marshal Turenne)와의 싸움에서 비롯되었다.

마자랭 추기경

이러한 위험에 맞서고자 섭정 여왕은 자신이 총애하는 마자랭 추기경에게 의지했다. 마자랭은 리슐리외의 후계자로 선택되었다. 리슐리외만큼 고귀한 인물이나 비범한 열정은 없었지만, 탁월한 수완으로 정책을 성공적으로 이어나갔다. 이탈리아 출신인 마자랭은 프랑스에 완전히 적응한 적이 없었다. 외국 출신이라는 점은 그가 프랑스 귀족들에게 극심하게 미움을 받은 이유 중 하나였다. 그의 진정한 능력은 외교 문제를 처리할 때 드러났다. 프롱드와의 관계에서 영리하게 대처했고, 종종 패배한듯 보였지만 결국 승리했다.

귀족들은 프랑스에서 인기가 없었지만, 파리시는 한동안 그들을 지지했다. 귀족들이 나라의 적인 스페인과의 동맹에 동의했다는 소식을 듣자 파리시는 큰 반감을 가졌다. 스페인 병사들에게 큰 승리를 거둔 콩데는 이제 자국민을 상대로

리슐리외의 후계자 마자랭 추기경

자신의 병사들을 지휘했다. 그렇게 마자랭과 대왕비는 승리했다. 콩데는 그의 부재 중에 사형을 선고받았고, 의회는 국정에 관여하는 것이 금지되었으며, 감독관의 통치가 재수립되었다. 1653년 이후에는 프랑스에서 왕권이 견줄 데 없이 회복되었다.

마자랭과 스페인 전쟁

한편, 마자랭 추기경은 프랑스의 외교를 성공적으로 이끌고 있었다. 30년 전쟁 후반부에는 마자랭의 영향력이 컸고, 베스트팔렌 평화조약에서는 그의 외교적 수완을 드러냈다. 이 사건들은 앞서 어느 정도 살펴보았으므로 여기서 다시 언급하지는 않겠다. 베스트팔렌 평화조약으로 30년전쟁이 종식되었지만, 프랑스에 진정한 평화를 가져다주지 못했다는 점은 주의 깊에 살펴봐야 한다.

신성로마제국은 전쟁에서 물러났지만, 스페인은 여전히 전쟁터에 남아 있었다. 마자랭이 프랑스가 만족할 만한 방식으로 스페인과의 전쟁을 종식시키기 전까지 10년 동안 전쟁은 질질 끌리며 이어졌다. 스페인과의 전쟁이 이처럼 장기화된 이유는 제2차 프롱드내전 때문이었다. 프랑스는 자국 내에서 평화를 누렸지만 너무 지친 나머지 스페인에 최후의 일격을 가하지 못했다. 1657년 가톨릭 왕당파인 마자랭 추기경은 찰스 1세를 죽인 청교도 크롬웰(찰스 1세의 아내가 루이 11세의 고모였음에도 불구하고)과 손을 잡았고, 결국 전쟁은 영국의 철갑 부대에 의해 종식되었다. 콩데와 스페인군은 1658년 덩케르크(Dunkirk) 근처에서 패배했고, 얼마 지나지 않아 스페인은 프랑스와 피레네 평화조약을 맺었다.

이 조약으로 프랑스는 큰 영토를 얻지는 못했지만, 스페인이 일부 영토를 할양해 프랑스의 남북 국경이 완성되었다. 가장 중요한 점은 루이 13세와 스페인의 공주 마리아 테레지아(Maria Theresa)의 결혼이 주선되었다는 사실이다. 결혼 당시 프랑스 국왕은 이 결혼을 통해 스페인 영토에 대해 어떠한 권리도 주장하지 않겠다고 엄숙히 약속했다. 이제 그가 이 약속을 얼마나 빨리 어겼는지, 이 결혼이 어떻게 두 차례의 전쟁에 직접적인 원인이 되었는지, 그중 두 번째 전쟁은 프랑스 역사상 얼마나 참혹한 전쟁이었는지 살펴보도록 하겠다.

리슐리외와 마자랭은 자신들의 임무를 효과적으로 수행했다. 프랑스 왕국은 유럽에서 카롤링거제국 시대 이후 어떤 왕국보다 큰 영향력을 행사했다. 루이 14세는 1643년에 즉위 6년차에 실제 통치를 시작했지만, 마자랭이 살아 있는 동안 프랑스 국정은 항상 위대한 장관의 손에 달려 있었다.

그런데 1661년 마자랭이 세상을 떠나자 루이 14세는 다른 '수정 장관'을 두지 않고 이제부터는 자신이 통치할 것이라고 선언했다. 루이 14세는 자신의 목적을 달성했다. 그는 55년 동안 프랑스의 운명을 좌우했고, 생전에 유럽에서 가장 저명한 인물이었다. 루이 14세의 통치 아래 프랑스 왕국의 위신이 매우 높아지면서 왕실의 예절과 풍습이 곧 유럽의 다른 모든 궁정으로 퍼져 나갔다.

루이 14세 시대의 특징

루이 14세의 재위 기간에 수많은 전쟁이 벌여졌고, 유럽 열강의 지위는 실질적으로 변화가 일어났다. 하지만 루이 14세의 전쟁과 외교보다 더 중요한 것은 '루이 14세 시대' 프랑스에서 발전한 문명의 모습이었다. 의심할 여지 없이 왕실의 예절은 크게 세련되었고, 왕은 스스로 품위와 예의의 본보기를 보여주었다. 이러한 세련된 문화는 유럽 사회에 끊임없이 영향을 미쳤다. 프랑스의 지방 간 격차도 상당 부분 해소되었다. 일률적인 행정 체계와 문명의 형태가 프랑스 전역을 퍼졌다.

프랑스의 왕 루이 14세

동시에 리슐리외와 마자랭 시대에 시작된 문학 운동과 지성 운동이 절정에 달했고, 프랑스의 극작가들과 비평가들은 유럽 전역의 취향을 결정하는 주역이 되었다. 프랑스의 희극은 코르네유(Corneille), 라신(Racine), 몰리에르(Moliere)의 손에서 절정에 이르렀다. 프랑스 희극의 유형은 영국 셰익스피어가 확립한 극과는 매우 달랐지만, 비극이라는 예술 분야에서는 매우 고귀하고 자극적인 형태를 세상에 보여주었다. 반면, 순수 희극 분야에서는 몰리에르의 작품을 따라올 자가 없었다.

루이 14세 시대에 문학 분야만 탁월했던 것은 아니다. 철학과 사상 분야에서 위대한 인물들이 배출되었다. 데가르트(Descartes)는 세계적인 철학자 중 한 명이며, 보쉬에(Bossuet)와 파스칼(Pascal)의 업적도 그에 못지않게 대단했다. '루이 14세 시대'는 유럽 문화가 크게 발전한 시대였다.

콜베르의 개혁: 재정

루이 14세 통치 초기에는 위대한 재상 콜베르(Colbert)의 영향을 크게 받앞다. 그가 추진한 개혁으로 프랑스의 경제 상황은 놀라울 정도로 개선되었다. 한때 프랑스는 군사력을 증진하는 것코다는 평화에만 전념하는 것처럼 보였다. 루이 14세 통치 초기에 시행된 도든 개혁에서 콜베르는 중요한 영향력을 행사했다.

우선 콜베르는 국가 재정 관리에 큰 변화를 가져왔다. 프랑스 정부는 세금 징수를 중개인(파르티잔)에게 위탁하는 것이 관례였다. 중개인은 정부에 일정 금액을 납부한 후 국민에게 세금을 징수해 이윤을 남겼다. 이러한 간접적인 세금 징수는 로마제국의 역사만큼이나 오래되었지만, 낭비적이고 억압적이며 예민한 방식이었다. 콜베르는 원칙적으로 이 제도를 유지했으나, 신중한 감독과 엄격한 사법 집행을 통해 국민의 부담을 줄이고 국가 수입을 증대시켰다.

콜베르의 개혁: 상업

콜베르는 프랑스의 상업을 활성화가기 위해 최선을 다했다. 그는 세계의 무역 대부분을 영국과 네덜란드가 장악하고 있으며, 주로 무역 회사의 중개를 통해 이루어진다는 사실을 발견했다. 그래서 영국이나 네덜란드와 경쟁하기 위해 여러 회사(가장 중요한 곳은 서인도 회사와 동인도 회사)를 설립했다.

콜베르의 개혁: 산업

나아가, 프랑스에 산업을 도입했다. 높은 보호 관세를 부과해 산업을 촉진하고 유지하려 노력했다. 직물, 양말, 유리, 레이스 제조업이 프랑스에 도입되었고, 일부는 보호 무역 제도의 영향으로 이후에는 쇠퇴했지만, 콜베르가 가져온 변화가 프랑스의 부에 크게 기여했다는 점은 의심할 여지가 없다. 비슷한 시기에 육군과 해군 조직, 사법 행정에서도 개혁이 이루어

프랑스의 재상 콜베르

졌다. 왕은 훌륭한 정치가와 외교관, 군인의 도움을 받아 국정을 운영할 수 있었다. 왕의 주변에는 콜베르 외에도 튀렌(Turenne)과 콩드(Conde) 같은 군인, 보방(Vauban)과 같은 기술자, 리온(Lionne)과 같은 외교관, 루부아(Louvois)와 같은 군 전략가 등이 있었다.

그러나 루이 14세의 통치가 중반을 넘어가면서 평화롭고 행정적인 변화는 끝나고 전쟁으로 초점이 옮겨졌다. 이후 반세기 동안 이어진 그의 통치 기간 동안에는 거의 끊임없이 전쟁을 수행하거나 전쟁 준비에 전념했다.

권력 이양을 위한 전쟁

1665년 스페인의 펠리페 4세가 죽고, 루이 14세의 왕비 마리아 테레지아의 동생인 샤를 2세가 왕위에 올랐다. 그는 반쯤 정신이 나간 사람이었다. 결혼 당시 루이 14세는 아내를 통해 얻게 될 수도 있는 스페인 영토에 대해 어떤 권리도 주장하지 않겠다고 약속했다. 하지만 지금은 정당한 이유 없이 스페인령 네덜란드의 상당 부분을 요구했다.

1667년 전쟁이 발발했고, 스페인은 훌륭한 장비를 갖춘 대규모의 프랑스 군대에 전혀 저항할 수 없었다. 프랑스 북부 국경에 있는 모든 스페인 영토는 곧 프랑스의 땅이 될 것만 같았다. 하지만 영국, 네덜란드, 스웨덴 등 다른 유럽 강대국들이 개입하자, 루이 14세는 스페인령 네덜란드의 일부 지역만 유지하는 평화조약에 동의했다(1668).

이 전쟁은 그다지 중요한 싸움은 아니었지만, 루이 14세 통치 기간 전체의 특징을 보여주는 하나의 사례다. 이웃 나라 영토에 침략하면 다른 유럽 국가들이 연합해 이에 저항했다. 루이 14세의 통치 기간 내내 침략과 연합이 잇따랐다.

네덜란드 전쟁

네덜란드는 루이 14세에 저항하는 데 주도적인 역할을 했다. 결국 프랑스의 다음 타격은 네덜란드에 가해졌다. 루이 14세는 네덜란드를 공화국, 무역 경쟁국, 개신교의 나라, 사상의 자유를 지지하는 나라라며 증오했다. 프랑스 군대는 1672년 네덜란드를 침공해 처음에는 모든 것을 손에 넣었다. 연합주(United Provinces, 당시 네덜란드의 정확한 명칭)는 겸허히 평화를 간청하며 큰 양보를 제안했다. 하지만 프랑스가 굴욕적인 조건을 고집하는 바람에 계속 싸울 수밖에 없었다.

네덜란드 국민들은 스페인과의 싸움에서 보여준 용감무쌍한 인내심을 보여주었다. 이들은 오렌지공 윌리엄(훗날 영국의 윌리엄 3세)을 사령관으로 추대했다. 영국, 신성로마제국, 스페인 등 동맹국들이 네덜란드 국민을 지지했고, 마침내 1678년 프랑스는 네이메헌(Nimwegen) 평화조약을 받아들였다. 이 조약으로 프랑스는 스페인을 저치고 동부 국경에서 프랑슈콩테(Franche-Comte)를 획득했다. 프랑스 군대는 전쟁 기간에 큰 영광을 얻었지만 실제 이득은 훨씬 미미했다.

그럼에도 루이 14세는 유럽의 명실상부한 최강자였으며, 네이메헌 평화조약 이후 그는 알자스(1618년 스트라스부르의 중요 도시 포함)와 기타 지역의 광대한 영토를 점령했다. 이것은 이 지역들이 베스트팔렌 평화조약으로 프랑스에 할양된 합법적인 영토의 일부라는 근거였다. 유럽이 충분히 강했다면 전쟁을 통한 이러한 획득에 저항했을 것이다. 그러나 각국은 싸움에 지쳐 있었고, 따라서 프랑스의 획득에 대한 분노가 공개적인 갈등으로 이어지지는 않았다.

프랑스의 쇠락

이 시점까지 루이 14세의 통치는 영광스러웠고 한결같이 성공적이었다. 그러나 성공의 시대도 거의 끝나가고 있었다. 루이 14세의 통치 기간에 프랑스가 벌인 모든 전쟁은 실패와 상실로 끝났다.

이러한 변화의 원인은 무엇이었을까? 끊임없는 전쟁으로 프랑스의 자원이 고갈된 것이 일부 원인이 되었다. 콜베르는 죽기 전에 자신이 세운 훌륭한 개혁들이 위기 앞에 무너지는 것을 목격했다. 또 다른 일부 원인은 프랑스에 대한 유럽 열강의 의심과 분노였다. 유럽 열강들은 루이 14세를 공격적이고 위험한 세력으로 여겼으며, 따라서 공동의 안전을 위해 유럽 열강들이 모두 단결해야 한다고 생각했다. 이는 왕의 기질을 무시하고 일련의 종교 박해 조치를 취하게 한 변화와도 밀접한 관련이 있는데, 이것이 강성한 프랑스에 치명타를 입혔다.

왕의 종교

왕은 젊은 시절에 방탕했고 주로 쾌락에 몰두했다. 그런데 최근 들어 그의 자녀들을 보살피던 맹트농 부인(Madame de Maintenon)이 왕의 삶과 의견에 큰 영향을 미치고 있었다. 왕은 젊은 시절의 잘못을 뉘우치고 종교 활동에 깊이 헌신했다. 1683년 왕의 아내 마리아 테레지아가 죽었고, 얼마 지나지 않아 왕은 맹트농 부인과 결혼했지만 공식적으로 발표하지는 않았다.

궁정의 성격에는 큰 변화가 일어났다. 예전의 쾌활함과 경박함은 사라지고 엄격한 청교도적인 분위기로 바뀌었다. 새로운 이상은 아름답고 고귀한 요소가 많았다. 하지만 가톨릭은 종교 문제에서 획일성을 강조하며 종교적 관용이라는 개념을 결코 수용하지 않았다. 그리하여 국왕은 프랑스 개신교도들에게서 관용을 철회하는 것이 의무라고 생각했는데, 이렇게 함으로써 프랑스 자체에 치명타를 입히게 되었다.

낭트칙령의 철회

우리는 앞서 1598년 낭트칙령을 통해 프랑스 위그노들이 종교적 관용과 평등한 시민권을 부여받은 사실을 살펴보았다. 리슐리외가 낭트칙령과 관련된 군사적·법적 특권을 박탈한 일도 살펴보았다. 하지만 그러면서도 위그노에게는 여전히 시민적·종교적 자유를 남겨두었다. 위그노는 프롱드전쟁에 참여하지 않았다. 위그노는 전적으로 충성스러운 국민이었다. 콜베르가 산업과 상업을 발전시킬 때 다른 어떤 계층보다 많은 공헌을 했다. 종교적 편견을 제외하면 그들을 굳이 공격할 이유는 없었다.

그러나 왕과 그의 고문들(그중 주요 인물르 보쉬에를 언급해야 한다)은 위그노를 왕의 종교에 따르도록 강요하기로 결심했다. 오랫동안 위그노에게 압력이 가해졌다. 왕의 직무에서 제외되었고, 개교에 대한 보상을 받았다. 개신교 '예배당'은 여러 구실로 파괴되었다. 이러한 조치로 개신교도 수가 크게 감소했다. 마침내 1685년 10월 낭트칙령을 완전히 철회하기로 결정했고, 개신교는 프랑스에서 더 이상 합법적인 종교가 아니었다.

이 모든 과정에서는 의도적이고 잔혹한 폭력이 동반되었는데, 이러한 운명을 피하려는 개신교도는 잔인한 처벌을 받았다. 이처럼 가톨릭 신앙의 통일이 회복되었지만, 그만큼 엄청난 대가를 치러야 했다. 억압받던 위그노들은 나라를 떠나는 것도 금지되었다. 하지만 이 명령을 무시한 채 수만 명이 영국, 네덜란드, 프로이센 등지로 이주했다. 이렇게 프랑스 최고의 혈통 일부가 이 나라를 빠져나갔을 뿐만 아니라 개신교의 적들은 세력이 점점 커지게 되었다.

루이 14세와 영국혁명

다음에 또 큰 전쟁이 다가왔다. 그러므로 우리는 영국의 정세를 살펴봐야 한다. 영국의 정세는 루이 14세에게는 매우 중요했다. 1685년 제임스 2

세가 왕위에 올랐다. 제임스 2세는 노골적인 가톨릭 신자였고, 그의 가톨릭 신앙이 필연적으로 프랑스와 동맹을 맺게 했다. 하지만 그는 처음부터 영국 국민을 불쾌하게 만들었다. 루이 14세는 1688년 혁명의 도래를 우려했다.

이러한 사건들의 결과에 따라 영국은 프랑스의 동맹국이 될지, 적대국이 될지 결정될 것이었다. 우리는 이미 후자가 실제 결과라는 사실을 알고 있다. 제임스 2세는 도망쳤고, 윌리엄 3세가 영국의 왕이 되었다. 윌리엄 3세가 지닌 가장 강력한 정치적 감정은 프랑스의 패권에 대한 두려움과 증오였다. 그 이후로 영국은 프랑스에 대항하는 모든 유럽 연합 세력에서 주도적인 영향력을 행사했다.

아우크스부르크 동맹 전쟁

영국혁명의 결과로 한편에는 프랑스, 다른 한편에는 영국, 네덜란드, 스페인, 신성로마제국, 브란덴부르크(프로이센)로 구성된 '대동맹' 사이에 전쟁이 발발했다. 이 전쟁은 9년간 지속되었으며, 네덜란드, 해상, 아일랜드의 세 전장에서 치열하게 벌어졌다. 프랑스군은 여전히 강한 군사력을 보여주었고, 튀렌과 콩데가 전사했음에도 프랑스 장군들이 유럽 최고의 수준이라는 것을 증명했다.

프랑스는 육지에서는 승리했지만 결국 해상과 아일랜드에서 패배하고 말았다. 프랑스의 재정은 고갈되었고 재정 체계는 무너졌다. 1697년 프랑스는 레이스베이크 평화조약(Peace of Ryswick)을 받아들였다. 이 조약으로 이전 전쟁에서 프랑스가 차지한 많은 정복지를 돌려주었고, 영국의 새로운 정권이 승인되었다.

아우크스부르크 동맹 전쟁

스페인 왕위 계승의 문제

프랑스는 휴식이 절실하게 필요한 상황이었지만, 더 큰 싸움이 프랑스를 기다리고 있었다. 나약하고 반쯤 바보 같은 스페인 국왕은 노쇠해 살 날이 얼마 남지 않았다. 그는 자녀가 없었고, 스페인령의 운명이 유럽 외교의 가장 시급한 문제가 되었다. 스페인은 더 이상 강대국이 아니었다. 정치적·종교적 절대주의, 끊임없는 전쟁, 비참한 재정 체계, 식민지 제국의 부담이 스페인을 앞선 카를 5세와 펠리페 2세 시대보다 훨씬 더 낮은 지위로 끌어내렸다. 하지만 유럽 안팎으로 스페인의 영토가 너무 광활했다. 그래서 유능한 통치자의 손에서, 그리고 더 나은 체제에서 스페인은 다시 유럽 정치에서 막강한 세력으로 부상할 수 있었다.

이제 이 광활한 영토는 어떻게 해야 할까? 통합해야 할까, 아니면 분할해야 할까? 누가 이 영토의 전체 또는 대부분을 상속받아야 할까? 유럽 외교는 그 어느 때보다 어려운 문제에 직면했다. 프랑스 왕가, 신성로마제국의 황실, 바이에른 선제후국이 영토를 요구하며 협상을 시도했다. 이 세 세력은 죽어가는 스페인 왕과 거의 비슷한 거리에 있었다. 스페인과 프랑스 연합 또는 스페인과 신성로마제국의 연합은 유럽의 세력 균형 판도를 완전히 바꿀 수 있지만, 스페인과 바이에른의 연합은 그렇게 심각한 어려움을 야기하지 않을 듯했다.

프랑스와 신성로마제국의 갈등

먼저 영국의 윌리엄 3세와 프랑스의 루이 14세는 전쟁을 피할 수 있는 어떤 합의를 시도했다. 하지만 바이에른 공작의 죽음과 열강들의 시기심으로 이러한 노력은 수포로 돌아갔다. 이후 프랑스와 신성로마제국 사이의 갈등이 이어졌다. 처음에는 영향력과 외교를 위한 싸움이었다가, 나중에는 전쟁으로 발전했다. 이전의 외교전에서는 프랑스가 완벽한 승리를 거두었다.

임종 직전의 스페인 왕은 루이 14세의 손자 필리프에게 유리한 유언을 하도록 유도받았다. 루이 14세는 망설임 끝에 유언장을 수락하기로 결정했다. 루이 14세는 달리 할 수 있는 일이 없었다. 이것 때문에 실제로 전쟁이 발생하겠지만, 이는 프랑스와 스페인의 실질적인 통합을 의미했고, 프랑스는 역사상 가장 큰 권력과 위신을 얻게 될 것이었다.

스페인 왕위 계승 전쟁

따라서 루이 14세는 유언장을 수락하고 전쟁에 맞섰다. 아우크스부르크 동맹 전쟁은 끝났지만, 이제 스페인은 프랑스 편에 섰다. 그러나 프랑스는 스페인의 도움을 거의 받지 못했다. 프랑스의 재정은 절망적인 상태였고 군사력도 쇠퇴했다. 프랑스는 "마치 살아 있는 시체 같았다"라는 말이 나돌 정도였다. 그럼에도 스페인과의 동맹은 강하게 유지되었다.

영국 사령관 말보로(Marlborough)는 모든 영국군 중 가장 위대한 인물일 것이다. 신성로마제국 사령관 외젠 공(Prince Eugene)은 말보로와 긴밀히 협력했다. 신성로마제국에 반감을 품은 바이에른은 프랑스의 동맹국이었는데, 프랑스가 이 전쟁에서 승리할 수 있도록 최상의 기회를 제공했다.

전쟁의 무대

전쟁은 다섯 개의 주요 무대에서 진행되었다. 동맹 세력은 스페인의 손아귀에서 네덜란드를 빼앗고 프랑스로 진출하려 했다. 이탈리아에서는 오스트리아 군대가 롬바르드 평원의 스페인 영토를 두고 싸워 승리했다. 프랑스에서는 개신교에 대한 잔혹한 탄압으로 심각한 내전이 벌어졌다. 바이에른과 스페인에서도 각각 전쟁이 벌어졌다. 바이에른은 전쟁 초기에 결정적인 싸움의 지점이었다. 이제 바이에른과 프랑스의 군대가 오스트리아 빈에서 평화를 가져올 것처럼 보였다.

블레넘전투

하지만 1704년에 일어난 블레넘(Blenheim)전투는 이러한 희망을 산산조각 내고 프랑스 군대를 독일에서 완전히 몰아냈다. 블레넘전투 이후 전쟁의 운명은 프랑스에 불리하게 돌아갔다. 동맹 세력은 스페인에서만 심하게 패배했다. 처음에는 프랑스와 스페인의 군대가 스페인에서 완전히 패배해 마드리드(Madrid)가 함락되고 말았다. 그러나 스페인의 민족정신이 놀랍도록 고양되어, 비록 영국군이 지브롤터(Gibraltar)를 점령했음에도, 동맹 세력은 반도에서 쫓겨났다. 그곳에서 스페인은 스스로의 운명을 개척하는 주인으로 남게 되었다.

위트레흐트 평화조약

전쟁은 1713년까지 이어졌고 프랑스는 뼈아픈 패배를 맞이했다. 프랑스의 재정은 완전히 고갈되었으며, 정부는 신뢰를 잃고 말았다. 오직 프랑스 병사들만 용감하게 싸우며 패배 속에서도 존경받을 만한 모습을 보여주었다. 한동안 루이 14세는 영국에 화의를 간청했지만 허사였다. 그러다가 영국에서 휘그당이 전복되고 평화에 우호적인 토리당 내각이 임명되면서 영국군은 전장에서 물러났다.

오스트리아는 이보다 조금 더 오래 싸웠지만, 결국 1713년 위트레흐트 평화조약으로 오랜 싸움이 종결되었다. 위트레흐트 평화조약으로 동맹 세력은 한때 충분히 얻을 수 있었던 것보다는 훨씬 적은 것을 얻었다. 동맹 세력이 승리했지만 그럼에도 프랑스 왕자는 여전히 스페인에서 펠리페 5세라는 이름으로 통치했고, 프랑스는 영토를 거의 잃지 않았다.

주요 영토 변화는 다음과 같다. (1) 영국(또는 대영제국)은 스페인으로부터 지브롤터를, 프랑스로부터 뉴펀들랜드(Newfoundland)와 허드슨 베이(Hudson's Bay)를 얻었다. (2) 오스트리아는 스페인으로부터 밀라노, 나폴리, 사르데냐, 네덜란드를 얻었다. (3) 전쟁 중 동맹 세력에 합류한 사부아(Savoy) 공작은 스페인으로부터 시칠리아를 얻었다. 당시에는 불가능해 보였지만 이것은 사부아 공작이 궁극적으로 이탈리아 왕위에 오르는 계기가 되었다.

프랑스는 평화조약에서 놀라울 정도로 적은 것을 잃었지만, 전쟁 중에는 엄청난 고통을 겪었다. 루이 14세는 1715년에 사망했다. 그의 죽음으로 프랑스는 150년 동안 유지해온 유럽의 패권적 지위에서 물러나 50년 넘게 정체기를 겪었다.

위트레흐트 평화조약은 결코 프랑스의 위대함이 끝났다는 것을 의미하지는 않았다. 프랑스는 18세기 내내 유럽 최고의 강대국으로 남았다. 하지만 기세는 꺾여 있었다. 다른 강대국들은 프랑스와의 우위를 놓고 경쟁했다. 1688년 이래 영국은 무역과 해상 지배권을 놓고 싸운 경쟁자였다. 18세기 동안 러시아와 프로이센은 유럽에서 중요한 위치를 점했다.

스웨덴과 폴란드

러시아와 프로이센이 부상하고 프랑스가 정체되는 동안, 다른 나라들은 빠르게 침몰하고 있었다. 스페인은 군사 강국으로서의 전성기는 끝났다. 상태가 나빠진 스페인 정부는 국민들의 타오르는 열정까지 억압했다. 나폴레옹전쟁 당시 스페인이 다시 중요한 군사 강국으로 부상한 것은 정부의 행동이 아니라 국민들의 열정 덕분이었다.

쇠퇴하는 강대국 중에는 스웨덴과 폴란드도 있었다. 스웨덴과 폴란드에 관해 자세히 이야기할 시간은 없었지만, 두 나라 모두 한때 유럽의 강대국으로 꼽혔다. 우리는 앞서 30년전쟁에서 스웨덴이 결정적으로 개입한 사실을 확인했다. 그리고 1683년에는 튀르크가 빈을 멸망시키려 할 때 폴란드의 국왕 얀 소비에스키(John Sobieski)가 빈을 구원해냈다. 18세기 초부터는 두 나라 모두 유럽 정치에서 큰 역할을 하지 못했다. 스웨덴의 쇠퇴는 전쟁에 과도하게 자원을 사용한 데서 비롯되었다. 스웨덴은 다시 번영하고 발전했지만, 더 이상 일류 군사 강국은 아니었다.

폴란드의 운명은 전혀 달랐다. 폴란드의 인구는 많았고 영토도 프로이센보다 훨씬 넓었다. 하지만 폴란드는 한 나라가 겪을 수 있는 모든 고통에 시달렸다. 폴란드의 국경은 거의 방어할 수 없을 정도였다. '선출 군주제'라는 미명하에 폴란드의 헌법은 실제로 유럽 역사상 가장 난폭하고 사나우며 부도덕한 귀족들의 손에 쥐어져 있었다. 국민 대다수는 모멸적인 농노제로 고통받았다. 폴란드의 이웃 강대국인 오스트리아, 러시아, 프로이센은 끊임없이 폴란드의 내정에 간섭했다. 18세기가 끝나기 전 폴란드는 유럽의 독립 국가 목록에서 사라져버렸다.

러시아의 등장

한편 유럽의 강대국들 사이에 새로운 국가들이 등장했다. 유럽 강대국으로서 러시아가 부상한 시기는 18세기 초였다. 러시아의 역사는 1682년 표트르 대제 즉위 이전으로 거슬러 올라가서는 안 된다. 근대 러시아는 그의 작품이나 마찬가지이기 때문이다. 표트르 대제는 러시아가 야만적이고 미개하다고 생각했다. 군주의 권력은 귀족보다 약했다. 러시아라는 나라 자체가 서유럽에 거의 알려지지 않았다.

러시아의 표트르 대제

표트르 대제는 러시아에 유럽의 문명을 도입하고, 다른 모든 세력에 맞서 군주의 권력을 강화하고, 새로운 수도 상트페테르부르크(St. Petersburg)를 건설하고, 군사 강국으로서의 러시아를 세계에 과시했다. 표트르 대제는 야만과 문명이 기묘하게 뒤섞인 인물이었다. 지적인 면에서는 순전한 유럽인이었지만, 도덕적인 면에서는 여전히 야만적인 초기 러시아인이었다. 처음부터 서유럽의 성과들이 그의 관심을 사로잡았고, 1697년 영국과 네덜란드를 방문한 경험이 그에게는 결정적인 전환점이 되었다. 표트르 대제는 영국과 네덜란드의 국력이 해군과 무역에 달려 있다는 사실을 목격했고, 러시아에도 이 두 가지를 도입하기로 결심하며 귀국했다.

러시아가 바다에 이르다

표트르 대제는 유럽의 관습과 복장을 러시아에 도입했다. 강력한 유럽 군주들처럼 귀족들의 권력도 무너뜨렸다. 교회도 왕권 아래 완전히 종속시켰다. 무엇보다는 그는 러시아 영토에 아무것도 추가하지는 않았지만 남쪽과 북쪽에 바다로 나갈 발판을 마련했다. 그때까지도 러시아 영토는 바다에 닿아 있지 않았다. 하지만 표트르 1세는 새로운 수도 상트페테르부르크를 건설했을 뿐만 아니라 러시아가 발트해 무역에 발을 들여놓게 했다. 또한 아조프해를 획득하고 흑해로 통하는 통로까지 확보했다. 표트르 대제의 업적에 대해 귀족들은 깊은 불만을 가지고 있었다. 그 불만은 오래도록 지속되었다.

표트르 대제와 칼 12세

1699년부터 표트르 대제는 스웨덴과 치열한 전쟁을 벌였다. 스웨덴 국왕 칼 12세(Karl XII)는 그의 선조인 구스타부스 아돌푸스에 버금가는 군사적 야망과 열정을 가지고 있었다. 1700년 칼 12세는 나르바(Narwa)에서 러시아군을 압도적으로 물리치고 한동안 독일 동부의 패권을 장악했다. 하지만 스웨덴은 그의 원대한 계획을 뒷받침해줄 단한 힘이 없었다. 1709년 칼 12세가 풀타바(Pultawa)에서 패배하면서 스웨덴은 붕괴되었다.

강력한 경쟁자가 사라진 것은 러시아에게는 큰 행운이었다. 표트르 대제는 1725년에 사망했고 혼란과 반동의 시기가 이어졌다. 하지만 1762년 예카테리나 2세(Catherine II)가 왕위에 오르자 표트르 대제의 통치를 계승해 이후 러시아 역사의 특징이 된 영토 확장의 길을 걷기 시작했다.

프로이센의 부상

러시아의 성장보다 훨씬 더 중요한 점은 프로이센이 일류 강국으로 부상한 사실이다. 프로이센은 원래 비독일계 민족이 거주하던 지역이었는데, 중세 시대에 튜턴 기사단(Teutonic knights)이 이 지역을 정복했다. 그러나 프로이센이라는 나라의 진정한 기원은 브란덴부르크 선제후령에서 찾을 수 있다. 브란덴부르크 선제후령은 1611년에 프로이센을 획득했고, 약 100년 후에 왕의 칭호를 빼앗았다.

1740년 당시 브란덴부르크의 영토는 상당히 넓었다. 브란덴부르크는 대략 세 지역 (1) 라인강의 강변, (2) 엘베강과 오데르강의 강변, (3) 비스툴라강 너머 지역으로 나뉜다. 브란덴부르크는 지리적 이점을 전혀 가지고 있지 않았다. 넓게 분산된 세력이 중앙 집권적인 군사 군주제를 통해 성장할 가능성도 거의 없어 보였다.

대선제후 프리드리히 빌헬름

프로이센이 성장하게 된 토대는 '대(大)선제후' 프리드리히 빌헬름(Frederick William, 1640~1688)이 마련했다. 그는 프로이센을 위해 포메라니아(Pomerania)와 마그데부르크(Magdeburg)를 차지했을 뿐만 아니라, 귀족들의 야망에 맞서 중앙정부의 권력을 성공적으로 확립했다. 특히 망명한 프랑스 개신교도들이 베를린에 정착할 수 있도록 허용함으로써 동시에 산업을 장려했다.

대규모 상비군도 창설했는데, 이는 이후에 프로이센의 주요 기관이 되었다. 프로이센은 작고 가난한 나라였다. 중부 유럽의 권력 다툼에서 프로이센이 주변 강대국들을 앞지를 수 있었던 것은 국민들의 끊임없는 규율과 엄격한 정직성, 그리고 간소한 생활 덕분이었다.

프로이센의 대선제후 프리드리히 빌헬름

프로이센 왕국의 시작

1701년 스페인 왕위 계승 전쟁이 시작될 무렵, 브란덴부르크 선제후는 '프로이센의 왕'이라는 칭호를 받았다. 왕의 칭호는 프로이센이 전쟁에 협력한 대가로 신성로마제국으로부터 받은 것이었다. 그다음의 프로이센 국왕인 프리드리히 빌헬름 1세는 27년 동안 강력한 군대를 구축하고 평화를 굳건히 유지했다. 프로이센 군대는 3만 8,000명에서 8만 3,000명으로 증원되었는데, 1740년 프리드리히 빌헬름이 사망하자 '프리드리히 대왕'으로 알려진 프리드리히 2세의 손에 넘어갔다.

18세기는 자애로운 전제 군주의 시대로 불린다. 이 시기에는 여러 나라에서 절대 군주들이 주도한 개혁을 러시아에서도 실행했다. 앞서 우리는 표트르 대제가 초기 러시아의 성장을 이끌었다는 사실을 살펴보았다. 얼마 후 오스트리아에서도 요제프(Joseph) 황제가 큰 변화를 일으켰다. 프리드리히 대왕 역시 이 시대의 특징을 보여주는 대표적인 사례다. 그의 명성은 오랜 전쟁과 역경 속에서 거둔 성공에서 비롯된다. 프로이센을 새롭게 개편하고 개혁한 프리드리히 대왕은 18세기의 통치자 중 가장 위대한 인물로 손꼽을 만하다. 그는 당대 프랑스 철학자들의 영향을 많이 받았다. 철학자 볼테르(Voltaire)가 한동안 그의 궁정에 머물기도 했다.

오스트리아 왕위 계승 전쟁

프리드리히 대왕은 즉위하자마자 큰 전쟁에 뛰어들었다. 카를 6세의 죽음은 오스트리아의 미래를 극도로 불확실하게 만들었다. 그의 유일한 후계자는 딸 마리아 테레지아였기 때문이다. 대부분의 유럽 강대국들은 마리아 테레지아의 오스트리아 왕위 계승를 허락하겠다고 약속했다. 하지만 주변국들은 방대한 오스트리아의 영토를 탐냈기에 오스트리아는 치열한 투쟁 없이 상속권을 유지할 수 없을 것이 분명했다. 프리드리히가 가장 먼저 공격했다. 오데르강 양안에 위치한 슐레지엔(Schlesien) 속주는 프로이센 영토와 인접해 있었다. 어떤 변명도 없이 프리드리히는 이곳을 침략해 점령했다. 유럽의 큰 전쟁(오스트리아 왕위 계승 전쟁)이 곧바로 발발했다.

전쟁의 성격과 쟁점

프리드리히는 1740년부터 1763년까지 실제로 전쟁에 가담했다. 지금까지 유럽 역사에서 이처럼 광범위한 지역에서 수많은 민족과 국가의 운명에 영향을 미친 전쟁은 없었다. 오스트리아, 프로이센, 프랑스, 영국, 러시아 모두 주요 참전국이었으며, 인도반도와 북미 대륙도 이 전쟁의 결과에 영향을 받았다. 이 오랜 싸움에는 두 가지 주요 쟁점이 있었다.

첫째, 프로이센의 미래였다. 프로이센은 강대국이 될 것인가, 아니면 오스트리아의 부상으로 작은 게르만 국가가 될 것인가? 프로이센의 운명은 오스트리아의 운명과 밀접하게 연관되어 있었다. 둘째, 영국과 프랑스 사이에 벌어진 식민지, 상업, 해군력의 경쟁이었다. 영국과 프랑스 중 누가 해양 제국이 될 것인가? 이와 함께 북미와 인도의 지배권도 넘어갈 것인가? 경쟁은 너무나 분명하고 치열해 모든 유럽 나라에서 영국과 프랑스는 정반대 진영에 위치하게 되었지만, 전쟁 도중에 동맹국을 바꾸기도 했다.

1740년부터 1748년까지 벌어진 이 전쟁은 오스트리아 왕위 계승 전쟁으로 알려져 있다. 이 전쟁에서 영국은 오스트리아와 동맹을 맺었고, 프랑스는 프로이센과 한 편이었다. 앞서 언급한 두 가지 주요 쟁점에 관해서는 완전히 결론을 내리지 못한 상태였다. 프로이센의 프리드리히 대왕은 슐레지엔을 침공해 점령했고, 온갖 반격을 막아내며 이 땅을 고수했다. 프로이센의 동맹국인 프랑스 왕국도 큰 승리를 거두었다. 1743년 프랑스는 영국과 하노버 왕국에게 대수롭지 않은 패배를 당한 후, 1745년에 퐁트누아(Fontenoy)에서 영국과 동맹군을 완전히 즈파하고 오스트리아령 네덜란드와 네덜란드 본토 전역을 점령했다. 한편, 해상에서 전투가 벌어졌고 인도반도와 아메리카에서도 전투가 벌어졌지만, 승패는 크게 갈리지 않았다.

동맹국 간의 피로와 의견 충돌에 지친 ⌐나머지 엑스라샤펠 평화조약(Peace of Aix la Chapelle, 1748)으로 전쟁을 종식시켰다. 프리드리히 대왕은 슐레지엔의 영유권자로 인정받았지만, 다른 모든 중요한 면은 전쟁 전의 상태로 돌아갔다. 단지 교전국들이 추가적인 전투를 준비할 휴전만 남았을 뿐, 영구적인 평화는 이루어지지 않았다는 여론이 지배적이었다.

동맹의 역전

8년 후 전쟁이 재개되기 전, 유럽의 외고 관계에 큰 변화가 있었다. 샤를 5세 시대 이후, 프랑스는 유럽의 모든 분쟁에서 예외 없이 오스트리아를 반대해왔다. 그러나 이제 프랑스는 프로이센의 프리드리히를 버리고 오스트리아와 동맹을 맺을 수밖에 없었다. 이는 수많은 전투의 승패보다 더 중요한 변화였다.

다음 장에서 살펴보겠지만, 당시 프랑스 정부는 약하고 부실했다. 프랑스의 정치가와 외교관은 루이 14세 시대에 자신들을 돋보이게 했던 기술과 통찰을 전혀 갖추지 못했다. 그들이 택할 수 있는 가장 현명한 길은 유럽 전쟁에 개입하지 않고 해상 및 식민지 투쟁에 집중하는 것이었다. 오스트리아와 새로 맺은 동맹 때문에 프랑스는 이제 프리드리히 대왕이 이끄는 프로이센과 윌리엄 피트 총리가 이끄는 영국의 공격에 노출되었다. 프랑스는 해상 통제권을 잃었고, 캐나다와 인도를 지배할 모든 기회를 박탈당했다. 프랑스는 유럽 역사상 가장 참혹한 패배를 경험했다.

7년전쟁

그리하여 1756년 '7년전쟁'으로 알려진 전쟁이 발발했다. 영국은 프로이센과 손을 잡았고, 반대편에는 오스트리아, 프랑스, 러시아, 작센이 포진하고 있었다. 전쟁은 오스트리아와 프랑스에 유리하게 전개되었다. 프로이센의 프리드리히 대왕은 견제에 부딪혔고, 영국은 잇따라 타격을 입었다. 많은 사람이 이제 영국의 시대는 끝났다고 생각했다. 심지어 해상에서조차 프랑스에 맞서 더 이상 버틸 수 없다고 생각했다.

그러던 중 놀라운 변화가 찾아왔다. 영국에서 권력을 잡은 피트(훗날 채텀 백작)가 프리드리히 대왕과 협력해 전세를 역전시켰다. 실제로 프리드리히 대왕은 전쟁 기간 내내 고군분투했지만, 프로이센을 멸망에서 구한 것은 오로지 그의 지칠 줄 모르는 열정과 뛰어난 군사력이었다. 그는 특히 러시아군이 강력하다고 판단했지만 그래도 결국 살아남아 오스트리아, 러시아, 프랑스에 압도적인 패배를 안겨주었다. 그럼에도 만약 러시아가 적국에서 동맹국으로 바뀌지 않았다면 이러한 패배도 프리드리히 대왕을 구원하지는 못했을 것이다.

그사이에 영국은 세계 곳곳에서 연이은 승리를 거두고 있었다. 프로이센 사령관 휘하의 영국 군대와 하노버 군대는 독일 북부에서 프랑스 군대를 격

7년전쟁 당시 로스바흐전투

파했고, 캐나다와 인도, 그리고 해상에서 영국은 군사 역사상 유례를 찾아볼 수 없는 승리를 거두었다. 조지 3세의 즉위와 함께 채텀 백작은 권좌에서 물러났고, 영국은 프로이센과의 동맹을 파기했다. 프리드리히 대왕은 비록 지쳤지만 정복자로서 결국 1763년에 전쟁을 종식시켰다.

파리 평화조약과 후베르투스부르크 평화조약

당시 유럽의 분쟁 해결 조건은 파리 평화조약과 후베르투스부르크 (Hubertusburg) 평화조약에 명시되어 있었다. 프랑스는 캐나다와 인도에 대한 권리를 포기했고, 이후 두 나라의 운명은 영국와 엮이게 되었다.

지금 우리가 주로 관심을 갖는 나라는 프로이센이다. 오스트리아의 여왕 마리아 테레지아는 확실히 슐레지엔을 프로이센에 양도했다. 그런데 프로이센은 이 중요한 지역 이상의 것을 얻었다. 프로이센의 명성은 엄청나게 높아졌다. 유럽에 효율적이고 경제적인 정부의 정석을 보여주었다. 사람들은 새로운 유형의 국가가 탄생했다고 생각했다. 이제 프로이센이라는 나라는 불가능한 일이 없을 것 같았다. 물론 프로이센의 미래를 알고 있는 우리는 당연히 이 나라의 약점도 알고 결말도 알고 있지만, 당시 프로이센은 단연 유럽 최초의 군사 강국이었다.

오를레앙 공작의 섭정하의 반발

1715년 이후 프랑스 정부에는 큰 변화가 일어났다. '위대한 군주' 루이 14세를 대신할 사람은 없었다. 후계자는 증손자인 루이 15세였는데, 아직 너무 어려서 오랜 기간 프랑스를 통치하기가 어려웠다. 따라서 오를레앙 공작(Duke of Orleans)이 섭정에 임명되었다. 그는 거의 모든 면에서 프랑스의 정책을 바꿨다. 영국과 전쟁을 벌이는 대신 평화조약을 맺었고, 귀족들에게 호의를 베풀었다. 자치권을 장려했으며, 프랑스의 재정 체계를 새롭게 바꿨다.

루이 15세가 프랑스 정부에 참여하게 되면서 그의 오랜 스승인 플뢰리(Fleury) 추기경에게 내각의 최고 직책을 맡겼다. 폴란드 왕위 계승 문제를 핵심 목표로 삼았던 전쟁은 1733년에 시작되어 1735년 프랑스가 로렌(Lorraine)을 획득하면서 끝났다는 점에 주목하자. 이 지역은 한동안 프랑스의 실질적인 영토였지만, 이제 프랑스 왕에게 확실히 할양되었다. 혁명의 폭풍이 몰아치기 전 프랑스 왕국이 마지막으로 획득한 지역이었다.

루이 15세

루이 15세는 처음에는 어느 정도 야망과 열정이 있는 듯 보였다. 하지만 뒤로 갈수록 서유럽 역사상 가장 방탕하고 무기력한 왕이 되었다. 그는 어

프랑스의 왕 루이 15세

떤 수상에게도 프랑스 정부를 맡기지 않았고, 스스로 정부를 운영할 능력이 없었기에 결과적으로 프랑스에는 실질적으로 정부가 존재하지 않았다. 그의 부인들이 국가를 좌지우지했는데, 통치 중반에는 퐁파두르 부인(Madame de Pompadour)이, 후반에는 뒤바리 부인(Madame Dubarri)이 가장 큰 영향력을 행사했다.

우리는 이 시기에 옛 군주제가 어떻게 급속히 쇠퇴했는지, 왕권에 대한 반대 세력이 어떻게 일어났는지, 국민이 어떻게 스스로 각성하고 밝은 미래에 대한 확신을 가졌는지 살펴봐야 한다. 이렇게 혁명은 준비되었다.

18세기 | 프랑스의 전쟁 패배

프랑스 왕국의 힘을 꺾는 요인 중 하나는 군사적 실패였다. 프랑스 국왕들이 절대 권력을 획득한 것은 주로 전쟁에서 성공한 지도자들 덕분이었다. 루이 15세 통치기에는 앞서 언급한 로렌에서 처음 승리한 이후 장기간의 전쟁이 이어지고 끔찍한 재앙으로 끝났다. 오스트리아 왕위 계승 전쟁 당시에는 프랑스군이 승리를 거두었고, 예전의 루이 14세가 그토록 정복하고자 했던 벨기에와 네덜란드를 점령하는 데 성공했다.

하지만 평화조약이 체결되자 무기를 통해 얻었던 것을 외교를 통해 얻을 수는 없었다. 7년전쟁 당시 프랑스는 초반에 잠시 성공하는 듯했지만, 해상과 육지에서, 그리고 유럽과 그 너머에서 재앙만 경험했다. 프로이센 왕은 로스바흐(Rossbach)에서 프랑스군을 격파했고, 영국 함대는 프랑스군을 바다에서 완전히 몰아냈다. 프랑스는 캐나다와 인도도 상실했다.

반대 세력의 등장

프랑스에서는 대중의 반대가 나타나기 시작했다. 프랑스에는 국민의 대의 기관이 없었다. 1614년 이후 삼부회는 소집되지 않았고, 지방 의회도 해체되거나 실권을 박탈당했다. 정부의 조치에 법적으로 반대를 제기할 수 있는 유일한 통로는 파리 고등법원이었다.

앞서 살펴본 바와 같이, 파리 고등법원은 전적으로 사법적인 목적을 위해 존재하는 법조인으로 구성된 기구였다. 하지만 이들은 국왕의 칙령을 등록할 권리가 있었는데, 어떤 칙령도 등록되기 전까지는 국민을 구속할 수 없었다. 게다가 고등법원은 등록할 권리뿐단 아니라, 국왕의 칙령에 대해 등록을 거부하거나 비판할 권리도 있다고 주장했다. 이것이 여론을 표출할 수 있는 매우 좁은 통로였다. 유일하게 남아 있던 입법적 통로였지만 루이 15세 통치 기간에 매우 중요한 역할을 담당했다.

고등법원의 구성원들은 여러 가지 문제로 국왕과 다투었다. 주로 얀센파(Jansenists)라 불리는 종교 단체에 대한 칙령 문제와 전시에 부과되었다가 평시에 완화되지 않는 무거운 세금에 관한 문제였다. 이 싸움은 길고 복잡했다. 고등법원은 한동안 파리에서 큰 인기를 누렸다. 하지만 싸움의 승리는 결국 국왕에게 달려 있었다. 1771년 고등법원은 폐지되었고, 프랑스 최고 법원을 위한 새로운 제도가 마련되었다.

예수회의 몰락

파리 의회는 몰락하기 전에 왕을 상대로 한 번의 큰 승리를 거두었다. 그
것은 프랑스에서 예수회를 몰아낸 것이다. 우리는 종교개혁 시대에 예수회
가 개신교에 맞서 얼마나 성공적으로 싸웠는지 지켜보았다. 종교개혁 싸움
이 사실상 무승부로 끝난 이후 예수회의 성격은 다소 변화했다. 해외 선교
에서 큰 성공을 거두었고, 가톨릭 국가에서는 왕의 의회에 큰 영향력을 행
사했다. 파리 의회는 예전부터 예수회에 반감을 품고 있었으며, 그들의 권
력과 행위를 억제하고 비판할 기회를 놓치지 않았다.

예수회가 관여했던 상업적 투기가 실패하자 예수회는 파리 의회에 회부
되었다. 이 수도회의 모든 원칙과 성격을 검토하기로 결정한 것이다. 왕은
의회가 이 절차를 진행하지 못하게 막으려 했지만 소용없었다. 파리 의회는
계속 저항했다. 예수회의 원칙이 프랑스 법에 어긋난다고 선언했다. 예수
회는 어떠한 타협도 수용하지 않았기에 결국 1764년 프랑스에서 추방당하
고 말았다.

유럽의 여러 나라에서도 비슷한 움직임이 일어났다. 예수회는 포르투갈,
스페인, 파르마, 나폴리, 사부아, 오스트리아에서 추방당했다. 마침내 1773
년, 교황 칙서로 예수회는 해체되었다. 하지만 예수회는 교회에게는 너무
소중한 단체였기 때문에 완전히 파괴되지는 않았다.

18세기의 지성 운동

파리 의회의 조치와 예수회의 탄압은 왕권의 약화와 여론의 동요를 보여
주는 신호였다. 그사이 사람들의 마음속에는 왕에 대한 충성심을 약하게 만
들고 혁명의 길을 여는 더 큰 움직임이 일어나고 있었다. 18세기의 지성 운
동은 프랑스에만 국한되지 않았다. 전 유럽의 공통적인 현상이었다. 종교
개혁 시대에 버금갈 정도로 사람들의 생각과 신념에 큰 변화를 가져왔다.

지성 운동의 특징

이 지성 운동의 특징은 쉽게 파악할 수 있다. 일단 교회나 국가가 가진 기존의 생각에는 회의적이고 비판적이며 부정적이었다. 다시 말해, 새로운 토대를 어떻게 마련해야 할지 제시하기보다는 낡은 사회의 토대를 강하게 비난했다. 과거의 교훈이나 경험을 거부했다. 특히 중세를 미신의 시대라며 경멸했고, 반면에 근대를 이성의 시대로 보았다. 중세를 거부하는 동시에 그리스와 로마의 역사는 동경했다. 그리스와 로마의 고전은 프랑스혁명 이전의 사상가들에게 큰 영향을 미쳤다.

무엇보다 18세기 사상에 가장 큰 영향을 준 것은 인간성(humanity)에 대한 자각이다. 단순히 잔인성, 사법적 고문, 종교적 박해에 반대하는 것에 그치지 않고, 종교, 정치, 철학 모든 영역의 제도와 신조를 인간성이라는 시험대에 올려놓았다. 무엇이든 인간의 목적에 부합하면 선(善)이고, 그렇지 않으면 아무리 전통적인 것도 악(惡)이다.

볼테르와 루소

프랑스 철학자들 중 대표적인 인물로는 디드로, 몽테스키외, 볼테르, 루소가 있었다. 볼테르와 루소는 지적 운동에 직접적인 영향을 미쳤고, 디드로와 몽테스키외는 사상의 깊이가 깊었다.

볼테르는 가톨릭의 주장과 권위에 강하게 맞선 사람이다. 그는 가톨릭의 교리를 비판하고 그것이 가지는 영향력을 규탄했다. 특히 종교적 관용을 옹호한 볼테르는 잔혹한 종교적 박해를 어느 정도 없애는 데 성공했다. 정치적으

프랑스의 철학자 볼테르

로 그는 혁명적 사상가와는 거리가 멀었다. 그는 프리드리히 대왕이 프로이센에 도입한 대대적인 개혁을 목격했고, 프랑스도 왕이 개혁을 주도하는 모습을 보고 싶어 했다.

루소는 볼테르와 성격이 매우 달랐지만, 그도 여론이나 역사적 사건에 큰 영향을 미쳤다. 루소는 열정적이고 감정적이었지만, 볼테르처럼 냉철하고 명료한 논리를 가지고 있지는 않았다. 루소는 사람들에게 이성보다 감성에 호소했는데, 프랑스는 그의 사상을 뜨거운 열정으로 받아들였다. 루소는 교육, 종교, 정치에 관해 저술했고, 그의 모든 사상은 서로 연결되어 같은 목표를 지향했다. 그는 양도할 수 없는 국민의 주권을 주장했다. 또한 생각보다 감성이 우월하다고 보았는데, 즉 문명과 관습이 지배하는 인간보다 자연적이고 문명화되지 않은 인간이 우월하다는 것이다. 사람들은 루소의 저작을 읽으며 자신이 살고 있는 사회를 경멸했고, 훨씬 더 나은 사회를 꿈꾸며 그것을 이루고자 마음먹었다.

프랑스의 앙시앵레짐

이처럼 18세기 중반 이후 프랑스 정부의 힘은 약해지고 인기도 잃었다. 이런 와중에 새로운 사상들은 널리 퍼져 나가 큰 변화를 불러일으키고 있었다. 하지만 민중의 상황이 바람직하게 변화되지 않았다면 이러한 사상들도 위대한 혁명을 일으키지 못했을 것이다.

이제 우리는 민중의 상황으로 눈을 돌려보자. 프랑스혁명이 민중의 비참함 때문에 일어났다고 생각하는 것이나, 프랑스 민중의 상황이 다른 어떤 나라보다 나빴다고 생각하는 것은 옳지 않다. 정교한 통계 없이 여러 나라의 상황을 정확하게 비교하는 것은 불가능하다. 그럼에도 확실한 것은 폴란드와 여러 게르만 국가들의 상황은 프랑스보다 훨씬 나빴다는 사실이다. 혁명 이전 반세기 동안 프랑스의 상황이 개선되었다는 사실도 확실하다. 하지만 프랑스 국민의 부담은 매우 컸고, 정부는 정말로 억압적이었다. 무엇보다 사람들은 개선의 가능성에 눈을 떴다.

 도시민들의 불만은 정부의 억압, 상인 길드의 횡포, 가혹한 법률 집행, 그리고 이 모든 것의 결과로 나타나는 빈곤이었다. 프랑스 앙시앵레짐(구체제)의 악행을 극명하게 보여주는 곳은 바로 시골 지역이었다. 프랑스혁명 초기에 가장 보수적인 계층인 농민들이 변화를 갈망했고 혁명을 통해 변화를 쟁취할 준비가 되어 있었다. 농민들의 입장을 파악한다면 그들의 마음도 이해할 수 있을 것이다.

프랑스 소작농들의 상황

 봉건제라는 통치 체제는 프랑스에서 완전히 무너졌다. 프랑스 귀족은 영국 귀족보다 훨씬 권력이 약했다. 그래서 프랑스의 많은 귀족이 처음에는 혁명을 환영할 준비가 되어 있었다. 정치체제로서의 봉건제는 종식되었지만, 농민들의 재정적 부담은 여전히 상당 부분 남아 있었다.

 농민들은 국가가 징수하는 과중한 세금 외에도 이미 의미와 정당성을 상실한 무거운 봉건세도 납부해야

A FAUT ESPERER Q'EU SE JEU LA FINIRA BENTOT

프랑스 농민의 고충을 그린 풍자화

했다. 자신의 땅을 소유한 농민(혁명 이전 프랑스 농민의 상당수는 농토의 소유주였음)은 막대한 봉건세를 내야 했다. 길을 지나가거나 강을 건널 때도 통행

세를 내야 했다. 곡식을 타작하거나 포도를 짜낼 때도 세금을 내야 했다. 자신의 땅에서 나온 생산물의 일정 비율을 만난 적도 없는 봉건 영주에게 지불해야 했다.

세금 징수

봉건세 외에도 국가 세금이 있었다. 국가 세금은 상당히 부담스러웠을 뿐만 아니라 부과되는 과정도 불쾌하고 부당했다. 프랑스의 세금 부담은 이른바 빈곤 계층인 시골 농민들에게 전가되었다. 성직자, 귀족, 부유한 중산층 등 특권 계층은 대부분 세금 납부에서 면제되었다. 다시 말해 가장 가난한 사람들만 세금을 내고, 가장 부유한 사람들은 세금을 내지 않았다.

주요 세금에는 가벨(gabelle), 코르베(corvee), 타이유(taille)가 있었다. 가벨은 소금세를 말한다. 소금은 국가가 독점했다. 소금 가격을 국가가 정하고 농민들은 국가로부터 소금의 일정량을 강제로 구매해야 했다. 심지어 소금을 사용하는 방식까지 제약이 따랐다. 옛 제도 중 가벨만큼 짜증을 유발하는 제도도 없을 것이다. 소금의 가격은 지역마다 천차만별이었다. 소금 밀수는 엄중하게 처벌되었고, 매년 수많은 사람이 이 범죄로 감옥에 갔다.

코르베는 강제 노역을 말한다. 이 노역도 무겁다기보다는 불쾌했다. 농민들은 국가에 일정 기간 동안 무보수로 노동력을 제공해야 했다. 농민에게 부과된 세금 중 타이유가 가장 부담스럽고 혐오스러웠다. 타이유는 토지와 가옥에 부과된 세금으로, 집집마다 공평하게 부과되기는 했지만 징수 방식은 부당했다. 중앙정부에서 매년 세금 총액을 결정했고, 정부 관리들은 각 지역과 개인이 감당할 수 있다고 생각하는 금액만큼 세금을 부과했다. 그러다 보니 농민들은 행복하고 안정적인 생활을 할 수 없었다. 농민들의 상황이 조금이라도 나아지는 듯 보이면 세금은 반드시 인상되었기 때문이다.

우리는 빈곤과 고통이 혁명의 유일하고 본질적인 원인이 아니라고 말하지만, 농민에게 가해지는 부담은 너무나 컸다. 어떤 지역에서는 농민들이 수입의 절반 이상을 세금으로 냈다. 봉건 세금을 없애고 가벨과 타이유를 폐지하거나 완화할 수 있다는 가능성이 오랫동안 고통받던 농민들을 열정적인 혁명가로 변모시켰다.

요약

혁명 이전 프랑스의 특징은 다른 나라들과 마찬가지로 사회 체제의 잔혹성과 억압성이 아니었다. 그보다는 극도의 불안정성이 특징이었다. 이제 구질서에 충성하는 사람은 아무도 없었다. 귀족, 중산층, 심지어 성직자조차도 큰 변화를 원했다. 일반 대중은 구질서를 참을 수 없을 만큼 큰 부담으로 여겼다. 볼테르와 루소의 새로운 사상을 받아들인 사람들은 구질서가 부당하다고 생각했고, 이것이 가난도 억압도 범죄도 없는 사회로 가는 길을 막는다고 믿었다. 이처럼 절실한 희망이 없었다면 혁명은 일어나지 않았을 것이고, 설령 일어났더라도 실제 역사와는 매우 다른 모습이었을 것이다.

　루이 15세는 1774년에 죽었고, 그의 손자인 루이 16세가 왕위를 계승했다. 루이 16세는 오스트리아 여왕 마리아 테레지아의 딸인 마리 앙투아네트(Marie Antoinette)와 결혼했다. 프랑스와 오스트리아의 적대감이 오랜 세월 지속되는 바람에 여왕의 출신은 인기 하락의 원인 중 하나였다.

루이 16세와 튀르고

　루이 16세는 즉위 당시 인기가 높았다. 이전 시대 통치의 어리석음이나 악덕에 가담하지 않았다. 즉위 초에는 옛 정책이 유지되지 않을 것처럼 보였다. 의회가 소집되었고 개혁 내각이 임명되었다.

　튀르고(Turgot)는 첫 내각에서 큰 영향력을 발휘했다. 그는 당대 가장 고결하면서도 가장 비참한 인물이었다. 기본적으로 왕에게 충성했지만, 대대적인 개혁의 필요성을 느꼈다. 재정적 특권을 폐지하고, 산업의 모든 제약을 없애고, 자치의 기반을 마련하고자 했다. 왕의 확고한 지지가 있었다면 혁명을 피할 수도 있었다. 루이 16세는 이 훌륭한 신하에게 동정심은 가졌지만, 귀족과 궁정의 반대에 맞서 그의 권력을 유지시켜줄 의지는 없었다. 결국 튀르고는 1776년에 해임되었다.

프랑스의 재정

루이 16세 즉위 초기부터
재정 문제는 긴급한 난제였
다. 최근의 전쟁 비용과 부
실한 재정 정책이 프랑스를
파산 직진까지 몰고 갔다.
특권층의 과세 면제가 사실
상 악의 근원이었지만, 이
면제를 없애려는 모든 노력
은 혁명 전에 수포로 돌아
갔다.

튀르고가 해임된 후, 제
네바 출신의 개신교 은행가
네케르가 재정을 관리했다.
네케르는 경제와 재정 관리
기술을 발휘해 프랑스의 상
황을 개선했지만, 그 후 프

프랑스의 왕 루이 16세

랑스에는 또 다른 큰 전쟁이 몰아닥쳤다. 바로 1776년 프랑스가 미국의 동
맹국으로서 영국과 벌인 전쟁이었다. 프랑스에게는 영광스러운 전쟁이었
다. 오랜 라이벌인 영국은 패배해 굴욕을 당했다. 해상과 육상에서 프랑스
의 막강한 군사력 덕분에 이러한 결과를 가져왔다.

그러나 이 승리는 프랑스 정부를 강화하는 데 아무런 도움이 되지 않았
고, 오히려 정부를 약화시켰다. 막대한 전쟁 비용은 재정 상황을 더욱 절망
적인 상황으로 내몰았다. 미국의 민주주의와 공화주의 원칙은, 그들이 이
룬 성공과 맞물려, 프랑스인들의 자유, 평등, 자치에 대한 믿음을 더욱 강화
시켰다. 프랑스는 철학자들의 저서에서 이러한 사상을 이끌어냈다.

삼부회 소집

그 후 몇 년 동안 정부는 여러 재정 수단을 시도했지만, 늘 성공하지는 못했다. 그러는 동안 모든 계층의 프랑스인은 자치 정부만이 진정한 해결책을 찾을 수 있다는 확신이 강해졌다. 마침내 국왕은 모두의 요구에 굴복해 1789년 5월 삼부회를 소집했다.

1614년 이후 삼부회는 열리지 않았고, 조직과 절차도 정해져 있지 않았다. 그래서 성직자와 귀족은 300명, 평민은 600명으로 의원을 구성하기로 결정했다. 국왕은 1789년 5월 5일 삼부회 회의를 시작했다. 사람들의 열정은 대단했다. 모든 계층의 사람들이 새로운 시대, 더 나은 시대가 시작되고 있다고 믿었다. 하지만 삼부회는 곧 심각한 난관에 부딪혔다.

첫 번째 문제는 절차에 관한 것이었다. 평민층은 성직자, 귀족, 평민 세 계층 모두 함께 심의하고 투표해야 한다고 요구했다. 이렇게 되면 개혁파가 다수를 점할 것이 분명했다. 성직자와 귀족은 세 계층이 각각 별도로 회의를 열고, 어떤 법안이든 통과시키려면 과반수의 찬성이 필요하다고 주장했다. 앞으로 모든 미래는 이 문제를 어떻게 결정하느냐에 달려 있었다.

삼부회 소집(1789)

국왕은 오랜 망설임 끝에 각 계층을 따로 분리하는 방안을 결정했지만, 미라보(Mirabeau)와 아베 시예스(Abbe Sieyes) 같은 사람들이 이끄는 평민층은 왕을 노련하게 압도했다. 대다수의 프랑스인들은 평민 의원을 지지했다. 결국 6월 말에는 모든 의원이 한 자리에 모여 심의하고 투표해 '국민의회(National Assembly)'라는 명칭을 얻었다.

바스티유 감옥의 함락

만약 국민의회가 권력을 유지한다면 대대적인 개혁이 일어날 것이 확실했다. 국왕(또는 왕의 고문들, 왜냐하면 왕 자신은 의지가 약하고 단호한 행동을 취할 능력이 없었음)은 무력으로 평민 세력을 진압하기로 결심했다. 그러나 이를 위해 군대가 파리로 이동하기 시작하자, 대도시 파리는 격렬한 반란을 일으

바스티유 감옥 함락 사건

컸다. 바스티유 감옥(Bastille Saint-Antoine)은 반란군의 수중에 떨어졌고, 더 이상의 유혈 사태를 두려워한 왕은 굴복해 이미 이루어진 조치에 승인했다. 이것은 민중의 승리였다.

그리고 곧 더 큰 승리가 뒤따랐다. 왕이 다시 공격을 준비한다는 소문이 나돌았다. 10월 5일, 수많은 군중이 파리에서 행진해 베르사유(Versailles)궁전으로 진입했다. 무장 세력이 들이닥치자 왕은 베르사유궁전을 버리고 파리 중심부에 있는 튈르리(Tuileries)궁전으로 자리를 옮길 수밖에 없었다. 이후로 왕은 철저한 감시를 받았는데, 사실상 민중의 손아귀에 갇힌 포로나 다름없었다.

제헌의회

국민의회는 이제 프랑스 헌법 제정을 목표로 선언했다. 이후에는 제헌의회(Constituent Assembly)로 알려지게 되었다. 제헌의회는 새로운 과제, 즉 국왕의 권한을 엄격히 제한하고, 교회를 국가의 엄격한 통제하에 두고, 사법 행정에 급진적 변화를 꾀해 사실상 프랑스에 새로운 정치체제를 구축하는 데 열중했다.

그러다가 1791년 6월 갑작스럽게 의회가 중단되는 사태가 발생했다. 국왕이 파리에서 도망친 것이다. 왕은 스스로 포로가 된 것처럼 느꼈다. 새 헌법, 특히 종교와 관련된 내용을 싫어했다. 그는 군대의 보호 아래 헌법을 개정하기를 바랐다. 하지만 군대에 다다르기 전에 이미 체포되어 불명예스럽게 파리로 송환되었다. 그 이후로 왕은 자유의지를 가진 사람이 아니라는 것이 더욱 분명해졌다.

1791년 9월, 헌법이 완성되었고 왕은 제출된 헌법을 수락하고 이에 따라 통치하겠다고 약속했다. 국왕의 수락으로 혁명의 첫 번째 단계는 마무리되었고, 많은 사람이 혁명은 완전히 끝났다고 생각했다.

새로운 입법부

프랑스를 통치할 새로운 의회인 입법의회(Legislative Assembly)는 곧 명확하게 구분되는 세 개의 정파로 나뉘었다. (1) 1791년 헌법을 유지하고자 했던 입헌주의자들, (2) 주로 중산층과 지방민의 지지를 받으며 혁명을 더욱 추진하고자 한 근본적으로 공화주의자인 지롱드파(Girondists), (3) 도시, 특히 파리를 대표하고 빈곤층의 지지를 얻은 자코뱅파(Jacobins). 처음에는 자코뱅파가 지롱드파와 협력했지만, 나중에는 둘 사이에 큰 분열이 일어났다. 자코뱅파는 극단적인 혁명주의자들 중에서도 가장 폭력적이고 가장 단호하고 가장 유능했다.

외국과의 전쟁

이제 혁명 과정에 큰 변화가 나타났다. 1792년 4월 프랑스는 신성로마제국과 전쟁을 벌였고 프로이센도 곧 참전했다. 이듬해 초, 영국, 네덜란드, 스페인이 프랑스에 대항하는 연합군을 형성했다. 이때부터 1815년 워털루(Waterloo)전투까지 프랑스는 항상 유럽 강대국의 연합군과 싸웠다. 1812년까지 프랑스는 성공적으로 전쟁을 치렀다. 여기에서 전쟁의 원인을 자세하게 살펴볼 필요는 없다. 프랑스 정치인들에게 책임이 없는 것은 아니다. 하지만 전쟁의 근본적인 성격은 혁명의 질서와 옛 질서의 갈등이었다. 공화주의 이념이 군주제 및 봉건주의 이념과 충돌했다.

프랑스 왕정의 전복

해외 전쟁의 직접적인 결과는 프랑스 왕정의 전복이었다. 루이 16세는 프랑스의 적들과 동조하는 것으로 여겨졌고, 프랑스군의 초기 실패도 그의 탓으로 돌려졌다.

　1792년 8월 10일, 무장한 군중이 튈르리궁전을 습격했다. 국왕은 입법의회로 피신했다. 입법의회는 해산되었고, 보통선거에 의해 선출된 새로운 기구인 국민공회(National Convention)가 구성되어 프랑스의 미래 정부를 결정했다. 이때 국왕은 직무 정지 처분을 받았다. 자코뱅당의 지도자 당통(Danton), 로베스피에르(Robespierre), 마라(Marat)가 이 중대한 사건의 주동자들이었다. 파리의 흥분은 극에 달했다. 국왕을 위해 음모를 꾸미고 있다는 소문이 나돌았다.

　9월 초 국민공회 선거가 진행되는 동안 반혁명이라는 혐의로 투옥된 수많은 사람이 학살당했다. 이로써 혁명가들 중 극단주의자들이 파리에서 승리를 거두었다. 당통과 로베스피에르는 이 상황의 주도권을 잡았다.

발미전투의 승리

　한편, 오스트리아와 프로이센 군대는 파리로 진격하고 있었는데, 처음에는 아무도 이들을 막을 수 없을 것처럼 보였다. 군대는 프랑스 국경 너머까지 진격해 요새들을 하나씩 손에 넣었다. 하지만 1792년 9월 20일, 아르곤(Argonne)의 발미(Valmy)에서 프랑스 장군 뒤무리에(Dumouriez)가 막는 바람에 프로이센군의 진격이 저지되었다. 발미전투는 프랑스공화국을 멸망에서 구한 세계 최고의 결정 중 하나였다. 물론 아주 작은 규모의 전투였고, 실제 전투보다 뒤이은 외교와 동맹국들의 갈등이 승패를 좌우했다.

국왕의 처형

　어쨌든, 발미전투가 혁명을 구해냈다. 이제 혁명은 정치적 재건이라는 과업에 착수할 수 있었다. 1792년 9월 드디어 공화국이 선포되었다. 국왕은

루이 16세의 단두대 처형

국가에 대한 반역죄로 재판을 받았고, 1793년 1월 처형되었다.

공포정치의 특징

이후로 프랑스 내정의 발전과 유럽 동맹에 맞선 투쟁은 동등하게 중요한 일이 되었고, 이 둘은 밀접한 관련을 맺고 있었다. 프랑스 국경 내에는 흔히 공포정치로 알려진 체제가 확립되었다. 국경 안팎에서 프랑스 군대는 오스트리아, 프로이센, 영국, 네덜란드, 스페인의 군대와 끊임없이 전투를 벌였다. 공포정치는 외국과의 전쟁 때문에 발생했다. 만약 전쟁이 없었다면 적어도 공포정치는 없었을 것이다.

당시 정부를 장악하고 있던 자코뱅파는 프랑스에서 소수 세력이었다. 이들은 헌법적인 수단으로 통치할 수 없었다. 프랑스 국민의 표에 호소했다면 분명 권력의 자리에서 쫓겨났을 것이기 때문이다. 따라서 자코뱅파가 통치해야 한다면, 반대자들을 압도할 수 있는 무력을 행사해야 했다. 자코뱅파는 프랑스를 내외부의 적들로부터 구하고 있다는 구실로 자신들의 행위를 정당화했다. 프랑스는 외국과의 전쟁에 집중하느라 자코뱅파의 통치까지 저항할 만큼 여유가 있지는 않았다.

공포정치의 제도

공포정치의 주요 도구는 공안위원회(Committee of Public Safety)였다. 12명으로 구성된 이 기구는 처음에는 당통이, 그 후에는 로베스피에르가 주로 영향력을 행사했다. 공안위원회는 프랑스의 내정과 대외 정세를 완전히 장악했고, 여타 모든 정부 기관이 이 위원회에 종속되었다. 모든 정치범을 재판하기 위해 특별 재판소가 설치되었고, 혁명의 적과 자코뱅파의 적이라 여겨지는 사람들은 이 재판소에 끌려갔는데, 그 수가 점점 많아졌다.

자코뱅파의 지도자 로베스피에르

유죄 판결을 받으면 파리 중앙 광장의 단두대에 올랐다. 당통이 공안위원회를 떠나고 로베스피에르가 위원회의 수장이었던 시기에는 희생자 수가 최고치를 기록했다. 1794년에는 한 달 동안 무려 835명이 단두대에 처형되었다. 희생자 중에는 왕비 마리 앙투아네트도 있었고, 혁명의 승리에 주도적인 역할을 했다가 지금은 온건파로 낙인찍힌 사람들도 많았다. 자코뱅파는 공안위원회를 통해 지롱드파를 완전히 분쇄해버렸다.

자코뱅파의 프랑스 재편

공포정치 기간 내내 자코뱅파는 프랑스를 재편하는 데 몰두했다. 그들은 새로운 헌법을 제정했지만 실제로 시행한 적은 없다. 자코뱅 도량형과 측량 단위를 사용하는 새로운 십진법도 도입했다. 새로운 달력도 채택했다. 주와 월의 배열과 명칭이 변경되었고, 1792년 9월(공화국 선포)부터 새로운 공화정 시대가 기독교 시대를 대체하게 되었다.

파리에서 기독교는 '폐지'되었고, 새로운 종교가 채택되었다. 처음에는 '이성(理性)'을 숭배했고, 이후에는 '최고의 존재(The Supreme Being)'를 찬양했다. 후자는 로베스피에르가 도입했는데, 루소의 사상을 면밀하게 반영하고 있다. 퇴보적이고 억압적인 분위기 속에서도 자코뱅의 저작 중에는 프랑스적 삶과 사상에 영구적으로 영향을 미친 작품들이 많았다.

프랑스의 전쟁 승리

한편, 전쟁은 더욱 격화되었다. 유럽 동맹과 맞서 싸우는 것은 물론 프랑스 내에서도 치열한 내전이 벌어지고 있었다. 이런 와중에 프랑스가 살아남았다는 것은 기적처럼 보였다. 프랑스는 자코뱅파의 정력 덕분에 살아남았다. 당통의 열정으로 대규모 군대가 결집되었고 카르노(Carnot)의 지혜로 군대가 지휘를 받았다. 군대는 혁명에 대한 열정에 고무되었고, 지휘관들은 기존의 전쟁 규칙을 무시하며 병사들을 이끌었고, 야만적인 힘이 때때로 적의 체계적인 절차를 무력화시켰다.

그런데 유럽 동맹군의 패배 원인이 단순히 공안위원회의 열정과 병사들의 용맹함만은 아니었다. 동맹군은 내부의 분쟁과 목표의 차이로 분열되었다. 영국, 프로이센, 오스트리아는 각자의 이해관계가 있었기 때문에 공동의 작전 계획을 세우지는 못했다.

폴란드의 분할

무엇보다도 중요한 점은, 1792년 이후 프로이센과 오스트리아의 관심이 프랑스보다는 폴란드로 쏠렸다는 사실이다. 한때 강대국이었고 여전히 인구가 많은 폴란드는 산산이 조각나고 있었다. 사회 질서가 무너지고, 헌법은 온전한 통치를 불가능하게 만들자 이웃 나라들이 폴란드를 넘보기 시작했다. 1772년 러시아, 프로이센, 오스트리아는 이 불행한 나라의 영토 일부를 각각 차지해버렸다. 1793년에 또 한 번 영토 분할을 해야 할 때 세 강대국 사이에는 서로에 대한 의심과 질투가 더 강해졌다.

결과적으로 오스트리아와 프로이센은 프랑스 전쟁에 아무런 힘도 쏟지 않았는데, 덕분에 프랑스공화국은 파멸에서 구원받았다. 1793년 말, 프랑스군은 모든 지역에서 승리를 거두었다. 곧 프랑스군은 벨기에와 네덜란드를 함락했고, 라인강 너머로 독일을 침공하기 시작했다.

로베스피에르의 몰락

군사적 위험이 사라지자, 공포정치의 수단에 대한 모든 정당성도 사라졌다. 하지만 1794년 공포정치는 어느 때보다 끔찍했고 단두대의 희생자는 더 많아졌다. 자코뱅파는 자신들끼리 심하게 다투기 시작했다. 바로 이 싸움이 공포정치를 종식시켰다. 자코뱅파 중 가장 위대했던 당통은 더 이상 당의 수장 자리에 서지 못했다. 그는 언제든 목적을 위해 폭력을 사용할 의향이 있었지만, 이미 그 목적은 달성되었고 프랑스는 구원되었다. 이제 그는 더욱 자비로운 방법을 채택할 것을 간청했다.

로베스피에르는 극단적인 공포정치파의 수장이었다. 그는 당통을 단두대로 보내고 모든 경쟁자를 물리치는 데 성공했다. 로베스피에르는 사실상 프랑스의 독재자가 되었지만, 그의 권력은 기반도 없고 유지할 능력도 없었다. 그는 무자비한 힘으로 반대자들을 므너뜨렸다. 살아남은 사람들은 힘을 합쳐 그에게 맞섰다. 1794년 7월 테르미도르(Thermidor) 봉기로 로베스피에르는 전복되었고 그도 결국 단두대어 오르게 되었다.

공포정치의 종식

로베스피에르의 몰락 이후 공포정치도 곧 막을 내렸다. 공안위원회는 통치를 중단했다. 국민공회는 헌법상의 권한 중 일부를 회복했다. 새로운 헌법(공화력 3년 헌법)은 1795년에 제정되었다. 이후 프랑스는 상원과 하원으로 구성된 입법부가 통치했고, 정부의 수반에는 5인으로 구성된 총재, 즉 행정위원회가 설치되었다. 새로운 헌법은 많은 정당의 불만을 샀고, 이에 맞서 봉기가 일어났다(1795년 10월). 한때 위험하기까지 한 이 봉기는 나폴레옹 보나파르트의 조치로 진압되었다. 이날부터 혁명 초기의 이상은 군사독재 정권이라는 그늘에 가려졌고 마침내 파괴되었다.

군사 권력의 부상

프랑스혁명은 세계 평화와 인류애를 향한 열망으로 시작되었다. 그러나 3년의 시간이 흐르자 앞서 살펴본 대로 대규모의 유럽 전쟁으로 치닫게 되었고, 10년 후에는 어느 위대한 군인의 통치 권력이 확립되었다. 나폴레옹 보나파르트(Napoleon Bonaparte)가 프랑스의 확실한 주인이 된 1799년보다 훨씬 전에, 프랑스에서는 입법자들에서 군인들에게로 권력과 영향력이 넘어갔다. 많은 사람이 군사 통치가 임박했다고 생각했다.

역사 속 큰 혁명은 군사 통치 체제로 이어졌다. 로마 혁명은 율리우스 카이사르의 제국 수립으로 이어졌고, 영국 혁명은 크롬웰의 군사 독재 체제로 이어졌다. 폭력과 무법의 시대에는 질서의 필요성이 더욱 절실해졌고, 무정부 상태를 진압해준다면 사람들은 자유의 파괴도 묵인할 수 있었다. 프랑스혁명 후반에 파리 정치인들의 신뢰는 점점 떨어졌지만, 프랑스군을 이끌고 전례 없는 성공을 거둔 군인들에게는 열광하기 시작했다.

나폴레옹의 등장

나폴레옹 보나파르트는 코르시카(Corscia) 출신이었지만, 1768년 코르시카가 프랑스에 합병되면서 프랑스 왕국의 신민으로 태어나게 되었다. 그는 부모의 뜻에 따라 군인이 될 운명이었고, 프랑스 사관학교에서 정규 교육을 받았다. 처음에는 혁명의 사상에 매우 곧감했다. 1793년 12월 툴롱(Toulon) 포위 공격에 적극 참여했다. 이때 툴롱을 점령했던 영국군과 연합군이 툴롱에서 쫓겨났다. 그에게 중요한 명예를 안겨준 첫 번째 기회가 찾아왔다. 1795년 10월 국민공회와 새 헌법에 반대하는 파리 시민들의 봉기를 그가 정력적으로 진압했을 때였다. 그는 공로를 인정받아 곧 주요 군사 지휘관으로 임명되었다.

나폴레옹의 이탈리아 원정

새로운 총재 정부는 강력한 유럽 동맹 세력과 전쟁을 벌이고 있었다. 하지만 프로이센은 이미 물러난 바람에 프랑스의 주요 적대 세력은 오스트리아와 영국이 되었다. 오스트리아는 이탈리아에 막대한 영토를 보유하고 있었는데, 프랑스의 총재 정부는 그 영토에서 오스트리아를 타격하기로 결심했다.

나폴레옹은 '이탈리아 원정군(Army of Italy)'의 사령관으로 임명되어 1796년 첫 번째 중요한 원정에 나섰다. 당시 오스트리아의 세력은 이탈리아에 깊이 뿌리내리지 못했다. 이탈리아 국민들은 대체로 혁명의 이념을 기꺼이 받아들였다. 오스트리아든 토착 영주든 통치자들은 누구나 억압적인 존재로 여겼고, 프랑스를 구원자로 생각했다. 오스트리아의 전쟁 관리 방식도 구식이었으며, 장군들은 본토

이탈리아 원정군을 이끈 나폴레옹

당국의 끊임없는 간섭으로 어려움을 겪었다. 덕분에 나폴레옹은 승리에 승리를 거듭했다. 그는 이탈리아의 도시 만토바(Mantua)를 포위하고 점령했지

만, 온갖 노력에도 불구하고 그 도시를 구원하는 데 실패했다.

그 후 빈으로 진군해 오스트리아 영토를 침공하고 황제에게 캄포포르미오 평화조약(Peace of Campo Formio)을 받아들이도록 압력을 가했다. 이 조약의 결과 중 하나는 유럽 국가 중 가장 오래된 베네치아 공화국이 무너지고 그 영토가 오스트리아로 넘어갔다는 것이다. 프랑스는 이미 벨기에를 점령하고 라인강까지 국경을 확장했다.

평화 시기 프랑스가 얻은 것

하지만 캄포포르미오 평화조약은 오래가지 못했다. 프랑스의 통치자들은 유럽 열강에 대한 자신들의 우월성을 확신했고, 평화 시기에 전쟁으로 얻는 것보다 외교를 통해 얻는 것이 더 많았다. 이탈리아와 스위스 전체는 명목상은 아니지만 실제로는 프랑스의 지배하에 들어갔다. 프랑스 통치자들의 계획은 국민의 불만을 대변해 개입하고, 정부의 형태를 바꾸고, 새 정부를 프랑스공화국의 보호 아래 두는 것이었다.

그리하여 스위스는 헌법을 개정하게 되었고, 헬베티아 공화국(Helvetic Republic)이 대신 수립되었다. 이탈리아 북부에서는 롬바르디아 평원과 이 북에 시스알피나 공화국(Cis-Alpine Republic)이 수립되었고, 조금 더 서쪽으로는 제노바가 리구리아 공화국(Ligurian Republic)의 중심지가 되었다. 나폴리에서는 군주제가 전복되고 파르테노페아 공화국(Parthenopean Republic)이 그 자리를 대신했다.

게다가 나폴레옹은 이탈리아 원정을 마치고 오스만의 속국인 이집트를 상대로 이상한 원정을 떠났는데, 프랑스는 이에 대해 아무런 불만도 가지지 않았다. 나폴레옹은 이집트로 향하는 길에 몰타섬을 점령하고 이집트군을 손쉽게 무너뜨렸다. 그러나 나폴레옹의 함대는 나일강전투에서 넬슨 제독에게 격파되었다. 나폴레옹과 그의 군대는 매우 위태로운 상황에 빠졌다.

프랑스에 맞선 연합 세력

이러한 변화는 유럽의 세력 균형을 완전히 뒤흔들어놓았다. 프랑스는 유럽 대륙 전체의 여왕이 되어가는 듯했다. 이 새로운 세력에 맞서기 위해 두 번째로 대규모 유럽 동맹이 결성되었다. 프로이센은 완강히 중립을 지켰지만, 영국, 오스트리아, 러시아, 오스만, 나폴리, 포르투갈은 연합해 프랑스를 공격했고, 나폴레옹이 이집트에 없었기에 승리는 희망적이었다. 새로운 연합 세력에서 가장 열정이 넘치는 인물은 러시아의 차르 파벨(Paul)이었다.

처음에 연합 세력은 모든 일이 순조로웠다. 제노바를 제외한 이탈리아 전역에서 프랑스가 쫓겨났고, 라인강 너머 독일에서도 쫓겨났다. 하지만 프랑스에 맞서는 연합 세력은 거의 파탄에 이르게 한 갈등이 시작되었다. 가장 큰 잘못은 오스트리아에 있었다. 러시아는 오스트리아의 이기심과 심지어 반역으로 보이는 행위에 크게 분노해 연합에서 탈퇴했다.

나폴레옹 제1통령

한편, 프랑스 정부에는 큰 변화가 닥쳤다. 총재 정부는 의회와 내각 간의 갈등, 총재들의 부패, 제2차 대프랑스 동맹에 맞선 프랑스군의 패배로 완전히 신뢰를 잃었다. 나폴레옹은 영국 함대 때문에 이집트에 갇힌 듯했지만, 몇몇 장교들과 함께 군대를 남겨두고 탈출했다. 그의 군사적 승리와 민중 호소의 기술은 크게 환영을 받았다. 나폴레옹에게 군대는 없었지만 총재 정부와 비교할 수 없는 영향력을 가지고 있었다. 전국의 군인들은 그를 지지할 준비가 되어 있었다.

1799년 11월 나폴레옹은 총재 정부를 전복하고 새로운 헌법을 제정했다. 이는 브뤼메르 혁명(Revolution of Brumaire. 이 사건이 일어난 달의 이름을 따서 명명함)으로 알려져 있다. 민간인에 대한 군대의 승리였으며, 정부는 훨씬 더 중앙 집권적이고 전제적으로 변모했다. 프랑스에는 세 명의 통령이 있었지만, 나폴레옹이 제1통령이 되었고, 사실상 모든 권력이 그의 손에 있었다. 다른 통령들은 그의 대리인에 불과했다. 입법을 지원하는 여러 의회가 있었지만, 이들은 제1통령에게 완전히 종속되었다. 이때부터 나폴레옹의 권력은 점차 강화되어 마침내 프랑스의 황제가 되었다.

제1통령이 유럽의 평화를 강요하다

새로운 제1통령은 비할 데 없는 열정으로 전쟁에 돌입했다. 첫 번째 이탈리아 원정에서 보여준 것보다 훨씬 더 놀라운 군사적 천재성을 보여주었다. 오스트리아에 대한 이중 공격이 진행되었다. 나폴레옹은 알프스를 넘어 이탈리아로 진격했고, 모로(Moreau) 장군은 다뉴브강을 따라 빈으로 군대를 이끌고 갔다. 두 군대 모두 완벽한 승리를 거두었다.

1801년 2월, 오스트리아는 다시 뤼네빌(Luneville) 평화조약을 받아들여야 했다. 이 조약으로 프랑스가 세운 공화국들이 인정되었고, 캄포포르미오 평화조약의 조항들이 거의 그대로 적용되었다. 이듬해인 1802년 영국은 아미앵(Amiens) 평화조약을 받아들였고, 유럽은 잠시나마 평화를 누렸다.

나폴레옹의 국내 개혁

평화의 시기는 짧았지만, 나폴레옹 통치의 결과로 프랑스에 닥친 엄청난 사회 변화를 살펴보기에는 적절한 시기가 될 것이다. 먼저 한 세기 남짓 지속되던 종교 문제가 해결되었다. 프랑스혁명은 종교적 관용을 핵심 원칙 중 하나로 선언했지만, 공포정치 이후 로마가톨릭교회는 사실상 잔혹한 탄압을 받아왔다. 그럼에도 프랑스 국민 대다수는 여전히 가톨릭 신자였다.

나폴레옹은 처음부터 교회를 자기편으로 확보하는 것이 중요하다고 생각했고, 1802년 교황과 그 유명한 정교 협약(Concorda)을 체결했다. 이 협약으로 프랑스의 모든 종교가 관용의 대상이 되었지만, 특히 가톨릭은 다시 프랑스의 공식 국교가 되었고 국가 재정도 지원받게 되었다. 그런데 정부(곧, 나폴레옹)가 교회의 모든 임명을 결정해 자신의 권위를 직접적으로 뒷받침할 수 있었다. 교황에게는 '교회법에 따른 서임식'이라는 공허한 의식만 남았을 뿐이다.

나폴레옹 황제의 탄생

2년 후, 교황은 나폴레옹에게 큰 공헌을 베풀었다. 교황은 파리에 와서 노트르담 대성당에서 나폴레옹 황제 대관식을 진행했다. 코르시카 출신 변호사의 아들이 황제로 즉위한다는 것은 이상한 일이었다. 하지만 나폴레옹은 유럽에서 어떤 왕관을 쓴 수장보다 강한 권력을 휘두르고 있었다. 개인적인 야망을 떠나 공화국이라는 허울을 버리고 유럽 역사상 가장 자랑스러운 칭호를 내세우는 것이 자신의 정책을 빠르게 처리하는 데 도움이 될 것이라 생각했다. 이후로 그는 '황제'가 되었고, 얼마 지나지 않아 유럽에서 가장 위엄 있는 군주 가문인 오스트리아 가문과 혼인을 맺었다.

나폴레옹법전의 편찬

나폴레옹은 이 시기에 프랑스 사회 구조를 바꾸느라 분주했다. 그의 재임 기간에 저명한 법조인들은 나폴레옹법전(1804)을 만들었다. 이 법전은 이후 프랑스 법률 체

프랑스의 황제 나폴레옹 1세

계의 기반이 되었다. 새로운 교육 시스템도 구축되었고, 혁명으로 사라졌던 명예 칭호와 세습 작위도 다시 제정되었다. 나폴레옹은 1802년에 '레지옹 도뇌르(Legion of Honour)'라는 훈장도 만들었다. 프랑스를 뒤흔든 변화 속에서도 이 훈장만큼은 명예로운 지위를 유지했다.

대영제국과의 전쟁

캄포포르미오 평화조약과 아미앵 평화조약으로 만들어진 평화는 머지않아 깨지고 말았다. 먼저 프랑스는 영국과 단절되었다. 양국은 서로를 의심했다. 영국은 아미앵 평화조약으로 몰타를 양도하겠다고 약속했지만, 여전히 양도하지 않았다. 나폴레옹의 권력이 급속도로 성장하고 있었기 때문이다. 여러 보호 공화국은 점점 더 프랑스의 지배하에 놓이게 되었다. 몰타 문제는 차치하더라도, 프랑스에 대한 유럽의 질투심이 평화를 지속하는 것을 허락하지 않았을 것이다.

제3차 대프랑스 동맹

먼저, 영국과 프랑스 사이에 전쟁이 발발했다(1803). 이듬해 오스트리아와 러시아가 나폴레옹에 대항하는 전쟁에 가담했다. 프랑스는 12년 동안 유럽과 전쟁을 벌였지만, 과거 전쟁은 나중에 유럽에서 벌어진 전쟁(세계대전)에 비하면 규모가 작았다. 그렇다면 전쟁의 전반적 양상과 결과는 어떠했을까?

간단히 말해, 나폴레옹은 유럽의 기존 정부들만 상대할 때는 성공했지만, 정부들 뒤에서 국민의 저항이 일어났을 때는 실패했다. 유럽이 대화재로 불타고 있을 때, 나폴레옹이라는 악마적 존재가 처음에는 화재의 주범으로, 나중에는 희생자로 여겨지면서 유럽의 사회적 상황이 근본적으로 변화했다. 자유와 평등이라는 혁명의 원칙은 다른 나라들이 혁명의 후계자인 나폴레옹과 맞서 싸우기 위해 어쩔 수 없이 채택되었다.

독일에 미친 전쟁의 결과

이탈리아는 이 시기의 투쟁 속에서 새로운 민족주의를 찾아냈다. 하지만 독일만큼 큰 영향을 받은 나라도 없었다. 낡고 거추장스러운 제국의 구조는 파괴되었고, 이 구조는 북부의 프로이센과 남동부의 오스트리아와 함께 무너졌다. 나폴레옹은 독일 서부와 남서부의 소국들로 구성된 라인동맹(the Confederation of the Rhine)이라는 새로운 정부를 창설했다. 이 정부는 영구적이지는 않았지만, 나폴레옹의 정책은 프로이센의 주재하에 제국 재건의 길을 열었다.

독일의 정치체제만 폐지된 것이 아니라 사회적 조건도 크게 변화했다. 프랑스 법률의 원칙이 독일 서부에 도입되었고, 프로이센에서는 농노제가 폐지되었다. 슈타인의 현명한 정치력에 따라 온 국민이 나폴레옹에게 저항했다. 유럽은 혁명에 맞서 싸우면서도 곳곳에서는 혁명의 원칙 일부를 채택하기도 했는데, 특히 독일이 그렇게 했다.

제3차 대프랑스 동맹과의 전쟁

우리는 이 거인들의 전투에서 주요 단계만 살펴볼 것이다. 나폴레옹이 맞서 싸우고 있던 '제3차 대프랑스 동맹'은 압도적으로 강력해 보였다. 영국 해군과 러시아 군대, 오스트리아 군대도 마찬가지였다. 프랑스의 해군은 1805년 트라팔가르(Trafalgar)해전에서 전멸되었고, 이후 나폴레옹은 영국의 해군력에 위험천만한 도전은 하지 않았다.

하지만 나폴레옹이 독일에서 직접 승리를 거두자, 트라팔가해전에서 남았던 인상은 빠르게 잊혔다. 대규모 오스트리아 군대가 울름에서 항

트라팔가르해전

복했고, 나폴레옹은 빈에 입성했다. 이어서 1805년 2월 아우스테를리츠 (Austerlitz)에서 오스트리아와 러시아의 황제들이 지켜보는 가운데 오스트리아와 러시아 군대를 압도적으로 격파했다. 오스트리아는 나폴레옹이 독일에 도입한 많은 변화를 인정하는 프레스부르크 평화조약(Peace of Pressburg)을 받아들일 수밖에 없었다.

프로이센이 나폴레옹과 전쟁을 벌이다

하지만 12년 동안 사방의 권유에도 불구하고 중립을 지켜온 프로이센은 이제 독일에서 나폴레옹의 세력이 커져가는 것이 두려워 나폴레옹과의 전쟁을 벌일 수밖에 없었다. 프로이센은 독일의 지도력을 끊임없이 원했지만, 이제 그 지도력은 프랑스에게 넘어갈 듯이 보였다. 나폴레옹은 스스로를 '새로운 카롤루스대제'로 여겼다. 프로이센의 소망이나 이해관계는 전혀 고려하지 않은 채, 뷔르템베르크(Württemberg) 왕국과 바덴(Baden) 왕국을 건설하고 라인동맹을 결성했다.

프로이센이 아우스테를리츠전투 이전에 동맹에 가담했다면 결과는 결정적이었을 것이다. 그러나 프로이센 의회에서는 어떤 활력과 통찰력도 볼 수 없었다. 이제 효과를 발휘하기에는 너무 늦었지만, 프로이센은 나폴레옹의 승전군에 맞서 러시아와 손을 잡았다. 1806년 10월, 예나(Jena)에서 나폴레옹은 프로이센군을 격파하고 곧 베를린에 입성해 프로이센의 군주가 되었다. 러시아군과 프로이센군의 잔당은 계속 싸웠지만, 프리트란트(Friedland)에서 패배했다(1807).

프로이센의 굴욕

40년 전만 해도 무적처럼 보였던 프로이센은 이제 믿을 수 없을 정도로 몰락했다. 엘베강 서쪽의 모든 영토를 할양했고, 프로이센의 폴란드 영토도 넘겨주었다. 베스트팔렌 왕국과 작센 왕국이 경쟁자이자 감시자로 세워지는 것을 옆에서 지켜보았다. 프로이센 국왕과 왕비는 새로운 프랑스 황제에게 굴복해야 했다. 틸지트(Tilsit) 평화조약은 나폴레옹의 권력이 절정에 달했다는 것을 상징한다. 물론 그 이후에는 명목상의 영토 확장만 있었을 뿐이지만 말이다.

나폴레옹에게는 아무런 제약도 없는 듯했다. 군인이자 정치가로서 그의 업적은 인간이 이룰 수 있는 것 이상으로 보였다. 나폴레옹은 8년 더 유럽 통치자의 자리를 지켰지만, 손쉽게 승리하는 시대는 끝이 났다. 이제 필사적인 싸움 끝에 승리를 얻었고, 그다음에는 필사적으로 싸워도 진정한 승리를 얻기 어려웠다. 그 후에는 모스크바, 라이프치히, 워털루에서 끔찍한 참패가 이어졌다.

나폴레옹과 영국

틸지트 평화조약 이후 나폴레옹의 관심은 영국으로 쏠렸다. 그는 모든 유럽 국가가 영국과 무역하지 못하도록 차단해 재정적으로 파탄 낼 생각이었다. 이를 위해 프랑스 군대는 리스본(Lisbon)에서 모스크바까지, 빈에서 워털루까지 진군했다.

스페인 전쟁

나폴레옹의 권력에 맞선 첫 번째 성공적인 움직임은 전혀 예상치 못한 곳에서 시작되었다. 유럽에서 스페인 정부만큼 경멸스러운 정부도 없었다. 스페인은 제1차 대프랑스 동맹에서 물러난 이후 프랑스를 순순히 따랐다. 이제 나폴레옹은 기묘한 계략으로 스페인 왕가를 무너뜨리고 자신의 형제를 스페인 왕위에 앉혔다(1808). 그러자 스페인 국민은 무례한 침략자에 맞서 자발적으로 일어났다. 유럽은 스페인 국민의 용감함에 놀랐고, 이들의 성공에 더 놀랐다. 1808년 프랑스의 뒤퐁(Dupont) 장군이 바일렌(Baylen)에서 전군을 이끌고 스페인에 항복했기 때문이다.

이는 나폴레옹 집권 이후 프랑스군에 맞서 거둔 첫 번째 대승이었다. 스페인의 저항은 결코 막을 수 없었다. 곧 웰링턴 공작이 이끄는 영국군이 스페인을 지원했다. 나폴레옹이 스페인에 모든 관심을 쏟았다면 스페인군을 격파할 수도 있었다. 하지만 그는 다른 곳의 일로 너무 바빴다. 결국 스페인 문제로 그의 권력은 힘이 빠지고 말았다.

제4차 대프랑스 동맹

나폴레옹은 오스트리아에 맞서는 데 힘을 쏟았다. 스페인에서 전해진 소식에 고무된 오스트리아가 프랑스에 다시 선전포고를 했기 때문이다. 이 전쟁의 새로운 특징은 오스트리아 황제가 국민에게 호소했고, 티롤 사람들이 스페인 사람들처럼 싸웠다는 것이다. 하지만 나폴레옹의 희망은 아직 가라앉지 않았다. 그는 다시 빈에 입성했고, 오스트리아는 힘써 싸웠지만 다시 패배했다. 그리고 오스트리아 황제는 나폴레옹의 지시에 따라 빈 평화조약을 받아들여야 했다. 이제 나폴레옹 제국은 최대 영토에 도달했다.

러시아 원정

하지만 나폴레옹의 권력은 무력이라는 불안정한 토대 위에 세워져 있었다. 그는 반군 세력을 달래기보다 오히려 위압감을 주려고 했다. 한편, 스페인 전쟁은 계속되었다. 이제 나폴레옹의 생애에 큰 재앙이 찾아왔다. 역사에서 이보다 더 큰 비극은 없었을 것이다. 틸지트 평화조약 이후 나폴레옹은 러시아와의 동맹을 확보하려 노력했고, 한동안은 성공하는 것 같았다. 하지만 1812년 질투와 경쟁심 탓에 프랑스 황제와 러시아 차르 사이에 전쟁이 발발하고 말았다.

나폴레옹은 빈에서 결정했던 것처럼 모스크바에서도 자신의 조건을 관철하기로 결심했다. 그는 약 60만 명의 병력을 이끌고 국경을 넘어 큰 전투에서 승리해 모스크바를 점령했다. 하지만 러시아의 차르는 협상할 기미를 보이지 않았다. 곧 겨울이 닥쳐오고 있었기 때문이다. 나폴레옹은 후퇴할 수

러시아에서 철수하는 나폴레옹

밖에 없었다. 러시아 원정에 참패한 것이다. 독일로 돌아가는 길에 그는 더욱 끔찍한 고통을 겪었다. 60만 명의 병력 중 독일로 다시 돌아왔을 때 남은 병력이 얼마 되지 않았다. 죽거나 포로로 끌려가는 바람에 40만 명에 달하는 병사를 잃고 말았다.

민족 해방 전쟁

이제 유럽 전역에서 들고일어났다. 오스트리아, 프로이센, 러시아는 이제 확실히 흔들리고 있는 프랑스에 공격을 가했고, 영국은 스페인에 군대를 파견하고 독일 중부에 자금을 지원했다. 1813년 10월, 나폴레옹은 라이프치히전투에서 패배했다. 그는 남은 병력과 함께 프랑스로 도망쳤다. 동맹군이 나폴레옹을 추격했고, 치열한 전투 끝에 그는 강제 퇴위되어 엘바섬으로 유배되었다. 혁명으로 단두대에서 처형된 루이 16세의 동생 루이 18세가 프랑스 국왕으로 추대되었다. 25년간의 격변으로 흔들리던 유럽의 정치 상황을 해결하기 위해 모든 유럽의 강대국이 빈에 모여 회의를 열었다.

워털루전투

하지만 나폴레옹의 엘바섬 유배가 끝은 아니었다. 프랑스는 나폴레옹 정권의 영광을 아쉬워했고, 새 정부의 여러 행태에 불만을 느꼈다. 한편, 열강들은 빈에서 치열하게 다투고 있었다. 이러한 상황에서 엘바섬에서 나온 나폴레옹은 프랑스의 열렬한 환영을 받았고, 다시 한번 유럽 동맹과 맞서게 되었다. 성공 가능성이 전혀 없지는 않았다. 그러나 1815년 6월 18일 나폴레옹은 워털루전투에서 영국과 프로이센 군대에 패배했다. 그는 두 번째 퇴위를 당하고 세인트헬레나섬으로 유배되었으며, 여기서 1821년에 세상을 떠났다.

빈 회의

워털루전투가 끝난 후, 유럽 각국 대표들은 다시 빈에 모여 유럽 국가들의 국경과 기타 정치적 문제를 결정했다. 이들의 결정을 좌우하는 일반적인 원칙은 없었다. 운명을 결정하는 데 국민의 목소리는 듣지 않았는데, 그것이 다음 세대에 심각한 문제를 초래했다.

프랑스는 1792년 국경을 회복했고, 루이 18세가 다시 왕위에 올랐다. 프로이센은 폴란드의 일부를 포기하고 대신 라인강 유역의 소중한 영토를 획득했다. 오스트리아는 벨기에를 포기했지만 이탈리아와 독일 동부 지역을 획득함으로써 보상받았다. 이렇게 프로이센은 철저한 독일의 강국이 되었고, 오스트리아는 기존 영토에 더 많은 외부 요소를 추가했다. 이것이 50년 후 프로이센이 독일의 수장이 되고 오스트리아를 그 자리에서 밀어낸 중요한 이유가 되었다.

한편, 벨기에는 네덜란드에 합병되었으며, 오랑주(Orange) 가문의 수장이 네덜란드 왕국을 통치했다. 노르웨이는 스웨덴 왕국에 합병되었다. 폴란드와 그리스의 요구는 무시되었다. 이탈리아는 여전히 분열되어 있었다. 스페인은 옛 왕가로 복귀했지만, 이전의 나쁜 방식으로 통치되었다.

새로운 힘

  큰 전쟁이 종식되면서 유럽 역사에서 가장 현대적인 시대가 시작되었다. 이 시대에 관해 서술하는 것은 이전 시대를 서술하는 것보다 훨씬 어렵다. 우리가 이 시대와 가까이 있어 진정으로 중요한 사건들을 구분하기 힘들기 때문이다. 정치와 전쟁을 살펴보기 전에, 이전 시대에는 거의 알려지지 않았던 힘이 유럽 사회에 등장하고 있었다는 점을 기억하는 것이 좋겠다.

  증기기관이 발명되고 곧 기관차가 등장했다. 증기기관의 영향으로 영국, 나아가 유럽 전체에 새로운 산업 및 노동 체계가 탄생했다. 그리고 이는 새로운 문제들을 야기했다. 정치인들은 이러한 문제들을 해결하는 데 더 많은 힘을 기울였지만, 문제의 해결은 요원했다.

  19세기에 유럽은 비유럽 국가들과 더욱 긴밀한 관계를 맺게 되었다. 18세기는 '유럽의 확장' 시기였다. 유럽 열강, 특히 영국은 당시 세계 곳곳에서 영토를 확보했다. 미국의 부상은 이미 '바다 너머 유럽'의 엄청난 중요성을 보여주었다. 19세기에는 유럽에 대한 다른 세계의 반응이 훨씬 더 크고 지속적이었다. 해외의 지배에 대한 경쟁은 유럽 국가들 간의 빈번한 싸움의 원인이었다.

  이제 유럽이 지구상의 다른 모든 지역에 대한 영원한 지배권을 행사할 운명이 아니라는 사실은 분명해졌다. 전쟁, 정치, 종교, 사상 분야에서 일본, 중국, 인도, 아프리카의 영향력은 점점 더 커져갔다. 유럽의 역사는 문명사의 전체가 아니라 일부일 뿐이다.

메테르니히 공작의 영향력

  1815년 이후 유럽의 지배적인 정서는 프랑스혁명의 원칙에 대한 불신과 그 원칙이 새로운 혼란 속에서 표출되는 것을 막으려는 열망이었다. 오스트리아가 주로 영향력을 행사했고, 오스트리아에서는 메테르니히 공작(Prince

Metternich)이 막강한 권력자였다. 이 영민한 외교관은 나폴레옹 전복에 크게 기여했으며, 이제 헌법적 자유 부여에 반대하는 모든 곳에 영향력을 행사했다.

1815년에는 독일의 모든 국가에 자유로운 헌법이 부여될 것이라는 희망이 있었지만, 이러한 희망은 대부분 좌절되었다. 프로이센은 절대군주제로 남아 있었고, 독일 전역은 일반적으로 억압적인 분위기였다. 언론의 자유도 억압했다. 프랑스에서도 동일한 경향이 관찰되었다. 입헌 정부는 완전히 파괴되지는 않았지만, 가능한 모든 방법

오스트리아의 메테르니히 공작

으로 제한되었다. 메테르니히의 영향력으로 러시아, 프로이센, 오스트리아가 주요 회원국으로 참여한 이른바 신성동맹(Holy Alliance)이 형성되어 유럽 각지에서 혁명 운동에 저항했다. 스페인과 나폴리에서 유망했던 입헌 운동은 실제로 이러한 방식으로 진압되었다.

절대주의에 맞선 첫 번째 봉기

그러나 민족의 의미, 자유에 대한 갈망은 메테르니히와 신성동맹이 장기적으로 진압하기에 너무나 강력한 힘을 형성했다. 유럽의 주요 국가들에서는 억압하는 힘이 너무 강했고 나폴레옹 시대의 기억이 생생해 봉기를 허용할 수 없었다. 하지만 남미의 스페인 식민지와 그리스에서 자유를 옹호하는 세력이 등장했다. 그리스는 오스만 술탄의 영토로 편입되었고, 약 400년 동안 이방인의 압제에 굴복했다. 하지만 자신들의 언어, 민족의식, 자유에 대한 갈망을 소중하게 여겼다.

1821년에 봉기가 일어났다. 메테르니히와 그의 정책에 동의한 유럽 열강

들은 기존 유럽 질서에 대한 공격을 진압할 준비를 했다. 스페인 식민지와 그리스에서 자유의 대의가 승리할 수 있었던 것은 주로 캐닝(Canning)의 지휘하에 영국이 간섭한 덕분이었다.

프랑스에서 일어난 새로운 혁명

1830년에 서유럽의 기존 질서는 무자비하게 흔들렸다. 프랑스에서 큰 변화가 일어났다. 루이 18세의 뒤를 이어 그의 동생 샤를 10세가 왕위에 올랐고, 모든 자유 사상에 대한 반동적인 분위기가 그의 정책에 활력을 불어넣었다. 프랑스는 큰 전쟁 이후의 피로와 불황에서 회복하고 있었다. 혁명의 사상이 다시 부상했고, 샤를 10세의 탄압 노력이 혁명의 불씨를 지폈다. 파리는 왕의 정책에 반발했다. 왕은 지지를 거의 받지 못하자 영국으로 도망쳤다. 하지만 혁명 지도자들은 공화국을 세울 준비가 되어 있지 않았다.

루이 필리프의 즉위

왕정은 부르봉 왕가(샤를 10세가 속했음)에서 오를레앙 왕가로 이양되었고, 루이 필리프가 왕으로 즉위했다. 새 왕정은 이전 왕정보다 훨씬 자유주의적이었다. 이런 변화는 폭력적인 것은 아니었지만, 1815년에 수립된 체제에 큰 변화를 가져왔다. 그리고 프랑스에서 일어난 운동은 다른 지역의 운동을 부추겼다.

벨기에에서 일어난 혁명

프랑스에서 일어난 운동은 영국에서 개혁 법안이 통과되는 데 큰 영향을 미쳤다. 벨기에에서도 즉각적으로 운동을 일으켰다. 벨기에 국민은 네덜란드가 자신들을 피지배 민족으로 여기고 국가 재정의 부당한 부담을 떠넘긴다고 불평했다. 벨기에 국민은 봉기해 네덜란드 군대를 몰아내고 독립을 성취했다. 유럽은 공화국을 두려워했고, 그래서 벨기에도 프랑스와 마찬가지로 입헌군주제를 수립했다. 이로써 1815년의 합의는 두 번째 큰 타격을 입었다.

유럽의 새로운 사상

이러한 일들은 곧 다가올 사건들에 비하면 사소한 것이었다. 유럽 전역에서 프랑스혁명 이전만큼이나 명확하고 건설적인 정치·사회적 전망이 싹트고 있었다. 혁명적 사상의 물결이 유럽 전역을 휩쓸었지만, 예전과 마찬가지로 프랑스가 그 중심에 있었다. 사회 조직의 문제가 사람들의 마음을 사로잡았다. 사람들은 사회가 어떻게 조직되면 빈곤과 범죄, 억압이 사라질 수 있을지 궁금했다. 큰 발전에 대한 믿음이 다시 한번 보편적으로 퍼졌다.

프랑스의 생시몽(Saint Simon), 푸리에(Fourier), 콩트(Comte)는 사람들의 생각에 강력한 영향을 미칠 사회주의 사상을 발전시켰다. 근대의 사회주의는 정치 영역에서 중요한 세력으로 부상하기 시작했다. 동시에 강한 민족의식과 인종의식이 싹트고 있었다. 외부의 민족이나 정부에 억압받던 사람들이 도처에서 독립을 주장했다. 이러한 열망과 신념이 결국 1848년 혁명 운동을 불러일으켰다. 이러한 새로운 효모에 자극받은 주요 국가는 이탈리아, 오스트리아, 독일, 프랑스였다. 하지만 유럽의 어느 지역도 이 효모의 작용으로 인한 결과를 느끼지 못하는 곳이 없었다.

프랑스의 사회주의 사상가 생시몽

이탈리아

로마제국 멸망 이후 이탈리아는 정치적 통일을 이룬 적이 없었다. 중세와 그 이후에도 이탈리아의 분열과 취약성은 이 나라를 유럽 강대국들의 먹이로 만들었다. 나폴레옹 시대의 격동 속에서 이탈리아 통일의 꿈은 무참히 좌절되었다.

하지만 1848년 이탈리아의 여러 나라에서 헌법 제정을 요구했고, 이 요구는 거부할 수 없었다. 시칠리아, 나폴리, 피에몬테, 토스카나는 헌법을 받아들였다. 밀라노를 비롯한 북부 도시들은 오스트리아의 지배에 반기를 들었다. 로마에서도 교황은 국민에게 특정한 헌법적 권리를 부여했다. 사르데냐의 국왕 카를로 알베르토(Charles Albert)는 민족운동의 선두에 섰다. 오스트리아의 권력은 몰락했고, 이탈리아는 어떤 정치적 형태를 취하든 스스로 운명을 개척할 것처럼 보였다.

오스트리아와 헝가리

오스트리아는 이탈리아 밖에서도 어려움을 겪고 있었다. 오스트리아 제국은 기묘하게도 다양한 민족, 언어, 종교로 구성되어 있었다. 변화에 대한 희망과 새로운 민족주의가 오스트리아의 다양한 민족에게 희망을 불러일으켰다. 그중 가장 강력한 세력은 헝가리인과 보헤미아의 체코인이었다. 헝가리의 지도자 코슈트(Kossuth)는 이 운동에 힘과 활력을 불어넣었고, 헝가리를 비롯해 다른 민족 단위들의 독립 정부 수립을 요구했다.

새로운 운동은 너무나 강력하고 위협적이어서 황제는 두 손을 들 수밖에 없었다. 민중의 마음속에 구체제의 모든 악을 상징하던 메테르니히는 해임되었고, 봉건제는 폐지되었으며, 헌법 제정이 약속되었다. 나중에 황제는 빈에서 도망쳐야 했다. 오스트리아의 다양한 민족을 조직하는 문제는 매우 어려웠지만, 어떤 형태의 변화가 확실히 나타나고 있었다.

독일과 프로이센

나폴레옹의 몰락 이후 독일에서는 민족 통합에 대한 열망이 더욱 강해졌다. 프로이센과 주요 국가들은 1837년 관세 동맹(Zollverein)을 결성했고, 당시 상업적 목적으로 시작된 공동 행동의 관행이 정치적 통합의 길을 열었다. 이렇게 1848년 독일은 행동에 대한 열망에 불타올랐다. 프로이센 국민들은 헌법 제정을 요구했는데, 빈에서 메테르니히가 몰락했다는 소식이 들리자 프로이센 국왕 프리드리히 빌헬름 4세도 국민들의 요구를 수용할 수밖에 없었다. 헌법 제정과 더불어 언론의 자유와 독일을 위한 더욱 긴밀한 연합도 약속했다. 국민의회가 소집되었는데, 여기서도 자유와 합헌적인 진보를 충분히 기대할 만했다.

프랑스에서 일어난 혁명

유럽 혁명 운동의 중심지였던 프랑스에서는 사건들이 더 큰 규모로 진행되었고, 더 즉각적인 성공을 거두었다. 국왕 루이 필리프와 수상 기조(Guizot)는 여러 면에서 훌륭했고, 특히 중산층과 상업인 계층의 이익에 중점을 두었다. 하지만 이 정부는 국민들의 열광적인 반응을 불러일으키지는 못했고 나중에는 반대자들을 탄압하기에 바빴다.

많은 프랑스인은 위대한 나폴레옹의 영광을 추억했고, 어떤 이들은 다시금 그런 황금기가 오기를 갈망했다. 이러한 새로운 국민 감정이 커지는 동안 루이 필리프의 평범한 정부는 제자리를 지키기가 어려웠다. 결국 개혁에 반대하는 정부 맞서 폭동이 일어났지만, 루이 필리프는 이에 대응하려는 노력도 기울이지 않았다. 그는 손자에게 왕위를 물려주고 영국으로 도망쳤다. 하지만 파리는 새로운 국왕을 받아들일 생각이 전혀 없었다.

프랑스 제2공화국

공화국이 선포되었고 성인 남성 유권자들이 선출한 국민의회가 소집되었다. 처음에는 유혈 사태 없이 변화가 나타날 것처럼 보였다. 하지만 온건주의자와 사회주의자 간의 목표 충돌로 며칠 동안 격렬한 싸움이 이어졌고, 결국 온건주의자가 승리했다. 단일 의회와 대통령을 선출하는 새로운 헌법이 제정되었다. 그렇다면 누가 대통령이 되어야 할 것인가? 프랑스의 미래는 이 중대한 질문에 대한 답에 달려 있었다.

루이 나폴레옹과 프랑스의 반동

위대한 나폴레옹의 조카인 루이 나폴레옹(Louis Napoleon)은 모험적인 활동을 마치고 얼마 전 프랑스로 귀국했다. 대통령 선거 결과, 유권자의 압도적인 다수가 그에게 투표했다. 이로써 루이 나폴레옹은 프랑스 제2공화국의 대통령이 되었다. 이제는 모든 영역에서 변화하고 진보해야 승리할 수 있었다. 하지만 모든 영역에서 반동이 일어났고, 어떤 영역에서는 혁명이 실패했다.

이탈리아의 반동

이탈리아에서도 혁명가들의 큰 희망이 해가 가기 전에 무너졌다. 헌법을 제정했던 정부들은 어떤 경우에는 이번 기회에 헌법을 없애고자 했다. 이탈리아의 각 나라들은 서로 시기했고, 유능한 군사 지도자는 없었다. 따라서 오스트리아군은 이탈리아 북부의 혁명 운동을 큰 어려움 없이 진압했다. 몇 차례의 패배 후 저항 세력은 완전히 무너졌고, 이탈리아 북부는 옛 상태로 돌아갔다.

이탈리아 남부의 혁명가들도 마찬가지였다. 헌법이 폐지되고 옛 정부가 재건되었다. 마치니(Mazzini)와 가리발디(Garibaldi)가 주도해 한동안 로마에 공화정이 세워졌지만, 이 역시 실패하고 교황의 권력이 회복되었다. 그럼에도 이탈리아의 자유에 대한 희망은 사람들의 마음속에서 결코 사라지지 않았다. 그 희망이 실현되기까지는 20년의 세월이 더 필요했다.

이탈리아의 지도자 가리발디

오스트리아의 반동

오스트리아에서도 비슷한 양상을 보였다. 민족과 민족 간의 분열과 시기심이 심했고, 그 결과 정부는 당분간 승리를 거둘 수 있었다. 한동안 빈은 반란군의 수중에 있었지만, 왕당파 군대가 도시를 탈환하고 반동 정권을 무너뜨렸다.

헝가리의 반동

혁명 운동은 헝가리에서 가장 위험했다. 헝가리에서는 독립 정부가 선포되었고, 코슈트(Kossuth)라는 헝가리 혁명 운동의 뛰어난 지도자가 있었기 때문이다. 그러나 헝가리는 이탈리아라는 난관에서 벗어난 오스트리아 군대를 맞설 힘이 없었다. 심지어 오스트리아는 러시아의 지원을 받고 있었다. 1849년 헝가리는 오스트리아에 참패했고, 코슈트는 오스만으로 피난을 떠났다. 헝가리는 다시 오스트리아의 압제적인 지배를 받게 되었다. 오스트리아에서는 '혁명의 해'가 오히려 오스트리아 황제의 권력을 강화하는 결과를 가져왔다.

독일의 반동

변화에 대한 희망이 가장 컸던 곳은 독일이었다. 독일 사람들은 각 주에 입헌 정부가 수립된 통일된 독일을 꿈꾸었다. 모두가 프로이센에게서 등을 돌렸다. 만약 프리드리히 빌헬름 4세와 그의 신하들이 제대로 정치력을 발휘했다면, 프로이센이 주도하는 독일제국은 23년 뒤가 아니라 지금 건국되었을지도 모른다. 하지만 프로이센 국왕은 명확한 사고력도 행동력도 없었다. 그는 오스트리아가 이탈리아와 헝가리에서 갈등을 빚고 있어 독일에게 유리한 순간을 그냥 지나치고 말았다. 또한 그는 한편으로는 유럽의 군주들, 특히 차르를 불쾌하게 만들었고, 다른 한편으로는 자국민의 혁명과 민주주의에 대한 열망을 충족시키지 못했다.

오스트리아는 힘든 시기를 극복하자 이제 프로이센에 영향력을 행사하기 시작했다. 잠시 통일 독일의 왕관이 프리드리히 빌헬름의 손아귀에 있는 듯했으나, 이후 모든 것이 바뀌었고 독일은 1818년의 위기로 통일도 자유도 얻지 못했다. 독일은 25년 뒤에 1818년 혁명가들이 바라던 방식과는 전혀 다르게 통일을 이루게 되었다. 한편 그 숭고한 열정의 시대에 꿈꾸던 자유는 아직 얻지 못했다.

프랑스 제2제국

프랑스에서도 반발이 극심했다. 대통령 루이 나폴레옹은 그의 삼촌이 브뤼메르 혁명(Revolution of Brumaire, 1799) 이후 취한 방식과 비슷하게 헌법에 대한 입장을 밝혔다. 모든 사람의 시선이 그에게 쏠렸다. 의회는 내부 갈등과 샤를 10세 정부를 복위시키려는 한 의원의 요구, 프랑스 교육권을 성직자에게 넘기는 법안 통과 등으로 신뢰를 잃고 말았다.

4년 뒤 루이 나폴레옹은 대통령직에서 물러났어야 했다. 하지만 1851년 자신의 인기를 확신한 나폴레옹은 의회를 해산하고 대통령을 포함한 행정부를 10년 임기로 선출하는 새로운 헌법안을 제출했다. 거의 만장일치로 나폴레옹은 자신이 원하던 권력을 얻었다. 1년 후, 그는 한 걸음 더 나아갈 만큼 자신이 강해졌다고 느꼈다. 그는 프랑스의 여러 지방을 대대적으로 순회하며 그들의 지지를 확신했다.

나폴레옹 3세

그리하여 제국의 회복을 요청했고, 다시 한번 압도적인 다수가 그의 야망을 지지했다. 그는 나폴레옹 3세라는 칭호로 1870년까지 프랑스 제국을 통치했다. 이처럼 제국이 수립되는 바람에 프랑스 제2공화국은 제1공화국보다 빠르게 종식되었다. 혁명 운동도 절대주의와 반동의 승리로 끝났다. 하지만 이 승리는 일시적일 수밖에 없었다. 1848년의 이념은 1789년의 이념과 마찬가지로 너무나 중요하고 진실했기 때문에 군사적 패배나 헌법적 패배로 소멸될 수는 없었다. 그래서 사람들은 1848년에 가졌던 재건된 유럽이라는 비전을 소중히 여기며, 세기말이 되기 전에 이 이념의 일부를 프랑스와 다른 지역에서 실현시켰다.

1848년 혁명가들의 염원은 모든 면에서 실패하고 말았다. 혁명가들은 정치적 자치와 국가의 통일을 열망했다. 하지만 오히려 혁명 운동의 결과 모든 곳에서 절대주의 정부가 수립되었다. 이탈리아와 독일은 여전히 분열되어 있고 민족정신은 충족되지 않았으며, 헝가리도 아직 오스트리아의 지배를 받았다. 그 후 23년 동안 이탈리아와 독일은 혁명가들이 바라던 국가의 통일을 이루어갔다.

하지만 혁명가들이 생각하던 통일의 방식과는 너무도 달랐다! 대중의 열정과 민족의 권리가 최종 결과에는 거의 영향을 미치지 못했다. 영악한 음모와 강력한 무기를 이용한 정치적 수완으로 이탈리아나 독일은 단일 정부의 지배를 받아야 했다. 비스마르크(Bismarck)가 말했듯이, 통일은 의회의 법령이 아니라 '피와 철'의 힘으로 이루어졌다.

이러한 중대한 사건들은 프랑스의 상황을 살펴보면 잘 이해할 수 있다. 나폴레옹 3세가 프랑스를 통치하고 있었다. 국민 투표를 통해 황제로 추대된 그는 자신이 대중의 의지와 나폴레옹의 전통을 대표한다고 주장했다. 하지만 나폴레옹 1세와 그의 조카 나폴레옹 3세의 방식이나 성격은 공통점이 거의 없었다. 유럽에서 프랑스의 위신은 높았지만, 프랑스는 더 이상 문명화된 유럽에 자신의 의지를 강요하거나 유럽의 국가 체제를 자신이 원하는 대로 재편할 수는 없었다.

지금의 프랑스는 나폴레옹 1세의 전성기 때보다 훨씬 약해졌고, 반면 유럽은 훨씬 강해졌다. 따라서 나폴레옹 3세는 나폴레옹 1세라면 직격탄을 날렸을 교묘한 책략에 의지할 수밖에 없었다. 그리고 나폴레옹 3세에게 군사적 위신은 절대적으로 필요했다. 그는 국민의 눈을 현혹시킴으로써만 자유와 민주 정부에 대한 국민의 열망을 버리도록 유도할 수 있었다.

프랑스의 황제 나폴레옹 3세

크림전쟁의 발발

나폴레옹 3세는 1852년 12월에 황제로 선포되었다. 그로부터 2년도 채 되지 않아 프랑스는 러시아와 전쟁을 벌였다. 전쟁의 쟁점은 오스만제국의 미래 전체와 유럽 동부에서의 러시아의 지위였다. 오스만에 대한 러시아의 압박에 맞서고자 프랑스는 오스만뿐 아니라 영국과도 동맹을 맺었다. 전쟁 후반에는 이탈리아 북부에서 가장 강력한 국가인 사르티냐 왕국과도 동맹을 맺었다.

여기서 전쟁의 진행 상황을 다시 설명할 필요는 없다. 엄청난 병력이 투입되었고, 전투, 질병, 추위로 인해 막대한 손실이 생겼다. 하지만 나폴레옹전쟁 당시 유럽이 경험했던 것과 비교하면 작전은 순탄치 않았고 전략은 과감하지 못했다. 적어도 동맹 세력은 최고의 군사력을 보여주지 못했다. 그럼에도 러시아군은 거듭 패배했고, 결국 1855년 9월 크림반도의 큰 도시 세바스토폴(Sebastopol)이 함락되자 러시아는 조건을 받아들였다. 오스만의 안전이 보장되었다. 러시아 군함은 흑해에서 철수해야 했으며, 러시아군은 남쪽으로 더 이상 진격하지 못하게 했다. 몇 년 후, 러시아가 입은 손실은 생각만큼 크지 않았다는 것이 드러났다. 러시아의 군함은 곧 흑해에 다시 나타났고, 러시아 군대는 다뉴브강 남쪽으로 승리의 행진을 이어갔다.

이탈리아의 해방

나폴레옹 3세는 크림전쟁에서 승리를 거두었다. 전쟁의 승리는 국내에서 그의 권력을 공고히 하는 데 매우 중요한 역할을 했다. 곧 나폴레옹 3세는 훨씬 더 중요한 전장에서 결정적인 역할을 했다. 이탈리아의 통일과 자유는 나폴레옹 3세의 외교와 군대의 공적으로 시작되었다.

이탈리아만큼 1848년의 혁명 운동에 숭고한 열정을 쏟는 나라도 없었다. 이탈리아의 자유를 예언한 인물은 마치니였다. 그는 탁월한 종교적 열정으로 민주주의와 국가의 통일을 설파했다. 하지만 아무것도 이루어지지 않았다. 이탈리아는 여전히 분열되어 있었다.

오스트리아는 베네치아와 포강 계곡의 넓은 지역을 장악했다. 교황령은 이탈리아 전역에 걸쳐 영향을 미치고 있었지만, 부실하게 통치하고 있었다. 이탈리아 남부의 나폴리와 시칠리아는 부르봉 왕가의 압제하에 있었다. 하지만 북서부 끝에는 사보이, 피에몬테, 사르데냐로 구성된 사르데냐 왕국이 있었다. 사르데냐 왕 비토리오 에마누엘레(Vittorio Emanuele)는 스스

이탈리아의 외교관 카보우르

로를 이탈리아 민족 정서의 대표자로 내세우며 대의를 승리로 이끌었다. 비토리오 에마누엘레의 공적이 아무리 컸더라도, 이탈리아의 해방은 사실상 그의 업적이 아니었다. 이 위대한 성과와 밀접한 관련이 있는 두 인물은 외교관 카보우르(Cavour)와 군인 가리발디(Garibaldi)였다.

첫 번째 국면

나폴레옹 3세는 자신이 두각을 드러낼

수 있는 또 다른 분야를 원했다. 카보우르는 프랑스의 지원이 민족운동을 시작할 수 있는 최선의 방법이라고 생각했다. 그는 외교와 무력 과시만으로도 충분할 것이라고 기대했지만, 결국에는 치열한 전투가 필요했다. 1859년, 프랑스군이 지난 400년 동안 자주 승리를 거두었던 롬바르디아 평원에 나타났다. 프랑스와 이탈리아 동맹군은 다시 한번 승리를 거두었다. 먼저 마젠타(Magenta)에서, 그다음은 솔페리노(Solferino)에서 승리했다.

오스트리아는 이탈리아에서 쫓겨났고, 이제 이탈리아 애국주의자들의 큰 꿈이 실현될 것처럼 보였다. 하지만 나폴레옹 3세는 오랜 전쟁에 지쳐 있었고 이탈리아의 열망에 두려움을 느끼고 있었다. 그는 카보우르의 바람과는 전혀 다른 조건으로 오스트리아 황제와 평화조약을 체결했다. 사르데냐 왕은 롬바르디아를 영유할 예정이었고, 나머지 모든 영토는 이전 소유주에게 반환될 예정이었다. 분노에 휩싸인 카보우르는 결국 외교관 자리에서 물러났다.

두 번째 국면(1859)

오스트리아의 위신은 흔들린 반면, 이탈리아 통일의 수호자로서 사르데냐 왕의 지위는 확고해졌다. 다음 단계는 매우 빠르게 이어졌다. 사르데냐 왕국 남쪽에는 토스카나, 파르마, 모데나, 로마냐(교황령의 일부)가 있었다. 이 모든 주에서 반란이 일어났고, 공동 군대가 조직되었으며, 사르데냐 왕국과의 동맹을 요구했다. 새로운 희망이 떠오르자 카보우르는 다시 공직으로 돌아왔다. 나폴레옹 3세는 자신이 맺은 평화조약이 위반되자 저항하려 했지만, 니스와 사보이를 할양하면서 저항 의지가 약해졌다. 이리하여 위에서 언급한 지역들은 사르데냐 왕국에 편입되었고, 자유 이탈리아는 이탈리아반도의 중심부까지 뻗어나갔다.

세 번째 국면(1860)

다음 단계는 가장 낭만적이었다. 시칠리아와 나폴리는 이탈리아 북부에서 일어난 중대한 사건들로 들끓었지만, 부르봉 왕가에 맞선 실질적인 반란은 일어나지 않았다. 그런데 19세기에 가장 모험심 넘치는 군인 중 하나인 가리발디가 등장했다. 그는 붉은 셔츠를 입은 의용군 1,000명을 이끌고 시칠리아에 상륙했고, 그의 도착은 부르봉 왕가의 전복을 알리는 신호탄이 되었다. 가리발디는 해협을 건너 치열한 전투 끝에 나폴리 왕국을 손에 넣었다. 카보우르는 가리발디의 진격을 바라보면서 경각심과 희망을 동시에 가졌다. 가리발디의 사상은 극단적으로 혁명적이었지만 군인으로서의 자질만큼 정치가의 자질을 갖추고 있지는 못했기 때문이다. 그러나 마침내 외교가 문제를 해결했다. 나폴리와 시칠리아뿐 아니라 교황령의 대부분도 이탈리아 왕국에 합병되었다.

이탈리아 통일의 실현

이탈리아 애국주의자들의 바람은 아직 실현되지 않았다. 베네치아는 여전히 외국인의 지배를 받고 있었고, 가장 유명한 도시 로마는 새로운 이탈리아 왕국의 일부가 아니었다. 그렇다면 베네치아와 로마가 어떻게 합병되었는지 알아보자.

이 목적을 달성하기 위해 이탈리아는 오스트리아와 프랑스의 반대나 질투를 극복해야 했다. 오스트리아는 베네치아 영토의 주인이었고, 로마 교황청은 프랑스 수비대의 지원을 받고 있었기 때문이다. 그러나 1866년, 오스트리아는 프로이센과 전쟁을 벌이고 있었다. 이탈리아는 전투에서 오스트리아군을 이기지 못했지만 전쟁의 종결을 위한 협상에서 베네치아 영토를 확보하는 데 성공했다. 그러다가 1870년, 프랑스는 프로이센의 공격에 굴복했다. 우리가 곧 살펴볼 그 위대한 전쟁에서 말이다. 한동안 로마를 점령하고 교황령을 수호하던 프랑스 수비대는 철수했고, 같은 해 9월에는 이탈리아군이 '영원한 도시' 로마를 점령했다. 이로써 이탈리아의 통일은 완성되었으며, 교황청의 세속적 지배는 종식되었다.

독일제국의 토대

이탈리아는 마침내 '지리적 표현' 이상의 존재가 되었다. 이탈리아는 하나의 국가가 되었다. 이탈리아군이 로마를 점령한 직후, 독일은 제국으로 선포되었다. 그 이후 유럽의 위대한 군사 국가가 되었다. 여기에서도 우리는 이 위대한 사건이 이루어지기까지의 주요 단계를 추적해야 한다.

프랑스 국력의 쇠락

이탈리아의 통일은 사르데냐의 업적이었듯이, 독일 통일은 프로이센의 업적이었다. 프로이센은 오스트리아와 프랑스라는 두 경쟁국을 굴복시킴으로써 위대한 목표를 달성했다. 오스트리아는 독일 영토 내에서 프로이센의 경쟁국이었고, 프랑스는 유럽에서 프로이센의 경쟁국이었다. 두 경쟁국은 프로이센의 독일제국 재건에 공개적으로든 비밀리에든 매번 저항했다.

하지만 대전쟁이 발발하기 전, 크림반도와 이탈리아에서 나폴레옹이 승리를 거두었음에도 불구하고 프랑스의 국력이 쇠퇴하는 조짐이 보였다. 1863년 폴란드에서 일어난 봉기가 진압되었는데, 프랑스가 이 운동을 통제하려는 노력은 수포로 돌아갔다. 얼마 후, 나폴레옹 3세는 프랑스와 긴밀한 동맹을 맺는 유럽의 통치자를 멕시코 왕위에 세우려고 노력했지만, 미국이 내전을 극복하자마자 이 노력은 실패로 끝나고 말았다. 게다가 프랑스 내에서도 민중의 불만이 위험한 형태로 드러나기 시작했다.

프로이센의 승리를 이끈 인물들

프로이센이 독일제국을 향해 나아가는 승리의 행진에서 세 인물의 이름이 두드러지게 나타났다. 1860년에 왕위에 오른 빌헬름 1세, 강력하고 유능하고 부도덕한 비스마르크, 프로이센 군대를 조직한 위대한 전략가 몰트케(Moltke)였다.

프로이센은 우선 오스트리아에 타격을 가했다. 오스트리아와 프로이센이 덴마크를 쫓아내고 공동 점령한 슐레스비히–홀슈타인(Schleswig–Holstein) 공국 문제를 놓고 양국의 경쟁은 첨예해졌다. 점령 이후 슐레스비히–홀슈타인을 두고 격렬한 외교적 마찰이 이어졌고 결국 전쟁이 벌어졌다. 프로이센은 이탈리아와 손을 잡았지만, 상황은 오스트리아에 유리할 것으로 보였다. 그러나 오스트리아 세력은 곧 붕괴되었다.

단 한 번의 큰 전투(1866년 7월 사도바전투)로 오스트리아는 조건을 받아들일 수밖에 없었다. 독일 연방은 해체되었다. 오스트리아는 독일 문제에서 완전히 배제되었다. 프로이센은 하노버(Hanover)를 합병한 이후 독일의 주요 세력이 되었다. 이제 독일 왕국은 카롤루스 대제와 오토 1세 때처럼 제국이라는 칭호를 받게 되었다. 그런데 이번에는 교황이 그 칭호를 수여하는 데 관여할 수 없었다.

프랑스–독일 전쟁

유럽의 역사에서 1870년에 발발한 프랑스와 프로이센의 전쟁만큼 명목상의 원인이 실제 원인과 크게 동떨어진 전쟁은 없었다. 외교관들은 스페인 왕위 계승 문제를 놓고 논쟁을 벌이고 있었지만, 진짜 쟁점은 유럽에서 주도적인 위치를 차지하려는 프랑스와 프로이센의 주도권 다툼이었다.

나폴레옹 3세와 그의 각료들은 프로이센의 진격을 질투 어린 시선으로 지켜보았고, 독일은 프로이센의 통치 아래 독일이 통일되어서는 안 된다고 선언했다. 프로이센은 프랑스 세력이 제국을 세우려는 야망에 가장 큰 걸림돌이 된다고 생각했다. 나폴레옹 3세는 전쟁 자체를 원하지 않았지만, 프랑스 내의 불안정한 지위 탓에 외교적 또는 군사적 승리가 필요했다. 그중 독일과의 전쟁에서 승리가 확실하다고 믿었다. 프로이센의 정치인들은 오랫동안 신중하게 준비해온 이 전쟁을 환영했고, 이들 역시 성공을 확신했다.

프랑스의 고립

프로이센의 외교는 전쟁이 발발하기도 전에 프랑스를 고립시켰다. 프랑스는 이탈리아, 오스트리아, 독일 남부 국가들의 지원을 기대했다. 그러나 이탈리아는 사보이와 니스의 항복을 강요한 프랑스에 분노하고 있었다. 비스마르크는 오스트리아의 중립을 보장하고 독일 남부 국가들의 적극적인 지원을 확보하는 데 성공했다.

전쟁의 과정

프랑스는 독일을 공격해 전쟁을 일으키려 했지만, 정작 행동의 순간이 다가왔을 때는 준비가 되어 있지 않았다. 프로이센은 완전히 대조적이었다. 모든 것이 효율적으로 진행되었고 완벽히 준비가 된 상태였다. 전쟁이 발발하자마자 엄청난 규모의 독일군이 프랑스 국경을 넘어 들어왔다. 이후 승리의 과정은 신속하고 완벽했다. 나폴레옹 1세 시대 이후 유럽이 경험한 어떤 승리보다 뛰어났다. 프랑스는 단 한 번도 전투에서 승리하지 못했고, 공격전을 즉시 방어전으로 전환하는 것도 불가능했다. 1870년 9월 스당(Sedan) 전투에서 처참하게 패배한 나폴레옹 황제는 독일에 항복할 수밖에 없었다.

한편, 파리에서는 반란이 일어나 제국의 해체와 공화국의 재건을 선포했다. 프로이센과 나폴레옹 3세 사이의 갈등만 있었다면 전쟁은 여기서 끝났을지도 모른다. 하지만 비스마르크는 프랑스가 알자스와 로렌을 넘겨야 한다고 주장했다. 프랑스의 공화국 정부가 이러한 대규모 항복을 거부하자, 독일군이 파리 포위 공격을 시작했다. 파리는 뛰어난 기술과 영웅적인 인내심으로 방어했지만, 그 모든 노력은 결국 허사가 되었다. 1871년 1월 말, 한때 유럽의 수도나 마찬가지였던 이 거대한 도시가 항복하고 말았다. 알자스와 로렌의 일부도 다시 독일 영토가 되었고, 프랑스는 막대한 전쟁 배상금을 지불해야 했다.

독일제국의 선포

이러한 결론이 내려지기 전에 프로이센 왕은 독일 황제가 되었다. 전쟁의 놀라운 성공은 프로이센이 독일에서 우위를 점하는 데 결정적인 역할을 했다. 바이에른과 뷔르템베르크와의 협상이 필요했는데, 이는 비스마르크의

독일 황제를 선언하는 빌헬름 1세

몫이었다. 마침내 1871년 1월, 프로이센의 빌헬름은 베르사유궁전에서 황제로 추대되었다. 과거에 베르사유는 독일의 굴욕을 자주 떠올리게 하는 곳이었지만, 루이 14세와 나폴레옹 1세의 궁전은 이제 독일의 완전한 승리를 지켜보았다.

파리코뮌

프랑스공화국은 안정이 되기 전에 또 다른 끔찍한 시련을 겪어야 했다. 남은 군대가 무장 해제되었을 때도 파리는 국민방위군(National Guard)을 유지했다. 이제 파리에서는 평화협정과 서로운 공화국에 반대하는 격렬한 반란이 일어났고, 파리 자체의 독립 정부를 요구했다. 흔히 파리코뮌(Paris Commune)으로 알려진 이 운동은 양측의 수많은 전투와 잔혹 행위 끝에 진압되었다. 이러한 고통 속에서 탄생한 제3공화국이 그 이후 프랑스를 통치하게 되었다.

프랑스–독일 전쟁의 영향

프랑스–독일 전쟁 종전 후 35년이 지났지만, 그렇다고 전쟁이 유럽의 역사에 덜 중요해졌다고 생각하게 된 것은 아니다. 오히려 라인강 양안에서 전쟁이 가져온 변화가 현대 유럽 국가들의 관계에 지속적인 영향을 미치고 있다는 사실을 알 수 있다.

독일

독일은 명목상 연방 제국이지만 실제로는 프로이센의 정책에 따라 운영되는 모습을 그대로 유지하고 있었다. 전쟁에서 승리를 거둘 당시에 이미 고령이던 빌헬름 황제는 1888년에 죽었고, 같은 해 아들 빌헬름 2세가 황제의 자리에 올랐다. 몰트케는 2년 뒤인 1891년에 세상을 떠났다. 1890년, 젊고 열정적인 황제에 의해 비스마르크는 해임되었지만, 이러한 큰 변화에도 불구하고 독일은 전쟁 당시 확립된 노선을 그대로 따라 나아갔다. 유럽은 군주제를 기반으로 강력하고 효율적으로 조직된 국가의 본보기로 남았으며, 보편적인 병역과 보편적인 교육을 권력의 주요 기반으로 삼았다.

1871년 이후에는 독일도 놀라운 속도로 성장해 유럽의 주요 무역국이 되었다. 군사 분야에서 성공한 방법들이 상업 분야에 적용되었다. 하지만 독일이 경제적으로 급성장하면 옛 독일의 특징이 많이 사라졌다. 단순하고 이상적이고 열정적인 모습이 눈에 띄게 줄어든 것이다. 위대한 과거를 지닌 독일은 유럽의 다른 어떤 나라보다 미래가 불안했다.

프랑스

프랑스에게 1870년의 전쟁은 독일과 마찬가지로 새로운 국면의 시작이 되었다. 어느 때보다도 격렬했던 전쟁이 가져온 재앙은 마치 프랑스를 강대국의 목록에서 지워버릴 듯했다. 하지만 전쟁의 결과는 전혀 달랐다. 지난 세대 프랑스는 그야말로 격동의 역사를 겪었지만, 단순히 살아남은 것 이상으로 10년마다 안정과 번영을 거듭해왔다. 재난과 내전의 참상 속에서 건국된 공화국은 처음에는 반대파에 맞설 힘이 거의 없어 보였다. 부르봉 왕조, 오를레앙 왕조, 나폴레옹 왕조를 지지하는 사람들이 공화정에 반발했고, 이러한 혼란 속에서 자신들의 목적을 달성할 수 있다고 믿었다.

프랑스의 정치는 표면적으로는 끊임없이 변화를 거듭했다. 1871년 이후 선출된 여덟 명의 대통령 중 누구도 프랑스의 운명을 진정으로 통제하지 못했으며, 내각에서는 당혹스러울 정도로 빠르게 변화가 이어졌다. 프랑스 정부는 독일과의 전쟁, 험난한 노동 분쟁, 군과 민간의 관계 조정, 식민지 문제, 교회와의 투쟁 등 온갖 심각한 문제들을 겪었다. 아마도 이 문제들 중 어느 것도 제대로 해결되지는 못했을 것이다. 하지만 프랑스는 교육, 정치, 전쟁에서 승리한 적에게서 많은 것을 배웠다. 그리고 미래에는 지난 35년 간의 발전이 더욱 진전돼 전복될 위험에서 넘어설 수 있을 것이다.

군비 확충과 헤이그만국평화회의

전반적으로 유럽은 전쟁 이후 평화로운 시대를 보냈지만, 곧 이야기할 1877년 러시아–튀르크 전쟁으로 평화가 다시 깨졌다. 게다가 유럽의 모든 국가는 내부 조직을 구축하는 일의 시급성을 느꼈다. 하지만 이러한 상황에서도 유럽의 모든 국가는 지난 몇 년 동안 군비를 빠르고 지속적으로 확충해 유럽은 마치 거대한 무장 진영처럼 변모했다. 이러한 결과는 주로 프랑스—독일 전쟁에서 비롯되었다. 이 전쟁은 완전히 무장하고 준비한 국가의 성공 사례도 제공했지만, 적대감과 시기심이라는 후유증도 낳았다. 군비 경쟁은 불합리하고 파괴적이라는 주장이 계속 나왔지만, 유럽에서는 군사력을 감축하려는 노력이 성공하지 못했다.

1898년 러시아의 차르는 유럽의 다른 강대국들에게 군비 감축을 위한 노력에 협력할 것을 요청했고, 모든 문명국의 대표들이 이에 응답하기 위해 1898년 네덜란드 헤이그에 모여 만국평화회의를 열었다. 후대 사람들이 이 회의를 위대한 행보의 시작이라고 평가할 수도 있다. 이 회의를 통해 국가 간 중재 기구가 마련되었으나, 정작 군비 감축은 실현되지 않았다. 오히려 군비 증강은 더 심해졌고, 회의가 끝난 직후 유럽의 한쪽 끝에서는 영국이, 다른 쪽 끝에서는 러시아가 엄청난 규모의 전쟁에 휘말리게 되었다.

헤이그에서 열린 만국평화회의

러시아-튀르크 전쟁

유럽 대륙에서는 단 하나의 큰 전쟁이 벌어졌다. 앞서 언급한 러시아-튀르크 전쟁이었다. 이 책에서는 주로 서유럽 국가들을 다루었으며, 다뉴브강 남쪽 발칸반도나 독일 국경 동쪽의 러시아 지역은 간간이 살펴보았을 뿐이다. 이제 이 러시아-튀르크 전쟁을 간략하게 살펴보는 것으로 만족하자.

오스만은 크림전쟁에 엄청난 노력을 쏟아부었지만 새로운 힘을 불어넣는 데 성공하지는 못했다. 정치 개혁은 도입되지 않았고, 도입되었더라도 효과는 없었다. 국경 내 다양한 민족은 불안과 불만에 휩싸였으며, 모든 기독교도 국민들은 이슬람의 지배에 반감을 품었다. 그사이에 러시아는 발전하며 입지를 공고히 다지고 있었다. 러시아는 프랑스-독일 전쟁을 핑계로 흑해에 군함을 주둔하지 않겠다는 약속을 파기했다. 오스만은 '유럽의 병자'라는 말을 듣는 동안, 러시아는 발칸반도 피지배민들의 희망으로 떠오르면서 술탄의 영토에 있는 기독교도들의 보호자 역할을 자처했다.

다뉴브강 국경에서 술탄의 가혹한 기독교도 탄압이 벌어졌는데, 이는 러시아에 처음에는 외교적으로, 그다음은 무력으로 개입할 구실을 제공했다. 이후 벌어진 전쟁에서 유럽은 물러났고, 러시아와 오스만의 싸움이 이어졌다. 초반의 결과는 놀라웠다. 오스만은 예상치 못한 군사적 능력을 보였다. 러시아는 여러 곳에서 패배했으며, 많은 사람이 오스만의 승리를 예측했다. 하지만 러시아는 증원군을 투입했고, 곧 결과는 의심할 여지 없이 뒤집혔다. 콘스탄티노플 자체가 위협을 받았다. 그러나 유럽의 이해관계와 영국의 행동이 러시아의 군사력 증강을 막았다.

베를린 평화조약

베를린에서 유럽 회의(European Congress)가 소집되었고, 그 결과 다뉴브강을 따라 여러 소규모 독립국이 수립되었다. 루마니아, 세르비아, 몬테네그

베를린에서 열린 유럽 회의

로는 오스만의 종속에서 벗어나 독립적인 주권 국가로 자리매김했다. 다뉴브강 남쪽 하류에는 오스만의 영토에서 불가리아와 루멜리아(Roumelia)라는 새로운 국가가 탄생했다. 그러나 두 나라의 분열은 부자연스러웠고, 어느 쪽도 분열을 원하지 않아 1885년 불가리아와 루멜리아는 연합을 이루었다. 베를린 평화조약으로 탄생한 이러한 국가들의 미래는 여전히 불확실했다. 하지만 이 국가들이 강대국의 노예로 전락하지는 않았다. 적어도 이 나라들은 계속 존재했기 때문에 탄생 당시 나온 비관적인 예언은 잘 맞지 않았다.

현대의 사회 운동

역사는 현재와 가까워질수록 평가하는 것이 더 어려워진다. 지난 20~30년 동안 일어난 사건을 지금 기록하는 역사와, 200~300년의 시간적 거리를 두고 후대에 기록하는 역사는 분명 시야가 다를 것이다. 오늘날 신문에 실리는 대부분의 내용은 후대 역사가의 시야에서는 사라질 것이다. 후대의 역사가는 지금은 잘 알려지지 않은 운동, 사상, 조직을 이 시대의 진정으로 중요한 요소로 여길 수도 있다.

다음 두 가지 점은 주목할 필요가 있을 듯하다. 우선, 모든 유럽 국가에서는 민주주의 운동이 급속도로 발전했고, 어디에서나 확실한 승리를 향해 나아가는 듯하다. 민주주의의 이상이 실현되지 않을 수도 있고, 완전한 승리가 이루어지지 않을 수도 있다. 하지만 서유럽의 모든 국가에서는 국민 전체의 요구가 고려되어야 하고 그것이 국가의 통치에 결정적인 영향을 행사해야 한다는 의견이 지배적이다.

노동운동, 즉 모호하게나마 사회주의 운동이라고 불릴 수 있는 것이 그러한 흐름의 한 단계다. 빈곤과 억압, 그리고 그것에서 비롯된 악덕과 범죄를 몰아내고 지난 150년 동안 더 확고해진 사회적 진보의 꿈을 실현하려는 노력이다. 여기서 이 운동의 목적을 분석하거나 비판하는 것은 적절하지 않을 것이다. 하지만 우리는 후대 역사가의 판단을 자신 있게 예상할 수는 있다. 적어도 지금 우리가 지켜보고 있는 운동은 어떤 변화 속에서도 유럽 사회의 영향력 있는 유산으로 남을 것이다.

유럽에 대한 세계의 반응

이 시대의 두 번째 특징은 유럽에 대한 세계의 반응이다. 로마인들이 교만하게도 자신들의 제국이 전 세계와 맞먹는다고 말했듯이, 유럽 국가들도 자신들이 유일한 문명의 보고라고 여기며 세계 어디에도 유럽의 발전을 막거나 유럽 문명에 무언가를 더해줄 세력은 없다고 생각했다. 하지만 이제 문명의 발전과 인류의 운명은 더 이상 서유럽 국가들에만 의존하지는 않을 것이다. 유럽 국가들의 비유럽 지역에 대한 지배권도 분명히 도전받거나 거부될 수 있다.

유럽 식민지들의 독립

유럽 국가들이 건설한 식민지들은 거의 지배국의 강요와는 전혀 무관한 위치에 서게 되었다. 미국의 부상이 이러한 경향의 중요한 사례인데, 미국만이 유일한 사례도 아니다. 스페인과 포르투갈의 중남미 식민지들 역시 독립적이다. 북미에 비해 정치적·사회적 발전이 다소 느리더라도, 머지않아 인류의 운명을 결정하는 데 중요한 역할을 하게 될 것이라는 점은 의심할 여지가 없다. 영국의 주요 식민지들, 즉 캐나다, 호주, 뉴질랜드, 남아프리카공화국 역시 모국과의 관계가 어떻게 될지는 모르지만, 사실상 이미 독립되어 있으며 영국의 신민이라기보다 동맹국이라 할 수 있다.

유럽에서 유래하고 유럽 문화를 지닌 이 국가들도 발전해 지금보다 더 세계의 정치, 경제, 문화 영역에서 큰 역할을 할수록 유럽의 중요성은 상대적으로 줄어들 것이다. 이에 따라 유럽이 세계 문명의 전부가 아닌 일부에 불과하다고 생각하게 될 것이다.

유럽과 비유럽

유럽과 세계 간의 변화된 관계는 지구 반대편에 있는 비유럽 국가들을 살펴보면 더욱 분명해진다. 이슬람의 몰락 이후, 비유럽 세계에 대한 유럽의 군사적 우월성은 의심할 여지가 없다. 그 우월성은 여전히 유지되고 있지만, 이전과 같은 정도는 아니다. 로마제국은 끊임없이 전쟁을 통해 야만인들을 교육했는데, 그래서 야만인들은 로마제국을 무너뜨릴 수 있었다. 현대 유럽의 상황도 마찬가지다. 물론 전 세계 대부분 지역에서 백인은 의심할 여지 없이 군사적 우위를 유지하고 있다.

하지만 그 우위가 영원히 도전받지 않고 남아 있을 가능성은 없다. 그 징후들이 보이기 시작했다. 아프리카 사람들조차 유럽인들과의 전투에서 더 뛰어난 기술과 진보된 군사력을 보여주었다. 1896년 아비시니아(Abyssinia,

에티오피아의 옛 이름)의 아도와(Adowah)에서 대규모 이탈리아 군대가 압도적으로 패배한 사건이 좋은 예다.

현재 유럽에 대한 세계의 반응이 가장 두드러진 지역은 아시아다. 프랑스 정부는 통킹만전투에서 중국군에 참패했다. 엄청난 사건이 우리 바로 옆에서 일어났는데, 작은 사건들을 따져보는 것은 무의미하다. 지난 10년 동안 일본은 일류 강국으로 성장했다. 일본이 중국을 상대로 거둔 승리는 그다지 놀랍지 않았다. 당시 중국의 군사력은 우스운 수준이었기 때문이다. 하지만 러시아와 일본 사이에 전쟁이 발발했을 때, 그리고 일본이 패배할 것이라는 예언을 깨고 거의 모든 전투에서 승리하며 여순항을 점령하고 극동에서 러시아의 위신을 꺾었을 때는 이미 상황이 달라져 있었다. 여기서도 우리는 시간이 지나면 후대의 역사적 평가를 받게 될 중요한 사건들은 목격할수 있다. 좀 더 넓게는 러시아에서 성공한 입헌 운동, 중국을 휩쓸고 있는 사회적 변화에서도 이미 시대가 변하고 있음을 여실히 느낄 수 있다.

이처럼 유럽이 더 이상 세계를 지배할 수 없다고 해서 그 결과가 부정적이라고 믿을 이유는 없다. 유럽의 확장은 유럽 국가들 간의 갈등을 야기한 주요 원인 중 하나였다. 비유럽 세계에 대한 유럽의 지배력이 약화되면서, 유럽은 오히려 강한 유대감, 유럽 문명의 본질적인 통일성과 공동 이익을 다시금 의식하게 될 것이다. 이 책의 머리말에서 우리는 유럽 역사를 정부, 사회, 종교 세 가지 주요 부문으로 분석할 수 있다고 말했다.

이 책을 마무리하면서 정부와 사회에 더해서는 어느 정도 언급했지만, 종교는 전혀 언급하지 않았다. 사실, 지난 세대의 종교적 경향을 간략하게 이야기하기에는 아직 이른 감이 있다. 그래도 가장 중요한 특징을 꼽으라면 유럽 전체에서 종교적 권위가 소멸하고 있다는 것이다. 종교라는 개념에 철학, 인간, 국가에 영향을 미치는 모든 신념을 포함시켜도 마찬가지다. 개인주의, 분산, 무질서가 유럽 지성의 특징인 된 듯하다. 책은 무수히 많이 나오지만, 유럽 지성의 대표를 제시하는 저자는 없다. 끊임없는 철학적 논쟁은 있지만, 아직 지배적인 철학 담론은 없다. 종교적인 분열은 많지만, 명확한 지침이 나오지는 않는다. 이러한 철학과 종교의 분위기가 걷히고, 모호하고 유동적인 흐름 대신 확실하고 확고한 신념이 자리 잡게 된다면, 그것은 또 하나의 변화가 될 것이며, 아마도 유럽 문명의 미래를 결정짓는 요소가 될 것이다.

청소년을 위한 친절한 유럽사

초판 1쇄 발행 2025년 11월 30일

지은이　아서 제임스 그랜트
옮긴이　박일귀
펴낸이　한승수
펴낸곳　문예춘추사

편　집　구본영
마케팅　박건원 김홍주
디자인　우디

등록번호　제300-1994-16호
등록일자　1994. 1. 24
주　소　서울시 마포구 동교로 27길 53 지남빌딩 309호
전　화　02-338-0084
팩　스　02-338-0087
E-mail　moonchusa@naver.com

I S B N　978-89-7604-759-5　43920